LA BONNE GRAND-MÈRE
Die traditionelle Landküche Frankreichs

Sabine Schneider

LA BONNE GRAND-MÈRE

Die traditionelle Landküche Frankreichs

Mit Illustrationen von Lucia Obi

edition spangenberg bei Droemer

Besuchen Sie uns im Internet:
www.droemer-knaur.de

Die Folie des Schutzumschlags sowie die Einschweißfolie sind PE-Folien und biologisch abbaubar. Dieses Buch wurde auf chlor- und säurefreiem Papier gedruckt.

Umschlaggestaltung: Agentur ZERO, München
Umschlagillustrationen: Lucia Obi
Illustrationen: Lucia Obi
Reproduktion: Vornehm, München
Satz: Ventura Publisher im Verlag
Druck und Bindung: Franz Spiegel Buch GmbH, Ulm
Printed in Germany
ISBN 3-426-27027-7

5 4 3 2 1

Inhalt

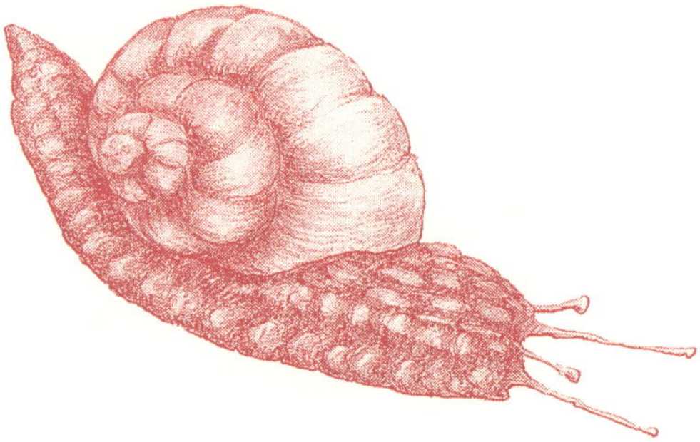

Kochen in Frankreich

Genau darum geht es in diesem Buch. Es geht um das Selberkochen, wie die Franzosen auf dem Land es seit jeher praktizieren. Kochen wie die Französinnen müßte es eigentlich heißen, denn auf dem Land, in der Familie, ist es meistens die Frau, die nach alter Sitte am Herd steht. Und das tut sie meiner Meinung nach gerne und mit vollem Engagement. Es macht ihr nichts aus, drei Stunden zu kochen, um vier Stunden zu essen. Alle Frauen, die ich bei meinen Recherchen für dieses Buch traf, waren sofort bereit, mir die wichtigsten Rezepte ihrer Heimatregion zu nennen – meist mit kräftiger Unterstützung der Männer, versteht sich. Oft unterhielten wir uns dann stundenlang über Küche, Essen und Traditionen, die nach dem Wunsch der Franzosen möglichst unverändert erhalten bleiben sollen. Und wenn man auf dem Land unterwegs ist, findet man tatsächlich noch all die Bräuche, die das Leben in Frankreich so lebenswert machen.

In den Familien gibt es an den regelmäßig wiederkehrenden Festtagen immer die gleichen, traditionellen Gerichte, die entweder für die Region typisch oder seit vielen Generationen in einer Familie zu Hause sind. Am Weihnachtsabend serviert man in fast allen Regionen Meerestiere, von Kabeljau bis Austern, von Muscheln bis zu den Langusten, und am ersten Weihnachtstag ist der Truthahn oder auch der Kapaun mit Kastanienfüllung auf vielen Tischen der Hauptgang beim großen Festessen.

Nachdem ich zum ersten Mal zu einem Festessen *en famille* eingeladen gewesen war, wußte ich, daß es für mich nichts Schöneres geben kann, als mit Freunden und der Familie, mit Kindern und Großmüttern, mit alt und jung an einer großen Tafel bei einem wunderbaren Riesenmahl zusammenzusitzen. Vorher trinkt man zur Lockerung einen Aperitif, zu jedem Gang den passenden Wein, denn jede Speise braucht ihren ergänzenden Tropfen, und danach gibt es einen starken Café mit Schnaps – etwas schärfer für die Herren und milder für die Damen. Die Stimmung ist gelöst bis heiter, und eines bringen alle mit: viel Zeit, um ohne Hast eine Köstlichkeit nach der anderen zu genießen.

Unzählige Franzosen führen in der Stadt selbstverständlich ein modernes Leben mit Überstunden, vollen Metros und Fast food, so wie in allen Großstädten der Welt. Aber an Ostern, Weihnachten und im langen französischen Sommer tauchen sie wieder ein in die heimischen Landhäuser mit den altmodischen Kaminen und Küchengeräten und essen gerne nach alter

Väter Sitte. Und es sind nicht nur die Landhäuser an der Küste, die im Sommer bevölkert werden, auch Häuser in den auf den ersten Blick landschaftlich eher unscheinbaren Gegenden quellen im Sommer über von Kindern und Enkeln. Genau wie ihre Eltern werden sie die Träume von den großen sommerlichen Tafeln unter den Bäumen mit in die Stadt nehmen, von den Gerüchen und Genüssen, die aus den alten Schüsseln und Töpfen in ihre Nasen gestiegen sind. Und sie werden später mit ihren Kindern wiederkommen. So leben Erinnerungen fort von Generation zu Generation, die Traditionen des französischen Landlebens bleiben gewahrt.

Es sind aber nicht nur die Art und die Zuwendung, die das Kochen in diesem Land erfährt, es sind auch die Ware und das Wissen um den Wert einer erstklassigen Ware, das dem Kochen in Frankreich die besondere Note gibt. Frisch müssen die Zutaten sein und von erstklassiger Qualität. Ein gutes Beispiel sind die Hühner und alles andere Federvieh. Sie werden in guten Geschäften und auf den Märkten unausgenommen, mit Kopf und Füßen, wenn nicht sogar lebend verkauft. Man erkennt an den Krallen, ob das Huhn im Freien herumlaufen durfte, man erkennt am Kamm, wie alt das Tier ist, und man erkennt am Schnabel, ob es natürlich ernährt wurde. Alles Dinge, die eine französische Hausfrau wissen möchte, ganz davon abgesehen, daß sie die angeblich wertlosen Teile durchaus zu verwerten weiß. Beim Kauf von Rindfleisch verlangt man nicht einfach Rindfleisch, sondern man kauft je nach dem Gericht, das man zubereiten möchte, ein Stück vom Charolais- oder Limousin-Rind. Man kennt eben die Vorzüge der wichtigsten Rinderrassen und weiß, was man kauft.

Der wichtigste Punkt für mich, warum das Kochen und das Bewußtsein für das, was man ißt, anders, einfach intensiver ist als in Deutschland, liegt in der Art des Einkaufens. Das ist in Frankreich sowohl auf dem Lande wie in den Städten ein Hochgenuß. Ich meine das Einkaufen auf den Märkten, die ganz normalen Wochenmärkte, wo Bauern, Fischer und Viehzüchter der Umgebung frische, der Jahreszeit gemäße Produkte vom eigenen Hof verkaufen. Jeder etwas größere Ort hat seine festen Markttage, einen kleineren Markt am Anfang der Woche und den großen am Freitag, Samstag oder Sonntag. Jeder, der schon einmal in Frankreich Ferien gemacht hat, wird mir beipflichten und ebenfalls ins Schwärmen geraten. Jeder Markt ist auf ganz eigene Weise wunderschön und typisch für die jeweilige Region: der Sonntagsmarkt in Trouville mit Fisch und Gemüsen, die Bäuerinnen in der alten Halle von Dives sur Mer mit ihren großen Tonschüsseln voll Crème fraîche und den kleinen mit Milchreis. Lebhaft und riesig der Sonntagsmarkt in L'Isle-sur-la-Sorgue, der stimmungsvolle, fast familiäre Bio-Bauernmarkt im Lubéron, die alten Bauersfrauen auf ihren Holzbänken in Haguenau, der Markt unter dem riesigen Dach in der Bretagne und der Trüffelmarkt im Périgord. Diese Märkte sind der Grund, warum ich meine Ferien immer wieder in Frankreich verbringe: das ist für mich »Leben wie Gott in Frankreich«.

Unvergleichlich ist der Sonntagseinkauf auf dem Markt zusammen mit der ganzen Familie. Danach gibt's einen Pastis für die Erwachsenen, ein Eis oder eine Crêpe für die Kinder, und dann geht es entspannt nach Hause zum gemeinsamen Kochen und Essen. In den folgenden Kapiteln möchte ich Ihnen ein wenig die lebensbejahende Freude am Kochen und Essen vermitteln, die ich in Frankreich gelernt habe und die mein Leben und das meiner Familie und Freunde so sehr bereichert hat.

Elsaß und Lothringen:
Die Quiches, die Tartes und immer wieder Speck

So dicht beieinander und doch so verschieden, so vieles, was sie gemeinsam haben, und so vieles, was sie trennt. Die Elsässer und die Lothringer haben eine ganze Menge Spitznamen, mit denen sie sich gegenseitig benennen, immer steckt eine kleine, abfällige Spitze darin, die deutlich macht, was man von den Nachbarn hält. Woher dies rührt, ist schwierig zu erklären, aber das Phänomen ist schon so alt wie Elsaß und Lothringen. Beide Regionen waren immer heißbegehrt von ihren mächtigen Nachbarn, weil beide gesegnet sind mit Reichtümern der Natur, die ihresgleichen suchen.

Auf beiden Seiten des Vogesenkammes ziehen sich die Wälder hinab bis ins Obst- und Weinland, das dann in weite fruchtbare Ebenen mit riesigen Feldern übergeht. Die endlosen Waldgebiete an den Hängen der Vogesen waren mit ihrer Holzindustrie zu allen Zeiten ein wichtiger Wirtschaftsfaktor, die ländliche Bevölkerung aber wußte mit dem Wald auch ihre Tafel zu bereichern. Wildschweine mästen sich dort mit Kastanien und Eicheln, ihr Fleisch ist demnach von besonderer Qualität. Reh- und Hirschbraten kommen an winterlichen Festtagen auf den Tisch. Brombeeren, Himbeeren und Blaubeeren geben den Tartes ihr unvergleichliches Aroma, und die Kastanien, die früher die Nahrung der Armen im Winter abgaben, sind heute eine leckere Zuspeise für die Wohlhabenden.

Auf der Lothringer Seite wird der Honig vielleicht in noch größerem Ausmaß kultiviert als im Elsaß. Es gibt wohl keinen ländlichen Markt, auf dem nicht ein Lothringer Händler mit Tannenhonig und Honigbonbons steht, die hellgelb, rot und braun oder giftgrün leuchten. Für jedes Kratzen im Hals gibt es ein eigenes Bonbon.

Das milde, gemäßigte Klima läßt hier alles wachsen, von Obst und Gemüse bis Korn, von Hopfen über Tabak bis zu Wein. Es mangelt an nichts, und die Menschen wissen ihren Wohlstand zu genießen. Hier feiert man keine stillen Hochzeiten und Familienfeste, hier wird die ganze Nacht hindurch gegessen, getanzt und gut getrunken. Nicht nur gut muß es sein, sondern auch reichlich, um ein unvergeßliches Fest zu werden.

Das Leben im Elsaß war seit alters her von der Landwirtschaft bestimmt, die Häuser und Höfe sind groß und prächtig, mit Fachwerk und schönen Holzaltanen, und im Sommer quillt jeder Winkel von roten Geranien über. Heute ist der Fremdenverkehr eine wichtige Einnahmequelle. Im Süden des Landes ist er schon sehr tonangebend, im Norden aber noch etwas unauffälliger. Man findet dort Dörfer, in denen das Leben sich auf den ersten Blick kaum verändert hat und wo die alten Frauen ihre Gemüsegärten mit altertümlichen Geräten bearbeiten, so wie schon zu Großmutters Zeiten. Hinter

den Häusern steht die lange Riege der Hasenställe, und auf der Hauswiese unter den Obstbäumen laufen Hühner und Enten herum. Die Elsässer legen Wert auf die Produkte von Haus und Hof und ernähren sich oft noch wie von alters her im Rhythmus der Jahreszeiten.
In Lothringen war die Industrie der Brotgeber für viele. Besonders die Glasbläsereien, und die Kristallglas-Schleifereien haben die Region in der ganzen Welt bekannt gemacht. So gibt es hier keinen fein gedeckten Tisch ohne Kristallgläser, in denen sich das Kerzenlicht tausendfach widerspiegelt. Noch heute bekommt ein Kind zur Taufe und zur Konfirmation seinen prächtig geschliffenen Pokal aus blauem oder rotem Glas. In der nördlichen Gegend um Sarreguemines wird seit eh und je Porzellan hergestellt. Die alten Muster – ganz spezifische blaue, schwarze und rote Blumendekors – sind bei Kennern sehr gesuchte Sammelobjekte.
Sie werden keinen Arbeiter finden, der nicht seine Hasen hinter dem Haus, seinen Gemüsegarten und die Obstbäume hat. Sie sind notwendig, um die Familie zu ernähren. Es gibt keine großen Bauern wie im Elsaß, und dementsprechend sind auch Ausmaß und Ausbau der Höfe etwas bescheidener. Das Land ist unverfälschter, noch nicht vom Tourismus vereinnahmt. Man kann in den Wäldern an den Hängen der Vogesen wandern, tagelang, hügelauf und hügelab, an kleinen Bachläufen entlang, über sonnige Lichtungen und unter schattigen Laubbäumen. Die vielfältigen und schier endlosen Wälder der Vogesen werden nur hie und da unterbrochen von den Burgruinen auf den Hügelkuppen und den kleinen Dörfern, die wie Inseln in dem grünen Meer liegen. Sie sind für mich das Schönste, was Elsaß und Lothringen zu bieten haben.

Quiche und Pasteten, reiche Vorspeisen

Die kulinarische Vielfalt dieser Regionen kommt auch im Bereich der Vorspeisen zum Ausdruck und gestaltet sich in Privathaushalten und Familien besonders üppig. Ich habe mich bemüht, aus diesem reichen Angebot die Rezepte herauszufischen, die typisch und absolut traditionell sind. Zwei davon, die Quiche lorraine und die Tarte flambée, bilden für ihre Heimatregionen fast schon ein Markenzeichen. Kein Besucher, der abreist, ohne sie nicht wenigstens einmal gekostet zu haben. Außerdem gehören die köstlichen Tourtes und die Pâtés en croute, die Pasteten im Teigmantel, dazu.

Tarte flambée
Flammkuchen

Die Tartes flambées oder Flammekueche waren in alten Zeiten das Mittagessen am Backtag. Den Teig nahm man vom Brotteig. Vor dem Brot eingeschossen, nahmen die flachen, großen Tartes die erste Hitze aus den Steinen der großen gemauerten Backöfen, die für die dicken Brotlaibe mit ihrer langen Backzeit zu scharf ist. Da die Ränder der Tartes von der Hitze manchmal schwarz ankohlen, erhielten diese Tartes den Beinamen *flambée*, angeflammt.

Zutaten für 4–6 Personen:
Für den Teig: 600 g Mehl Type 550, 380 ml lauwarmes Wasser, 10 g Hefe, 4 TL Salz, 1 EL Öl
Für den Belag: 1 kg Quark, 250 g Crème fraîche, 1 Ei, 1 EL Mehl, Salz, Pfeffer und geriebene Muskatnuß, 5 große, feingehackte Zwiebeln, 600 g geräucherte Speckwürfel, Butter für das Blech
Zubereitungszeit (ohne Wartezeit): 45 Minuten

Den Brotteig wie auf Seite 428 beschrieben herstellen.
Während der Teig geht, Quark, Crème fraîche, Ei und Mehl verrühren und mit den Gewürzen abschmecken.
Nachdem der Hefeteig gegangen ist, noch einmal durchkneten und in vier Teile teilen. Das Backrohr jetzt schon auf höchster Stufe vorheizen.
Die einzelnen Teigkugeln auf einer bemehlten Unterlage mit der Teigrolle so dünn wie möglich auf Backblechgröße ausrollen. Die Backbleche leicht buttern, den Teig vorsichtig draufheben, mit einem Viertel der Quarkmasse bestreichen, mit Zwiebelringen belegen und mit Speckwürfeln bestreuen. Im Backrohr auf höchster Stufe schnell knusprig braun backen.
Im Elsaß wird der Flammkuchen bei Tisch in soviel Teile geschnitten, wie Menschen um den Tisch sitzen, und so teilt man einen Flammkuchen nach dem anderen. In den ganz typischen rustikalen Flammkuchenlokalen bringt die Bedienung so lange automatisch frische Flammkuchen, bis man den absoluten Sättigungsgrad signalisiert. Tarte flambée bis zum Abwinken.

Variationen: Geben Sie zu Speck und Zwiebeln noch hauchdünne Champignonscheiben oder über alles geriebenen Käse, dann erhält der Flammkuchen eine besonders pikante Note.

Quiche lorraine
Salziger Kuchen nach Lothringer Art

Was für die einen der Flammkuchen, ist für die anderen die Quiche lorraine. Man sagt, schon Henri III habe darauf bestanden, daß bei jedem Mahl eine Quiche serviert werde, ein Traditionsgericht, das die Grundsubstanzen der lothringischen Küche vereinigte, den Speck vom geliebten Schwein und die Eier des Hühnerhofs mit etwas Sahne. Heiß umstritten ist die Frage, ob es Mürbeteig oder Blätterteig sein soll. Ich habe es aufgegeben, zu wissen, was richtig ist. Ich mache es mal so und mal so, je nach Laune.

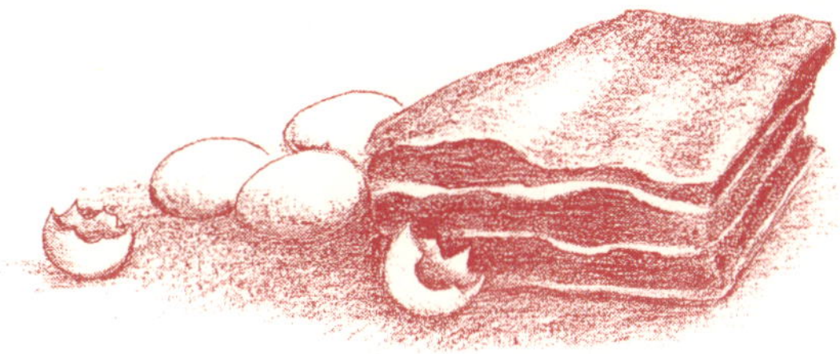

Zutaten für eine Tarteform
mit 26 cm Durchmesser:
Für den Teig:
300 g TK-Blätterteig oder ein
Mürbeteig aus 250 g Mehl,
1 Ei, ½ TL Salz, 130 g Butter,
4 EL Milch
Für den Belag: 300 g geräucherte Speckwürfel, 4 Eier, 300 g Sahne oder je
150 g Sahne und Milch, Salz und Pfeffer, eventuell etwas geriebene Muskatnuß,
Butter für die Form
Zubereitungszeit (ohne Wartezeit): 45 Minuten

Das Backrohr auf 230° vorheizen.
Wenn Sie einen Mürbeteigboden bevorzugen, Teig wie auf Seite 435 beschrieben vorbereiten und zu einer runden Scheibe ausrollen.
Eine runde Tarteform mit einem etwa 2 Zentimeter hohen, gewellten Rand buttern und mit dem Teig auskleiden. Mit der Gabel Löcher hineinpiken. Den Speck auf dem Teig verteilen. Die Eier mit einer Gabel gut schaumig schlagen, die Sahne oder Milch-Sahne dazugeben, mit wenig Salz, Pfeffer und Muskat würzen. Die Ei-Sahne auf den Teigboden gießen, und die Tarte im Backrohr auf der zweiten Schiene von unten goldbraun backen. Nach 5 Minuten die Backtemperatur auf 210° reduzieren, nach insgesamt 30 Minuten die Tarte aus dem Rohr holen, nur ganz kurz abkühlen lassen und dann sofort servieren.
Ausschlaggebend für eine gute Quiche: Sie muß direkt aus dem Backofen frisch serviert werden. Mit einem knackigen grünen Salat als Beilage und einem kühlen Wein haben Sie ein ideales Essen für einen Sommerabend.

Variationen gibt es viele, aber wesentlich sind vielleicht drei. Manche streuen noch etwas geriebenen Käse auf die Quiche, und manche braten den Speck, bevor sie ihn auf den Teig geben, in einer trockenen Pfanne kräftig an und entfetten ihn somit. Sehr gut schmeckt die Quiche, wenn Sie zwei Zwiebeln in hauchdünne Streifen schneiden, in Butter weich dünsten und anschließend mit dem abgebräunten Speck mischen.

Tarte à l'oignon
Zwiebelkuchen

Im Elsaß gibt es im Herbst überall den Neien Siassen, den frischen, noch milchigen Wein. Er trinkt sich süffig und leicht, zeigt aber am nächsten Tag eine erstaunliche Wirkung im Kopfbereich. Zu diesem Wein schmeckt die Tarte à l'oignon ganz besonders gut.

Zutaten für eine Form mit 26 cm Durchmesser:
Für den Mürbeteig: 250 g Mehl, 1 Ei, ½ TL Salz, 130 g Butter, 4 EL Milch
Für den Belag: 6 große Zwiebeln, 3 EL Butter, 100 ml Weißwein, 3 Eigelb,
6 EL Sahne, 100 g geriebener Käse, Salz, Pfeffer und frisch geriebene Muskatnuß,
Fett für die Form
Zubereitungszeit (ohne Wartezeit): 50 Minuten

Teig wie auf Seite 435 beschrieben zubereiten und ausrollen. Das Backrohr auf 220° vorheizen.
Eine gefettete Tarteform, mit niederem gewellten Rand mit dem Teig auslegen, mit der Gabel Löcher hineinstechen. Zwiebeln in hauchdünne Ringe hobeln. In einer Pfanne die Butter erhitzen und die Zwiebelringe darin andünsten und unter ständigem Wenden garen. Mit Weißwein ablöschen und so lange weiterköcheln lassen, bis der Wein völlig aufgesogen ist.
Eigelb und Sahne mit den leicht abgekühlten Zwiebeln vermischen, den Käse einarbeiten und das Ganze mit den Gewürzen abschmecken. Die Masse auf dem Teigboden verteilen und im Rohr in 30–40 Minuten braun backen.

Tourte lorraine
Lothringer Fleischkuchen

In den Vogesen ist die deftige und sehr sättigende Tourte zu Hause. Trotz des Namens ist es ganz egal, ob es nun die elsässischen oder die lothringischen Berge sind, gegessen wird die Tourte lorraine in jeder Ferme Auberge, den kleinen, teilweise sehr malerisch inmitten von Bergwiesen gelegenen Bergbauernhöfen. Die Männer sind meistens mit der Käseproduktion beschäftigt, während die Frauen die Almwirtschaft betreiben und müde und hungrige Wanderer beherbergen und verköstigen. Es ist ein besonderes Erlebnis, nach einer langen Wanderung über die Höhen der Vogesen so köstlich zu speisen. Hier muß man eine Tourte essen, und wenn sie frisch aus dem Ofen kommt, läßt der Duft einem das Wasser im Mund zusammenlaufen. Ein zarter Blätterteig umhüllt die würzige weiche Fleischfüllung, dazu gibt es einen frischen knackigen Salat und ein Glas Elsässer Weißwein. Herz, was willst du mehr?

Zutaten für eine Tarteform mit 26 cm Durchmesser:
Für die Tourte: gut 500 g TK-Blätterteig, 1 Eigelb zum Bestreichen
Für die Füllung: 250 g gewürfelte Kalbsschulter, 2 EL Butter, 2 gehackte Schalotten, 200 g blättrig geschnittene Champignons, 100 g Speckwürfel, 250 g nicht zu fettes Schweinehack, 3 Eier, 50 g Sahne, 100 g geriebener Käse, je ½ TL getrockneter Majoran und Thymian, ½ Bund feingehackte Petersilie, Salz und Pfeffer
Für die Marinade: ¼ l Weißwein, 2 grobgewürfelte Schalotten, 5 Petersilienstengel, 2 Lorbeerblätter, Salz und Pfeffer
Zubereitungszeit: 90 Minuten
Einwirkzeit der Marinade: 2 Tage

Aus den angegebenen Zutaten eine Marinade bereiten und das Kalbfleisch zwei Tage darin ziehen lassen. Am Tag selber die Kalbfleischwürfel mit der Marinade im offenen Topf kochen, bis die Flüssigkeit verdampft ist.
Das Backrohr auf 230° vorheizen.
In einer Pfanne die Butter erhitzen, die Schalotten, Champignons und Speckwürfel andünsten, leicht abkühlen lassen. Die Mischung mit Hackfleisch, Eiern, Sahne, Käse und Gewürzen vermengen und abschmecken. Die Kalbfleischwürfel dazugeben und einarbeiten.
Blätterteig in zwei ungleiche Hälften teilen und ausrollen. Nun eine Tarteform mit höherem glatten Rand ausbuttern, die größere Teigplatte einle-

gen, die Füllung darauf verteilen. Mit der kleineren Teigplatte bedecken und die Ränder fest und schön miteinander verbinden. In die Mitte des Deckels ein Loch von der Größe eines Fünfmarkstücks schneiden. Eigelb mit etwas Wasser verrühren und den Teigdeckel damit bepinseln. Tarte im Backrohr auf mittlerer Schiene 30 Minuten backen, dann die Hitze auf 180° reduzieren und noch 10–15 Minuten knusprig braun werden lassen.

Terrine de marcassin aux airelles
Wildschweinpastete mit Preiselbeeren

Der Wald ist natürlich ein Dorado für Jäger. Ganz besonders die wohlhabenden Geschäftsleute aus Paris lieben es, hier im Winter auf die Jagd zu gehen. Die Einheimischen und die Gemeinden haben mit Verpachtung und Jagdbetreuung schon immer ein gutes Zubrot verdient. Die Köche der Gegend aber haben sich schon seit vielen Jahrhunderten darauf spezialisiert, aus dem Fleisch der Jagdbeute neben leckeren Ragouts auch Pasteten und Terrinen zu machen. Als Beispiel eine Terrine vom Wildschwein, nach einem Rezept der Schwestern Egloff, die an der Grenze zum Saarland ein hochgelobtes Restaurant führen und trotz aller Raffinessen ganz der Tradition verbunden sind.

Zutaten für 4 Personen:
300 g nicht zu fetter frischer Schweinebauch, 500 g Schulter vom Wildschwein, 2 Eier, 1 frisches Schweinenetz (beim Metzger bestellen), 1 sehr feingewürfelte Schalotte, 500 g Pilze (Pfifferlinge eignen sich am besten), 4 EL Preiselbeeren aus dem Glas, Salz und Pfeffer
Für die Marinade: 1 Flasche bester Rotwein, 3 cl Marc (Tresterschnaps), 1 gewürfelte Karotte, 2 EL gehackte Petersilie, 1 kleingewürfelte Zwiebel
Zubereitungszeit: 2 Stunden
Einwirkzeit der Marinade: 2 Tage
Ruhezeit: 1 Tag

Zwei Tage vor dem Bereiten der Terrine aus den angegebenen Zutaten eine Marinade herstellen. Den Schweinebauch und die Wildschweinschulter in der Marinade einlegen und kalt stellen.
Am Tag selber das Fleisch und die Zutaten der Marinade in einem Sieb gut abtropfen lassen. Anschließend zusammen durch die mittlere Scheibe des

Fleischwolfs drehen. Die zwei Eier in die Fleischmasse einarbeiten und mit Salz und Pfeffer abschmecken.
Das Backrohr auf 220° vorheizen.
Das Schweinenetz in kaltem Wasser einweichen.
In einer Pfanne die Schalotte und die Pilze anschwitzen und Saft ziehen lassen. Auf kleiner Flamme dünsten, bis die Flüssigkeit verdampft ist.
Nun eine längliche Pastetenform mit dem Schweinenetz auslegen, ein Drittel der Fleischmasse auf dem Boden verteilen, die Hälfte der Pilze und der Preiselbeeren gleichmäßig drüberstreuen, wieder ein Drittel der Fleischmasse, den Rest Pilze und Preiselbeeren dazugeben und mit dem Rest der Fleischmasse abdecken. Gut mit nassen Händen eindrücken, damit möglichst keine Lufträume in der Pastete bleiben.
Das Schweinenetz über die Oberfläche ziehen und alles gut abdecken. Die Pastetenform in ein heißes Wasserbad stellen und eine Stunde im Backrohr garen.
Herausnehmen und in der Form erkalten lassen. Dabei etwas beschweren. Die Pastete schmeckt am besten, wenn man sie vor dem Anschneiden einen Tag ruhen läßt.

Pâté en croute
Pastete im Teigmantel

Zu besonderen Anlässen gibt es als Vorspeise nach Suppe oder einer anderen ersten Vorspeise immer eine Pastete und ganz besonders gern eine, die im Teigmantel gebacken ist. Sie zeigt das ganze Können der Hausfrau, wenn sie goldbraun und hübsch verziert auf den Tisch kommt.

Für eine Kastenform von 30 cm Länge:
Für den Mürbeteig: 500 g Mehl, 2 Eier, 1 TL Salz, 250 g Butter, 5 EL Milch
Für die Füllung: 500 g mageres Schweinefleisch, 200 g frischer Speck, 200 g Kalbfleisch aus der Schulter, 250 g gewürfeltes Kassler, je 1 TL frisch gehackte Thymian- und Majoranblättchen, 2 sehr fein gehackte Knoblauchzehen, Salz und Pfeffer
Außerdem: Butter für eine Kastenform, 1 Ei
Portwein oder Sherrygelee aus dem Glas
Zubereitungszeit (ohne Wartezeit): 2 Stunden
Einwirkzeit der Marinade: über Nacht

Am Tag vorher Schweinefleisch, Speck und Kalbfleisch in Streifen schneiden. In einer großen Schüssel mit allen Gewürzen, Salz und Pfeffer vermischen und über Nacht kalt stellen.
Am nächsten Tag die Fleischmischung durch die feine Scheibe des Fleischwolfs drehen. Das gewürfelte Kasslerfleisch einarbeiten, wieder kalt stellen.
Nach der Beschreibung auf Seite 435 den Mürbeteig zubereiten und eine Stunde ruhen lassen, dann ausrollen.
Das Backrohr auf 220° vorheizen.
Eine Kastenform ausbuttern und mit dem ausgerollten Teig auslegen. Dabei muß an den Stirnseiten der Teig rund 1,5 Zentimeter überstehen, an den Längsseiten aber so viel, daß er umgeklappt jeweils bis zur anderen Seite der Form reicht. Nun die Farce einfüllen und sorgfältig mit feuchten Händen eindrücken, damit keine Luftlöcher bleiben. Den Teig von den Stirnseiten und dann von den Längsseiten über der Farce zuklappen und sorgsam andrücken. Mit einem Messer zwei Löcher von der Größe eines Fünfmarkstücks in den Deckel schneiden. Aus den Teigresten Blätter und Blüten schneiden und diese mit Eiweiß auf die Oberfläche der Pastete kleben und andrücken. Mit dem verquirlten Eigelb die Pastete bestreichen. In die Löcher gerollte Papierkamine stecken. Die Pastete 15 Minuten auf mittlerer Schiene im vorgeheizten Rohr backen, die Temperatur auf 180° reduzieren und weitere 30–40 Minuten backen. Pastete in der Form erkalten lassen. Das Gelee erwärmen und in die Löcher im Teigdeckel einfüllen, damit die Hohlräume zwischen Teig und Farce ausgefüllt sind.

Variation: Sieht nicht nur hübsch aus, sondern schmeckt auch lecker: eine Handvoll geschälte Pistazienkerne in die Fleischfarce mischen. Luxuriös wird es, wenn man etwas gewürfelte Trüffel beigibt.

Die täglichen Familiengerichte

Es ist keine leichte Entscheidung, die Auswahl zu treffen, die am besten vermittelt, was in Elsaß und Lothringen traditionell auf dem Lande gegessen wird. Natürlich das Sauerkraut mit allem, was dazugehört, und die Gerichte von Hase und Huhn, die eher für den Sonntag gedacht waren. Klassisch ist auch der Pot au feu, ein gekochtes Rindfleisch, das man im Elsaß ganz anders wie im Rest Frankreichs nicht mit den mitgekochten Gemüsen, sondern mit vielerlei Salaten serviert; vorneweg gibt's eine gute Suppe. Der Lothringer Potée dagegen ist ein Suppeneintopf aus Gemüsen und gepökeltem Schweinefleisch, bei dem die Kochbrühe auch als Vorspeise dient. Diese Gerichte werden aber in anderen Kapiteln dieses Buches beschrieben. Einmalig – im Elsaß und in Lothringen – sind die einfachen Gerichte für alle Tage, die mit schlichten Zutaten und viel Phantasie die Familie ernährten. Ganz außergewöhnlich für die sogenannten Innerfranzosen ist, daß zu den meisten der folgenden Gerichte grüner Salat dazugegessen wird, und zwar in großen Mengen. Salat kommt hier täglich auf den Tisch und ändert sich in der Zusammensetzung mit dem Verlauf des Jahres. Im Frühjahr gibt es Löwenzahn, der auf dem Feld gestochen und mit ausgelassenem Speck und harten Eiern angemacht wird; im Sommer dann die große Vielfalt aus den Gärten, gemischt mit Gurken und Tomaten; im Spätjahr, wie der Herbst hier genannt wird, Frisée, Chicorée (der Endives heißt), und Feldsalat, der gerne mit ausgelassenem Speck angemacht wird.
Diese so eigenen Gerichte für alle Tage wurden und werden aus den Zutaten gekocht, die in jedem ländlichen Haushalt immer vorrätig sind: Kartoffeln, Mehl, Eier, Milchprodukte und natürlich Speck, ohne den sich die Landbevölkerung von Elsaß und Lothringen das tägliche Leben nicht vorstellen kann. Ihre Liebe zu den Nudeln wird ihnen als deutsches Erbe ausgelegt, was der Liebe aber keinen Abbruch tut. Jede Hausfrau, die etwas auf sich hält, macht bei besonderen Anlässen und zu bestimmten Gerichten die Nudeln selber, ganz so wie schon die Großmütter.

Schniderspattle
Nudelauflauf mit Zwiebeln und Crème fraîche

Zutaten für 4 Personen:
Für den Nudelteig: 500 g Mehl, Salz und etwas geriebene Muskatnuß, 5 Eier, 1–2 EL Wasser, etwas Öl für das Kochwasser
Für die Füllung: 5 EL Gänse- oder Entenfett, 6 große Zwiebeln, in dünne Scheiben geschnitten, 1 TL Thymian, 500 g Crème fraîche, Salz und Pfeffer, Butter für die Auflaufform
Zubereitungszeit: 60 Minuten

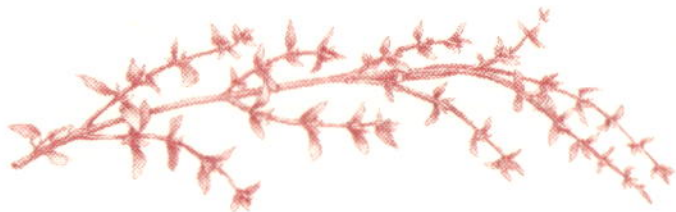

Das Backrohr auf 220° vorheizen.
Für den Nudelteig das Mehl mit Salz und Muskat mischen, die übrigen Zutaten beigeben und alles gut durchkneten. Aus dem Teig eine Kugel formen und in Folie verpackt eine Stunde ruhen lassen.
In der Zeit das Fett erhitzen und die Zwiebeln mit Thymian, Salz und Pfeffer darin auf kleiner Flamme weich dünsten.
Nun den Nudelteig dünn ausrollen und ganz beliebige Vier- und Dreiecke ausschneiden, so wie Stoffreste vom Schneider, was das Wort »Schniderspattle« auch bedeutet.
In sprudelndem Salzwasser mit etwas Öl weich kochen, abgießen, kalt abschrecken und erkalten lassen.
Die Crème fraîche mit Salz und Pfeffer würzen.
Einen Teil der Nudeln gefältelt und gerüscht auf dem Boden der Form verteilen, einen Teil der Zwiebeln daraufgeben, Crème fraîche darübertropfen, nun wieder gefältelte Nudeln usw. Mit Crème fraîche abschließen.
Die Nudeln ins vorgeheizte Rohr schieben und so lange backen, bis alles köchelt und die herausstehenden Nudelteigspitzen leicht braun werden.
Mit viel Salat servieren.

Variation: Fleischreste vom Sonntagsbraten oder vom Pot au feu kann man in ganz kleine Würfelchen schnibbeln und zu den Zwiebeln geben. Ich selber nehme gerne zwei Hühnerbrüste, schneide sie in ganz kleine Würfel und dünste sie mit den Zwiebeln.

Fleischnüdle
Gefüllte Nudelrollen überbacken

Ein sehr übliches Montagsgericht ist eine Kombination aus den Resten des sonntäglichen Pot au feu und Nudelteig. Von Francine, bei der ich dieses Gericht zu kosten bekam, kenne ich auch den Namen »Muatta tummle di«. Als ich es zum erstenmal nachkochte, wußte ich, warum es so heißt: Man muß sich beeilen, wenn man mittags fertig sein will.

Zutaten für 4 Personen:
Für den Nudelteig: siehe vorhergehendes Rezept
Für die Füllung: 1 kleingewürfelte Zwiebel, 2 EL Butter, 500 g gekochtes oder gebratenes Rindfleisch, durch den Fleischwolf gedreht, 1 Bund gehackte Petersilie, 2 gehackte Knoblauchzehen, 2 EL Mehl, ca. 125 ml Fleischbrühe, Salz und Pfeffer
Für die Form: etwas Butter, 3 feingehackte Schalotten, Fleischbrühe
Außerdem: Petersilie oder Schnittlauch zum Garnieren
Zubereitungszeit: 2 Stunden

Das Backrohr auf 170° vorheizen.
Den Nudelteig herstellen und etwa eine Stunde ruhen lassen.
In dieser Zeit in einer Pfanne die Butter erhitzen und die Zwiebel andünsten. Die Fleischreste dazugeben und anbraten. Petersilie und Knoblauch hinzufügen, auf kleiner Flamme dünsten, salzen und pfeffern. Nun mit Mehl bestäuben, mit einem Holzlöffel verrühren und langsam mit der Fleischbrühe löschen, bis sich die Masse geschmeidig verbindet.
Den Nudelteig in drei Teile teilen und die Portionen nacheinander zu einer dünnen, möglichst rechteckigen Platte ausrollen. Mit je einem Drittel der Fleischfarce bestreichen und zusammenrollen. Die Rolle in 4 Zentimeter lange Stücke schneiden. Etwas Butter in einer Auflaufform erhitzen, die Schalotten anbraten, die Nudelrollenstücke von beiden Seiten kurz und heiß anbraten und dicht nebeneinander schichten. So viel Fleischbrühe zugeben, daß die Nudeln zur Hälfte bedeckt sind, und im Rohr noch knapp 30 Minuten schmoren. In der Form mit frisch geschnittenem Schnittlauch oder Petersilie bestreut und mit einer großen Schüssel Salat servieren.

Variation: Die Füllung wird noch saftiger und leckerer, wenn man zwei Handvoll kleingewürfelte Champignons oder im Herbst Waldpilze mit der Fleischfarce andünstet.

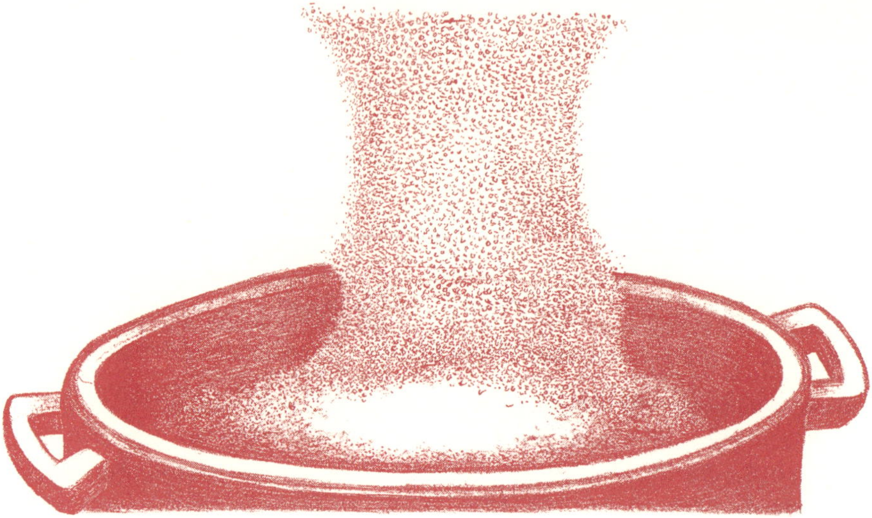

Kasknepfle
Quarkknödelchen mit Kräutern und Speck

Von den Römern, die das Elsaß ob seiner milden Temperaturen und der fruchtbaren Böden sehr schätzten, sollen die Kasknepfle eingeführt worden sein. Das köstliche Gericht ist ein Lieblingsessen der Kinder und vieler Gäste, die es einmal probiert haben und immer wieder bestellen, sobald ich es auf der Karte habe.

Zutaten für 4 Personen:
800 g 20- oder 40prozentiger Quark, 4 Eier, je ½ Bund feingehackter Kerbel, Schnittlauch und Petersilie, 200 g Mehl, 200 g Speckwürfel, 250 g Sahne, Salz, Pfeffer und Muskatnuß
Zubereitungszeit (ohne Wartezeit): 45 Minuten

Am Abend vorher ein Sieb mit einem Tuch auslegen, den Quark hineingeben und über Nacht abtropfen lassen.
Das Backrohr auf 220° vorheizen.
Am nächsten Tag den abgetropften Quark, Eier, Kräuter und Mehl vermischen und mit Salz, Pfeffer und Muskat abschmecken.
Einen großen Topf Salzwasser aufstellen und zum Kochen bringen. Mit einem Eßlöffel längliche Klößchen aus dem Quarkteig stechen und in das kochende Wasser gleiten lassen. Bei milder Hitze 15 Minuten kochen, sie plustern sich

dann richtig auf. In dieser Zeit die Speckwürfel in der Pfanne kräftig anbraten, leicht pfeffern; mit der Sahne löschen und leise köcheln lassen.
Die Kasknepfle mit einer Schaumkelle aus dem Wasser heben, abtropfen lassen und in eine Auflaufform legen. Die Sahne mit dem Speck darübergießen. Im vorgeheizten Backrohr 10 Minuten gratinieren. Sofort servieren und eine große Schüssel Salat als Beilage reichen.

Griesknepfle
Gebackene Grießschnitten

Kennt man die italienische Küche, so scheint die Annahme angebracht, daß die Griesknepfle auch mit den Römern ins Elsaß marschiert kamen. Meine Nachbarin erzählt, wie praktisch dieses typische Freitagsmahl gewesen sei. Man machte für die Männer in Butter abgeröstete Knoblauchbrotwürfel und einen Salat mit viel Zwiebeln dazu, und für die Kinder und die Omas gab es ein Kompott aus Äpfeln oder Dörrzwetschgen.

Zutaten für 4 Personen:
1 l Milch, 50 g Butter, 150 g Weizengrieß, 2 Eier, etwas Salz und geriebene Muskatnuß, Butter zum Ausbraten
Zubereitungszeit (ohne Wartezeiten): 20 Minuten

Die Milch mit der Butter zum Kochen bringen. Den Grieß unter Rühren langsam einrieseln lassen. Bei ganz schwacher Hitze weiterrühren, bis ein dicker Brei entsteht.
Den Brei vom Herd nehmen, mit Salz und Muskat würzen und die Eier einarbeiten. Nun die dicke Masse auf ein mit Wasser befeuchtetes Backblech kippen und mit einem Spatel 3 Zentimeter hoch verstreichen. Kalt und fest werden lassen.
Nun die Platte in Rauten schneiden und diese in gebräunter Butter ausbraten und wie oben beschrieben servieren.

Grumbeerekiachle
Kartoffelplätzchen

Jeder ländliche Haushalt hat seine eigenen Kartoffeln. Das war nicht nur früher so, auch heute ist bei vielen der Gemüsegarten in zwei Hälften geteilt, und jedes Jahr werden im Wechsel auf der einen oder anderen Seite Kartoffeln angebaut. Inzwischen macht man das nicht mehr, um zu sparen, sondern weil die eigenen Kartoffeln besser schmecken. Und freitags macht man daraus häufig die allseits beliebten Grumbeerekiachle.

Zutaten für 4 Personen:
1½ kg grob geriebene Kartoffeln, 2 Stangen Lauch (längs halbiert und in dünne Ringe geschnitten), 2 feingeriebene Zwiebeln, 1 Bund gehackte Petersilie, 3 Eier, 4 EL Kartoffelmehl, Salz und Pfeffer, Gänse-, Schweine- oder Butterschmalz zum Ausbacken
Zubereitungszeit: 30 Minuten

Alle Zutaten zusammenmischen und mit Salz und Pfeffer abschmecken. In einer großen Eisenpfanne das Fett erhitzen. Je nach Wahl des Fettes gibt man den Kiachle eine andere Geschmacksnuance. Nun mit einem großen Löffel kleine Portionen in die Pfanne setzen und platt drücken. Auf nicht zu starker Flamme langsam bräunen und immer wieder wenden.
Die Kiachle so servieren wie früher die Mütter: Sie standen am Herd, buken die Kiachle, die pfannenfrisch auf den Tellern der Familie landeten, sie selber aßen erst von der letzten Portion; oder warm stellen, bis alle ausgebacken sind, und alle setzen sich gemeinsam zu Tisch.
Zu den Kiachle passen gut die deftigen Wintersalate und eine Vinaigrette mit Zwiebeln und Knoblauch.

Roigebrädeldi
»Rohgebratene« Kartoffeln

In den Bergbauernhöfen der Vogesen ist ein deftiges, traumhaft gutes Kartoffelgericht zu Hause, das in besseren Tagen von gepökeltem Schweinefleisch, den Schiefele, und Salat, an normalen Tagen aber nur von einer großen Schüssel Salat mit Zwiebeln begleitet wurde.

Zutaten für 4 Personen:
200 g geräucherter Speck in Würfeln, 1 kg festkochende Kartoffeln in dünnen Scheiben, 2 sehr klein gehackte Zwiebeln, 100 g Butter, Salz und Pfeffer
Zubereitungszeit: 90 Minuten

Backrohr auf 180° vorheizen.
Für dieses Gericht benötigen Sie einen gußeisernen Topf mit festschließendem Deckel. Auf den Boden des Topfes den Speck geben, darauf eine Schicht Kartoffeln, eine Schicht Zwiebeln und Butterflöckchen. Zutaten in dieser Reihenfolge einschichten, bis sie aufgebraucht sind. Obenauf kommt eine Schicht Kartoffeln und Butter. Jede Schicht leicht salzen und pfeffern.
Den Topf verschließen und rund eine Stunde ins heiße Backrohr stellen. Es gibt verschiedene Methoden, die Kartoffeln zu servieren. Entweder man stürzt sie auf eine Platte und serviert sie als Kuchen, oder sie werden vor dem Servieren vermischt und kommen in eine Schüssel.

Variation: Statt des gepökelten Schweinefleischs mit Salat kann man zu dieser Art Kartoffeln ausgezeichnet die elsässische Spezialität Bibeleskäs essen. Den weißen Quark mit Salz, Pfeffer, Knoblauch und Schnittlauch würzen. Getrennt dazu reicht man noch kleingehackte Zwiebeln oder Frühlingszwiebelringe und gewürfelten Speck.

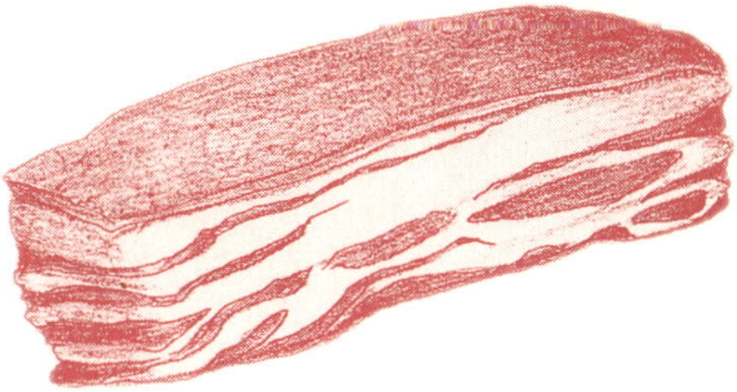

Jüdapflettler
Kartoffelklößchen mit gebräunten Zwiebeln

Im Elsaß gab es bis zum Zweiten Weltkrieg große jüdische Gemeinden. In den kleinen Dörfern des Nordelsaß findet man ihre Spuren heute noch. So steht in Gundershoffen und Niederbronn eine Synagoge, und in Oberbronn wurde vor kurzem der jüdische Friedhof außerhalb des Ortes von einem Urwald an Unkraut befreit und wird seitdem gepflegt.
Die Nachfrage der Juden aus früheren Zeiten nach koscherem Fleisch hatte auch Einfluß auf die kulinarischen Gewohnheiten der Elsässer. Enten und Gänsezucht erlebten einen großen Aufschwung, und auch bei den Fischgerichten gibt es einige, die auf die jüdische Eßkultur zurückgehen. Ein bei allen beliebtes Kartoffelrezept, das mit viel Salat gegessen wird, hat seinen Namen daher.

Zutaten für 4 Personen:
6 große mehlige, aber festkochende Kartoffeln (z.B. Desirée), 1 feingehackte Zwiebel, 2 halbierte und in dünne Scheiben geschnittene Zwiebeln, 3 Eier, 1 Bund feingehackte Petersilie, 3 EL Mehl, Salz, Pfeffer und geriebene Muskatnuß, Butter zum Braten
Zubereitungszeit (ohne Wartezeit): 35 Minuten

Am Abend vorher die Kartoffeln in der Schale kochen, abgießen und stehenlassen. Am nächsten Tag die Kartoffeln schälen und durch die Kartoffelpresse drücken. Die gehackte Zwiebel mit Eiern und Petersilie zu den Kartoffeln geben. Mit Salz, Pfeffer und Muskat würzen und mit dem Mehl bestäuben.
Einen Teig kneten und kleine Knödelchen formen. Einen großen Topf Salzwasser zum Kochen bringen, die Knödel hineingeben und wenn sie an die Oberfläche steigen, noch 10 Minuten auf kleiner Flamme wallen lassen.
In dieser Zeit die Zwiebelringe in Butter goldbraun rösten.
Die Knödel mit dem Schaumlöffel aus dem Wasser heben, abtropfen lassen, auf eine vorgewärmte Platte geben und heiß mit den gebräunten Zwiebeln servieren.

Das süße Backwerk

Die Kuchen und Backwaren, allen voran die Tartes, aus den beiden östlichsten Regionen sind in ganz Frankreich für ihre Qualität bekannt und beliebt, und elsässische Köche und Patissiers sind überall im Land gesuchte Fachkräfte.
Eine Spezialität, die es sonst nirgends in Frankreich gibt, ist der Gugelhupf. Man ist sich ziemlich sicher, daß er mit Marie Antoinette, der Tochter Maria Theresias, anläßlich ihrer Hochzeit mit Ludwig XVI. ins Land kam. Warum er aber gerade im Elsaß sich so festsetzte, ist geschichtlich nicht zu erklären. Ich denke aber, es hängt mit der Liebe der Elsässer zu Österreich zusammen. Denn auch die Linzer Torte gehört schon seit vielen Generationen zu dem festen Repertoire jeder elsässischen Familie.

Kugelhopf

Zutaten für eine mittlere Gugelhupfform:
200 g Rosinen, ½ l Milch, 4 Eier, 1 TL Salz, 150 g Zucker, 1 Hefewürfel, 1 kg Mehl, 125 g zimmerwarme Butter, Mandeln für die Form, Puderzucker zum Bestäuben
Zubereitungszeit (ohne Wartezeiten): 60 Minuten

Die Rosinen in lauwarmem Wasser einweichen.
Die Milch leicht erwärmen, vom Herd nehmen und in einer großen Schüssel mit den Eiern verquirlen. Salz, Zucker und Hefe mit dem Schneebesen einarbeiten. Nun langsam das Mehl dazugeben und den Teig mit dem Knethaken des Handrührgeräts verrühren. Sobald der Teig kompakt wird, mit den Händen weiterarbeiten. Die warme Butter flockenweise einkneten. Noch gut 10 Minuten kneten. Die Teigkugel in eine weite Schüssel geben, mit einem Tuch abdecken und auf die doppelte Größe aufgehen lassen. Jetzt die abgetropften Rosinen einarbeiten. Die Kugelhopfform ausbuttern, in jede tiefe Rippe eine Mandel legen und den Teig einfüllen. In der Form 20 Minuten gehen lassen. Inzwischen das Backrohr auf 180° vorheizen. Kugelhopf 40–45 Minuten auf der zweiten Schiene von unten backen. Den Kuchen stürzen und dick mit Puderzucker bestäuben.

Variation: Den Kugelhopf gibt es auch in einer pikanten Version, die gerne zu Weißwein gereicht wird. Dabei läßt man den Zucker weg, gibt etwas mehr Salz dazu und reichert den Teig mit 150 Gramm angebratenen Speckstücken und 100 Gramm gehackten Walnüssen an.

Baba au rhum
Hefekuchen mit Rum

Hefekuchen sind meist trocken und brauchen als Begleiter eine große Tasse Kaffee. Zu trocken war der normale Kugelhopf dem polnischen König Stanislas Leczinsky, als er 1720 in Nancy im Exil war, und so tränkte er seinen Kuchen mit Rum und zündete ihn an. Die blauen Flammen erinnerten ihn an Ali Baba, und so entstand die neue Variante des Kugelhopfs.

Für den Teig: ½ Hefewürfel, 100 ml lauwarme Milch, 300 g Mehl, 4 Eier, 150 g flüssige Butter, 40 g Zucker, ½ TL Salz, 1 TL abgeriebene Zitronenschale
Für den Sirup: 150 g Zucker, ¼ l Wasser, 6 cl brauner Rum
Zubereitungszeit (ohne Wartezeiten): 45 Minuten

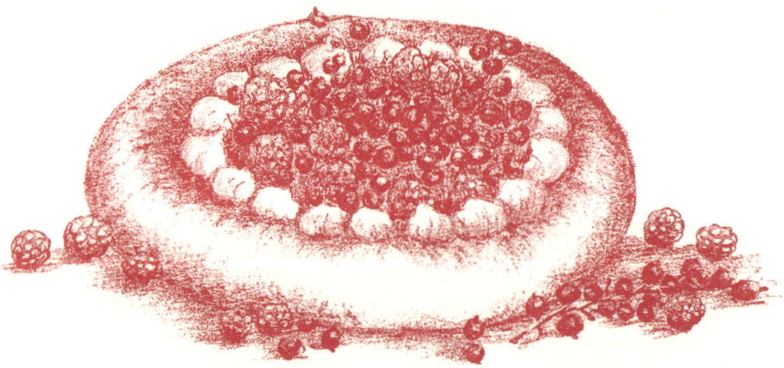

Die Hefe in der Milch auflösen. Das Mehl in eine Schüssel geben, eine Mulde in die Mitte drücken und die Hefemilch darin mit etwas Mehl zu einem Brei verrühren. An einem warmen Platz gehen lassen.
Eier mit Butter, Zucker und Salz mit dem Schneebesen verrühren und zusammen mit der Zitronenschale unter den Vorteig rühren.
Mit den Händen zu einem glatten Teig kneten und 15 Minuten gehen lassen.
Während der Teig geht, die Zutaten für den Sirup in einem Töpfchen erhit-

zen und leise köcheln lassen, bis sich der Zucker aufgelöst hat. Vom Herd nehmen und abkühlen lassen.
Nun den Teig in eine große oder mehrere kleine, ringförmige, ausgebutterte Kuchenformen füllen und nochmals 15 Minuten gehen lassen. Inzwischen das Backrohr auf 210° vorheizen.
Babas im Rohr braun backen. Bei der großen Form dauert das ungefähr 30, bei den kleinen etwa 15 Minuten. Kuchen aus dem Ofen nehmen, leicht abkühlen lassen und auf eine Platte stürzen. Noch warm mit Sirup tränken, anschließend kalt stellen.
Vor dem Servieren füllt man das Innere der Kuchenkreise mit Früchten und Sahne oder nur mit frisch geschlagener Sahne.

Tarte aux pommes
Apfeltarte

Im Elsaß und in Lothringen ißt man nachmittags sehr gerne Kuchen. Auch bei den großen Familienfesten, bei denen über mehrere Stunden gut und reichlich getafelt wird, gibt es nach dem Dessert Kaffee und jede Menge Kuchen.
Am beliebtesten von allen süßen Gebäcken ist immer wieder die Tarte: dünne Mürbeteigböden, belegt mit den vielfältigen Früchten, die es das ganze Jahr über gibt. Man beginnt im Frühjahr mit Erdbeeren und Kirschen und endet im Herbst und Winter mit Äpfeln. Eine Tarte zu backen ist wirklich nicht schwierig, und auch im Backen sehr Ungeübte können damit Eindruck machen. Für eine Heidelbeertarte braucht man beispielsweise nur einen Mürbeteigboden, der dicht mit Heidelbeeren ausgelegt und mit Zucker bestreut wurde. Eine halbe Stunde im Rohr backen und fertig. Mit frisch geschlagener Sahne ist das eine wahre Delikatesse. Etwas schwieriger ist die sehr beliebte Tarte aux pommes.

Zutaten für eine Tarteform mit 26 cm Durchmesser:
Für den Teig: 250 g Mehl, 125 g weiche Butter, 90 g Zucker, 1 Ei, 1 Prise Salz
Für den Belag: 3–4 große saure Äpfel
Für den Guß: 200 g Sahne, 2 Eier, 80 g Zucker, 1 TL Zimt oder das Mark einer Vanilleschote
Zubereitungszeit: 50 Minuten

Mürbeteig nach der Anleitung auf Seite 435 zubereiten und ruhen lassen. In der Zeit die Äpfel schälen und in gleichmäßige, dünne Spalten schneiden. Die Zutaten für den Guß mit einem Schneebesen verrühren.
Das Backrohr auf 200° vorheizen.
Eine ausgebutterte Tarteform mit dem Teig auskleiden. Kreisförmig und dicht an dicht die Apfelspalten darauf anordnen. In den Ofen schieben. Nach 10 Minuten herausholen und den Guß gleichmäßig über die Äpfel gießen. Wieder in den Ofen geben und in 20–25 Minuten fertig backen. Frisch gebacken und noch lauwarm schmecken diese Tartes am besten.

Variation: Nach diesem Rezept können Sie auch eine Tarte mit Birnen, Aprikosen oder Zwetschgen machen.

Tarte au fromage blanc
Tarte mit weißem Käse

Eine Variante, die es so nur in Elsaß-Lothringen gibt.

Zutaten für eine Tarteform mit 26 cm Durchmesser:
Für den Teig: 250 g Mehl, 125 g weiche Butter, 90 g Zucker, 1 Ei, 1 Prise Salz
Für den Belag: 400 g Quark, 100 g Zucker, 1 Prise Salz, 200 g Sahne, 4 Eier, die abgeriebene Schale einer Zitrone
Außerdem: etwas Butter für die Form, Puderzucker zum Bestreuen
Zubereitungszeit (ohne Wartezeit): 60 Minuten

Den Quark in einem mit einem Tuch ausgelegten Sieb über Nacht abtropfen lassen.
Den Teig wie auf Seite 435 beschrieben zubereiten.
Das Backrohr auf 200° vorheizen.

Die gebutterte Tarteform mit dem Teig auslegen. Alle Zutaten für den Belag vermischen, sehr gründlich miteinander verrühren und auf dem Teigboden verteilen. Tarte in 40–45 Minuten schön braun backen. Den Kuchen auf ein Gitter stürzen und gestürzt auskühlen lassen, damit der Käsebelag beim Abkühlen nicht zu sehr einsinkt. Anschließend richtig herum auf eine Kuchenplatte geben und mit Puderzucker bestreuen.

Der Käse

Typisch für diese Region ist nur ein Käse: der **Münster**. Der Weichkäse mit seiner roten gewaschenen Rinde besitzt einen sehr pikanten und intensiven Geschmack und im reiferen Stadium auch einen wahrhaftig sehr intensiven Geruch. Das stört aber die Fans des Käses überhaupt nicht. Sie können sich für ihren Käse sowieso erst dann richtig begeistern, wenn er anfängt, sich in Bewegung zu setzen. Der Geschmack wird dann noch kräftig durch die Beigabe von Kümmel und Zwiebelringen unterstrichen.
Im Restaurant hatte ich ein sehr beliebtes Gericht mit Münsterkäse auf der Karte, das ich Ihnen hier nicht vorenthalten möchte. Es schmeckt hinreißend gut, aber die Wohnung riecht danach auch sehr kräftig. Vielleicht servieren Sie es am besten nur im Sommer auf dem Balkon oder auf der Terrasse.

Munster chaud sur son lit de pommes de terre
Münsterkäse auf Kartoffeln überbacken

Zutaten für 4 Personen:
4–5 festkochende Kartoffeln, Butter, 1 großer reifer Münster, Salz, Kümmel
Zubereitungszeit: 30 Minuten

Das Backrohr auf 200° vorheizen.
Kartoffeln sorgfältig bürsten und in sehr dünne Scheiben schneiden. Eine flache Auflaufform ausbuttern und die Kartoffelscheiben dachziegelartig hineinschichten, leicht salzen und mit Butterflöckchen bestreut in den Ofen schieben.
Inzwischen den Käse in Scheiben schneiden. Wenn die Kartoffeln gar sind und anfangen, leicht braun zu werden, die Form herausholen, die Käsescheiben auf die Kartoffeln verteilen und mit Kümmel bestreuen. Wieder ins Rohr schieben und noch 10 Minuten überbacken, bis der Käse schmilzt und anfängt, Blasen zu schlagen.
Mit knuspriger Baguette sofort servieren.

Île de France,
Heimat der großen Klassiker

Die Île de France umfaßt Paris und seine weitere Umgebung. Eigentlich vermutet man hier keine traditionellen Bauerngerichte, aber das heutige Stadtgebiet mit seinen nicht enden wollenden Vororten täuscht darüber hinweg, daß die Stadt von einem sehr fruchtbaren Gartenland und von wildreichen Wäldern wie Fontainebleu und Compiègne umgeben ist und von fischreichen Flüssen durchzogen wird.

Rund um Paris war immer schon alles zu haben. Dazu kamen die Lieferungen der besten Leckerbissen aus den Provinzen, damit die Könige und Adligen, die Reichen und Berühmten stets vorzüglich bewirtet werden konnten. Phantasievolle und ehrgeizige Köche aus den entferntesten Winkeln des Landes arbeiteten in den dunklen Küchen der Paläste und entwickelten die französische Küche *la grande cuisine.* Von hier aus wanderten die Gerichte wieder in die Regionen. Einige von ihnen wurden im Laufe der Jahre ins Repertoire der bürgerlichen Haushalte aufgenommen und sind von keinem Familientisch mehr wegzudenken. Keine Kindheit ohne Crème caramel oder Œufs à la neige oder die berühmte Mousse au chocolat, kein Steak ohne Sauce béarnaise, kein Spargel, der nicht am liebsten mit Sauce hollandaise gegessen würde.

»Das Geheimnis liegt in der Sauce«, könnte man über dieses Kapitel schreiben, denn die Saucen sind das ganz Besondere der klassischen französischen Küche. Aber auch all die Gerichte, die berühmte Köche berühmten Leuten gewidmet haben oder die berühmte Leute angeblich selber erfunden haben, sind von Paris aus in jede noch so entlegene Region Frankreichs gewandert und gehören heute zum allgemeinen französischen Kulturgut.

Hors-d'œuvres

Terrine maison
Klassische Hausmacherpastete

Das wohl französischste Hors-d'œuvre ist eine klassische Pastete, die es in vielen Variationen gibt und je nach Zubereitung unterschiedliche Namen trägt. Eine Pastete, die mit Speckmantel im Wasserbad gegart wird, heißt *terrine*, eine Pastete, die im Schweinenetz oder im Teigmantel gebacken wird, heißt *pâté.* Wenn Sie das wissen, müssen Sie, wie schon manch einer meiner Gäste, nicht enttäuscht gucken, wenn die bestellte Terrine keine dampfende Suppenschüssel ist.

Zutaten für 1 Kastenform:
250 g fetter Schweinespeck, 350 g mageres Schweinefleisch, 300 g mageres Kalbfleisch, 350 g Kalbsleber, 2 Schalotten, 1 Knoblauchzehe, 120 g Hühnerlebern, 5 EL Butter, 6 cl Cognac, ½ TL Pastetengewürz aus dem Feinkostladen oder 1 TL hausgemachte Pastetenmischung (s. Variation), 150 g gekochte Schinkenwürfel, 1 verquirltes Ei, 2 EL süße Sahne, 1 EL Mehl, Salz
Außerdem: breite Speckscheiben zum Auslegen der Pastetenform, Lorbeerblätter, nach Wunsch 1 Rosmarinzweig zum Abdecken
Zubereitungszeit: 2 Stunden
Ruhezeiten: 1–2 Tage

Fleisch von Haut oder Fett befreien, in Würfel schneiden und anschließend durch die mittlere und dann durch die feine Scheibe des Fleischwolfs drehen. Schalotten und Knoblauch sehr fein hacken, Hühnerlebern putzen und grob würfeln.
3 Eßlöffel Butter in einer Pfanne erhitzen. Schalotten und Knoblauch darin andünsten, aber nicht bräunen. Zur Fleischfarce geben. In der gleichen Pfanne die restliche Butter erhitzen und die Hühnerlebern unter ständigem Wenden kurz anbraten, so daß sie innen noch rosa bis blutig sind. Aus der Pfanne heben und beiseite stellen. Bei mittlerer Flamme den Bodensatz mit Cognac loskochen, dann den leicht reduzierten Cognac zum Fleisch geben.
Die Farce gut durchmischen und mit dem Pastetengewürz abschmecken. Schinkenwürfel, Ei und Mehl dazugeben, salzen und noch einmal gründlich durcharbeiten.
Das Backrohr auf 140° vorheizen.
Die Pastetenform mit den breiten Speckstreifen auslegen und an den Rändern reichlich überhängen lassen. Die halbe Farce einfüllen und andrükken. Die Leberstücke auf der Farce verteilen, die restliche Farce einfüllen, festdrücken und glattstreichen. Die Speckscheiben über der Farce zuklappen. Mit Lorbeerblättern belegen; wenn Sie den Geschmack lieben, auch noch einen Rosmarinzweig dazugeben.

Die Pastetenform mit Alufolie und einem Deckel oder nur mit Folie fest verschließen und 2 Stunden in einem heißen Wasserbad im Backrohr garen. Danach den Deckel abheben, eine Folie auf die Terrine legen und mit einem Gewicht beschweren. Abkühlen lassen, dann mit dem Gewicht in den Kühlschrank stellen. Nach 24 Stunden das Gewicht entfernen. Die Pastete am besten jedoch erst nach 48 Stunden anschneiden.

Variation: Es ist in Frankreich inzwischen durchaus üblich, ein fertiges **Pastetengewürz *(Épice au pâté)*** zu kaufen. Wenn Sie ab jetzt öfter Pasteten kreieren möchten, dann probieren Sie die alte Methode: Mischen Sie sich Ihr Pastetengewürz selber, und bewahren Sie die Mischung in einem Schraubdeckelglas auf. Hier ein Vorschlag:
20 g weiße Pfefferkörner, 10 g Koriander, 5 Lorbeerblätter, 10 Gewürznelken, ½ geriebene Muskatnuß, 2 EL getrockneter Thymian und 30 g getrocknete Steinpilze in einem Mixer pulverisieren. Je nach Jahreszeit und eigenem Geschmack können Sie das fertige Pastetengewürz noch mit einer Messerspitze Cayennepulver oder einigen gehackten Blättern frischem Basilikum oder einigen kleinstgeschnittenen Rosmarinnadeln ergänzen. Wenn Sie Wildfleisch statt Kalbfleisch in die Farce mischen, geben Sie noch einige gemahlene Wacholderbeeren dazu. Machen Sie Ihre eigenen Versuche, es lohnt sich.

Bouchées
Blätterteigpasteten

Die kleinen Blätterteigpasteten, die man mit verschiedenen Ragouts gefüllt als warmes Entrée oder Zwischengericht serviert, sind recht einfach und dabei schmackhaft und bekömmlich. In Frankreich gibt es die Blätterteigpasteten in jeder Bäckerei zu kaufen; Sie können sie auch rasch aus fertig gekauftem Blätterteig selbermachen. Das gelingt immer und kann schon am Tag vorher geschehen. Die Pasteten werden dann kurz vor dem Servieren nur noch schnell im Rohr erwärmt.

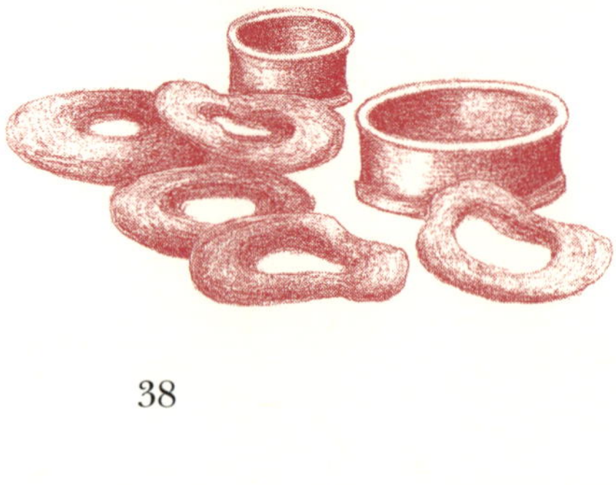

Zutaten für 4 Personen:
300 g TK Blätterteig, 1 Eigelb
Zubereitungszeit: 30 Minuten

Tiefkühlteig auftauen lassen. Backrohr auf 240° vorheizen.
Die Platten 6–7 Millimeter dick ausrollen und mit einem Ausstecher von 7–8 Zentimeter und einem von 4,5–5 Zentimeter Durchmesser Ringe ausstechen. Die Teigreste wieder zusammenkneten und 2 Millimeter dick ausrollen, die Pastetenböden mit der 7–8 Zentimeter großen Form ausstechen, aus den Resten mit der kleineren Ausstechform Deckel herstellen, die man mit Gabelzinken mustern kann.
Nun die Böden auf ein mit Wasser befeuchtetes Blech legen, die Ringe auf einer Seite mit Eigelb bestreichen und auf die Böden kleben. Darauf achten, daß kein Eigelb auf der Seite austritt, also nur sehr wenig Eigelb nehmen. Die Deckel auch auf ein befeuchtetes Blech legen. Den Teig 15 Minuten im Kühlen ruhen lassen und dann im Rohr 4–5 Minuten backen. Die Temperatur auf 200° reduzieren und die Pasteten weiterbacken, bis sie goldgelb sind.

Velouté
Pastetensauce

Egal, ob die Pastete mit Fisch- oder Fleischragout gefüllt wird, die Sauce ist immer auf die gleiche Grundsauce zurückzuführen und kann sehr leicht mit den fertig zu kaufenden Fonds gemacht werden. Hier das Grundrezept:

Zutaten für 4 Personen:
2 EL Butter, 2 gehäufte EL Mehl, ½ l Fond im Glas von Geflügel, Kalb, Fisch oder Krebs, 250 g Sahne, Salz und frisch gemahlener weißer Pfeffer
Zubereitungszeit: 20 Minuten

Die Butter in einer Kasserolle erhitzen und das Mehl auf kleiner Flamme einrühren. Langsam den kalten Fond dazugeben, mit dem Schneebesen verrühren, die Sauce aufkochen und vom Feuer nehmen. Die Sahne in einem eigenen Topf etwa 10 Minuten köcheln und reduzieren, bis sie dickflüssig wird. Jetzt durch ein Sieb in die Sauce geben und diese noch mal aufkochen lassen. Dabei mit dem Schneebesen rühren, damit sich die Sauce nicht ansetzt. Mit Salz und Pfeffer abschmecken.

Bouchées à la reine
Königinpasteten

Zutaten für 4 Personen:
Zitronensaft, 150 g Champignons, 12 Spitzen von weißen, gekochten Spargelstangen, 200 g fein gewürfeltes gekochtes Kalbfleisch, Worcestershire Sauce, ca. ¼ l Velouté mit Geflügelfond (s. vorhergehendes Rezept)
Blätterteigpastetchen zum Füllen
Zubereitungszeit: 20 Minuten

Einen halben Liter Wasser mit 2 Eßlöffeln Zitronensaft zum Kochen bringen. Champignons putzen und in dem kochenden Zitronenwasser 5 Minuten blanchieren; abgießen, abkühlen und dann je nach Größe in Achtel oder Viertel schneiden. Zusammen mit den Spargelspitzen und den Kalbfleischwürfeln in die Velouté geben, erhitzen und mit Worcestershire Sauce und Zitronensaft abschmecken. In die warmen Pasteten füllen und gleich servieren.

Ragoût de poulet
Hühnerragout für Blätterteigpasteten

Zutaten für 4 Personen:
8–12 getrocknete Morcheln, 300 g in Brühe gekochte Hähnchenbrust, ¼ l Velouté mit Geflügelfond (s. Seite 39), Zitronensaft und Worcestershire Sauce, Salz und frisch gemahlener weißer Pfeffer
Blätterteigpastetchen zum Füllen
Zubereitungszeit: 30 Minuten

Morcheln waschen und in lauwarmen Wasser einweichen. Inzwischen das Fleisch fein würfeln.

Nach etwa 15 Minuten die Pilze aus dem Wasser nehmen, das Einweichwasser zum Kochen bringen und die Morcheln darin 15 Minuten köcheln lassen. Herausnehmen und längs vierteln.
Die Velouté erhitzen und die Morcheln sowie das Hühnerfleisch beigeben, mit den Gewürzen abschmecken und eventuell auch etwas Pilzwasser zum Würzen verwenden.
Ragout in die vorgewärmten Pasteten füllen und servieren.

Ragoût d'escargots
Schneckenragout für Blätterteigpasteten

Zutaten für 4 Personen:
3 Dutzend Schnecken aus der Dose, 8 kleine Champignons, 2 Schalotten, die Blätter von 6 Petersilienzweigen, 1 Knoblauchzehe, ¼ l Sahne, 1 Eigelb, 1 EL Butter, 4 cl Cognac,
1 Glas Riesling, Salz und Pfeffer
Blätterteigpasteten zum Füllen
Zubereitungszeit: 30 Minuten

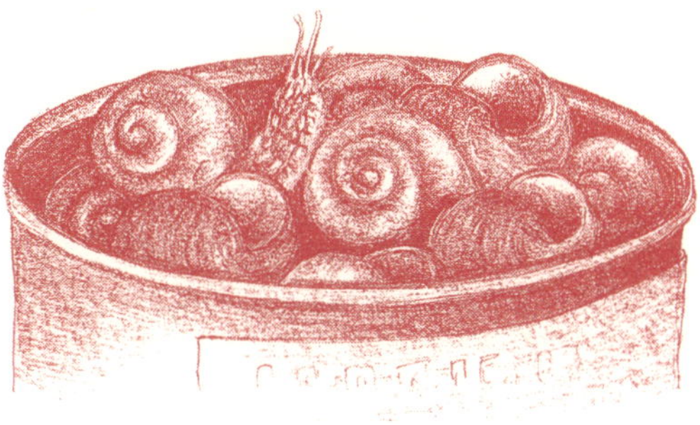

Die Schnecken abgießen und die Flüssigkeit aufheben. Pilze putzen und halbieren oder vierteln. Schalotten, Petersilie und Knoblauch fein hacken.
In der Zeit die Sahne (2 EL abnehmen und mit dem Eigelb verrühren) in einem Topf eindicken lassen.
In einem Topf die Butter erhitzen und die Schalotten andünsten. Pilze und Schnecken dazugeben, so lange dünsten und rühren, bis alle Flüssigkeit verdampft ist. Jetzt mit dem Cognac löschen und einkochen lassen. Mit Riesling und Schneckenbrühe aufgießen. Wieder etwas reduzieren, die dicke Sahne einrühren, Petersilie und Knoblauch dazugeben und mit Salz abschmecken. Kurz vor dem Servieren die Eigelb-Sahne in die Sauce rühren; nicht mehr kochen lassen. In den warmen Pasteten servieren.

Ragoût d'écrevisses
Flußkrebsragout für Blätterteigpasteten

Zutaten für 4 Personen:
Zitronensaft und frischgemahlener weißer Pfeffer, 150 g Champignons,
¼ l Krebs- oder Fischvelouté (s. Seite 39), 200 g gekochte Krebsschwänze,
8 gekochte Spargelspitzen, 1–2 EL frischer gehackter Dill
Blätterteigpasteten zum Füllen
Zubereitungszeit: 20 Minuten

Champignons wie bei den Königinpasteten auf Seite 40 beschrieben vorbereiten.
Die Velouté erhitzen. Alle Zutaten darin erwärmen, mit den Gewürzen abschmecken.
Ragout in die vorgewärmten Pasteten füllen und servieren.

Soufflé au fromage
Käsesoufflé

Für das Soufflé brauchen Sie eine feuerfeste, runde Keramikform mit hohem, geradem Rand.

Zutaten für 4 Personen:
1 EL Butter, ca. 150 g geriebener Gruyère oder Comté-Käse
Für die Béchamel: 3 EL Butter, 3 EL Mehl, ca. 125 ml heiße Milch, 4 Eigelb,
6 sehr steif geschlagene Eiweiß, Salz und weißer Pfeffer
Zubereitungszeit: 45 Minuten

Eine Souffléform mit einem Eßlöffel Butter ausreiben und mit einem Eßlöffel geriebenem Käse ausstreuen. Das Backrohr auf 200° vorheizen.
In einer Kasserolle das Mehl in der restlichen Butter hell anschwitzen. Mit der Milch löschen. Den Topf vom Herd nehmen. Die dickliche Sauce mit dem Schneebesen glattrühren, wieder kurz aufkochen und wieder vom Herd nehmen. Die Eigelb nacheinander mit dem Schneebesen einrühren und dann einen großen Löffel Eischnee unterziehen. Jetzt den Käse einrühren und anschließend das restliche Eiweiß mit einem breiten Spatel vorsichtig unterheben.

Die Masse in die Form füllen und auf die mittlere Schiene des Ofens setzen. Die Ofentemperatur auf 180° reduzieren und das Soufflé in etwa 30 Minuten hellbraun backen. Spätestens nach 20 Minuten Backzeit sollten alle Esser am Tisch sitzen. Das Soufflé muß aus dem Ofen sofort auf den Tisch kommen, denn wenn es abkühlt, fällt es zusammen. Nur Mut, Sie schaffen das!

La soupe

Suppe ist quasi die Urnahrung der Franzosen. In früheren Zeiten hing ein großer Kessel an einem schwenkbaren Arm oder an einer verstellbaren Kette über dem offenen Kaminfeuer. Dieser große Kamin in der Küche war die einzige Feuerstelle in den alten Bauernhäusern und die Küche im Winter der einzige Platz, an dem es einigermaßen warm war. In dem Kessel kochte gewissermaßen ununterbrochen eine Suppe, in die man immer wieder etwas Gemüse, etwas Fleisch, eine Speckschwarte, diverse Knochen, einige Kräuter, aber auch eine Handvoll Flußkrebse oder Fisch gab. Jeder konnte sich bei Bedarf eine große, heiße Portion in eine Schüssel gießen, die man mit Brotscheiben ausgelegt hatte oder in die man altbackenes Brot einbrockte. Diese Suppe und das Brot waren die Ernährung der Bauern. Die Liebe zur Suppe ist den Franzosen geblieben, und so gehört sie in allen Provinzen in großer Vielfalt zur täglichen Ernährung und wird als Vorspeise beim Mittagessen oder als Abendbrot gegessen. Einige Suppen sind in ganz Frankreich zu finden und weisen nur kleine regionale Unterschiede auf.

Vichyssoise
Kartoffel-Lauch-Suppe

Vichyssoise im traditionellen Sinn ist warm. Heute wird die Suppe jedoch manchmal auch kalt serviert, was auf eine Erfindung des Hotel »Ritz« in New York zurückgeht. Diese leicht veränderte Version heißt Vichyssoise glacée.

Zutaten für 4 Personen:
6 große, mehlige Kartoffeln, 5 dicke Stangen Lauch, 3 EL Butter, 1,5 l Geflügelbrühe, 250 g Sahne, 1 Bund feingehackte Petersilie, Salz und Pfeffer
Zubereitungszeit: 40 Minuten

Kartoffeln schälen und würfeln, Lauch putzen und in Ringe schneiden. In einem großen Topf die Butter erhitzen und das Gemüse darin andünsten. Mit einem Holzlöffel dabei immer wieder wenden. Salzen und pfeffern und mit der Brühe aufgießen. Zum Kochen bringen und das Gemüse weich kochen (die Kartoffeln sollten fast zerfallen). Mit dem Pürierstab glattpürieren und mit Sahne und Petersilie verfeinern. Mit Salz und Pfeffer abschmecken und noch einmal kurz aufkochen.

Soupe au potiron
Kürbissuppe

Zutaten für 4 Personen:
700 g Kürbisfleisch, 5 Stangen Lauch, 3 EL Butter, 1,5 l Geflügelbrühe, 250 g Crème fraîche, 1 Bund feingehackter Kerbel, Salz und Pfeffer
Zubereitungszeit: 40 Minuten

Kürbisfleisch würfeln, Lauch putzen und in Ringe schneiden. Die Butter erhitzen, das Gemüse unter Rühren andünsten. Salzen und pfeffern. Mit der Geflügelbrühe aufgießen und bei schwacher Hitze sehr weich köcheln. Die Suppe pürieren, die Crème fraîche und den Kerbel einrühren und noch einmal ganz kurz aufkochen. Mit Salz und Pfeffer nachwürzen und zu Tisch bringen.

Potage Crécy
Karottensuppe

Zutaten für 4 Personen:
1 kg Karotten, 3 Stangen Lauch, 3 EL Butter, 1 kleingewürfelte Zwiebel, 1 Handvoll Reis oder 2 sehr fein gewürfelte Kartoffeln zum Binden, 100 g Crème fraîche, Salz und Pfeffer
Zubereitungszeit: 40 Minuten

Karotten putzen und in Scheiben schneiden. Damit die Farbe der Suppe nicht beeinträchtigt wird, nur den weißen Teil der Lauchstangen putzen und in Ringe schneiden.
In einem Suppentopf die Butter erhitzen. Zwiebel und Lauch darin andün-

sten. Salzen und pfeffern und mit 2 Liter Wasser aufgießen. Aufkochen lassen, dann die Karotten dazugeben. Wieder zum Kochen bringen und das Gemüse weich garen. Die Suppe cremig pürieren. Reis oder Kartoffelwürfel in die Suppe geben und auf kleiner Flamme weich garen. Zum Schluß die Crème fraîche einrühren und noch einmal kurz aufkochen lassen. Mit Salz und Pfeffer nachwürzen und servieren.

Velouté d'asperges
Spargelcremesuppe

Zutaten für 4 Personen:
1 kg Spargel, 1 EL Butter, 1 kräftige Prise Zucker, 1 TL Salz
Für die Suppe: 3 EL Butter, 3 EL Mehl, 3 Eigelb, 250 g Sahne, Salz und Pfeffer
Zubereitungszeit: 40 Minuten

Spargel gründlich schälen und in 2 Zentimeter lange Stücke schneiden. 2 Liter Wasser mit Butter, Salz und Zucker zum Kochen bringen und den Spargel einlegen. In etwa 20 Minuten weich kochen.
Aus der Butter und dem Mehl eine helle Mehlschwitze bereiten. Von der Kochstelle nehmen und mit etwas Spargelwasser löschen. Wieder auf den Herd setzen und mit dem Schneebesen glattrühren. Nun so viel Spargelbrühe einrühren, bis eine cremige Suppe entsteht.
Aufkochen lassen und die Spargelstücke dazugeben. Nun die Sahne mit den Eigelb verrühren und die Suppe damit legieren. Mit Salz und Pfeffer nachwürzen und erhitzen, aber nicht mehr kochen lassen.

Variation: Die Suppe ist sehr fein, kann aber noch mit gehacktem Kerbel oder Schnittlauch angereichert werden.

Pot au feu
Rindfleischsuppe und Tellerfleisch

Der Pot au feu wird von fast allen Regionen als eigen und typisch beansprucht und ist somit allgemein französisch. Im Elsaß zum Beispiel ist es ein sehr traditionelles Essen für ganz besondere Tage, wie eine ländliche Hochzeit oder eine Kindstaufe.
Es ist schwer einzuordnen, denn die Fleischbrühe gehört in Frankreich unbedingt in das klassische Suppenkapitel, und das Fleisch, das logischerweise danach gegessen wird, kann man eigentlich nicht davon trennen. Überall wird als erstes die Bouillon mit oder ohne Einlagen gegessen und danach das Suppenfleisch in der heißen Brühe serviert. In den meisten Provinzen legt man rund um das Fleisch die in großen Stücken mitgekochten Gemüse und bestreut die Scheiben auf dem Teller mit grobem Meersalz. Im Elsaß und auch in Lothringen ißt man das Fleisch dagegen gerne mit geriebenem Meerrettich, und als Beilage gibt es jede Menge Salate. Aber wichtig ist immer die mit reichlich Zutaten hervorragend gekochte Fleischbrühe.

Zutaten für 8 Personen:
1 kg Zwerchrippe, 2 Markknochen, 2 Stück Ochsenschwanz, 1 kg Tafelspitz, 1 kg Wade oder Beinscheibe, 1 Zwiebel, 2 Stangen Lauch, 3 Karotten, ¼ Sellerieknolle, Liebstöckel- und Sellerieblätter, 6 Petersilienstengel, 1 Stück Wirsing oder Weißkraut, 1 weißes Rübchen, 3 Knoblauchzehen, Salz, Pfeffer und geriebene Muskatnuß oder einige Stückchen Macis (Muskatblüte)
Zubereitungszeit: 3 Stunden

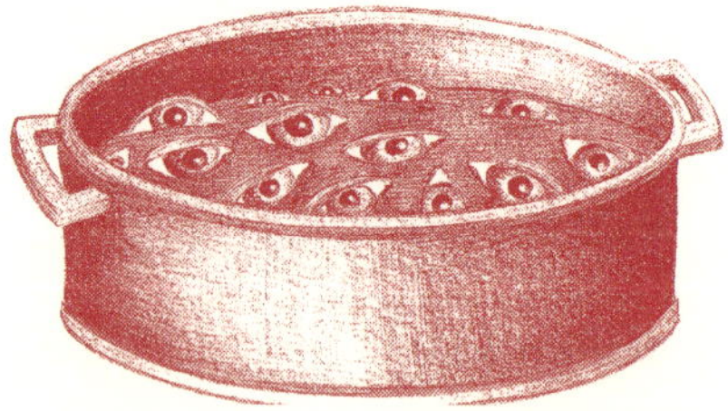

In einem riesigen Topf ungefähr 5 Liter kaltes Wasser aufsetzen. Zwerchrippe, Markknochen und Ochsenschwanz hineingeben und aufkochen lassen, den entstehenden Schaum abschöpfen. Jetzt den Tafelspitz und die Wade oder Beinscheibe zugeben und wieder aufkochen lassen, eventuell wieder Schaum abschöpfen.

Die Zwiebel halbieren und die Schnittflächen in einer trockenen heißen Pfanne stark anbräunen. Die Zwiebel und das ganze übrige Gemüse und die Kräuter in die Suppe geben und mit den Gewürzen abschmecken.
Bei sanfter Hitze mit geöffnetem Deckel leise kochen lassen und nach 1½ bis maximal 2 Stunden den Tafelspitz und die Wade oder Beinscheibe herausheben. Bis zum Servieren in einer Schüssel mit einem feuchten Tuch bedeckt aufheben, dann kurz in etwas Brühe erwärmen.
Alle restlichen Zutaten können nun noch 30 Minuten köcheln. Die Suppe abgießen und nach Wunsch entfetten.

Variation: Einen sehr intensiven Geschmack erhält die Suppe, wenn man noch je 150 Gramm Leber, Herz und Milz vom Rind mitkocht. Diese Zutaten finden sich sowohl in alten französischen als auch bayerischen und schwäbischen Kochbüchern.

Quenelles de moëlle
Markklößchen

Als Einlage in die Bouillon gibt es die extra kleinen Suppennudeln oder Markklößchen, die man bei jedem Metzger fertig kaufen kann. Ich mache sie lieber selber, da ich Fertiggewürze überhaupt nicht leiden kann, und nehme immer das Rezept von meiner alten Freundin Marie Thérèse.

Zutaten für 4 Personen:
2–4 Markknochen (für ca. 60 g Mark), 2 EL feingehackte Schalotten,
1 durchgepreßte Knoblauchzehe, 2 EL feingehackte glatte Petersilie, 2 Eier,
3 EL Hartweizengrieß, 3 EL Semmelbrösel, Salz, Pfeffer, geriebene Muskatnuß
Fleischbrühe zum Garen
Zubereitungszeit: 20 Minuten

Das Mark aus den Knochen lösen und in eine flache Schüssel krümeln. Alle anderen Zutaten dazugeben und die Masse mit einer Gabel und dann auch mit den Händen vermischen und kneten. Sollte der Teig nicht binden, ein bißchen Brühe dazugeben. Den Teig ruhen lassen und dann kleine Knödelchen von der Größe einer Murmel formen. In die kochende Fleischbrühe geben und 4–5 Minuten leise ziehen lassen.

Fisch, ganz nach alter Tradition

Fisch gibt es in Frankreichs Flüssen und an den Küsten in großer Vielfalt, und Fisch gehört zum alltäglichen Essen. Bei großen mehrgängigen Festessen muß mindestens ein Gang aus Fisch oder anderen Wassertieren dabeisein. Ich habe erst in Frankreich gelernt, wie variabel die Fischküche sein kann. Wo ein Bach oder ein kleinerer, schnell fließender Fluß ist, sind in diesem Land die Fischer nicht weit. Was nicht heißen will, daß sie nicht auch in jedem kleinen Tümpel fischen, und an den Flußufern stehen die hochangesehenen Forellenfischer. Die Fischerei mit der Angel ist in Frankreich fast so beliebt wie die Jagd, und so hat ein ländlicher Haushalt mit einigen männlichen Mitgliedern ausreichend frische Forellen. Im folgenden einige klassische Rezepte dafür.

Truites au bleu
Forelle blau

Das folgende Rezept eignet sich ebenfalls sehr gut für Hecht und Zander oder andere Fische mit festem weißem Fleisch.

Zutaten für 4 Personen:
4 küchenfertige Forellen in Portionsgröße, 3 EL Essig, Salz
Für den Sud: 1 Flasche trockener Weißwein und 1 l Wasser, 1 Zwiebel mit 3 Nelken besteckt, 2 Lorbeerblätter, ½ Zitrone, einige Stiele Petersilie und Estragon, 1 Karotte in Scheiben, 1 halbierte Lauchstange, 10 Pfefferkörner, Salz
Für die Sauce: 250 g Butter, 1 dickes Bund feingehackte Petersilie
Außerdem: Zitronen zum Garnieren
Zubereitungszeit: 50 Minuten

Die Forellen mit Essig beträufeln, innen und außen salzen, ruhen lassen.
In der Zeit den Fischsud mit allen Zutaten zum Kochen bringen und mindestens 20 Minuten leise köcheln lassen. Die Fische einlegen und in dem Sud 20 Minuten mehr ziehen als kochen lassen.
Für die Sauce die Butter in einer Kasserolle zum Schmelzen bringen, die Petersilie beigeben, leicht salzen und gut heiß halten.
Die Fische auf eine vorgewärmte Platte legen, mit Zitronenviertel garnie-

ren und in einer Saucière die heiße Petersilienbutter dazu reichen. Es sieht hübscher aus, wenn die Sauce über die Fische gegossen wird, aber zum Essen ist es besser, Fisch und Sauce getrennt zu servieren, denn man muß die Fische ja noch auf dem Teller filetieren. Am besten passen hierzu Salzkartoffeln.

Variation: Die Fische warm stellen, den Sud durchseihen. Einen Viertelliter davon in einer Kasserolle mit 250 Gramm Sahne vermischen und bei großer Hitze reduzieren. Mit einem Schuß Weißwein, einem Eßlöffel Armagnac oder Cognac sowie Salz und Pfeffer abschmecken und Sauce zu den Fischen servieren.

Truites aux amandes
Forellen in Mandelbutter

Zutaten für 4 Personen:
4 küchenfertige Forellen in Portionsgröße, 100 g Butter, 150 g Mandelblättchen, Salz und Pfeffer
Zubereitungszeit: 30 Minuten

Die Forellen innen und außen salzen und pfeffern.
In einer weiten Pfanne gut die Hälfte der Butter erhitzen und die Fische von beiden Seiten braun braten. Auf einer vorgewärmten Platte warm stellen. Die Pfanne mit einem Küchenpapier auswischen, einen Eßlöffel Butter hineingeben und die Mandelblättchen unter ständigem Wenden gleichmäßig goldbraun braten. Nun die restliche Butter dazugeben und erwärmen. Die Mandelbutter über die Fische verteilen und servieren.

Filet de sole bonne femme
Seezungenfilet »Bonne femme«

Bei den Meeresfischen genießt die Seezunge ein besonders hohes Ansehen im ganzen Land. Wer bei einem großen Essen sichergehen möchte, daß alle Gäste von dem Fischgericht begeistert sind, serviert Seezunge. Ich verwende dieses klassische Rezept auch für Schollen- oder Heilbuttfilets.

Zutaten für 4 Personen:
400 g feste Champignons, 4 EL Butter, 2 EL Öl, 1–2 sehr feingehackte Schalotten, etwas Zitronensaft, 800 g Seezungenfilet, 1 Glas Weißwein, Salz und Pfeffer
Für die Sauce: 4 EL Butter, 4 EL Mehl, 150 g Sahne, Zitronensaft
Zubereitungszeit: 40 Minuten

Backrohr auf 180° vorheizen.
Von fünfzehn kleinen Champignons entfernt man die Stiele und legt die Köpfe beiseite, alle anderen Pilze und die Stiele in feine Scheiben schneiden. In einer Pfanne 2 Eßlöffel Butter und einen Eßlöffel Öl erhitzen; die Schalotten andünsten und die Pilzscheiben dazugeben; mit Salz, Pfeffer und Zitronensaft würzen, einige Minuten unter Rühren dünsten.
Nun eine flache, weite Auflaufform ausbuttern. Die Seezungenfilets nebeneinander hineinlegen, leicht pfeffern und salzen, den Wein angießen und die Pilze auf dem Fisch verteilen. 10 Minuten im heißen Backrohr garen. Form herausholen und die Kochflüssigkeit vorsichtig abgießen und aufheben. Die Form mit Inhalt warm stellen.
Für die Sauce in einer Kasserolle die Butter erwärmen, das Mehl darin anschwitzen, und unter ständigem Rühren mit dem Schneebesen die aufgefangene Kochflüssigkeit dazugeben, so daß eine dicke Sauce entsteht. Mit den Gewürzen abschmecken, mit der Sahne aufgießen und bei sehr schwacher Hitze etwas einköcheln lassen. Immer wieder rühren.
In der Zeit die Champignonköpfe in 2 Eßlöffel Butter und einem Eßlöffel Öl rundherum kräftig anbraten. Nun die Sauce über Fische und Pilze gießen, mit den ganzen Champignonköpfen garnieren und sofort servieren.

Coquilles Saint-Jacques au gratin
Jakobsmuschelgratin

Die Jakobsmuschel mit ihrer dekorativen Schale gilt in Frankreich als Königin der Muscheln. In der Schale gratinierte Jakobsmuscheln sind deshalb genau das richtige für anspruchsvolle Gäste.

Zutaten für 4 Personen:
12 Jakobsmuscheln mit Schale, 300 g feste Champignons, etwas geriebener Emmentaler oder Gruyère
Für die Courtbouillon:
300 ml entfettete Geflügelbrühe oder -fond,
300 ml Weißwein, 1 gehackte Zwiebel, 1 Lauchstange, in breite Ringe geschnitten, 5 Petersilienstengel, 2–3 gewürfelte Karotten, 1 TL Pfefferkörner und Meersalz
Für die Sauce: 4 EL Butter, 4 EL Mehl, 100 ml Milch, 6 EL Sahne, 2 Eigelb, Salz und Pfeffer
Zubereitungszeit: 60 Minuten

Das Backrohr auf 180° vorheizen.
Die Courtbouillon mit allen Zutaten zum Kochen bringen und 20 Minuten köcheln. Dann durch ein Sieb abgießen und wieder erhitzen.
Während die Bouillon köchelt, das Muschelfleisch aus den Schalen lösen und in dickere Scheiben schneiden. Pilze putzen.
Muscheln und Pilze in die Bouillon geben und 10 Minuten leise kochen lassen. Wieder durch ein Sieb gießen. Muscheln und Pilze in eine Schüssel füllen. Die Bouillon in eine Kasserolle umgießen und auf etwa die Hälfte reduzieren.
Für die Sauce in einem Topf die Butter erhitzen, das Mehl darin anschwitzen und mit der Courtbouillon ablöschen; dabei kräftig mit dem Schneebesen rühren. Milch mit den Eigelb vermischen und mit dem Schneebesen in die Sauce einarbeiten; erhitzen, aber nicht mehr kochen lassen. Mit den Gewürzen abschmecken.
Muscheln und Pilze mit gut der Hälfte der Sauce vermischen. Diese Mischung in die gebutterten Muschelschalen füllen. Den Rest der Sauce auf die Schalen verteilen, mit Käse bestreuen und im heißen Rohr etwa 15 Minuten gratinieren.

Fleischgerichte und Saucen

Was ist der Franzosen liebster Fleischgang? Keine Diskussion, sondern eine schnelle Antwort: Steak!
Nicht die billigen Steak-Frites, die es überall entlang der großen Straßen gibt und die für den Ruf der französischen Küche tödlicher sind als Mc Donald's. Ich rede hier von den gepflegten Steaks, den sorgsam mit einem Faden in Form gebundenen Tournedos und den von kleinen Fettadern durchzogenen Faux Filets. Ein gutes Fleisch, das sich zum Kurzbraten eignet, hat eine feine Fettzeichnung, die in Frankreich *persillée* heißt. Die besten Lieferanten dafür sind die Charolais-Rinder aus Burgund oder die Rinder aus dem Südwesten, *les bœufs gras de Bazas.*
Zu diesem köstlichen Rindfleisch, das entweder durchgebraten, *à point,* oder *medium* oder noch blutig, *saignant* oder *bleu,* aus der Pfanne kommt, ißt man verschiedene Saucen.

Beurre maître d'hôtel
Kräuterbutter

Zutaten für 4–6 Personen:
250 g weiche Butter, 1 Bund Petersilie, die Blätter von einem Zweig Estragon, 2–3 Zehen Knoblauch, 1 Schalotte, Salz und Pfeffer
Zubereitungszeit: 15 Minuten

Die Butter in feine Scheibchen schneiden. Die Kräuter, Knoblauch und Schalotte fein hacken und in die Butter einarbeiten. Salzen und pfeffern und mit einer Gabel sehr gut durchmischen, bis eine gleichmäßig grün gefärbte Butter entsteht.
Diese zu einer Rolle geformt auf eine Folie legen: dann die Folie über der

Butter zusammenschlagen und die Rolle auf dem Tisch gleichmäßig formen. Kühl aufbewahren, und auf jedes Steak je zwei mitteldicke Scheiben der Kräuterbutter legen.

Sauce béarnaise

Hier eine leichte Version der berühmten und sehr pikanten Sauce.

Zutaten für 4 Personen:
5 Eigelb, 400 g Sahne, etwas Butter, 3 sehr fein gehackte Schalotten, 2 EL feingehackter Estragon, je 1 EL gehackte Petersilie und Kerbel, 3 EL Weißweinessig, 3 EL Weißwein, Salz und Pfeffer
Zubereitungszeit: 20 Minuten

Eigelb und die Sahne in eine metallene Rührschüssel geben und über einem Wasserbad mit dem Schneebesen zu einer dicklichen Sauce schlagen.
Sofort in eine bereitstehende kalte Schüssel umgießen und mit Salz und Pfeffer abschmecken. Während des Erkaltens immer wieder durchrühren.
In einem kleinen Topf die Butter erhitzen und die Schalotten mit einem Eßlöffel Estragon und der Petersilie andünsten. Mit Essig löschen und bei sanfter Hitze reduzieren. Mit dem Weißwein löschen und wieder sanft reduzieren, bis fast keine Flüssigkeit mehr da ist. Diese Mischung in die Eier-Sahne-Sauce einrühren. Die Sauce mit frischem Kerbel und dem restlichen Estragon abrunden.
Schmeckt ganz hervorragend zu gebratenem und gekochtem Rindfleisch.

Variation: Statt Kerbel am Schluß feingeschnittenen Schnittlauch in die Sauce geben.

Sauce Bercy

Zutaten für 4 Personen:
Das Mark von 3–4 Rinderknochen, 5 EL Butter, 3 feingehackte Schalotten, ¼ ml Weißwein, ½ Bund glatte feingehackte Petersilie, Salz und Pfeffer
Zubereitungszeit: 20 Minuten

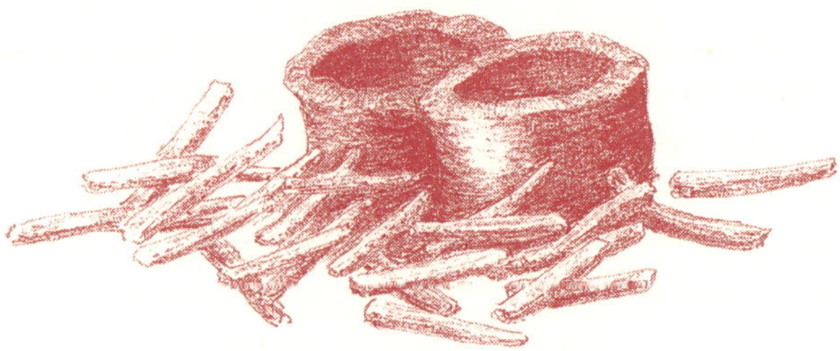

Das Mark vorsichtig aus den Knochen lösen und würfeln. 3 Minuten in kochendem Wasser blanchieren, durch ein Sieb abgießen und abtropfen lassen.
In einer Pfanne die Markwürfel sehr kurz bei starker Hitze anbraten. Gleichzeitig in einer Kasserolle 2 Eßlöffel Butter erhitzen, die Schalotten darin andünsten. Mit dem Weißwein löschen und mit Salz und Pfeffer würzen. Die Sauce lebhaft einkochen lassen. Die restliche Butter stückweise mit dem Schneebesen einrühren. Die Petersilie dazugeben, kurz erhitzen, die Markwürfel einrühren.
Zu Steaks oder Entrecôte servieren.

Steak au poivre
Pfeffersteak

Zutaten für 4 Personen:
2 EL feinzerstoßene weiße und schwarze Pfefferkörner, 4 Steaks oder Lendenschnitten à 200 g, 6 EL Butter, 4 cl Cognac, 125 g Sahne, Salz
Zubereitungszeit: 25 Minuten

Den zerstoßenen Pfeffer auf eine Arbeitsfläche streuen und die Fleischstücke darin wälzen, anschließend salzen. In einer Pfanne die Hälfte der Butter erhitzen und die Steaks von beiden Seiten anbraten. Auf einer vorgewärmten Platte warm stellen und das verbliebene Fett abgießen.
Die Pfanne wieder auf den Herd stellen. Den Bratensatz mit dem Cognac löschen und abflammen. Nun die Sahne in die Pfanne gießen, aufkochen und den Bodensatz mit einem Holzspatel lösen. Die Sahne reduzieren, dabei die restliche Butter Stück für Stück mit dem Schneebesen in die Sauce rühren. Die fertige Sauce über die Steaks verteilen und servieren.

Bœuf miroton
Rindfleisch in saurer Sauce

In der Familie wird gewöhnlich aus den Resten des Sonntags auch am Montag noch etwas auf den Tisch gebracht, denn *être pauvre n'est pas une raison suffisante pour manger mal.* Arm zu sein ist kein ausreichender Grund, um schlecht zu essen.
In früheren Zeiten waren die üppigen Reste vom Tisch der Adligen die Ernährungsbasis für viele. Sie ernährten das Personal und die Armen oder wurden von darauf spezialisierten Händlern verkauft. Und es muß viele Reste am Hof des Königs und anderer Reicher gegeben haben, wenn man die langen Menüs liest, die teilweise aus fünfzig und mehr Gängen bestanden haben. Resteverwertung hat auf jeden Fall eine lange Tradition.

Zutaten für 4 Personen:
Fleischbrühe, 100 g Speckwürfel, Suppenfleisch in dünnen Scheiben, 2 EL Butter,
4 Zwiebeln in dünnen Scheiben, 1 feingehackte Knoblauchzehe, 1 EL Mehl,
3 EL Weinessig, 6 feingewürfelte Cornichons, Salz und Pfeffer
Zubereitungszeit: 30 Minuten

Die Fleischbrühe zum Kochen bringen, die Speckwürfel 10 Minuten darin blanchieren, dann mit einem Schaumlöffel herausholen. Anschließend die Fleischscheiben einlegen und in der Brühe erwärmen.
Die Butter in einer Pfanne erhitzen, Zwiebelscheiben und Knoblauch goldgelb andünsten. Die Speckwürfel dazugeben. Salzen und pfeffern und mit Mehl bestäuben. Gut rühren und mit dem Essig und der Fleischbrühe ablöschen. Nun die Sauce auf kleinem Feuer unter ständigem Rühren 10 Minuten leise köcheln lassen. Die Cornichons dazugeben.
Die Fleischscheiben auf eine warme Platte legen, die Sauce darauf verteilen und mit Salzkartoffeln oder Nudeln als Beilage servieren.

Variation: Wenn man es nicht ganz so säuerlich will, löscht man die Sauce mit Weißwein und Fleischbrühe und läßt die Cornichons weg.

Bœuf à la mode
Rinderschmorbraten

In Bayern gab es, als ich ein Kind war, einen Rinderschmorbraten, den meine Oma Sophie »Böfflamott« nannte. Er muß wohl mit Napoleon nach Bayern gekommen sein.

Zutaten für 6 Personen:
2 kg Rinderbraten (ein saftiges Stück aus Schulter oder Keule), 100 g Speckwürfel, 6 cl Cognac, 2 EL Butter, 2 Kalbsfüße (vom Metzger spalten lassen), 1 größeres Stück Schweineschwarte ohne Fett, in kleinere Quadrate geschnitten, 1 Bouquet garni aus Petersilie, Lorbeer und Lauch, evtl. Fleischbrühe, 30 kleine geputzte Frühlingszwiebeln mit 3 cm Halm, 20 junge geschälte Karotten, Salz und Pfeffer
Für die Marinade: ½ l guter Rotwein, 1 Zwiebel und 2 Karotten in dünne Scheiben geschnitten, 2 feingehackte Knoblauchzehen, die gehackten Blätter von 5 Petersilienzweigen, 2 zerbröselte Lorbeerblätter, 1 TL getrockneter Thymian
Zubereitungszeit: 5 Stunden
Einwirkzeit der Marinade: 24 Stunden oder länger

Das Rindfleisch in eine knapp bemessene Schüssel legen. mit den Zutaten der Marinade bestreuen und mit dem Wein übergießen. Mindestens 24 Stunden durchziehen lassen. Nach dieser Zeit das Fleisch aus der Marinade nehmen, abtrocknen, mit Salz und Pfeffer einreiben. Die Marinade durch ein Sieb gießen und das Gemüse der Marinade leicht abtupfen. Die Flüssigkeit aufheben.
In einer großen Pfanne die Speckwürfel ausbraten, aus der Pfanne fischen und beiseite stellen. In dem ausgebratenen Fett das Rindfleisch von allen Seiten bei starker Hitze anbraten, mit Cognac begießen und flambieren. Vorsicht, es kann eine Stichflamme geben.
In einem Schmortopf die Butter erhitzen. Das Gemüse der Marinade leicht bräunen. Das Rindfleisch hineinlegen. Die Pfanne mit dem Restfett aufheben.
Das Backrohr auf 180° vorheizen.
Die Kalbsfüße und die Schweineschwarte 5 Minuten in kochendem Wasser blanchieren und zu dem Rindfleisch legen, Speckwürfel und Bouquet garni dazugeben. Mit der Marinade aufgießen und eventuell mit Fleischbrühe ergänzen, so daß das Rindfleisch fast bedeckt ist.
Zum Kochen bringen und zudecken. Damit der Deckel dicht schließt, ihn

entweder mit einem dicken Mehl-Wasser-Teig zukleben oder mit Gummiringen von Einmachgläsern verschließen, die man vom Deckelgriff zu den Seitengriffen spannt. Nun den Braten auf der mittleren Schiene des Backrohrs 3 Stunden sanft garen. Herausheben und das Fleisch aus der Sauce nehmen, auf eine Platte legen und warm halten.

Die Sauce aus dem Schmortopf durch ein Sieb in einen Topf gießen, dabei das Gemüse mit dem Löffel gut ausdrücken. Die Sauce erhitzen und reduzieren. Inzwischen in der Pfanne mit dem Speckfett die Zwiebeln und die Karotten rundum bräunen und leicht dünsten, salzen und pfeffern. Jetzt gibt man den Braten und die Gemüse in die Sauce, erhitzt alles miteinander und läßt es noch 15 Minuten leise köcheln, bis auch das Gemüse gar ist. Zum Servieren schneidet man das Fleisch in Scheiben, legt es auf eine vorgewärmte Platte, garniert rundherum die Zwiebeln und Karotten und übergießt beides mit einem kleinen Teil der Sauce. Den Rest der Sauce serviert man getrennt dazu.

Variation: Nach Wunsch einige geviertelte Tomaten mitschmoren. Reste von diesem Braten serviert man auch gerne kalt am Abend. Das restliche Fleisch in dünnen Scheiben geschnitten auf einer Platte anrichten und mit den in Scheiben geschnittenen Karotten und halbierten Zwiebeln hübsch dekorieren. Die durch ein Tuch gesiebte Sauce erwärmen, auf kleiner Flamme reduzieren und über das Fleisch geben. Einige Stunden in den Kühlschrank stellen. Die Sauce geliert wunderbar durch die Beigabe der Kalbsfüße.

Hachis Parmentier
Rindfleischhaschee auf Kartoffelpüree

Das berühmte Haschee ist in Frankreich fester und meistens auch sehr geliebter Bestandteil der Ernährung, und das von Kindheit an. Kein Familientisch, keine Schulkantine ohne dieses Gericht. Der Urheber dieser Köstlichkeit, Antoine-Augustin Parmentier, hat es angeblich erfunden, um den Franzosen die Kartoffel schmackhaft zu machen. Ludwig XVI. hatte ihn beauftragt, all seine Kräfte daranzusetzen, die Kartoffel populär zu machen, denn sie konnte in Jahren mit schlechter Getreideernte Hungersnöte lindern. Es dauerte fast zehn Jahre, bis zur Hungerzeit von 1793, bis das Volk die neue Frucht akzeptierte. Als der *vulgarisateur* der Kartoffel 1813 starb, war seine Knolle längst zu einem Volksnahrungsmittel geworden und hätte beinahe den Namen »Parmentière« erhalten.

Zutaten für 4 Personen:
Für das Püree: 1,5 kg mehlige Kartoffeln, 100 g Butter, 200 ml heiße Milch, 1 durchgepreßte Knoblauchzehe, Salz, Pfeffer und geriebene Muskatnuß
Für das Haschee: 2 Zwiebeln, 1 Knoblauchzehe, 1 Bund Petersilie miteinander fein hacken, 3 EL Butter, mindestens 500 g gekochtes, sehr fein gehacktes Rindfleisch, etwas frischer oder getrockneter Thymian, Butterflocken und geriebener Emmentaler oder Gruyère zum Überbacken
Zubereitungszeit: 40 Minuten

Kartoffeln schälen und in größere Würfel schneiden. In Salzwasser weich kochen, abgießen und mit der Butter zusammen zerstampfen. Die Milch dazugeben und mit dem Schneebesen schaumig schlagen, mit den Gewürzen abschmecken.
Das Backrohr auf 210° vorheizen.
Für das Haschee die Butter in einer Pfanne erhitzen, das Fleisch zusammen mit dem Zwiebel-Petersilie-Knoblauch-Gemisch andünsten und mit Thymian, Salz und Pfeffer würzen.
Nun eine Auflaufform ausbuttern, ein Drittel des Kartoffelpürees hineingeben, die Hälfte des Haschees darauf verteilen. Vorgang wiederholen. Mit dem letzten Drittel Püree abdecken. Auf dieses Püree verteilt man Butterflöckchen und geriebenen Käse. 20 Minuten im Ofen überbacken.
Dazu eine große Schüssel grünen Salat servieren. Machen Sie dieses Gericht, wenn Ihr Tisch von Kindern bevölkert ist, der Erfolg ist Ihnen sicher.

Navarin d'agneau
Lammragout

Woher das Gericht seinen Namen hat, ist ungeklärt. Man vermutet, daß dieses Ragout im Jahre 1827 zur Feier des Sieges bei Navarino in Griechenland kreiert wurde. Der Name könnte sich aber auch von den Navets, den weißen Rübchen, die unbedingt in dieses Ragout gehören, ableiten. Es schmeckt auf jeden Fall lecker.

Zutaten für 4–6 Personen:
2 kg grob gewürfeltes Lammfleisch (wenn möglich gemischt von Schulter und Hals), 1 EL Olivenöl, 1 EL Mehl, 3 gewürfelte Knoblauchzehen, 5 geschälte und geviertelte Tomaten, 1 Bouquet garni aus Petersilie, Thymian und Lorbeer, ¾ l Fleischbrühe, 6 weiße Rübchen, 150 g junge Bohnen, 20 kleine Frühlingszwiebeln, 20 kleine, junge Karotten, 150 g frische grüne Erbsen, 150 g Zuckerschoten, 1 Bund feingehackter Kerbel zum Garnieren
Zubereitungszeit: 90 Minuten

In einem großen Schmortopf das Öl erhitzen und die Fleischwürfel darin scharf anbraten, salzen und pfeffern und mit Mehl bestäuben. Auf starkem Feuer rundum kurz rösten, den Knoblauch, die Tomatenwürfel und das Bouquet garni dazugeben.
Einige Minuten andünsten, mit der Fleischbrühe aufgießen und zugedeckt auf kleiner Flamme 30 Minuten köcheln lassen. Ab und zu rühren, damit nichts ansetzt.
Inzwischen die Rübchen schälen und grob würfeln, das restliche Gemüse putzen und nach Möglichkeit ganz lassen. Rübchen, Karotten und Bohnen in das Ragout geben und 20 Minuten leise mitköcheln. Nun die Erbsen dazugeben und weitere 15 Minuten bei milder Hitze garen.
Die Zuckerschoten in kochendem Wasser blanchieren, abgießen und erst in den letzten 5 Minuten dazugeben. Das Navarin mit Salz und Pfeffer abschmecken und in einer großen, vorgewärmten Schüssel anrichten; mit Kerbel bestreuen und servieren.

Crème caramel

Die Crème caramel übernimmt sicher den ersten Platz im Reigen der bekanntesten Desserts des Landes.

Zutaten für 4 Personen:
Für den Karamel: 6 EL Zucker, 4 EL Wasser, etwas Zitronensaft
Für die Creme: 1 l Milch, 1 Vanilleschote, 150 g Zucker, 8 Eier
Zubereitungszeit: 50 bzw. 80 Minuten

Backrohr auf 210° vorheizen.
Für den Karamel den Zucker mit Wasser und Zitronensaft in eine Pfanne oder einen Topf geben und zum Schmelzen bringen. Unter ständigem Rühren zu einem braunen Sirup kochen. Den Sirup in einzelne Förmchen oder in eine große Form gießen und diese damit gut ausschwenken. (Dabei vorsichtig hantieren, denn der Karamel ist höllisch heiß und klebrig und kann zu üblen Verbrennungen führen.) Beiseite stellen.
Für die Crème die Milch mit der Vanilleschote und dem Zucker zum Kochen bringen. Die Schote aus der kochenden Milch fischen und etwas auspressen. Für einen intensiveren Vanillegeschmack das Mark auskratzen und in die Milch rühren.
Während die Milch heiß wird, die Eier in einer großen Schüssel mit dem Schneebesen kräftig schlagen. Die Milch vom Herd nehmen und langsam einrühren. Diese Masse in die mit Karamel ausgegossenen Formen geben. In ein heißes Wasserbad stellen und im Rohr garen. In Portionsförmchen wird die Crème in 30 Minuten, in der großen Form in 50–60 Minuten gar. Die Temperatur eventuell nach 10 Minuten verringern, denn das Wasserbad darf nicht kochen.
Zum Test, daß die Masse wirklich fest geworden ist, stechen Sie ein Stäbchen in die Mitte der Creme; es muß trocken bleiben.
Die Crème caramel wird entweder noch warm in den kleinen Formen serviert oder gekühlt auf einen Teller gestürzt. Dazu den Boden der Form ganz kurz in sehr heißes Wasser halten, damit sich der Karamel löst.

Œufs à la neige
Schnee-Eier

Die klassische **englische Creme** und kleine Eiweißeier, die darauf schwimmen, ergeben schon seit Jahrhunderten einen dekorativen, köstlich süßen Nachtisch.

Zutaten für 4 Personen:
Für die englische Creme: 1 l Milch, 1 Vanilleschote, 10 Eigelb, 130 g Zucker
Für die Schnee-Eier: 8 Eiweiß, ca. 200 g Zucker, 1 Prise Salz
Für den Karamel: 100 g Zucker
Zubereitungszeit: 40 Minuten

Zunächst die Creme zubereiten. Die Milch mit der aufgeschlitzten Vanilleschote zum Kochen bringen, die Milch vom Feuer nehmen und zugedeckt ziehen lassen. Die Eigelb in einer großen Schüssel mit dem Zucker zu einer weißlichen, dicken Creme verrühren. Die Vanilleschote auskratzen und in die Milch geben. Nun die Milch langsam in die Eigelbmasse einrühren. Die Mischung in einen Topf gießen und unter ständigem Rühren sachte erhitzen, bis die Masse dicklich wird (dabei nicht kochen lassen). Vom Herd nehmen und in bereitgestellte Dessertschalen oder tiefe Teller geben. Erkalten lassen und dabei immer wieder durchrühren.
Für die Schnee-Eier Eiweiß steif schlagen und dabei langsam den Zucker einarbeiten, bis eine sehr steife Baisermasse entsteht.
Wasser in einem Topf zum Kochen bringen. Mit einem ins Wasser getauchten Suppenlöffel aus der Eiweißmasse längliche Klöße stechen und in dem siedenden Wasser von beiden Seiten je eine Minute garen. Die Schnee-Eier aus dem Wasser heben und auf einem mit einem Tuch belegten Gitter abtropfen lassen. Jetzt die Eier auf die englische Creme setzen und den Karamel bereiten.
Den Zucker mit 4 Eßlöffel Wasser in einem Topf erhitzen, zum Schmelzen bringen und goldbraun karamelisieren. Dabei ständig rühren. Den Karamel sanft auf die Schnee-Eier rinnen lassen und sofort servieren.

Variation: Statt 4 EL Wasser Orangensaft oder Aprikosenlikör verwenden.

Pêches Melba
Pfirsich Melba

Der große Escoffier hat folgendes Dessert für die aus Australien stammende Sängerin Helen Mitchell, deren Künstlername Nelly Melba war, erfunden. Als sie in London in der Covent Garden Opera im »Lohengrin« sang, kreierte Escoffier das Dessert ihr und Richard Wagner zu Ehren. Im Original formte Escoffier, Koch im Hotel »Savoy«, einen Schwan aus Vanilleeis, der auf seinen Flügeln den mit Himbeersauce begossenen Pfirsich trug. Sie können das Dessert natürlich in einer etwas vereinfachten Form kredenzen, schmecken wird das genauso gut.

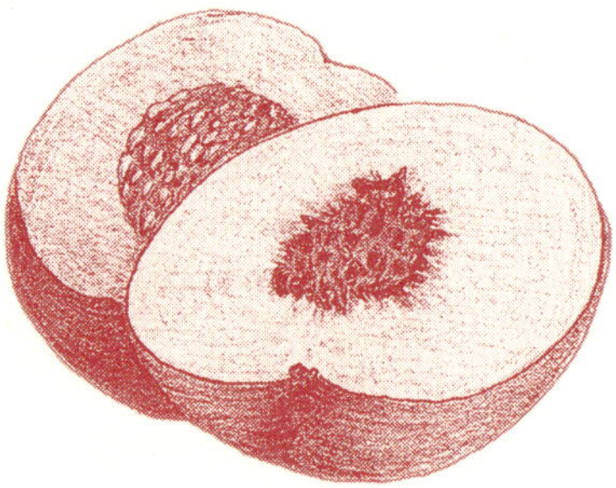

Zutaten für 4 Personen:
250 g Zucker, 1 Vanilleschote, 4 große, gelbe Pfirsichhälften,
400 g (TK-)Himbeeren, Vanilleeis
Zum Dekorieren: 200 g Sahne, 3 EL Zucker
Zubereitungszeit (ohne Wartezeit): 30 Minuten

200 Gramm Zucker in Dreiviertelliter Wasser mit der Vanilleschote zum Kochen bringen. Wenn der Zucker aufgelöst ist, die Pfirsichhälften hineingeben und leise sieden lassen. Sie sollen weich sein, aber noch die Form behalten. Im Sirup abkühlen lassen.
Die Himbeeren mit dem restlichen Zucker und 5 Eßlöffeln Pfirsichsud erhitzen. Durch ein Sieb streichen und ebenfalls kalt stellen.
Vanilleeis auf Dessertschalen verteilen. Mit einem halben Pfirsich abdecken und mit dem Himbeerpüree begießen. Escoffier verwendete keine Sahne, aber inzwischen dekoriert man den Pfirsich rundherum mit kleinen Sahnetupfern. Dazu die Sahne mit Zucker steif schlagen und auf den Pfirsichhälften verteilen.

Profiteroles

Kleine Gebäckstücke aus Brandteig mit verschiedenen Füllungen sind in Frankreich sehr beliebt. In jeder Bäckerei kann man die Éclairs kaufen. Diese länglichen Brandteigstücke sind mit einer mehr oder minder guten Vanille- oder Schokoladencrème gefüllt, ihre Oberfläche wird mit einem farblich zur Creme passenden Zuckerguß bestrichen. Zuckrig und weich, sind sie äußerst beliebt bei kleinen Kindern und Großmüttern. Die vornehmere Art und sehr variabel sind die Profiteroles.

Zutaten für 4 Personen:
Für die Pâte à choux oder Brandteig: ¼ l Milch, 125 g Butter, 1 Prise Salz, 1 TL Zucker, 200 g Mehl, 5 Eier
Außerdem: 1 Ei mit 1 EL Wasser verrührt zum Bestreichen
Für die Füllung: 250 g Sahne, 1 Tütchen Vanillezucker
Zum Servieren: 250 g Zartbitter- oder Bitterschokolade, 5 EL starker Kaffee
Zubereitungszeit: 60 Minuten

Das Backrohr auf 220° vorheizen.
Milch, Butter, Salz und Zucker in einer Kasserolle aufkochen lassen. Das Mehl durchsieben und auf einmal in die Flüssigkeit geben und ununterbrochen mit einem Holzlöffel oder -spatel rühren, bis sich der Teig als Kloß vom Topf löst. Nun den Topf vom Feuer nehmen und eine Minute ruhen lassen. Jetzt ein Ei in den Teig rühren. Erst wenn es sich vollkommen mit dem Teig verbunden hat, das nächste Ei in den Teig rühren.
Ein Blech dünn buttern und mit einer Spritztülle kleine Häufchen in ausreichendem Abstand auf das Blech spritzen. Wenn Sie keine Tülle haben, stechen Sie mit einem Löffel kleine Klößchen aus dem Teig. Die Häufchen mit dem Ei bepinseln.
Auf der mittleren Leiste goldgelb backen. Nach den ersten 10 Minuten die Temperatur auf 200° reduzieren. Nach weiteren 5 Minuten auf 165° reduzieren und 15–20 Minuten weiterbacken. Den Herd abstellen und die Backofentür einen Spaltbreit öffnen. Die Profiteroles noch 5 Minuten im Rohr trocknen lassen. Dann herausholen und abkühlen lassen.
Von jedem Brandteiggebäck einen Deckel abschneiden. Sahne mit Vanillezucker sehr steif schlagen und in die Brandteighüllen füllen. Den Deckel wieder auflegen.
Zum Servieren eine Schokoladensauce herstellen. Die Schokolade im star-

ken Kaffee im Wasserbad auflösen. Nun entweder einen Schokoladensaucespiegel auf den Tellerboden gießen und die Profiteroles draufsetzen und mit Puderzucker bestäuben oder die Profiteroles dekorativ mit der Schokosauce begießen und dann mit Puderzucker bestäuben.

Variation: Füllen Sie die kleinen Profiteroles mit gezuckerten Himbeeren und Erdbeeren, und setzen Sie sie auf einen Saucenspiegel aus Fruchtmark.

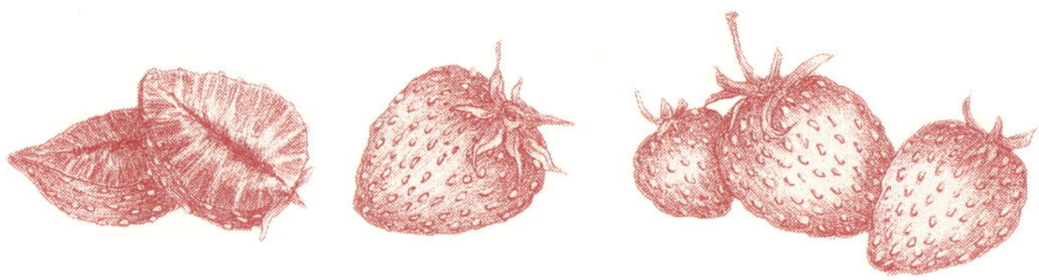

Caramel d'oranges
Orangenkaramel

Zutaten für 4 Personen:
100 g Zucker, Saft von 3 Orangen, 4 cl Cointreau, Zesten einer unbehandelten Orange
Zubereitungszeit: 20 Minuten

Zucker in einer glatten Pfanne zum Schmelzen bringen und leicht bräunen. Mit dem Orangensaft und Cointreau aufgießen. So lange rühren, bis eine glatte, glänzende Sauce entsteht. Jetzt die Zesten (hauchdünne Fäden von der Schale einer Orange) dazugeben, 5 Minuten in der Sauce ziehen lassen. In eine Schüssel gießen und vor dem Servieren kalt stellen.

Mousse au chocolat

Mousse au chocolat ist nicht gerade eine leichte Nachspeise. Im Original ist sie schon fast eine Kalorienbombe. Ich möchte Ihnen hier ein eher leichtes und einfaches Rezept zeigen, das aber ganz hervorragend schmeckt.

Zutaten für 4 Personen:
3 Blatt Gelatine, 500 g Sahne, 300 g gute Zartbitterschokolade, 3 Eier
Zubereitungszeit: 20 Minuten
Kühlzeit: mehrere Stunden

Die Gelatine in kaltem Wasser einweichen. Die Sahne sehr steif schlagen und beiseite stellen. Inzwischen die Schokolade in einer Metallschüssel über einem Wasserbad zum Schmelzen bringen. In einer zweiten Schüssel die Eier über einem Wasserbad mit dem Schneebesen schaumig schlagen. Dabei muß man sehr darauf achten, ständig zu schlagen, damit die Eier an der Schüsselwand nicht zu heiß werden und stocken.

In einem kleinen Töpfchen die Gelatine mit ihrem Tropfwasser auflösen und in den Eierschaum einrühren, danach die flüssige Schokolade unterheben. Nun die Masse in ein kaltes Wasserbad hängen und unter Rühren abkühlen lassen. Mit dem Schneebesen die Schokocreme unter die Sahne heben. In eine weite, glattbodige Form füllen, mit Folie abdecken und mehrere Stunden in den Kühlschrank stellen.

Zum Servieren mit einem Eßlöffel, der in heißes Wasser getaucht wurde, längliche Klößchen aus der Mousse stechen und auf die Teller legen. Klassisch gehört nur etwas Sahne dazu. Sehr gut schmeckt aber auch eine Orangenkaramelsauce dazu (s. vorhergehendes Rezept).

Variation: Sie können diese Mousse auch mit weißer Dessertschokolade zubereiten, dazu passen dann ausgezeichnet Fruchtsaucen aus Himbeeren oder Erdbeeren.

Normandie.
Die 4 C's: Cidre, Calvados, Crème fraîche und Camembert

Erstmals kamen wir in die Normandie nach einem langen Urlaub in der Bretagne. Wir kamen via Mont-St.-Michel, jenen einmaligen Klosterberg, der an der Mündung des Couesnan aus dem Treibsand ragt. Dieser Fluß ist seit alters her die natürliche Grenze zwischen Normandie und Bretagne und lief früher östlich am Mont-St.-Michel vorbei; doch der angeschwemmte Sand zwang ihn in ein neues Bett westlich des befestigten Berges und schenkte den Mont-St.-Michel sehr zum Ärger der Bretonen der Normandie.

Grandios, der Kreuzgang in luftiger Höhe, der Blick aufs Meer durch die Fenster des Klosters: da vergißt man schon mal die Menschenmassen, die sich bergauf, bergab durch die Gassen des Klosterbergs wälzen. Von weitem aus dem Marschland, aus dem hügeligen Weideland der Schafe, ist der Anblick des Mont-St.-Michel noch am schönsten; da thront er wie eine riesige Fata Morgana über dem Heideland, und man kann sich gut vorstellen, wie es früher einmal dort ausgesehen haben muß.

Das Hinterland ist anfänglich karg, um sich dann sehr schnell in ein wahres Märchenland zu verwandeln: die grünsten Wiesen, Hecken und Apfelbäume voller Früchte, unter denen Kühe weiden und auch die Hühner herumpicken, überall üppige Laubbäume und kleine saubere Orte mit wunderschönen Fachwerkhäusern; hier bilden die Holzverstrebungen allerdings, anders als in Deutschland, keine diagonalen und rautenförmigen Muster, sondern sind parallel von oben nach unten angeordnet und verleihen den Häusern dadurch einen Hauch Vornehmheit.

Nach unserer ersten Bekanntschaft mit der Normandie schwor ich mir wiederzukommen. Beim nächsten Mal mieteten wir uns an der Küste zwischen Honfleur und Deauville ein und erlebten einen Bilderbuchurlaub. Ende Februar, Anfang März sind hier die Wiesen schon grün, sprießen schon die Frühlingsblumen, spannt sich der blaue Himmel über weite Sandstrände, und man glaubt, statt in den Norden in den Süden gefahren zu sein. Die Kuhweiden mit ihren Apfelbäumen ziehen sich bis ans Meer, auf grünen Wiesen vor kleinen gedrungenen Kirchen spazieren und schnattern die Enten; und beim Bauern um die Ecke kauft man Cidre und Calvados, so gut und duftend, daß man sich fragt, warum man je etwas anderes getrunken hat, warum man seine Saucen je mit etwas anderem verfeinert hat.

Dann sind da die bezaubernden Städte am Meer; die Fischerboote, die mit den Gezeiten ausfahren und heimkehren; reges Treiben auf den Bauernmärkten. In Trouville stehen die Hausfrauen am Kai, wir natürlich auch, und linsen über die Bordwand nach dem heutigen Fang. Danach richtet sich der tägliche Speiseplan. Den schönsten Steinbutt bekam ich hier zusammen mit einem Rezept von der Frau neben mir; die Jakobsmuscheln waren frisch und relativ günstig, so daß ich die Noix de Saint-Jacques als Hauptgang servieren konnte.

Was aber wäre der normannische Fisch ohne die dicke cremige Sahne, die es nirgends auf der Welt in gleicher Qualität gibt? Nicht in Bechern abgefüllt steht sie im Kühlregal, nein, selbst im Supermarkt wird sie aus tönernen Schüsseln geschöpft und ist so dick, daß der Löffel darin stehen bleibt. Sie schmeckt denn auch unvergleichlich und samtig weich. Sie begleitet nicht nur Fisch, auch Fleisch und Gemüse werden mit dieser Sahne verfeinert und erhalten dadurch das Prädikat *à la normande*. Es scheint einleuchtend, daß die Sahne hier von außergewöhnlicher Qualität sein muß, denn wo man hinschaut, stehen die schwarz-weißen Bilderbuchkühe auf den grünen Weiden; und das im Sommer wie im Winter, denn der Golfstrom läßt die Temperaturen nie unter null Grad sinken, die Bretagne fängt die wildesten Winde vom Westen ab, und so liegt die Normandie gut geschützt. Die Milch, die das ganze Jahr so reichlich fließt, wird *fleuve normand* genannt und ist auch die Basis für die schönen und weltberühmten Käse.

Wer schon dort war, wird die Ansicht meiner Kinder teilen, für die die Normandie das Land des Märchens ist, in dem Milch und Honig fließen Diese Überzeugung festigt sich endgültig nach etlichen Marktbesuchen. Die Märkte in der Normandie haben eine Ausstrahlung, die das Einkaufen für die häusliche Tafel zu einer ganz besonderen Freude macht. Altehrwürdige Markthallen mit schwarzen, tief heruntergezogenen Schindeldächern, Giebel und Stützgebälk aus Eiche schützen schon seit dem 10. und 11. Jahrhundert die Bauern beim Verkauf ihrer Ware vor Wind und Wetter.

In Dives-sur-Mer steht mitten im Ort eine dieser großen Hallen. Metzger, Bauern und ihre Frauen boten an, was in ihrem Haus und Hof wuchs, geerntet oder hergestellt wurde. Es gab alles: hausgemachten Käse, Brote groß wie Wagenräder und knusprig braun, Apfelblütenhonig, leckere Pasteten in allen Größen, dazu Salate und Kräuter aus dem Bauerngarten. Unter dem weit vorgezogenen Dach stand eine alte Bäuerin mit ihren Hühnern; als sie mir das Wechselgeld geben wollte, flogen ihre Geldscheine durch eine plötzliche Windbö auf und davon. Wir liefen alle los und haschten nach den Scheinen, während die kleine alte Frau unter ihrer Wollmütze mit dicken roten Apfelbäckchen lachte. Als wir das Geld wieder eingefangen hatten, zog sie einen Flachmann aus der Tasche und bot allen einen guten Schluck haus-

gebrannten Calvados an; lachend erzählte sie immer wieder die Geschichte vom fliegenden Geld.
In St.-Pierre–sur-Dives, etwas weiter im Landesinneren, steht auf einem freieren Platz auch eine riesige Halle. Etwas abseits des Tourismus geht es noch ursprünglicher zu. Die Metzger und Traiteure haben ihre Stände draußen unter einem Seitendach; an der Ecke zum Eingang war ein Ehepaar mit einem riesigen dampfenden Kessel, vor dem die Leute mit Töpfen und Schüsseln Schlange standen. Sie holten sich Sauerkraut mit Würsten und gepökeltem Schweinefleisch für ein schnelles, herzhaftes Mittagessen.
Mein schönster Markt ist der Sonntagsmarkt in Trouville. Hier gibt es keine Halle, aber direkt neben der Hafeneinfahrt und den Fischkuttern ziehen sich die Marktstände hin mit allem, was Land und Meer zu bieten haben. Hier holt man sich für das Sonntagsessen alles, aber auch wirklich alles frisch vom Markt. Das ist ein Stück Frankreich wie im Bilderbuch und unbeeindruckt von unserer modernen Zeit.

Suppen – Vorspeise oder Abendessen

Bouillon de volaille
Hühnerbrühe

Im Herz der Normandie, im Calvados, im Pays d'Auge und auch im heckengesäumten Bocage-Gebiet, entdeckte ich immer wieder Hühner zwischen den Beinen der Kühe auf den Weiden. Hier lebt das Geflügel noch so, wie es der Art zusteht. Ein Hahn in unserer Nachbarschaft blieb auch nachts draußen, er schlief auf den Ästen eines Apfelbaumes, und sein Geschrei im Morgengrauen war zwar ländlich, aber nicht unbedingt schlaffördernd. Hier werden nicht speziell Bratgockel oder Poularden gezüchtet, man hat einen Hühnerhof und damit von jedem etwas, junge Hähnchen und auch ältere Hennen, die für eine Suppe gerade recht sind.

Zutaten für 4 Personen:
1 Suppenhuhn à 2 kg, in 8 Stücke zerteilt, 1 Stange Lauch, 1 Zwiebel mit 2 Nelken besteckt, 1 kleines Bouquet garni aus Lorbeer und Thymian, 1 Karotte, 1 Stück Sellerieknolle, 10 Pfefferkörner, Meersalz
Zubereitungszeit: 2 Stunden

Die Hühnerstücke auf den Boden eines Topfes verteilen und mit 2 Liter Wasser aufgießen. Zum Kochen bringen und den entstehenden Schaum abschöpfen.
Das Gemüse putzen und mit allen anderen Zutaten beigeben; die Bouillon 1½ bis 2 Stunden auf kleinem Feuer köcheln. Dabei den Deckel vom Topf so auflegen, daß noch ein Schlitz offenbleibt. Nun die Brühe abgießen. Wird die Hühnerbrühe direkt als Entrée gegessen, kocht man in der Bouillon gerne dünne Suppennudeln oder Reis und gibt das kleingeschnittene Hühnerfleisch dazu.
Häufig wird diese Bouillon aber auch benutzt, um Saucen herzustellen, oder als Basis für Cremesuppen. Dafür stellt man die Brühe über Nacht kalt und schöpft am nächsten Tag das Fett ab.

Soupe au cresson
Kressesuppe

In der Gegend von Fécamp und Héricourt ist der Boden ideal für ein grünes Kraut, das in Frankreich wesentlich beliebter und verbreiteter ist als bei uns. Die Brunnenkresse mit ihren großen runden Blättern und dem herben, leicht scharfen Geschmack wird von hier aus in großen Mengen ins ganze Land geliefert.

Zutaten für 4 Personen:
2 Bündel Brunnenkresse, 1–2 EL Essig, 1 kg mehlig kochende Kartoffeln,
3 EL Butter, 1½ l Hühnerbouillon, 5 EL dicke Crème fraîche, Salz und Pfeffer
Außerdem: nach Wunsch Croûtons zum Servieren
Zubereitungszeit: 45 Minuten

Die Kresseblätter von den Stielen zupfen und in Essigwasser waschen. Die Kartoffeln schälen und fein würfeln.
Die Butter in einem Topf erhitzen und die Kresse darin sanft andünsten. Die Kartoffelwürfel dazugeben, unter Rühren mitdünsten. Mit der Hühnerbouillon aufgießen und mit Salz und Pfeffer abschmecken. Kochen lassen, bis die Kartoffeln zerfallen, und mit dem Pürierstab pürieren. Nun die Crème fraîche einarbeiten und eventuell mit Croûtons bestreut servieren.

Potage aux meuniers
Wiesenchampignonsuppe

Natürlich gibt es auf den vielen Wiesen der Normandie auch jede Menge Wiesenchampignons, und wenn ihre weißen Hüte im grünen Gras aufblitzen, ist es Zeit für eine absolut köstliche Pilzsuppe.

Zutaten für 4 Personen:
450 g Wiesenchampignons, ca. 250 g gekochtes Hühnerfleisch, 40 g Butter, Saft einer halben Zitrone, 2 EL Mehl, ½ l Hühnerbrühe, 40 ml Calvados, ½ l Milch, 2 Eigelb, 100 g Sahne, Salz und Pfeffer
Zubereitungszeit: 45 Minuten

Pilze putzen; 100 Gramm davon in dünne Scheiben schneiden, den Rest sehr fein hacken. Das Hühnerfleisch in kleine Würfel schneiden.
Die Pilze in Scheiben in etwas Butter kurz und heiß anbraten, leicht salzen und beiseite stellen.
In einem Suppentopf die restliche Butter erhitzen und die gehackten Champignons darin anschmoren, mit Zitronensaft beträufeln und leicht salzen und pfeffern. So lange köcheln lassen, bis die Flüssigkeit verdunstet ist. Jetzt die Pilze mit Mehl bestäuben und mit der Hühnerbrühe löschen. Mit dem Schneebesen rühren und aufkochen lassen. Nun den Calvados und die Milch dazugeben. Leise köcheln lassen und immer wieder rühren. Nach 5 Minuten die Suppe pürieren, aufkochen lassen und vom Herd nehmen. Eigelb mit Sahne verquirlen und die Suppe damit legieren. Die Pilzscheiben und Fleischwürfel dazugeben. Kurz erhitzen, aber nicht mehr kochen und sofort servieren.

Soupe à l'oseille
Sauerampfersuppe

Sauerampfer wächst in der Normandie in jedem kleinen Garten. Da die Winter so mild sind, kann man ihn das ganze Jahr ernten und entweder zum Fisch oder für ein schnelles kleines Cremesüppchen verwenden.

Zutaten für 4 Personen:
1 dickes Büschel Sauerampferblätter, 50 g Butter, 4 sehr feingehackte Schalotten, 50 g Mehl, 1 l Hühnerbouillon, Salz und Pfeffer, Crème fraîche zum Servieren
Zubereitungszeit: 30 Minuten

Sauerampferblätter waschen und in hauchdünne Streifen schneiden. Beiseite stellen. Die Butter in einem glatten Topf erwärmen und die Schalotten darin weich und goldgelb dünsten. Mit dem Mehl bestäuben, verrühren und mit der Brühe ablöschen. Salzen und pfeffern. Dabei ständig mit dem Schneebesen rühren und 2 Minuten aufkochen lassen. Nun die Hälfte des Sauerampfers dazugeben und mit dem Pürierstab durchmixen. Dann den restlichen Sauerampfer dazugeben, eine Minute ziehen lassen und sofort servieren. Die Crème fraîche gesondert auf den Tisch bringen, damit jeder sich soviel in die Suppe rühren kann, wie er mag.

Soupe à la graisse
Gemüsesuppe mit Nierenfett

Diese bäuerliche Suppe ist nur in der Normandie bekannt. Fast in allen Regionen Frankreichs wurden Schweine gehalten, und in früheren Zeiten, bevor die Butter sich durchsetzte, war das Schweineschmalz das Fett zum Kochen und der Speck die Beigabe zur Gemüsesuppe. Für die Armen der Nor-

mandie aber gab es nur das Fett der Rindernieren oder das Nierenfett der Schafe. Da dies aber geschmacklich nicht so befriedigend ist, erfand ein Landpfarrer aus Saint-Julien-de-Caen im Hungerwinter 1789 die Graisse aromatisée, die in die dünnen Suppen der Armen Geschmack und Proteine bringen sollte. In Cherbourg nahmen die Metzger und die Traiteure die Idee auf und stellten die Graisse normande zum Verkauf her. Heute verwendet man sie als typischen Geschmacksträger bei einer reichlichen Gemüsesuppe, und die wurde zu einer Spezialität Cherbourgs.
Das Fett stand früher auf dem Holzherd in der hintersten Ecke und simmerte mit all seinen Zutaten bis zu zwei Tagen vor sich hin. Dann wurde es in Steinguttöpfe abgefüllt, und jedesmal, wenn es eine einfache Suppe gab, kamen ein paar Löffel dazu. Falls Sie diese ungewöhnliche Suppe daheim nachkochen wollen, hier das Rezept:

Zutaten für 4–6 Personen:
Für die Graisse: 1 kleiner Kohlkopf, 2 Karotten, 2 Rübchen, 1 Selleriestengel, 1 große Stange Lauch, 400–500 g Nierenfett vom Rind, 1 Bund gehackte Petersilie, 1 Gewürznelke, Salz und Pfeffer
Für die Suppe: 500 g mehlige Kartoffeln, 250 g Zwiebeln, mehrere Scheiben altbackenes Weißbrot oder hauchdünn geschnittene Scheiben von einem älteren dunklen Brot
Zubereitungszeit: 2 Stunden

Das Gemüse für die Graisse putzen und sehr klein würfeln.
Das Fett in einen schweren Topf geben und erhitzen. Gemüse und Gewürze zugeben und auf der kleinsten Flamme, die auf Ihrem Herd möglich ist, mehrere Stunden köcheln lassen. In einen Steinguttopf füllen und abkühlen lassen. Während des Abkühlens immer wieder durchrühren.
Für die Suppe die Kartoffeln schälen und klein würfeln, die Zwiebeln fein würfeln. Beides mit 2 Liter Wasser aufsetzen und kochen. Nach 30 Minuten von dem Fett dazugeben, salzen und pfeffern und wieder 30 Minuten kochen.
Nun die Suppenterrine mit Brotscheiben auslegen, die Suppe draufschöpfen und sofort servieren.

Vorspeisen

Vorspeise in der Normandie besteht entweder aus Meerestieren oder aus bäuerlichen Pasteten und verschiedenen beliebten Wurstsorten, die mit Crudités zusammen als Entrée serviert werden. Aus der Normandie kommt die in ganz Frankreich geliebte Vorspeise Radieschen und Butter. Man serviert einfach eine große Schüssel mit den frischen, knackigen Kugeln (ein Stück vom Stiel ist noch dran zum Halten) und dazu frische Butter und Salz. Probieren Sie es mal, schmeckt ganz hervorragend.

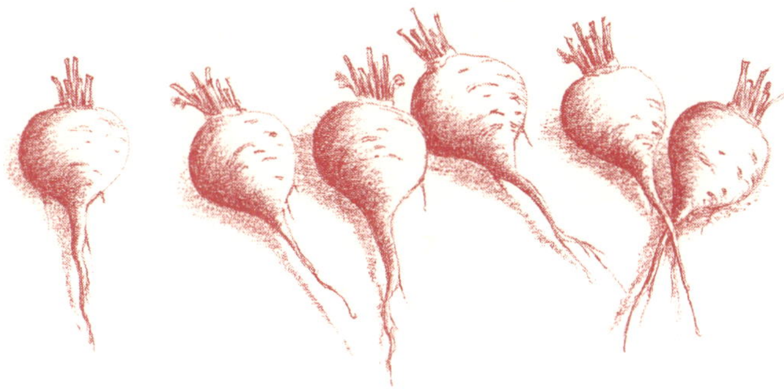

Entlang der Küste aber gibt es natürlich Fisch und alles aus dem Meer in einer solchen Frische und Vielfalt, daß man gar nichts anderes möchte. Der Höhepunkt eines Aufenthalts in der Normandie ist ein Plat de fruits de mer von einem Fischhändler an der Küste. In Trouville, wo jede Fischerfamilie vor dem Anlegeplatz ihren Marktstand hat, bestellten wir uns so eine Platte für den Abend. Unseren Kindern gingen die Augen über: eine riesige Platte mit Austern, kleinen Crevetten, verschiedensten Muschelsorten, großen und kleinen Schnecken, Langusten und Krebsen, auf einem frischen nach Meer duftenden Algenbett. Zitronenhälften steckten als Farbtupfer zwischen all der Pracht, die wir sorgsam in unser Ferienhaus balancierten. Die Arbeit zu Hause hatte ich schon gemacht, drei Schüsseln mit verschiedenen Saucen, die man nach Belieben dazu essen konnte. Wir haben uns große Mühe gegeben, aber wir haben es nicht geschafft, die Platte zu leeren. Die Saucen blieben auch übrig, denn nur mit ein paar Tropfen Zitrone oder pur schmeckten diese frischen Meeresfrüchte am besten.

Crevettes au cidre
Garnelen in Cidre

In großen Behältern werden auf dem Markt die kleinen lebenden Crevettes grises verkauft. Man kauft sie nach Volumen (meist literweise). Zu Hause werden sie mitten auf den Tisch gestellt und mit frischem Brot und Butter verzehrt. Bei uns werden Sie die kleinen Krabben nach Gewicht kaufen müssen – rechnen Sie ungefähr 1 Kilo pro Liter, auf ein paar mehr oder weniger kommt es ohnehin nicht an.

Zutaten für 4 Personen:
½ l trockener Cidre, 1 Bouquet garni aus Lorbeer, Petersilie, 1 l bzw. 1 kg kleine Garnelen, 2 EL Meersalz
Zubereitungszeit: 15 Minuten

Den Cidre zum Kochen bringen, das Salz und das Bouquet dazugeben und 10 Minuten kochen. Dann die Garnelen in den Sud geben, 2 Minuten sprudelnd kochen, abgießen und sofort mit frischem Brot und Butter servieren.

Coquilles Saint-Jacques d'Etretat
Jakobsmuscheln aus Etretat

Die Seine entspringt in der Bourgogne und erlangt ihre Berühmtheit in Paris, schlängelt sich in einem malerischen Flußbett an riesigen Abteien in der Normandie vorbei und mündet in Le Havre in den Ärmelkanal. Seit ein paar Jahren spannt sich bei Honfleur eine kühne Brücke über die Flußmündung, und man gelangt so von dem üppigen Pays d'Auge in eine andere Normandie. Das Pays de Caux ist flacher und karger, anders in den Farben. Hier bricht die Küste über weite Strecken sehr steil ab und der Strand besteht aus rundgeschliffenen Steinen. Das schönste Küstenstück ist das bei Etretat, wo die weißen steilen Felsen Torbögen bilden, durch die Ebbe und Flut ihren Weg finden. Das Wasser ist von einem sagenhaften Türkisblau, und das Geräusch, wenn es in der schmalen Bucht von Etretat über die Steine rollt, erscheint wie eine nie endende Musik. Hier werden Krustentiere und Muscheln von bester Qualität gefischt und überall verspeist, zu Hause in den Familien und in den vielen Restaurants, die ganz darauf spezialisiert sind.

Zutaten für 4 Personen:
3 EL Butter, 3 feinstgewürfelte Schalotten, 250 g feinblättrig geschnittene Champignons, 16 küchenfertige Jakobsmuscheln mit dem rosa Corail, 3 cl Calvados, ¼ l Weißwein, 2 Eigelb, 125 g Sahne, Salz und Pfeffer
Zubereitungszeit: 20 Minuten

In einer weiten Pfanne die Butter erhitzen, die Schalotten und die Pilze auf starkem Feuer unter ständigem Wenden andünsten, bis die Kochflüssigkeit verdampft ist. Nun die Jakobsmuscheln dazugeben und eine Minute pro Seite mitdünsten. Den Calvados darübergießen und flambieren. Anschließend die Muscheln aus dem Kochsud heben und warm stellen. Den Weißwein in die Pfanne geben und bei starker Hitze in wenigen Minuten etwas reduzieren. Nun die Eigelb mit Sahne verquirlen und mit dem Schneebesen einarbeiten. Die Sauce abschmecken. Pfanne vom Herd ziehen, die Sauce über die Muscheln geben und sofort servieren.

Variation: Auf die gleiche Art können Sie auch Miesmuscheln oder die kleinen Herzmuscheln kochen.

Careux d'Issigny farcis
Gefüllte Austern von Issigny

Natürlich gibt es in der Normandie auch Austern in allen Größen und Arten und stets frisch. Roh mit ihrem eigenen Saft aus der Schale geschlürft, stellen diese Meeresfrüchte eine heißgeliebte Vorspeise dar. Selbst Kinder wissen schon damit umzugehen, und wenn sie erst einmal auf den Geschmack gekommen sind, sind sie auch jederzeit bereit, an die zehn Stück zu schlürfen. Das war wenigstens unsere Erfahrung. In der Austernsaison zu Weihnachten und Neujahr gibt es kaum eine französische Familie, die sie nicht auf dem Tisch hätte. Da ich persönlich nicht so begeistert bin von rohen Muscheln, habe ich mich bei unserem Normandieaufenthalt konzentriert umgehört nach Rezepten mit gegarten Meeresfrüchten. Und ich wurde fündig, denn es gibt mehr Leute wie mich, ganz besonders bei der ländlichen Bevölkerung an der Küste.
Careux sind ganz besonders große Austern mit einer tieferen Schale, die sich für das folgende Gericht besonders gut eignen.

Zutaten für 4 Personen:
3–4 Austern pro Person, 3 EL Butter, 2 feinstgehackte Schalotten, 300 g feingehackte Champignons, 2 EL Mehl, 125–150 g Sahne, etwas Zitronensaft, 2 Eigelb, Salz und Pfeffer
Zubereitungszeit: 30 Minuten

Die Austern öffnen, den Saft auffangen. Die Austern aus der Schale lösen und Schalen aufheben. Den Saft in einer Kasserolle zum Köcheln bringen und die Austern darin 2–3 Minuten blanchieren. In einem Sieb abgießen und den Kochsud aufheben.
Nun in der Kasserolle die Butter erhitzen und die Schalotten und die Pilze darin andünsten. Nur leicht goldgelb werden und die Flüssigkeit verdampfen lassen. Mit dem Mehl bestäuben, verrühren und mit dem Sud löschen. Ist die Sauce zu fest, das heißt nicht dicksämig, etwas Sahne beigeben und die Sauce mit Zitronensaft, Salz und Pfeffer abschmecken. Aufkochen und vom Herd nehmen. Eigelb mit 125 Gramm Sahne verquirlen und einarbeiten. Nun die tiefere Austernschale nehmen, einen Löffel von der Sauce hineingeben, die Auster darauflegen und mit Sauce bedecken. In einer flachen Form postieren und unter dem Backofengrill kurz überbacken.

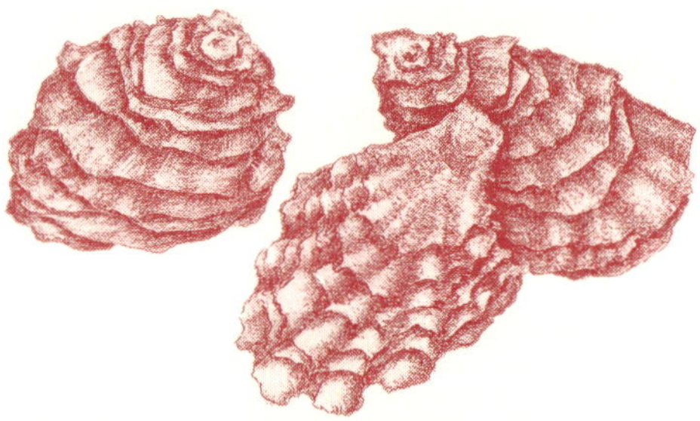

Omelette à la normande
Austernomelett

Diese Omeletts sind eigentlich schon keine Vorspeise mehr, wenigstens für uns. Und wenn Sie wie ein echter Normanne danach weiteressen wollen, sollten Sie unbedingt ein *trou normand* einlegen. Dieses »normannische Loch« ist nichts anderes als ein reichlicher Calvados, der zwischen den Gängen getrunken wird, damit danach wieder Platz ist für den nächsten Gang – die normannische Art, Löcher zu schaffen.

Zutaten für 4 Personen:
16–20 Austern, 12 Eier, 3 EL Butter, Salz und Pfeffer
Für die Sauce normande: 50 g Butter, 50 g Mehl, ca. 200 g Sahne, Saft einer halben Zitrone, 2 Eigelb mit 4 EL Sahne verquirlt
Zubereitungszeit: 30 Minuten

Die Austern öffnen, die Flüssigkeit in einer Kasserolle auffangen. Das Muschelfleisch aus den Schalen lösen und im aufgefangenen Saft 2 Minuten köcheln lassen. Die Muscheln abgießen und den Sud auffangen.
Für die Sauce die Butter in einem Topf erwärmen, das Mehl mit dem Schneebesen einrühren und hell anschwitzen. Mit dem Muschelsud und der Sahne ablöschen; mit Zitronensaft, Salz und Pfeffer abschmecken und noch einmal aufkochen lassen. Jetzt vom Herd nehmen, die Eigelb-Sahne unterrühren; Sauce kurz erhitzen, aber nicht mehr kochen.
Das Backrohr auf 220° vorheizen.
Für das Omelett die Eier mit einem Schneebesen in einer Schüssel kräftig schlagen, salzen und pfeffern.
In einer sehr großen Pfanne die Butter erhitzen, die Eier hineingeben und auf kleinem Feuer das Omelett stocken lassen. Nach 5 Minuten das Omelett ins heiße Rohr stellen und auf der dritten Schiene von unten 5–10 Minuten fertiggaren. Wenn Sie keine typisch französische Omelettpfanne haben, die man problemlos in den Ofen schieben kann, das Omelett auf eine Platte gleiten lassen und auf dieser ins Rohr stellen.
Die Austern mit einem kleinen Teil der Sauce normande mischen, auf das Omelett geben, dieses zusammenklappen und auf eine vorgewärmte Platte geben, die restliche Sauce um das Omelett gießen.

Variation: Genauso wird das Gericht auch mit den kleinen Garnelen gemacht, die allerdings vorher mühsamst geschält werden müssen.

Fisch als Mittelpunkt des Mahles

Filet de sole à la normande
Seezungenfilet mit Miesmuscheln und Champignons

Filet de sole à la normande, Seezungenfilet in einer sahnigen Weißweinsauce, ist das berühmteste Fischgericht der Normandie. Je nach Ortschaft ißt man dazu Champignons und verschiedene andere Meerestiere. In Dieppe sind das vor allem Miesmuscheln und vielleicht noch Flußkrebse aus den Flüssen des Hinterlandes; in Le Havre nimmt man Krabben, und in Trouville läßt man Pilze und Muscheln weg und serviert die Seezunge mit Krabben und Jakobsmuscheln. Im Kochbuch »La Cuisinière de la Campagne« von 1818 wird erwähnt, das Gericht sei nicht in der Normandie erfunden worden, es habe nur diesen Namen erhalten, weil die Seezungen der Normandie so außergewöhnlich gut sind.

Zutaten für 4 Personen:
4 Seezungen
Für die Garnierung: 1 kg Miesmuscheln, 350 g Garnelen, 500 g Champignons in Scheiben, etwas Zitronensaft, 2 EL Butter
Für den Fischfond: Haut, Gräten und Köpfe der Seezungen, 1 Karotte in Scheiben, 1 Zwiebel in Scheiben, 2 Gewürznelken, 1 Bouquet garni aus Lorbeerblatt, 2 Thymian- und 5 Petersilienzweigen, ¼ l Weißwein, ¼ l Wasser
Für die Sauce: 2 Eigelb, 125 g Sahne
Zubereitungszeit: 40 Minuten

Beim Fischhändler die Seezungen filetieren lassen und die Abfälle mitnehmen.
Für den Fischfond die Fischabfälle mit den übrigen angegebenen Zutaten in einen Topf geben und 20 Minuten durchkochen. Durch ein Sieb abgießen und den Sud auffangen.
Die Muscheln gut säubern und 2 Minuten im Fischsud blanchieren. Die geschlossenen Muscheln wegwerfen, die geöffneten aus der Schale lösen und warm stellen. Die Garnelen entweder auch im Fischsud oder in einem Viertelliter Cidre 2 Minuten blanchieren. Anschließend schälen und mit den Muscheln warm halten.
Die Champignons mit Zitronensaft beträufeln und mit etwas Butter kurz

und schnell anbraten, leicht salzen und so lange dünsten, bis die Flüssigkeit verdampft ist. Zu den Muscheln und den Garnelen geben.
Backrohr auf 200° vorheizen.
Eine Auflaufform leicht ausbuttern, die Fischfilets hineinlegen, mit Fischsud bedecken und im vorgeheizten Rohr etwa 10 Minuten zugedeckt dämpfen lassen. Nun den Sud aus der Auflaufform abgießen und zusammen mit dem restlichen Fond in einen Topf geben. Bei starker Hitze reduzieren, bis nur noch eine halbe Tasse übrigbleibt. Mit Eigelb und Sahne verquirlen und mit dem Schneebesen kräftig aufschlagen. Mit Salz und Pfeffer abschmecken.
Die Garnierungen rund um die Seezungenfilets in der Auflaufform anordnen, mit Sauce übergießen, die restliche Butter in Flöckchen drauf verteilen und kurz überbacken. In der Form servieren.

Variation: Dieses Rezept schmeckt auch ausgezeichnet mit Steinbutt oder Scholle.

Barbue à l'oseille
Glattbutt mit Sauerampfer

Zutaten für 4 Personen:
1 Glattbutt, Fischfond (s. vorhergehendes Rezept, statt Weißwein Cidre nehmen),
1 kg Sauerampfer, 250 g Sahne, Salz und Pfeffer
Zubereitungszeit: 50 Minuten

Glattbutt vom Händler filetieren lassen, Gräten, Kopf und Haut mitnehmen. Den Fischfond wie im vorhergehenden Rezept beschrieben 20–30 Minuten köcheln und dann durch ein Sieb abgießen.
Während der Fond köchelt, den Sauerampfer in Salzwasser 30 Minuten kochen und dann abgießen. Eventuell noch harte Stiele entfernen. Die Sauerampferblätter mit der Sahne bei schwacher Hitze zu einem dicklichen Brei verkochen. Immer wieder umrühren, damit nichts anbrennt; mit Salz und Pfeffer abschmecken.
Nun den Fischsud in einen weiten Topf geben. Die Glattbuttfilets hineinlegen und rund 10 Minuten bei kleinster Flamme und geschlossenem Deckel ziehen lassen. Die Buttfilets aus dem Sud nehmen und mit dem Sauerampfer bedeckt servieren.

Variation: Dieser Sauerampferbrei wird auch mit Seezunge und anderen Fischfilets serviert und entspricht der alten Art der Zubereitung. Etwas zarter und feiner ist die neuere Art mit einer Sauerampfersauce. Dazu den Sauerampfer in sehr feine Streifen schneiden und zusammen mit der Sahne, Pfeffer und Salz 10 Minuten dünsten lassen und dann über die Filets geben.

Turbot au cidre
Steinbutt mit Cidre

Dieses Rezept hat mir eine Frau am Hafen von Trouville für meinen Steinbutt empfohlen.

Zutaten für 4 Personen:
1 Steinbutt von ca. 2 kg, 4 EL Butter, 4–5 feingehackte Schalotten, 300 g blättrig geschnittene Champignons, 150 g Sahne, ½ l trockener Cidre, Salz und Pfeffer
Zubereitungszeit: 40 Minuten

Das Backrohr auf 230° vorheizen.
Den Steinbutt putzen und innen und außen salzen und pfeffern. Eine passende Auflaufform ausbuttern. Die Hälfte der Schalotten und Pilze auf dem Boden verteilen und den Fisch darauf betten, die restlichen Schalotten und Pilze über dem Butt verteilen. Sahne und Cidre miteinander verquirlen, über den Fisch gießen und mit Butterflöckchen bedecken.
Den Fisch im vorgeheizten Backrohr etwa 30 Minuten garen. Immer wieder mit der Sauce übergießen. Dazu Salzkartoffeln servieren.

Raie au beurre noisette
Rochenflügel mit brauner Butter

Rochenflügel habe ich zum ersten Mal in der Normandie gegessen; sie werden hier fast in jedem Gasthof als Tagesgericht angeboten. Wir haben sie probiert, und sie haben uns ausgezeichnet geschmeckt, vor allem in diesem einfachen, klassischen Rezept. Wenn Sie bei Ihrem Fischhändler Rochen kaufen und feststellen, daß der Fisch ganz leicht nach Ammoniak riecht, greifen Sie zu, denn dieser leichte Geruch ist ein Zeichen dafür, daß der Fisch frisch ist.

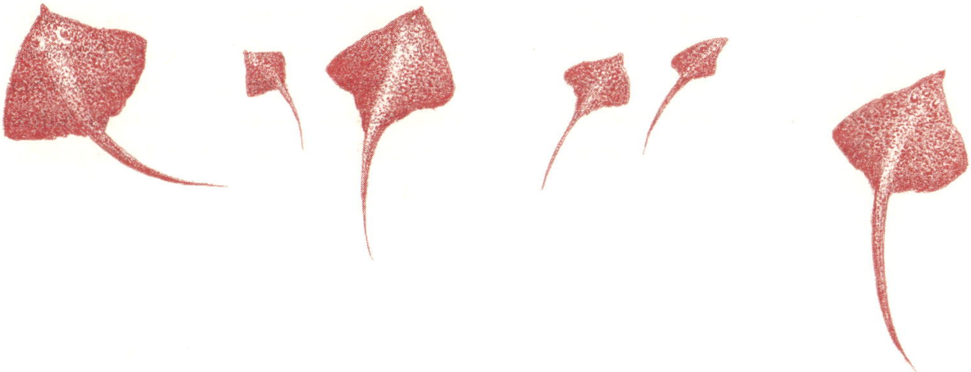

Seit dem 16. Jahrhundert hat sich die Butter in der Küche Frankreichs einen Platz erkämpft, nach Öl, Speck und Schweineschmalz. Die gebräunte Butter ist eine Delikatesse, man muß aber den Zeitpunkt der Bräunung richtig abpassen. Wenn die Butter erst einmal schwarz geworden ist, ist sie nicht mehr genießbar.

Zutaten für 4 Personen:
4 kleine oder 2 große Rochenflügel (schon gehäutet kaufen), etwas Dijonsenf, 3 EL Kapern, 100 g leicht gesalzene Butter, Salz und frisch gemahlener Pfeffer
Für den Fischsud: 100 ml Weißweinessig, 1 Zitrone in Scheiben, 2 Stangen Lauch in Stücken, 2 EL Meersalz
Zubereitungszeit: 30 Minuten

Die Zutaten für den Fischsud mit einem Liter Wasser aufsetzen und 20 Minuten kochen; abgießen und abkühlen lassen.
Die Rochenflügel in einen weiten Topf legen und mit dem Fischsud begießen. Auf kleiner Flamme bis knapp unter den Siedepunkt erhitzen. Nicht kochen lassen, sondern durch Wegnehmen vom Herd und wieder Draufschieben rund 5 Minuten knapp unter dem Siedepunkt halten.
Jetzt die Rochenflügel herausheben, hauchdünn mit dem Senf bestreichen und auf einer vorgewärmten Platte warm halten. Die Kapern wässern und dann leicht zerdrückt auf den Fisch legen, salzen und pfeffern. Die gesalzene Butter in einer Pfanne erhitzen, nußbraun werden lassen, dann sofort über den Fisch gießen. Mit Petersilienkartoffeln als Beilage servieren.

Kalb und Huhn, das Fleisch der Normandie

Das wunderbare Fleisch der normannischen Kälber ist so zartfarben wie Cidre und Crème fraîche und sehr begehrt für ein Sonntagsessen. Beginnen wir mit zwei Klassikern, die in ganz Frankreich heißgeliebt sind, wenn sie noch *à la grand-mère* gemacht werden und nicht zu einem Saucenfertiggericht verkommen sind, was besonders bei der Blanquette häufig der Fall ist. Bestellen Sie es nur, wenn der Koch ein Mann Ihres Vertrauens ist, oder kochen Sie es auf die alte Art selber, es wird Sie begeistern.

Blanquette de veau
Kalbsfrikassee

Zutaten für 4 Personen:
3 EL Butter, 3 EL Öl, 1 kg grob gewürfeltes Kalbfleisch von Brust und Schulter, 2 Karotten in Scheiben, 1 Zwiebel besteckt mit 1 Gewürznelke, 1 Bouquet garni aus Petersilie, Lorbeer und Thymian, 1 Stück Sellerieknolle, 15 Pfefferkörner, Meersalz, 300 g kleine Champignons (ganz oder geviertelt), 200 g kleine frische Perlzwiebeln oder Frühlingszwiebeln, 125 g Sahne, 2 Eigelb, Zitronensaft nach Geschmack
Zubereitungszeit: 70 Minuten

Das Fett in einem Schmortopf erhitzen und die Kalbfleischwürfel bei starkem Feuer anbräunen. Nicht alle auf einmal, sondern partienweise in den Topf geben, damit sie wirklich rundum braun werden. Wenn alle gut gebräunt sind, das Fett teilweise abgießen und aufheben. Das Fleisch zurück in den Topf geben, Karotten, Zwiebel, Bouquet garni, Sellerie und Pfefferkörner dazu. Alles knapp mit Wasser bedecken. Mit Meersalz abschmecken. Aufkochen lassen und dann 45 Minuten leise vor sich hin köcheln lassen. Eventuell noch etwas Wasser nachgießen.

In dieser Zeit die Pilze und die Perlzwiebeln putzen. In dem zurückbehaltenen Fett anbräunen und mit etwas Sud aus dem Fleischtopf löschen und weich garen. Nach der Garzeit die Fleischstücke zusammen mit den Perlzwiebeln und den Pilzen in einer erwärmten Schüssel warmstellen.
Sahne mit Eigelb verrühren und mit mindestens 3 Saucenschöpfern Fleisch- und Pilzesud vermischen, dabei auch die Karottenscheiben auffangen, sie sollten mit in die Sauce kommen. In einem kleinen Töpfchen erwärmen, aber nicht kochen. Mit etwas Zitronensaft verfeinern. Sofort über das Fleisch geben und servieren. In der Normandie ißt man am liebsten Reis oder in Butter geschwenkte Bandnudeln dazu.

Côte de veau normande
Kalbskotelett nach Art der Normandie

Für dieses echte Männeressen müssen die Kalbskoteletts dick geschnitten werden, damit das Fleisch schön saftig bleibt.

Zutaten für 4 Personen:
4 Kalbskoteletts, 4 EL Butter, 400 g Frühlingszwiebeln, 400 g geviertelte Champignons, 40 ml Calvados, 150 g Sahne, Salz und Pfeffer
Zubereitungszeit: 40 Minuten

Die Kalbskoteletts von beiden Seiten salzen und pfeffern und in heißer Butter von beiden Seiten braun anbraten. Mit den Zwiebeln umlegen und 10 Minuten weitergaren. Das Fleisch ab und zu wenden. Jetzt die Pilze dazugeben und bei häufigem Wenden nochmals 15 Minuten braten. Pilze und Zwiebeln salzen und pfeffern.
Die Koteletts auf eine vorgewärmte Platte geben, die Pilze und Zwiebeln ringsum anrichten und die Platte warm stellen. Den Calvados bei mittlerer Hitze in die Pfanne geben und flambieren. Die Sahne dazugeben, den Bratsatz lösen und die Sauce etwas reduzieren und über das Fleisch geben und servieren.

Variation: Im Pays de Caux gibt man zu diesen Koteletts oder zu Schnitzeln, die auf die gleiche Art gemacht werden, gerne noch gedämpfte Apfelscheiben und Zuckererbsen als Beilage.

Poulet Vallée d'Auge
Huhn im Schmortopf mit Äpfeln

Zutaten für 4 Personen:
1 großes junges Huhn oder 1 Hahn aus Freilandhaltung, 50 g Butter,
2 gewürfelte Reinettes oder Cox Orange, 100 ml hochwertiger alter Calvados,
150 g Sahne, Salz und Pfeffer
Zubereitungszeit: 60 Minuten

Das Huhn in 8 Stücke zerteilen und salzen und pfeffern. Die Butter in einem Schmortopf erhitzen und die Hühnerteile darin rundum goldbraun anbraten; herausnehmen und die Hälfte des Fettes entfernen. Nun die Äpfel im Topf verteilen, die Hühnerteile wieder dazugeben, gut verrühren und miteinander 10 Minuten dünsten. Den Calvados zugeben und flambieren, den Topf leicht schütteln, damit die Flammen verlöschen. Nun alles zugedeckt leise gut 30 Minuten schmoren. Damit der Bodensatz nicht zu braun wird, etwas Wasser beigeben.
Den Topf vom Herd nehmen, die Hühnerteile herausnehmen und auf einer vorgewärmten Platte warm stellen. Nun die Sahne in den Schmortopf gießen und den Bratsatz lösen; alles auf mittlerer Flamme reduzieren, die Sauce mit Salz und Pfeffer abschmecken und über die Hühnerteile geben.

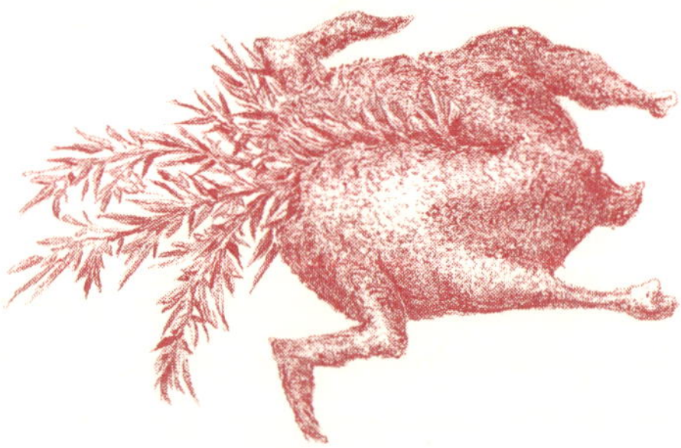

Variation: Statt mit Äpfeln und Calvados liebt man in der Normandie Hühner auch mit Estragon. Dazu gibt man reichlich frisches Kraut in das Innere des Huhns und schmort es im Schmortopf; aufgegossen wird mit Hühnerbrühe. Nach dem Garen erst wird das Huhn zerteilt und der Kochfond mit Sahne und frisch gehacktem Estragon zur Sauce reduziert. Ich finde dieses Estragonhuhn ausgezeichnet.

Im Wettstreit mit Rouen erhebt Caen den Anspruch, das älteste traditionelle Gericht der Normandie erfunden zu haben. Dieses Kuttelgericht ist häufig in deftigen Portionen als Zwischenmahlzeit um 11 Uhr vormittags gegessen worden. Im Mittelalter hat der Mönch Sidoine Benoît dieses Gericht erfunden; seit damals ist festgelegt, daß die Stücke des Labmagens und der Kutteln vom Rind dick und viereckig geschnitten werden und zehn Stunden in Cidre und Calvados im Rohr vor sich hin köcheln. Das Kuttelgericht wurde früher in großen Tontöpfen, deren Deckel man mit einem Mehlteig zuklebte, im Backrohr des Dorfbäckers gegart und anschließend zu Hause in Einmachgläsern eingemacht, so daß die Hausfrau im täglichen Leben schnell eine Brotzeit für die hungrigen Männer bereit hatte. Überall in Caen kann man dieses Gericht heute natürlich in Einmachgläsern bei den Metzgern und Traiteuren finden. Hausgemacht versteht sich.

Tripes à la mode de Caen
Kutteln nach der Art von Caen

Zutaten für 4 Personen:
2 kg Kutteln und Pansen vom Rind und vom Kalb, Essig, 3 Karotten in Scheiben, 3 Zwiebeln in Scheiben geschnitten, 1 rohe Schweineschwarte (auf Topfgröße zuschneiden), 3 Gewürznelken, 4 blättrig geschnittene Knoblauchzehen, 2 Kalbsfüße (vom Metzger längs spalten lassen), 1 Bouquet garni aus Lorbeer, Thymian und Petersilie, 1 Flasche Cidre, 60 ml Calvados, Salz und Pfeffer, gehackte Petersilie zum Garnieren
Zubereitungszeit: 5–6 Stunden

Die Kutteln gründlich waschen und 2 Stunden in Essigwasser liegen lassen. Anschließend in Quadrate schneiden.
Backrohr auf 140° vorheizen.
Nun die Speckschwarte in einen verschließbaren Tontopf legen und dann immer im Wechsel jeweils eine Schicht Kutteln, Gemüse und Gewürze darauflegen. Jede Schicht leicht salzen und pfeffern. Als Abschluß die Kalbsfüße und das Bouquet garni obenauf legen. Mit Cidre und Calvados aufgießen. Den Deckel mit Mehlteig gut verschließen. Den Eintopf mehrere Stunden im vorgeheizten Rohr schmurgeln lassen. Vor dem Servieren das Bouquet garni entfernen, die Tripes mit Petersilie bestreuen und Salzkartoffeln dazugeben.

Desserts

Apfelbäume sind in der Normandie allgegenwärtig und liefern Äpfel für Cidre und Calvados. Wo Äpfel gut gedeihen, wachsen auch Birnen, und aus diesen beiden Obstsorten gestaltet der Normanne das Süße zum Abschluß der Mahlzeit in allen Kreationen und Variationen. In den häuslichen und ländlichen Kreisen greift man dabei immer wieder auf das Bewährte, das Althergebrachte zurück und hält nicht zuviel von Neuerungen.
Bevor wir uns Rezepten mit den beiden Obstsorten widmen, möchte ich noch den Quark erwähnen, den es hier in einmaliger Qualität gibt. So wie die dicke, leicht gelbliche Crème fraîche von nicht zu überbietendem delikatem Geschmack ist, so ist auch der Fromage blanc in der Normandie ganz besonders gut. Man ißt ihn sehr gerne zum Dessert als kleinen sanften Nachschlag mit etwas Zucker und Sahne verfeinert – und fertig.
Ganz ohne Obst bietet sich auch ein sehr alter Nachtisch an. In der Markthalle von St.-Pierre-sur-Dives stand eine Bäuerin vor einem Tisch mit lauter kleinen grauen Tonschüsseln mit braunem Rand, die mit einer undefinierbaren braunen Speise gefüllt waren. Sie erklärte uns, daß dies ein Dessert aus Reis sei, und sie bereite es noch genau so zu wie ihre Großmutter. Wir kauften uns zwei Schüsseln und erwärmten sie im Backrohr, ganz so, wie die alte Frau es erklärt hatte. Nicht nur das Dessert war gut, die typischen normannischen Keramikschüsseln mit ihrem dunkel glasierten Rand dienen uns heute noch als erinnerungsbeladene Stücke im Haushalt.

Teurgoule oder auch Beurgoule
Reisauflauf

Für 4 Personen:
100 g Rundkornreis, 100 g Zucker mit einem ½ TL Zimtpulver vermischt,
2 l abgekochte, noch heiße Milch
Zubereitungszeit: 60 Minuten

Das Backrohr auf 180° vorheizen.
Alle Zutaten mischen und in eine Auflaufform geben, lieber eine tiefe als eine flache weite. Nun die Form in den Backofen geben und backen, bis die Oberfläche eingesunken und goldbraun ist. Noch warm servieren.

Crêpe à la Bénédectine
Crêpe mit Bénédictine

Im 16. Jahrhundert erfand der Benediktinermönch Dom Bernardo Vincelli den Kräuterschnaps zum Wohle der Menschen. In der Revolution geriet die Herstellung in Vergessenheit, und erst 1863 fand ein Kaufmann in Fécamp die ursprüngliche Rezeptur wieder und bemühte sich um die Herstellung des Likörs en gros. Ein Kräuterschnaps mit der Beigabe von siebenundzwanzig Pflanzen und Honig, der in Eichenfässern reift. Die Variation, die durch die Beigabe von Cognac etwas herber ist, entstand erst auf Wunsch der Amerikaner nach einem etwas trockeneren Geschmack.

Zutaten für 4 Personen:
250 g Weizenmehl, 3 Eier, ½ l Milch, eine Prise Salz, ein Schuß Bénédictine, Butter zum Ausbacken
Zubereitungszeit: 20 Minuten

Crêpeteig nach der Beschreibung auf Seite 96 herstellen. Die Crêpes so dünn wie möglich in Butter ausbacken, auf die Hälfte zusammenklappen, noch in der heißen Pfanne mit dem Likör begießen und flambieren.
Eine Person nach der anderen am Tisch bedienen, da die Crêpes ganz frisch und heiß serviert werden sollten.

Crêpe à la normande
Crêpe mit Äpfeln

Zutaten für 4 Personen:
1 kg Reinettes, geschält und gewürfelt, 1 Handvoll beste Rosinen in etwas Calvados mariniert, 2 EL Butter, Zucker nach Geschmack, 1 Glas milder Cidre
Für den Crêpeteig: 250 g Weizenmehl, 3 Eier, ½ l Milch, eine Prise Salz
Zubereitungszeit: 40 Minuten

Crêpeteig wie auf Seite 96 beschrieben herstellen und ruhen lassen. Die Butter in der Pfanne erhitzen und die Apfelwürfel dazugeben, mit Zucker bestreuen und unter ständigem Wenden andünsten und dabei etwas karamelisieren. Die Rosinen dazugeben, mit dem Cidre löschen und ganz kurz weiterdünsten. Die Äpfel sollen zwar weich werden, aber nicht zermusen.

Nun in einer Pfanne Crêpes nacheinander ausbacken, nach dem Wenden die Oberflächen mit Apfel bestreichen. Die fertig gebackenen Crêpes auf ein Viertel zusammenklappen und heiß servieren. Dazu eine Schüssel normannische Crème fraîche oder Schlagsahne reichen.

Variation: Crêpes einrollen und nebeneinander in eine Auflaufform legen, 2 Eigelb mit einer Tasse Sahne und 3 Teelöffel Karamel verquirlen, übergießen und im Rohr kurz und heiß gratinieren. Oder die in Viertel zusammengeklappten Crêpes bei Tisch mit Calvados begießen und flambieren.

Tarte au sucre d'Yport
Tarte mit Äpfeln und Calvados

In der Normandie gibt es natürlich Apfeltartes in allen Variationen. Die einen schwören darauf, die Äpfel zu schmoren und sie dann erst auf den Tarteboden zu verteilen, die anderen legen rohe Apfelscheiben in allerlei Mustern auf den Mürbeteigboden. In Yport in der Nähe von Fécamp backt man eine Variante, die ich selber ganz besonders gut finde und Ihnen gerne vorstellen möchte.

Zutaten für eine Form mit 26 cm Durchmesser:
Für den Teig: 125 g weiche Butter, 90 g Zucker, 1 Ei, 250 g Mehl, 1 Prise Salz
Für den Belag: 1 kg Reinettes, geschält und gewürfelt, 70 ml Calvados, ca. 75 g Zucker, 3 Eigelb, 250 g Sahne oder normannische Crème fraîche, 100 g gehackte Mandeln, Butter für die Form
Marinierzeit: 2 Stunden
Zubereitungszeit (ohne Ruhezeiten): 40 Minuten

Die Äpfel 2 Stunden vor dem Backen in Calvados und 70 Gramm Zucker ziehen lassen.
Das Rohr auf 220° vorheizen.
Inzwischen nach der Beschreibung auf Seite 435 den Mürbeteig zubereiten und ruhen lassen.
Eine Tarteform buttern und den ausgerollten Mürbeteig einlegen; mit der Gabel Löcher hineinstechen und den Teig im Rohr blind backen.
Nach 10 Minuten herausholen und den Teigboden etwas zuckern. Die Äpfel abgießen und die Calvadosmarinade aufheben. Apfelstücke auf den ge-

zuckerten Teigboden verteilen. Den Kuchen noch einmal 15 Minuten bei 180° backen. Aus dem Ofen holen, die Sahne mit dem Eigelb mischen, die Marinade dazugeben und kräftig mit dem Schneebesen aufschlagen. Über die Äpfel gießen und mit den Mandeln bestreuen. Wieder ins Rohr schieben und in 10 Minuten goldbraun backen.
Mit Crème fraîche oder Schlagsahne lauwarm servieren. Dazu einen kühlen, herben Cidre trinken.

Himmelreich der Käsefreunde

Mein Titel für diesen Abschnitt ist nicht übertrieben. Allüberall gibt es Käse. Auf jedem Markt kann man sie kaufen, viereckigen Pont l'Évêque, runden Camembert und nicht zu vergessen die rötlichen Livarot. Der Käse ist immer aus Rohmilch, egal ob er handgefertigt von den Bauern oder industriell hergestellt, ist herzhaft und köstlich im Aroma, cremig, wenn er den richtigen Reifegrad erreicht hat, und ist der ideale Partner zu den vollen Rotweinen anderer Regionen Frankreichs.
Der **Camembert** ist weltweit wohl die bekannteste Käsespezialität der Normandie. In dem kleinen Dorf Camembert soll die Bäuerin Marie Harel – sie lebte von 1761 bis 1812 – in den Jahren der Revolution den Käse erfunden haben. Ganz so ist es wohl nicht gewesen. Schon die Mutter dieser Marie machte aus roher Milch einen Käse und gab die Art und Weise an ihre Tochter weiter, ganz so wie es in alten Zeiten der Brauch war. Im Jahr 1791 hat nun diese Marie einen verfolgten Mönch versteckt, und dieser ergänzte das Wissen der Marie mit seinem Wissen um einen Schimmelkäse. Er bat nun seine Retterin, dieses Rezept schriftlich niederzulegen, um es der Nachwelt

zu erhalten. Das war die Geburtsstunde des Camembert. Die Tochter jener Marie hieß auch wieder Marie, und sie war es dann, die mit ihrem Mann Thomas Paynel zusammen dem Käse die heutige Form, Konsistenz und den unverkennbaren Geschmack gab. Damit der Käse aber seine Reise in die Welt antreten konnte, bedurfte es erst noch des Ingenieurs Ridel, der im Jahre 1890 dem Käse eine Spanholzschachtel verpaßte und ihn exportfähig machte.

Wesentlich älter ist der viereckige **Pont l'Évêque**, was übersetzt soviel heißt wie die »Brücke des Bischofs«. Schon im 12. Jahrhundert haben ihn Mönche in dem kleinen, gleichnamigen Ort hergestellt und nannten ihn »angelot«. Er ist kräftig und reich im Geschmack und hat eine gelbliche, leicht orangefarbengetupfte Schimmelrinde. Im 18. Jahrhundert, als die Herstellung des Camembert noch in den Kinderschuhen steckte, war der Pont l'Évêque schon weit über die Grenzen berühmt. Heute noch wird er in vielen Bauernhöfen rund um den Ort hergestellt, und auf jedem Markt stehen die Bauern mit ihrem hausgemachten Pont l'Évêque, der den industriellen an Geschmacksintensität weit übertrifft.

Wieder nach dem Ort seiner Entstehung heißt auch der **Livarot**, ein großer runder Käse mit einer leicht bräunlichen Rinde. Der Livarot ist immer umschlungen von fünf Schilfbändern, die ihm den Spitznamen »Colonel«, nach den fünf Streifen auf der Schulterklappe, eingebracht haben. Er übertrifft die beiden anderen noch an Aroma und gehört in reifem Zustand zu den intensiven Käsesorten Frankreichs.

Was die drei verbindet und die Basis des Wohlgeschmacks ausmacht, ist ihre Herstellung aus Rohmilch. Und alle drei gehören zu den zweiunddreißig Käsesorten, die ständig in der Herstellung kontrolliert werden und die, wenn sie nach alter Tradition gefertigt wurden, wie der Wein das Gütesiegel AOC (Appellation d'Origine Contrôlée) erhalten. Wenn Sie also einen Käse mit dieser Bezeichnung auf dem Etikett oder der Schachtel kaufen, können Sie sicher sein, daß der Käse so schmeckt, wie es die beste Tradition verlangt.

Bretagne, Land der Meerestiere, der Gemüse und der Crêpes

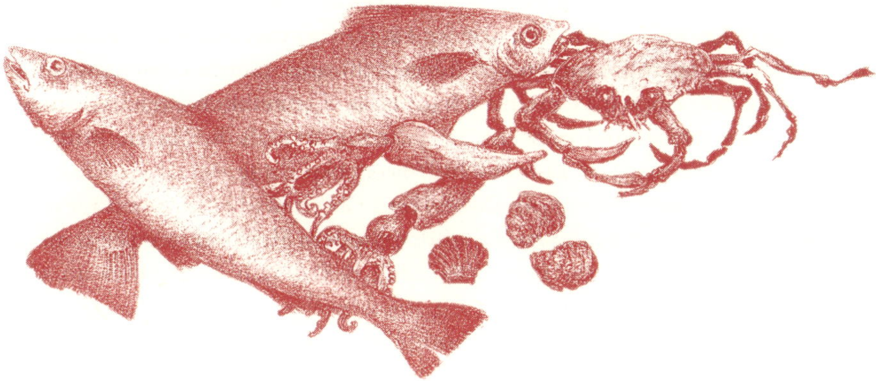

Das Land mit seinen Felsküsten, die sich weit in den Atlantik hinausschieben, wurde geformt vom ewigen Auf und Ab der Gezeiten und vom Wind, der unermüdlich, Tag und Nacht, den Geruch und das Salz des Meeres weit ins Land trägt. Man sieht an den Bäumen, die sich alle in die gleiche Richtung neigen, und an den Wolken, die in ständigem Wechsel über diesen hellen, lichten nördlichen Himmel jagen, wie sehr der Wind die Landschaft bestimmt. Ganz selten sind die Tage, an denen der Wind schweigt und es unerwartet still wird.

Bei meinem ersten Bretagne-Besuch war ich eingestellt auf Fisch und Krabben, Hummer und Austern. Zuerst aber sah ich eine Landschaft mit riesigen Gemüsefeldern: Blumenkohl und Artischocken – riesengroß und von bester Qualität –, Karotten von intensiver Farbe und Kartoffeln – so groß, daß man zu dritt von einer satt wird – gedeihen hier. Die Bretagne ist ein Gemüseland, das vom milden Klima des Golfstroms und den leichten, sandigen Böden profitiert. Aber die wahren Urheber der außergewöhnlichen Fruchtbarkeit dieser Böden sind die Algen des Meeres. Bei Ebbe fahren die jungen Burschen weit hinaus in die bizarre Landschaft aus Felsen, Tümpeln und weiten Ebenen und bringen die Pflanzen des Meeres in großen Säcken an Land.

Eine Algensorte wird an Kosmetikfirmen verkauft, der Rest kommt als Dünger auf die Felder. Die Kartoffelfelder riechen nach Meer und altem Fisch, aber die Kartoffeln werden wunderbar groß und gelb, saftig und fest. Das Land vor dem Meer lebt selbst beim Gemüseanbau vom Meer. Hier reichen sich Hummer und Langusten die Schere, während die Kartoffel in einem Algenpüree badet: *Ici la pince du homard tient la patte de la langoustine, tandis que la pomme de terre prend son bain dans une purée d'algues.*

Voll Neid hat mein Mann das Ergebnis der Algendüngung bei einem Gärtner bewundert. So ging er daran, im Garten hinter unserem Ferienhaus die Algen im Wind zu trocknen, um sie dann mit nach Hause in den heimischen Gemüsegarten zu schleppen. Es war nicht leicht, ihn von dieser Idee abzubringen – unser Auto würde vermutlich heute noch danach stinken. Für ihn aber dufteten die Algen nach Wasser und Wind.

Die Dörfer der Bretagne liegen windgeschützt in Mulden, hinter dichten Hecken, und die Häuser mit ihren zwei Giebelkaminen, ihren granitgrauen Wänden und den verhältnismäßig kleinen Fenstern scheinen dem Wind und der Gischt zu trotzen. Rauh und feucht ist das Klima, aber voll Licht. Da wachsen die Blumen ganz besonders prächtig. Hortensien leuchten mit ihren rosaroten bis blaßblauen, üppigen Farbkugeln vor grauen Steinmauern,

und prächtige Erdbeeren spenden auch bei Regen Licht und Farbe. Im Landesinneren entdeckten wir die letzten Reste der früheren Wälder, wie aus den alten Sagen mit Baumriesen und Felsungetümen, dunkel, feucht und moosbewachsen. Die Wildschweine von Asterix und Obelix gibt es nicht mehr, und ihr kleines gallisches Dorf würde wohl auch wie alle anderen von der Schweine- oder Geflügelzucht oder vom Fremdenverkehr leben.
An der Südküste stehen die Menhire in rätselhafter Anordnung. Als Besucher kann man nur ahnen, daß sie den Weg zur Sonne zeigen sollten, der hier am westlichen Meer so weit zu verfolgen ist. Sie stehen wohl schon seit der Steinzeit in der heideähnlichen Landschaft am Ende der Welt – Finistère, wie die westlichste Region der Bretagne heißt. Als ich hier an der westlichsten Nase Frankreichs in einer Vollmondflut auf den Felsen stand, war ich erfüllt von Bewunderung für die Seefahrer und Fischer der Bretagne, die zu jeder Jahreszeit in diese brausende Hölle hinausfahren. Und ich verstand inmitten der tosenden Gischt, warum die Bretonen so gläubig sind. Es ist nicht nachgewiesen, aber die Bretagne soll 7777 Heilige haben. Die volkstümliche Art der Verehrung wird auch in den granitgrauen Figuren der Calvaires sichtbar, die wie steinerne Bilderbücher anmuten.
Die Menschen dieses Landes mußten sich gut und deftig ernähren, um Wind und Wetter zu trotzen. Nicht der Fisch bildete die Ernährungsgrundlage, weil er nicht lange genug sättigt, sondern das Schwein. Aus ihm macht man die Pasteten und das Ragout, den Braten und den Eintopf zum Kig ha Farz. Und die vielen Würste, allen voran die heißgeliebte Andouille von Guémené. Die Fische, die Krebse und vor allem die Austern gingen früher fast ausschließlich nach Paris. Zweimal die Woche holten sich die Könige Frankreichs die besten aller Austern von der Küste der Bretagne mit Sondertransporten auf den Tisch. Heute geht die Ernte des Meeres immer noch nach Paris und von dort aus in die Markthallen des ganzen Landes. Die Bretagne deckt aus ihren Austernbänken ein Viertel des französischen Bedarfs und ein Drittel der Muscheln kommen von dieser Küste.
Auf eine Spezialität der Bretagne möchte ich vor Beginn des Rezeptteils noch hinweisen: die typisch bretonische Butter. Sie wird in einmaliger Qualität in vielen Molkereien sehr sorgsam nach alter Methode hergestellt und mehr oder minder gesalzen. Sie schmeckt einmalig gut und wurde früher auf jedem Bauernhof einmal pro Woche gemacht. So wie es andernorts den Brotbacktag gab, hatte man in der Bretagne den *Jour du beurre.* Als Nebenprodukt fiel dabei die säuerliche Buttermilch ab, die in den bäuerlichen Haushalten natürlich auch ihre Verwendung fand.

Crêpes und Galettes, das Brot der Bretonen

Schon im Jahre 1390 erschien im »Ménagier de Paris« das erste Rezept für Crêpe, damals noch mit Weizenmehl zubereitet. Aber schon ein Jahrhundert später war aus der Crêpe in der Bretagne eine Galette aus Buchweizenmehl (auf bretonisch »krampouez krass«, der Knusprige) und damit ein Volksnahrungsmittel geworden. Buchweizenmehl oder auch *farine de sarrasin*, »Sarazenenmehl«, war in der Tasche der Kreuzfahrer, die von bretonischen Häfen in großer Zahl ausliefen und in sehr viel kleinerer zurückkehrten, in das Land der Fischer und Bauern gekommen. Buchweizen läßt sich viel problemloser anbauen als der Weizen, weil er keine so hohen Ansprüche an Boden und Wetter stellt und geradezu ideal ist für ein Land, über das ständig Wind und Regen fegen und dessen Boden eher sandig denn humos ist. Brot kann man aus Buchweizenmehl nicht backen, aber Galettes, und so wurden die Galettes mit der salzigen bretonischen Butter bestrichen und zum Dreieck zusammengeklappt zum täglichen Brot. Zum Ausbacken nahm man große, flache Eisenpfannen, die mit Schweineschmalz ausgerieben wurden. Es war keine außergewöhnliche Leistung, wenn jemand bis zu zehn dieser heißen knusprigen Fladen auf einmal verdrückte. Im Laufe der Zeit faltete man in die tägliche Galette auch etwas anderes als Butter, zum Beispiel Fische oder Muscheln an der Küste, Zwiebeln in Roscoff und im Landesinneren vielleicht Andouille oder Schinken mit Ei. Heute wird eine Crêpe mit Weizenmehl gemacht und meist süß gefüllt, die Galette aus Buchweizenmehl erhält die salzigen Beigaben.

Pâte à crêpes
Crêpeteig

Schon beim ersten Besuch einer Crêperie waren wir begeistert. Ein gemütliches kleines Lokal mit Holzdecke und Kaminfeuer. Die Tische waren mit Keramiktassen, karierten Servietten und Besteck auf dunklem Holz schon vorgedeckt. Zu trinken gab es ausschließlich herrlichen bretonischen Cidre, der in Keramiktassen oder -bechern und nicht im Glas ausgeschenkt wird. Bei der Bestellung waren die Galettes das Hauptgericht und die Crêpes das Dessert. Eine vielgestaltige und gute Mahlzeit.

Zutaten für 4 Personen:
250 g Weizenmehl, 3 Eier, ½ l Milch, eine Prise Salz, Butter zum Ausbacken
Zubereitungszeit: 10 Minuten
Ruhezeit für den Teig: mindestens 30 Minuten

Mehl in eine Schüssel sieben und eine Mulde in die Mitte drücken. Die Eier hineingeben und etwas einarbeiten, dann die Milch schubweise dazugeben. Den Teig mit dem Schneebesen glattrühren. Mindestens 30 Minuten ruhen lassen.
Zum Backen etwas Butter in einer Pfanne zerlassen. Den Pfannenboden dünn mit Teig bedecken und die Crêpe auf beiden Seiten goldgelb ausbacken.

Variation: Geben Sie dem Teig ein Gläschen Rum bei, wenn Sie zum Beispiel Crêpe au Sucre machen, oder ein Gläschen Calvados, wenn Sie die Crêpe zum Dessert mit geschmorten Äpfeln füllen. Sehr beliebt in der Bretagne ist auch die Zugabe von etwas Orangenwasser in den Teig.

Pâte à galettes
Galette-Teig

Zutaten für 4 Personen:
200 g Buchweizenmehl, 50 g Weizenmehl, 1 Ei, 1 EL grobes Meersalz aus Guerande, ½ l Wasser, Schweineschmalz zum Ausbacken
Zubereitungszeit: 10 Minuten
Ruhezeit für den Teig: 2 Stunden oder länger

Die beiden Mehlsorten mischen, dann nach der Beschreibung im vorhergehenden Rezept einen Teig herstellen. Allerdings erst nur die Hälfte des Wassers zugeben, kräftig mit dem Schneebesen schlagen, dann den Rest Wasser untermengen. Noch mal kräftig durchschlagen und dann mindestens 2 Stunden ruhen lassen.
Die Galettes mit Schweineschmalz in flachen Pfannen ausbacken.

Variation : Ersetzen Sie die Hälfte des Wassers durch Cidre.

Galette à l'œuf
Galette mit Ei

Im Prinzip können Sie Ihre Galettes mit allem belegen, was Ihnen schmeckt. Es gilt jedoch: je einfacher, je besser. Wichtig ist auch, daß der Belag nicht zu dick aufgetragen wird und den Geschmack der Crêpe oder Galette übertönt, statt zu ergänzen. Traditionsgemäß wird der Belag auf die heiße Galette aufgestrichen und diese dann zu einem spitzen Dreieck zusammengeklappt. Hier nun einige Beispiele der traditionellen Art, weitergreifender Phantasie Ihrerseits steht ja nichts im Wege.

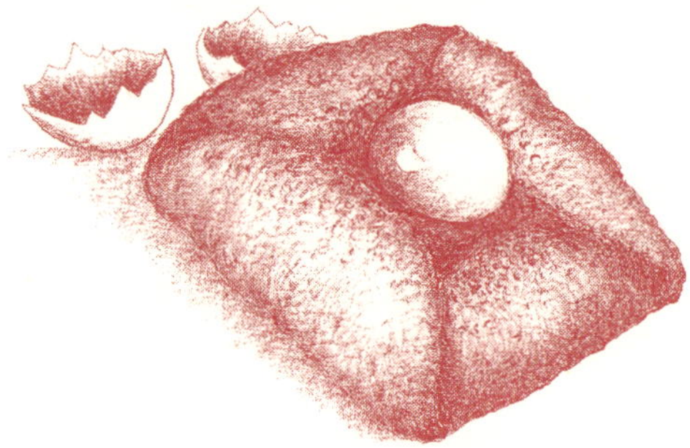

Die Galette nach dem Grundrezept zubereiten, auf der einen Seite braun backen, umwenden, einen Klecks gesalzene Butter und ein rohes, aufgeschlagenes Ei auf den Teig geben. Das Eiweiß etwas auseinanderziehen, salzen und pfeffern und dann die Galette von der Seite her so zusammenfalten, daß das Eigelb in der Mitte frei bleibt, und fertigbacken.

Galette à l'oignon
Galette mit Zwiebeln

Zwiebel entweder in dünne Ringe schneiden oder fein würfeln. In Butter hellgelb andünsten, mit etwas Weißwein löschen und so lange köcheln lassen, bis die Flüssigkeit reduziert ist. Mit Salz und Pfeffer abschmecken, auf die Galette streichen und zusammenklappen.

Galette aux tomates
Galette mit Tomaten

Eine gehackte Zwiebel mit etwas Knoblauch und Petersilie in Butter andünsten, einige geschälte und gewürfelte Tomaten zugeben, alles gut garen, die Galette damit belegen und zusammenfalten.

Galette à la quibéronnaise
Galette mit Muscheln

Gibt es zur Saison einmal Miesmuscheln à la marinière, werden die Reste am nächsten Tag für eine Galette verwendet.

Aus gesalzener Butter, einer sehr fein gehackten Schalotte, Knoblauch, Petersilie und Schnittlauch eine Kräuterbutter herstellen, diese auf die fertige Galette streichen und die gegarten Muscheln darauf verteilen, Galette zusammenklappen.

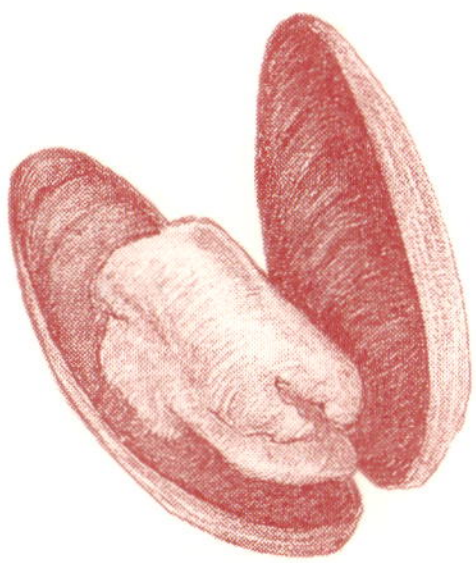

Vorspeisen

Pâté de campagne
Landpastete mit Schweinefleisch

Als wir zum ersten Mal in einem kleinen Dorf an der Küste ein traumhaftes Ferienhaus gemietet hatten, fiel mir schon beim ersten Einkauf auf, wie groß, prächtig und gut besucht der Metzgerladen war, während das Fischgeschäft schmal und klein aussah. Nur eine Kleinigkeit suchte ich, und raus kam ich mit einer Tasche voll Köstlichkeiten, die für eine zweite Familie gereicht hätte. Wie sollte ich diesem frischen Beinschinken widerstehen, der so saftig aussah, und wie diesen hausgemachten Pasteten, die mir der nette, dicke und rotbackige Metzger so sehr ans Herz legte? Für die von uns allen am meisten geliebte, ganz einfache Bauernpastete gab er mir später sein Rezept.

Zutaten für eine Kastenform:
700 g Schweinekamm, 200 g fetter Speck, 1 gehäufter EL gemischte getrocknete Kräuter (Bohnenkraut, Thymian, Salbei und einigen Rosmarinnadeln), 1 Glas Muscadet, 300 g Schweineleber, 2 Eier, 1 sehr fein gehackte Schalotte, 1 sehr fein gehackte Knoblauchzehe, Salz und frisch gemahlener Pfeffer, grüner Schweinespeck ohne Schwarte in große Scheiben geschnitten, 5 Lorbeerblätter zum Belegen
Zubereitungszeit: 2 Stunden
Ruhezeit für das Fleisch: mehrere Stunden oder über Nacht

Schweinefleisch und Speck so klein wie möglich schneiden und mit dem Wiegemesser fein wiegen. In eine Schüssel geben, Salz, Kräuter und den Muscadet dazugeben; gut mischen und mehrere Stunden im Kühlschrank durchziehen lassen.
Das Backrohr auf 160° vorheizen.
Zur Bereitung der Pastete die Leber durch den Fleischwolf drehen und mit Eiern, Schalotten und Knoblauch unter das Fleisch mischen. Mit Salz und Pfeffer abschmecken.
Eine längliche Pastetenform oder eine hochrandige Auflaufform mit Speckscheiben auskleiden, so daß sie am Rand etwas überstehen. Die Fleischmasse einfüllen. Die überstehenden Speckränder abschneiden, die Farce fest andrücken, damit keine Luftlöcher entstehen, und mit den Lorbeerblättern belegen.
Die Pastete 1½ Stunden im Rohr garen. Pastete aus dem Rohr holen und unter einem Gewicht abkühlen lassen. Ich habe ein Brettchen, das so groß ist wie meine Pastetenform. Ich lege es mit einem Stück Alufolie verkleidet auf die Pastete und beschwere es mit einem alten Bügeleisen.
Pastete mit einem frischen Landbrot servieren.

Variation: Zum Auslegen der Terrine geräucherte Speckscheiben nehmen, das gibt ein herzhaftes Aroma. Auch gibt man der fertigen Farce gelegentlich 100 Gramm feingeschnittenen, gekochten Schinken, gehackte Petersilie oder auch feingehackten Schnittlauch bei.

Salade de mâche et betterave
Feldsalat mit roten Beten

Die typische bretonische Salatbeilage zur Pastete ist ein Feldsalat mit roten Beten.

Zutaten für 4 Personen:
500 g Feldsalat, 2 rote Beten, gekocht und gestiftelt, je ½ Bund feingehackte Petersilie und Schnittlauch, 2 feingewürfelte Schalotten
Vinaigrette: Sonnenblumenöl, Apfelessig, 1 TL Senf, Salz und Pfeffer
Zubereitungszeit: 75 Minuten

Den Feldsalat auf einer Platte oder auf Einzeltellern anrichten, die roten Beten darauflegen, mit Zwiebeln und Kräutern bestreuen und servieren. Aus den angegebenen Zutaten eine Vinaigrette rühren und getrennt dazu reichen.

Artichauts à la vinaigrette
Artischocken mit Vinaigrette

Einmalig und ungewöhnlich ist der Anblick der großen Artischockenfelder. Die riesigen Distelgewächse mit den dicken grünen Kugeln sehen einfach phantastisch aus. Nirgends sonst sind die Artischocken so dick und fleischig und schmecken so köstlich. Auf einer großen Wanderung entlang der Küste hatte ich einmal das Glück, ein aufgelassenes Artischockenfeld in voller Blüte zu erleben: weiches Lila neben stacheligem Silbergrün unter einem grauen Wolkenhimmel.
Bei der Familie Mercier, die uns mit allen Feldfrüchten belieferte, kommen die Artischocken frisch gekocht in einer Riesenschüssel auf den Tisch; daneben steht noch eine Riesenschüssel für die Blätter. Dazu gibt es die salzige Butter, an der man die dicken Blattenden entlangstreift und die man am Schluß auf den enthaarten Boden streicht. Eigentlich die beste Art, Artischocken zu essen.
Kommen aber Gäste und Sie wollen Eindruck machen, stellen Sie neben die Butter auch Schüsseln mit Vinaigrette. Machen Sie viel von dieser Vinaigrette, denn jedes Blatt will eingetaucht sein.

Zutaten für 6–8 Personen:
Pro Kopf 1–2 Artischocken, Saft einer Zitrone, Salz
Für die Vinaigrette: 5 feingewürfelte Schalotten, 1 Bund gehackter Schnittlauch, Salz und Pfeffer, Weißweinessig oder Apfelessig, Sonnenblumenöl
Zubereitungszeit: 30 Minuten

Den Stiel der Artischocken abschneiden und die untersten kleinen Blätter entfernen. Die Artischocken in reichlich Wasser, das mit Zitronensaft und Salz gewürzt ist, kochen. Die Artischocken sind gar, wenn sich ein Blatt locker aus der Frucht ziehen läßt.
Aus den angegebenen Zutaten eine Vinaigrette rühren.
Die Artischocken kommen heiß auf den Tisch. Butter und Vinaigrette in Schalen dazu reichen.
Die Blätter werden gezupft und das fleischige Blattende in die Sauce getunkt und dann abgebissen. Wenn man in das Innere vordringt, werden die Blütenfäden mit einem Löffel vom Boden geschabt und entfernt, dann kann man den zarten Boden mit Sauce oder Butter verspeisen.

Variation: Geben Sie in die Vinaigrette noch 2 gehackte, hartgekochte Eier sowie 5 kleingeschnibbelte Radieschen, oder ersetzen Sie den Schnittlauch durch ein feingehacktes Kräutergemisch aus Estragon, Kerbel und Petersilie.

Meeresfrüchte

Der größte Teil der bretonischen Vorspeisen besteht heute aus den Fruits de mer, den Meeresfrüchten. Früher waren sie zusammen mit der Kartoffel, ein paar Karotten und einer Zwiebel auch das Hauptgericht. Wenn das Wasser bei Ebbe riesige Strandräume freigibt und Felsen, Höhlen und Tümpel zutage treten, war in der Bretagne schon immer die Zeit für *la pêche à pied*, die »Fischerei zu Fuß«, die auch Frauen und Kinder betreiben. Mit Gummistiefeln, Eimer oder Korb, einer festen Schaufel oder einer Stange geht es los. Beim ersten Ausflug dieser Art ist man erstaunt, wie das Jagdfieber steigt und wie schnell man in diesem unendlichen Raum zwischen Himmel und Meer vergißt, daß die Flut bald wieder kommt. Erfahrene Bretonen aber wissen genau, wann es Zeit ist, umzukehren, sie haben das im Blut.

Pouce-pied à la belliloise
Entenmuscheln

Pouce-pied ist eine in unseren Breiten eher unbekannte Muschel. Entenmuschel heißt sie auf deutsch, und wie eine Ente, die auf ihrem dicken Fuß am Felsen steht, sieht sie auch aus.

Früher gab es sie zuhauf am Fuße der Felsen, die auch bei Ebbe unter Wasser stehen, und es war nicht ungefährlich, sie zu ernten. Die Entenmuscheln waren die Nahrung für die Armen, nur sie machten sich die Mühe, sie hervorzuholen. Aus diesem Grund wurden sie später, als sich die Zeiten etwas besserten, nicht mehr gegessen. In den fünfziger Jahren dann entdeckten sie die Spanier – bretonische Entenmuscheln für Tapas. Jetzt wurden auch die großen Restaurants auf den feinen Geschmack der Muschel aufmerksam, aber die Vorkommen waren geplündert und die Ernte nach wie vor sehr schwierig. Aus der Arme-Leute-Speise ist heute eine fast unbezahlbare Delikatesse für Feinschmecker geworden. Hier ein Rezept der Belle Île.

Zutaten für 4 Personen: 24 küchenfertige Entenmuscheln
Für den Sud: 3 gewürfelte Karotten, 3 gewürfelte Zwiebeln, 1 Bouquet garni aus Thymian, Lorbeer und Petersilie, Salz und Pfeffer
Zubereitungszeit: 20 Minuten

Gemüse und Bouquet garni in reichlich Wasser zum Kochen bringen, salzen und pfeffern. Die Muscheln hineingeben. Etwa 12 Minuten kochen lassen, mit dem Sieb Muscheln und Gemüse aus dem Sud fischen und auf einer vorgewärmten Platte servieren.
Dazu wurde entweder heiße Butter oder eine Vinaigrette sowie dicke Scheiben frisches Brot oder gekochte Kartoffeln serviert.

Courtbouillon

Ganz typisch für die Bretagne sind die dicken runden Krebse, die hier jeden Tag in großen Mengen gefischt und angeboten werden. Das Rezept ist einfach, gutes Werkzeug, um an das Krebsfleisch zu kommen, etwas Zitrone, wenn man möchte, zum Draufträufeln und: *Bon appétit!* Auf die gleiche Art, also ganz *nature*, werden in den Familien an der Küste auch die Hummer und die Meeresspinnen mit ihren langen Beinen gegessen. Der Anblick auf dem Teller ist gewöhnungsbedürftig, aber sie schmecken ganz hervorragend.
Am besten schmecken die Krabben und auch die anderen Schalentiere, wenn man sie in einer Courtbouillon kocht.

Zutaten für 1 l Brühe:
½ l Wasser, ½ l Wein,
1 gehackte Zwiebel, 1 Lauchstange, in breite Ringe geschnitten,
5 Petersilienstengel, 2–3 gewürfelte Karotten, 1 TL Pfefferkörner und Meersalz
Zubereitungszeit: 30 Minuten

Die Zutaten in einen großen Topf geben und 20 Minuten kochen.
Schalentiere darin garen und in der Courtbouillon abkühlen lassen.

Moules à la marinière
Miesmuscheln in Weißwein

Bei der leckeren Vorspeise kommt eine große Schüssel auf den Tisch, und alle bedienen sich daraus. Reichen Sie frisches Brot dazu, damit Sie den herrlichen Sud auftunken können.

Zutaten für 4 Personen:
2 kg Mies- oder Pfahlmuscheln, 100 g Butter, 4 gewürfelte Schalotten,
¼ l Weißwein, 2–3 Thymianzweige, 15 Pfefferkörner, 1 Bund gehackte Petersilie
Zubereitungszeit: 20 Minuten

Muscheln unter fließendem Wasser gründlich bürsten, dabei Schlamm, die kleinen Pocken sowie den aus den geschlossenen Schalen herausschauenden Bart entfernen. Nur geschlossene Muscheln verwenden. Die geputzten Muscheln 2 Stunden in salzigem Wasser stehenlassen, damit sie Sand abstoßen. (Bei den Muscheln, die Sie in Deutschland beim Fischhändler kaufen, ist das meist nicht mehr nötig, die Muscheln sind in der Regel schon vorgereinigt.)

Nun in einem großen Topf die Hälfte der Butter andünsten und die Schalotten anschwitzen, aber nicht braun werden lassen. Mit Wein ablöschen, Thymian dazugeben und aufkochen lassen. Nun die Muscheln hineingeben und bei starker Hitze zugedeckt ungefähr 5 Minuten garen. Dabei immer wieder den Topf etwas rütteln, damit alle Muscheln gleichmäßig erhitzt werden.

Die geöffneten Muscheln herausheben und in einer Schüssel warm stellen (die geschlossenen wegwerfen). Den Sud durch ein feines Haarsieb oder ein Tuch abgießen und in einem kleinen Topf aufkochen lassen. Die Hälfte der Petersilie dazugeben und den Rest Butter in kleinen Flöckchen einrühren. Den Sud mit Salz abschmecken und über die Muscheln geben, die restliche Petersilie darüberstreuen und sofort servieren.

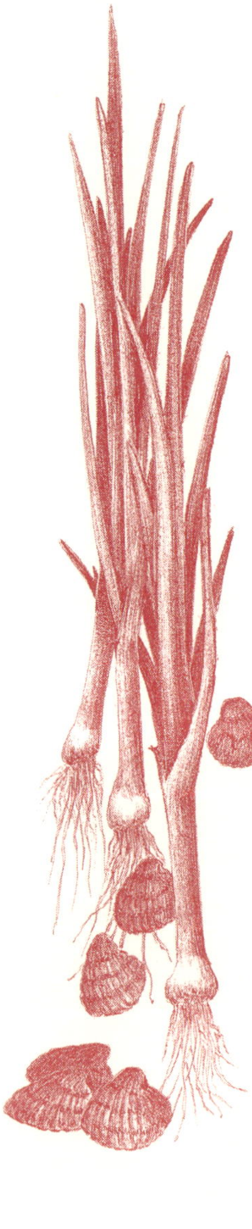

Salade de moules
Miesmuschelsalat

Ein beliebtes Resteessen. Wenn von den gekochten Miesmuscheln (s. vorhergehendes Rezept) ein paar übrigbleiben, macht man daraus einen pikanten Salat.

Zutaten für 4 Personen:
30–40 Miesmuscheln, Salatblätter zum Garnieren
Für die Sauce: 6–8 EL Mayonnaise, 1 TL Senf, je 1 EL feingehackter Kerbel, Schnittlauch und Petersilie, 3 sehr fein gehackte Schalotten
Zubereitungszeit: 15 Minuten

Senf, Kräuter und Schalotten in die Mayonnaise einrühren, die Muscheln unterheben und auf grünen Salatblättern anrichten.

Salade de coques
Salat von Herzmuscheln

Im Herbst nach den ersten großen Stürmen tauchen am Strand plötzlich Herzmuscheln auf. Sie sind sehr klein, und man braucht dementsprechend viele, aber sie schmecken sehr fein und werden sowohl wie Miesmuscheln zubereitet oder als Salat gegessen.

Zutaten für 4 Personen:
2 kg Herzmuscheln, 10 EL Mayonnaise, 2 TL Senf, 1–2 feingeschnittene Frühlingszwiebeln mit Halmen
Für den Kochsud: 3 EL Butter, 3 feingewürfelte Schalotten, ¼ l Weißwein oder Cidre
Zubereitungszeit (ohne Wartezeit): 30 Minuten

Frische Herzmuscheln sind meistens sehr sandig und sollten mehere Stunden im kalten Wasser liegen, damit sie Sand und Schlick ausstoßen.
Die Butter in einem weiten Topf erhitzen und die Schalotten andünsten, mit dem Weißwein löschen und die Muscheln hineingeben. Den Deckel schließen, den Topf ab und zu rütteln, damit alle Muscheln

sich gleichmäßig erhitzen. Nach 5 Minuten die Muscheln aus dem Sud holen. Muscheln, die sich nicht geöffnet haben, wegwerfen. Die kleinen Herzmuscheln vorsichtig aus den Schalen lösen. Auf einer Platte mit Mayonnaise und Frühlingszwiebeln mischen und servieren.

Palourdes farcies
Gefüllte Venusmuscheln

Eine der beliebtesten Muscheln der Bretagne ist die Venusmuschel, die wegen ihres zarten Mandelaromas wie die Auster gerne roh gegessen wird. Die Venusmuschel eignet sich wie viele andere Muschelsorten ausgezeichnet zum Überbacken.

Zutaten für 4 Personen:
4 Dutzend helle, weiße Venusmuscheln, evtl. 1 Zwiebel und 150 ml Weißwein,
3 Schalotten, 1 Bund Petersilie, 2 Knoblauchzehen, 150 g weiche Butter,
eine Handvoll frische Weißbrotkrumen, Salz und Pfeffer, evtl. grobes Meersalz
Zubereitungszeit: 30 Minuten

Die Muscheln sehr gründlich unter fließendem Wasser bürsten und dann in etwas Salzwasser, dem man noch eine Zwiebel und Weißwein beigeben kann, bei geschlossenem Deckel etwa 5 Minuten kochen.
In der Zwischenzeit Schalotten, Petersilie und Knoblauch fein hacken und mit der Butter vermischen; mit frisch gemahlenem Pfeffer und etwas Salz abschmecken. Wenn Sie original bretonische Butter verwenden, vorsichtig mit dem Salz umgehen, denn die Butter ist bereits gesalzen.
Muscheln, die sich nicht geöffnet haben, wegwerfen, bei den anderen den oberen Deckel entfernen; jede Muschel mit Kräuterbutter bestreichen und mit Brotkrumen bestreuen. Die Muscheln in ihrer Schale in eine große, flache Auflaufform oder in Portionsförmchen setzen. (Damit die runden Muschelhälften im Rohr nicht kippen und den guten Saft verlieren, kann man in die Formen eine Schicht grobes Meersalz streuen und die Muscheln in das Salzbett setzen.)
3 Minuten unter dem Backofengrill überbacken. Mit frischem Weißbrot servieren.

Variation: Das Rezept können Sie auch mit Jakobsmuscheln zubereiten oder beide Sorten mischen. Dazu das weiße runde Fleisch halbieren und mit Zitronensaft beträufelt auf die Muschelschale legen und wie oben beschrieben mit Kräuterbutter überbacken.

Schalentiere und Fisch zum Sattwerden

Die folgenden Gerichte mit Schalentieren werden manchmal als Vorspeise gegessen, aber meistens sind sie das Hauptgericht. In ländlichen Haushalten gab es nicht jeden Tag Fisch. Wenn aber Fisch auf den Tisch kam, dann reichlich, weil Vater, Schwager oder Onkel einen guten Fang hatten und die Familie im weitesten Sinne daran teilhaben ließen. Da Fisch alleine jedoch nicht satt macht, wurden entweder Kartoffeln als Beilage dazu gereicht, oder man hat das Fischgericht mit Kartoffeln und Gemüse angereichert.

Gratin de fruits de mer
Überbackene Meerestiere

Nur einmal war ich in einer Fischersfamilie zu Gast, bei der es so zuging, wie ich oben schon erwähnt habe. War es ein guter Fang, brachte Alain, der Vater, den Überschuß mit nach Hause, und der fiel jedesmal anders aus. Mal war es ein großer Fisch, ein Einzelstück sozusagen, mal ein Sammelsurium. Und daraus machte Florence ein wunderbares Gratin.

Zutaten für 8 Personen:
4–5 kg Miesmuscheln, Herzmuscheln, kleine Crevetten, Jakobsmuscheln und andere Meeresfrüchte, die Ihnen schmecken, Courtbouillon (Rezept Seite 104), 60 g Butter, 60 g Mehl, 250 g Sahne, 100 g feingeriebener Gruyère, Salz und Pfeffer
Zubereitungszeit: 60 Minuten

Alle Muscheln putzen, die Jakobsmuscheln aus der Schale nehmen (in Frankreich kann man sie ohne Gehäuse in jedem Fischgeschäft kaufen).
Die Courtbouillon 20 Minuten auf kleiner Flamme köcheln lassen. Durch ein Sieb gießen, die Flüssigkeit auffangen und wieder zum Köcheln bringen. Nun eine Muschelsorte nach der anderen zugedeckt darin 5 Minuten garen.

Herausnehmen und das Fleisch der offenen Muscheln aus der Schale lösen. Die geschlossenen wegwerfen. Die Garnelen schälen und putzen, die Schwanzstücke kurz in dem Sud blanchieren. Am Schluß die Jakobsmuscheln blanchieren. Den Sud durch ein Tuch abgießen und auf kleinem Feuer auf ungefähr einen Viertelliter reduzieren. Die Butter in einem Topf erhitzen, das Mehl anschwitzen und mit dem Muschelsud ablöschen, dabei ständig rühren, anschließend noch die Sahne dazugeben und mit Salz und Pfeffer abschmecken. Nun das gesamte Muschelfleisch und die Garnelen in die Sauce einrühren.
Diese Mischung in eine gebutterte Auflaufform geben, mit dem Gruyère bestreuen und unter dem Backofengrill goldbraun überbacken.
Dazu passen kleine neue Kartoffeln in bretonischer Butter.

Coquilles Saint-Jacques au safran
Jakobsmuscheln in Safran

Von den Häfen Saint-Malo, Brest und vor allem von Lorient (l'Orient) fuhren die Schiffe nach Indien, Fernost und Amerika aus. In Lorient wurde im 17. Jahrhundert die Ostindische Handelsgesellschaft gegründet, denn die Lage dieser malerischen Hafenstadt war vor dem Zugriff des Erzfeindes England am sichersten. Bei ihrer Rückkehr aus fernen Ländern hatten die Schiffe in ihren dicken Bäuchen begehrte Handelsgüter, die die Ernährung und Eßgewohnheiten ganz Europas veränderten. Aus Indien und Fernost kamen vor allem Gewürze: Nelken, Zimt, Piment, Safran, Pfeffer und viele andere wurden mit Begeisterung in die Küchen integriert. Die Bretonen saßen sozusagen an der Quelle und bedienten sich. Die Apotheker übernahmen die Herstellung und Mischung der verschiedenen Ingredienzien. So kaufte man seinen Curry dort, wo man auch die Medizin für die Familie besorgte. Vor allem Curry und Safran wurden bald den Fisch- und Fleischgerichten beigegeben und damit zu typisch bretonischen Gewürzen.

Zutaten für 4 Personen:
1 EL Butter, 3 feingehackte Schalotten, 16 küchenfertige Jakobsmuscheln, 2 Gläser Weißwein
Für die Béchamel: 3 EL Butter, 3 EL Mehl, 250 g Sahne, 1 Döschen Safran, Salz und Pfeffer
Zubereitungszeit: 30 Minuten

Das Backrohr auf 220° vorheizen.
Eine weite Auflaufform mit einem Eßlöffel Butter einreiben. Die Schalotten einstreuen und die Jakobsmuscheln hineinlegen; leicht salzen und pfeffern und mit Wein übergießen.
Nun die Form mit einem Deckel oder mit Alufolie verschließen und 10 Minuten in das vorgeheizte Rohr schieben. Herausholen, den Kochsud durch ein Sieb abgießen und die Muscheln warm stellen.
Die Butter erhitzen, das Mehl darin anschwitzen und mit dem Sud löschen. Unter ständigem Rühren langsam aufkochen lassen, mit der Sahne aufgießen und sämig einköcheln lassen. Mit Salz, Pfeffer und dem Safran abschmecken. 2 Minuten ziehen lassen, die Muscheln einlegen, wieder 2 Minuten ziehen lassen. Dann die Muscheln in der Safransauce servieren.
Am besten schmeckt hierzu der zarte Basmati-Reis.

Sauce au curry
Currysauce

Curry wird sehr gerne zu Langusten oder Hummer gegessen. In jedem Fall werden die Meeresfrüchte kopfüber in kochendes Wasser geworfen und dann mehr oder weniger vorgeschält oder zerteilt auf den Tisch gebracht. Langusten werden gerne geschält auf Spieße gesteckt, kurz und kräftig gegrillt und mit dieser Currysauce serviert.

Zutaten für 4 Personen:
1 großer, säuerlicher Apfel, 1 große Zwiebel, 2 Tomaten, geschält, 3 EL Öl, 3 EL Mehl, 2–3 TL Currypulver, 2 gewürfelte Knoblauchzehen, 1 kleineres Bouquet garni aus Thymian, Lorbeer und Petersilie, 400 ml Kokosmilch aus der Dose
Zubereitungszeit: 30 Minuten

Apfel, Zwiebel und Tomaten putzen, schälen und fein würfeln. Das Öl in einer Pfanne erhitzen und das Gemüse unter ständigem Wenden 5 Minuten sanft dünsten. Nun mit Mehl und Curry bestäuben, den Knoblauch und das Bouquet beigeben, die Hitze etwas erhöhen und nach 2 Minuten mit der Kokosmilch ablöschen. Auf kleinster Flamme noch 15 Minuten köcheln lassen und die Sauce zu Langustenspießen oder zu Hummer servieren. Auch hierzu wird gerne Reis gegessen.

Homard aux herbes
Hummer mit Kräutern

Der Hummer ist wohl das schönste Meerestier und wird in der Bretagne *le Rouge* genannt, weil er beim Kochen eine herrlich leuchtendrote Farbe annimmt. Es ist gut zu verstehen, daß die Fischer niemals Schwierigkeiten hatten, die prächtigen Tiere an das unersättliche Paris zu verkaufen. Da Hummer ganz alleine für sich schon so köstlich ist, ist die Zubereitung sehr schlicht, man läßt einfach sein natürliches Aroma zur Geltung kommen.

Zutaten für 4 Personen:
4 vorzugsweise männliche Hummer
Zum Servieren: ½ Bund glatte Petersilie, ½ Bund Schnittlauch, ½ Bund Kerbel, 3 Estragonstiele, 250 g zimmerwarme gesalzene Butter, der Saft von 1 Zitrone, Pfeffer
Zubereitungszeit: 40 Minuten

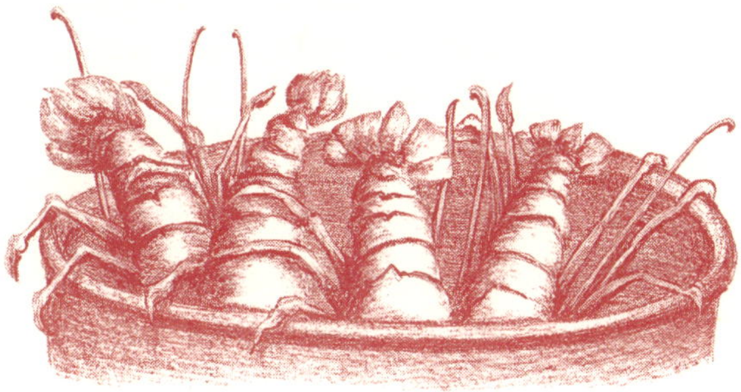

Von allen Kräutern die Blätter abzupfen, miteinander ganz fein hacken und mit einer Gabel in die weiche Butter einarbeiten. Den Zitronensaft nach und nach unterrühren und die Kräuterbutter mit Pfeffer abschmecken.
Backrohr auf 200° vorheizen.
Die Hummer Stück für Stück mit dem Kopf etwa 2 Minuten in kochendes Wasser halten und danach längs halbieren. Nun unbedingt den Magensack im Kopfteil und den schwarzen Darm im Schwanzteil entfernen.
Dann die halben Hummerhälften auf ein hochrandiges Backblech legen und mit der Kräuterbutter bestreichen. Das Backblech in das vorgeheizte Rohr schieben und je nach Größe 10–14 Minuten überbacken. Mit geröstetem oder getoastetem Weißbrot servieren.

Maqueraux marinés
Marinierte Makrelen

Im Frühjahr ist die Zeit der schlanken, wunderschön gemusterten Makrelen, die an der gesamten bretonischen Küste und bis hinunter zur Biskaya gefischt werden. Die größeren Exemplare werden gerne gegrillt oder im Ofen gebacken. Dabei wird ihr Geschmack noch verfeinert, indem man die Bäuche mit Estragon, Kerbel oder anderen Kräutern füllt. Die kleinen Makrelen, auch Lisette genannt, verwandelt man zu einem bretonischen Nationalgericht, den marinierten Makrelen.
Das folgende Rezept stammt von Juliette Collen von der Île Brehat; für sie ist am wichtigsten, daß die Makrelen klein und fangfrisch sind. Denn die Makrelen haben ähnlich wie Heringe ein intensives Aroma, was wirklich nur bei frischestem Fisch reizvoll ist. Sollten Sie im Frühjahr frische Makrelen beziehen können, bereiten Sie ruhig eine größere Portion, denn die marinierten Fische schmecken auch noch am zweiten Tag ausgezeichnet.

Zutaten für 4 Personen:
2 Karotten, 2 Zwiebeln, 1 Zitrone, 2 Tomaten, 12 küchenfertige kleine Makrelen, 15 Pfefferkörner, 2 Gewürznelken, 1 Bouquet garni aus reichlich Petersilie, 3 Thymianzweigen und Lorbeer, 1 Flasche Muscadet, Salz und Pfeffer
Zubereitungszeit: 40 Minuten
Ruhezeit: 6 Stunden

Das Backrohr auf 170° vorheizen.
Karotten, Zwiebeln, Zitrone und Tomaten putzen und in dünne Scheiben schneiden. Einen Teil der Zwiebelringe und der Karottenscheiben auf dem Boden einer großen und weiten Auflaufform verteilen. Darauf die Makrelen

legen, immer Schwanz an Kopf, damit alle nebeneinander hineinpassen. Auf die Fische werden jetzt alle restlichen geschnittenen Zutaten und die Pfefferkörner verteilt. Die Nelken und das Bouquet garni steckt man zwischen die Fische. Leicht salzen und pfeffern und mit dem Wein begießen. Makrelen etwa 30 Minuten garen, die Form aus dem Rohr holen, mit Folie zudecken und kalt stellen. Mit Landbrot und gesalzener Butter verspeisen.

Vieille à la bretonne
Fisch nach Art der Bretagne

Noch eine Zubereitungsart ist so wahrhaft bretonisch, denn sie erfüllt die wichtigsten Bedingungen. Das Essen mußte gut sein, durfte aber nicht zuviel Zeit und nicht zu vieleTöpfe beanspruchen.
Folgendes Rezept wird mit vielerlei großen Fischen gemacht, zum Beispiel mit großen Brassen. Wichtig ist nur, daß der Fisch etwa 2 Kilo schwer ist. Man kann es sowohl mit Cidre als auch mit Muscadet, dem einzigen Wein der Bretagne, aus der Gegend um Nantes, zubereiten.

Zutaten für 4 Personen:
1 küchenfertiger Seefisch von etwa 2 kg, etwas Zitronensaft, 1 Bund glatte Petersilie,
4 Zwiebeln, 5 reife Tomaten, 5 Knoblauchzehen, 1 kg kleine neue Kartoffeln,
1 Bouquet garni aus Thymian und Lorbeer, 100 g gesalzene Butter,
½ bis ¾ l Cidre, Salz und Pfeffer
Zubereitungszeit: 70 Minuten

Das Backrohr auf 200° vorheizen.
Den Fisch innen leicht salzen, etwas Zitronensaft hineinträufeln und einige Petersilienblätter einlegen. Den Fisch in eine große, gebutterte Auflaufform legen.
Die Gemüse putzen und zurechtschneiden: Zwiebeln achteln, Tomaten häuten und vierteln, Knoblauch in dünne Scheiben schneiden. Gemüse mit den gewaschenen, aber ungeschälten Kartoffeln und den restlichen Petersilienblättern in einer Schüssel mischen, sehr vorsichtig salzen und pfeffern und rund um den Fisch in der Auflaufform anordnen. Das Bouquet garni dazulegen. Mit Butterflöckchen bestreuen und mit Cidre aufgießen.
Ins Backrohr schieben und 40–50 Minuten garen. Sollte der Fisch oben zu schnell braun werden, mit Alufolie abdecken.

Bar farci
Gefüllter Wolfsbarsch

Sauerampfer und Spinat wachsen in dem vom Golfstrom begünstigten Küstenstrich fast das ganze Jahr über und sind an der Nordküste Frankreichs seit alters her beliebte Begleiter zum Fisch.

Zutaten für 4 Personen:
1 Wolfsbarsch von ca. 2 kg, je 300 g Blattspinat und Sauerampfer, in Streifen geschnitten, 250 g feingehackte Champignons, 3 gewürfelte Schalotten, 100 g gesalzene Butter, 150 g Semmelbrösel, 250 g Crème fraîche, ¼ l Muscadet, Salz und Pfeffer
Zubereitungszeit: 70 Minuten

Lassen Sie den Fisch bei Ihrem Händler vom Rücken her ausnehmen und dabei auch die Rückengräte entfernen; so entsteht eine schöne Tasche, in die später die Füllung kommt.
Das Backrohr auf 230° vorheizen.
In einer großen Pfanne ein Drittel der Butter erhitzen, die Schalotten darin andünsten. Nach einigen Minuten die Pilze und die feingeschnittenen Blätter dazugeben und mitdünsten. Dabei immer wieder wenden und mit Salz und Pfeffer abschmecken. Wenn die Kochflüssigkeit eingekocht ist, die Pfanne vom Feuer nehmen und die Semmelbrösel einarbeiten.
Den Fisch innen salzen und pfeffern und mit der Gemüsemischung füllen; mit Küchenfaden zubinden. Eine längliche Auflaufform, in die der Fisch gerade hineinpaßt, ausbuttern. Den Fisch hineinlegen, die Crème fraîche und den Wein verquirlen, salzen, pfeffern und über den Fisch gießen. Die restliche Butter in Flöckchen auf dem Fisch verteilen und im Rohr auf der mittleren Schiene garen (rund 45 Minuten).
Mit Kartoffeln als Beilage servieren.

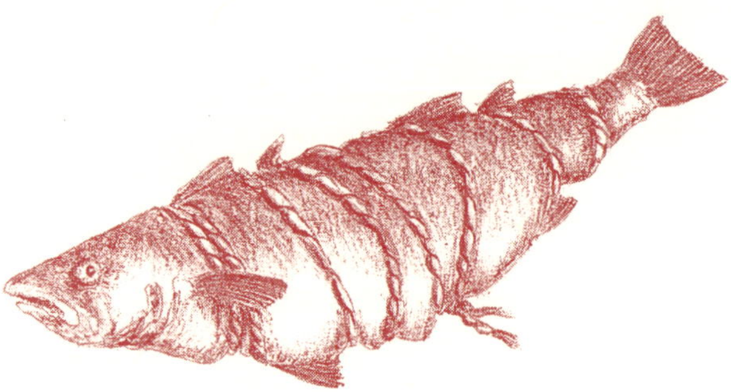

Alose farcie nantaise
Gefüllte Alse nach der Art von Nantes

In der Gegend von Nantes in der südlichen Bretagne gibt es Alsen oder Maifische, die hier zum Laichen flußaufwärts ziehen. Diese große, von Kennern sehr geschätzten Fische können bis zu 3 Kilo schwer werden und gehören zur Familie der Heringe. In Nantes bereitet man sie gerne gefüllt zu.

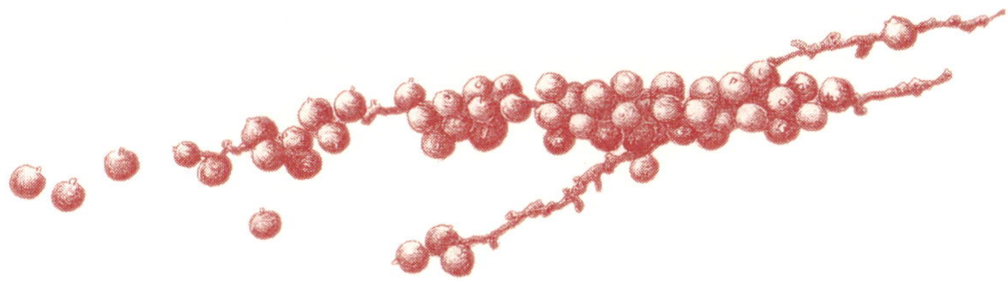

Zutaten für 4 Personen:
1 Alse von etwa 2 kg, 1 dünne Scheibe grüner Speck, ¼ l Muscadet, 250 g Sahne, Salz und Pfeffer, Butter für die Form
Für die Füllung: 100 g Toastbrot, 125 ml Milch, 300 g zerkleinertes Kabeljaufilet, 1 Ei, feingehackter Kerbel, Schnittlauch und Petersilie zu gleichen Teilen, 2 feingehackte Schalotten
Zubereitungszeit: 70 Minuten

Die Alse bereits beim Fischhändler vom Rücken her ausnehmen und die Rückengräte entfernen lassen. Fisch innen leicht salzen und pfeffern. Das Brot in Milch einweichen.
Das Backrohr auf 230° vorheizen.
Für die Füllung den Kabeljau mit dem Mixer pürieren und anschließend das ausgedrückte Brot, das Ei, die Kräuter und die Schalotten einarbeiten. Mit Salz und Pfeffer abschmecken. In die Tasche des Fisches füllen; den Fisch in die große Speckscheibe einwickeln und in eine gebutterte Auflaufform legen. Mit dem Wein begießen und im Rohr rund 40 Minuten garen.
Den Fisch aus der Form nehmen, die Speckscheibe und die Haut vorsichtig entfernen und den Fisch auf einer Platte warm halten. Die Kochflüssigkeit in einen Topf umgießen und reduzieren, mit der Sahne auffüllen und nochmals reduzieren. Mit Salz und Pfeffer abschmecken, über den Fisch geben und sofort servieren. Dazu gibt es bretonische Kartoffeln in Butter.

Brochet au beurre blanc
Hecht in heller Buttersauce

Das zur Bretagne gehörende Mündungsgebiet der Loire, wo sich Salz- und Süßwasser mischen, ist reich an Tümpeln und Wasserarmen, Schilfgebieten und Wiesen. Hier gibt es nicht nur die räuberischen Hechte, sondern auch jede Menge Frösche, und schließlich wächst hier auch der einzige Wein der Bretagne, der Muscadet. Dieses Rezept machte den Loire-Hecht zu einem der begehrtesten Süßwasserfische Frankreichs. Die helle Buttersauce gehört heute zum Repertoire der klassischen Küche, und dabei ist ihre Entstehung einem Zufall zu verdanken: Ende des letzten Jahrhunderts kochte die renommierte Köchin Mère Clemence in dem kleinen Ort Saint-Julien-de-Concelles bei Nantes für den Marquis de Goulaine. Und wie es das Unglück will, vergißt sie bei der Weißweinsauce für Hecht und Lachs die Zugabe von Eigelb. Die Platten sind schon im Service, und die Köchin ist in Tränen aufgelöst ob dieses nicht wiedergutzumachenden Fehlers. Der Marquis ruft sie zu sich, und statt des erwarteten Tadels erntet sie das höchste Lob für diese neue Kreation. *Le beurre blanc* war geboren.

Zutaten für 4 Personen:
1 frischer Hecht von 2 kg, Weißweinessig, Salz und Pfeffer
Für die Courtbouillon: ½ l Wasser, ½ l Wein, 1 gehackte Zwiebel, 1 Lauchstange, in breite Ringe geschnitten, 5 Petersilienstengel, 2–3 gewürfelte Karotten, 1 TL Pfefferkörner und Meersalz
Für die Beurre blanc: 2 sehr fein gehackte Schalotten, 3–4 EL herber Weißwein, 3–4 EL Weinessig, 200 g eisgekühlte Butter in eßlöffelgroßen Stücken
Zubereitungszeit: 60 Minuten

Den Hecht putzen und waschen, innen und außen mit Salz einreiben, mit Essig beträufeln und ziehen lassen.
In einen länglichen Fischkochtopf, in dem der Hecht Platz hat, alle Zutaten für die Courtbouillon geben und 30 Minuten leise köcheln lassen. Dann den Hecht einlegen und bei sehr schwacher Hitze, je nach Größe des Fisches, 20 bis 30 Minuten ziehen lassen.
In dieser Zeit die **Beurre blanc** rühren. Das muß so abgestimmt sein, daß Sauce und Fisch zur gleichen Zeit fertig sind, denn die Sauce kann nicht lange stehen und nicht aufgewärmt werden.
Die Schalotten mit Wein, Essig, Salz und Pfeffer aufkochen und auf kleiner

Flamme einkochen, bis der Topfboden gerade noch bedeckt ist. Nun Stück für Stück die Butter dazugeben und ständig mit einem Schneebesen rühren, bis eine dicke, cremige Emulsion entsteht.
Den Fisch aus dem Sud auf eine vorgewärmte Platte heben und sofort mit der Beurre blanc servieren.

Cuisses de grenouilles aux girolles
Froschschenkel mit Pfifferlingen

In den zahlreichen Feuchtgebieten an der Loiremündung, im Pays de Retz, gehört das Quaken der Frösche zum Sommerabend – und bei den unsentimentalen französischen Feinschmeckern eine Pfanne voll Froschschenkel zu den beliebten Familiengerichten.

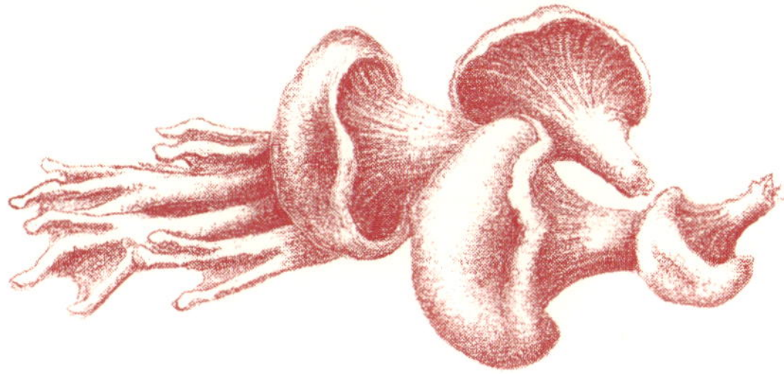

Zutaten für 4 Personen:
40 kleine Froschschenkel, 2 EL Butter, 500 g Pfifferlinge, 2 feinstgewürfelte Schalotten, 1 Glas Muscadet, 250 g Sahne, 100 g kalte Butter in Stücken, 1 Bund Schnittlauch, in Röllchen geschnitten, Salz und Pfeffer
Zubereitungszeit: 30 Minuten

Die geputzten Froschschenkel in einer weiten Pfanne in Butter anbraten und 10 Minuten dünsten. Leicht salzen, aus der Pfanne nehmen und auf einer Platte warm stellen.
In der gleichen Pfanne die geputzten Pfifferlinge andünsten und auf kleiner Flamme garen, bis der gezogene Saft verdampft ist. Zu den Froschschenkeln geben.
In der gleichen Pfanne die Schalotten andünsten, mit dem Weißwein löschen und sanft reduzieren lassen. Mit der Sahne aufgießen, mit Salz und Pfeffer abschmecken und auf zwei Drittel einköcheln. Nun die Butterstückchen mit dem Schneebesen einarbeiten, den Schnittlauch dazugeben und über die Froschschenkel und die Pfifferlinge gießen. Dicke Scheiben krustiges Weißbrot dazu servieren.

Cotriade
Bretonische Fischsuppe

Alle traditionellen Fischgerichte – ob die Godaille aus dem Nantais, die Chaudrée aus der Vendée oder die Bouillabaisse aus Marseille – wurden jeden Tag neu aus den jeweiligen Resten des Fangs zubereitet. Selbst wenn eine Familie die Cotriade immer wieder nach dem gleichen Rezept kocht, schmeckt die Suppe durch die verschiedenen Zutaten jedesmal wieder anders. Das folgende Rezept ist wahrscheinlich die Grundform, denn die Bretonen lebten neben Fisch in der Hauptsache vom Schwein, und Schweinefett hatte jeder. Wenn Ihnen die Kombination von Fisch und Schweineschmalz zu waghalsig erscheint, nehmen Sie Butter.

Zutaten für 4 Personen:
2 kg gemischte Fische (wenn möglich Meerbarben, Meeraal, Makrelen, Seezunge, Dorade, roter Knurrhahn, Wittling und Seeteufel), 80 g Schweineschmalz, 4 große Zwiebeln in dünne Scheiben geschnitten, 1 kg grobgewürfelte Kartoffeln, 1 zerdrückte Knoblauchzehe, 1 Bouquet garni aus Petersilie, Thymian und Lorbeer, Salz und Pfeffer, 8 Weißbrotscheiben zum Servieren
Zubereitungszeit: 60 Minuten

Die Fische putzen, die Köpfe entfernen. Die größeren Fische quer zur Rükkengräte in etwa 5 Zentimeter breite Stücke schneiden; kleine Fische wie die Meerbarben läßt man ganz.
Nun in einem großen Topf das Schmalz erhitzen und die Zwiebelringe leicht bräunen. Kartoffeln, Knoblauch und Bouquet garni dazugeben, salzen und pfeffern und kurz mitdünsten. Das Gemüse mit Wasser bedecken und rund 15 Minuten kochen lassen.
Jetzt die Fischstücke obenauf legen, und zwar als erstes den Meeraal und den Seeteufel und dann nacheinander die anderen Sorten, und garen, bis sie zwar durch sind, aber noch nicht zerfallen.
Die gegarten Fische zusammen mit den Kartoffeln vorsichtig mit einer Schaumkelle herausheben und auf eine vorgewärmte Platte legen; etwas Bouillon dazugeben und warm halten.
Den restlichen Sud in einer Suppenterrine mit den gerösteten Weißbrotscheiben vorneweg servieren. Danach gibt es die Fische mit den Kartoffeln. Dazu stellen die Bretonen noch Weißwein- oder Rotweinessig auf den Tisch, mit dem man nach Geschmack Kartoffeln und Fisch beträufelt.

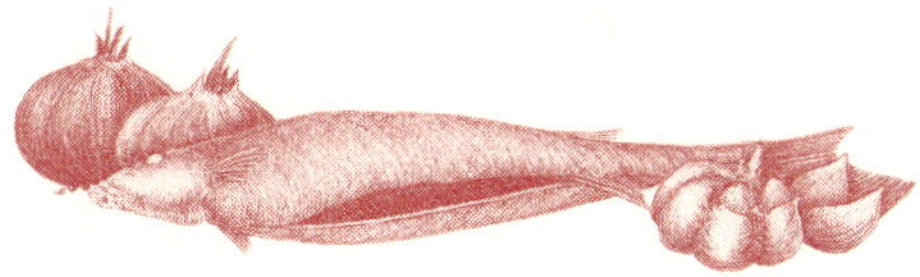

Variation: Zu den angedünsteten Zwiebeln eine Handvoll kleingeschnittenen Sauerampfer geben und mitdünsten lassen. Manche geben zur Suppe auch noch Mayonnaise und geriebenen Käse.

Kig a Farz, das Schwein und das Schaf

Buchweizenmehl war lange Zeit und da besonders für die hart arbeitende Landbevölkerung Hauptnahrungsmittel oder besser vielleicht Hauptsättigungsmittel. Die eine Art der Zubereitung gab die Galette, die andere der Farz oder die einfachere Bouillie mit Buchweizen. Juliette Collen von der Île de Brehat erzählt von einem ganz einfachen Gericht, das nach dem Tag des Butterns aus Buchweizengrütze, Kartoffeln und Buttermilch bereitet wurde. Man setzte die Grütze am Abend an, mit Wasser und etwas Butter, und ließ sie über Nacht erkalten und fest werden. Am nächsten Tag schnitt man die Grütze in Scheiben und briet sie mit gekochten Kartoffeln in Schmalz oder gesalzener Butter. Diese gebratene Grütze aß man mit Buttermilch. Ein Gericht für magere Zeiten, aus Zutaten, die auch auf dem kleinsten Hof noch zu finden waren.

Farz

Für den Farz braucht man spezielle Leinensäckchen. Sie sehen aus wie ein Schlauch und müssen fest gewebt sein, damit der Mehlteig nicht durch das Gewebe austreten kann. Nach jedem Gebrauch werden sie gründlich gewaschen und in der Sonne getrocknet. Mein Rezept für den Farz habe ich von unserer Gemüsehändlerin Madame Mercier, die es mir aus einem uralten Schulheft ihrer Mutter abschrieb.

Zutaten für 4 Personen:
250 g Buchweizenmehl, 2 Eier, 150 g Crème fraîche, 50 g Butterschmalz oder gesalzene Butter, Salz, evtl. etwas Milch
Zubereitungszeit: 50 Minuten

In einer Schüssel Mehl, Salz und Eier vermischen; die Crème fraîche und das Butterschmalz einarbeiten. Der Teig soll dickbreiig sein, aber nicht fließen. Ist er noch zu fest, geben Sie etwas Milch dazu.
Anschließend den Teig in den feuchten Leinensack füllen und so zubinden, daß noch Luft zwischen Teig und Faden ist, denn der Teig will sich noch ausdehnen. Statt des Säckchens können Sie ein dicht gewebtes Tuch verwenden. Den Teig zu einer Rolle formen, mit dem Tuch umwickeln und wie eine Wurst vorne und hinten zubinden (auch hier etwas Spielraum lassen). Das Gebilde in kochende Brühe hängen und rund 40 Minuten sanft sprudelnd garen.
In allen offiziellen Rezepten wird der Farz dann in dicken Scheiben geschnitten serviert, im Schulheft der Familie Mercier aber steht in der Schrift der Mutter: »Zerdrücke die Masse vor dem Servieren so lange in dem Sack, bis sie körnig ist.« Man hat früher den Farz wohl auch als körnige Beilage wie Reis oder ein anderes Getreide gegessen.

Variation: Diesen Farz gibt es auch mit der Beigabe von 2 Eßlöffeln Zucker (statt Salz) und 100 Gramm Rosinen oder Backpflaumen. Es gab nach alten Unterlagen immer eine salzige und süße Version. Im Dictionnaire français-celtic von 1732 vergleicht man den Farz sucré mit dem Yorkshirepudding, der auch zu Fleisch gegessen wird.

Kig a Farz
Fleischeintopf

Der Kig a Farz ist die Spezialität der Bretagne schlechthin. Zu Festtagen aß man zum Farz (siehe vorhergehendes Rezept) einen großen Fleischeintopf mit Rind- und Schweinefleisch und vielerlei Gemüse. In manchen Familien ißt man ihn auch mit dicken Speckscheiben und bretonischen Würsten. Wer möchte da noch behaupten, der bretonischen Küche fehle es an Phantasie?

Zutaten für 8 Personen:
1,5 kg Rindfleisch (möglichst 2–3 verschiedene Stücke, z.B Zwerchrippe und Wade), 500 g frischer Schweinebauch, 1–2 gepökelte Schweinshaxen, 2 Zwiebeln mit je 1 Nelke besteckt, 1 Bouquet garni aus Thymian, Lorbeer und Petersilie, einige Pfeffer- und Korianderkörner, grobes Meersalz

Für das Gemüse: 4 große Karotten, 2–3 Stangen Lauch, 6 kleine weiße Rübchen, 1 kleinerer Wirsing, 1 Sellerieknolle
Außerdem: 1 ungekochter Farz (s. vorhergehendes Rezept)
Zubereitungszeit: 3 Stunden

Einen großen Topf mit etwa 4 Liter Wasser zum Kochen bringen. Das Rindfleisch einlegen. Aufkochen lassen und den Schaum abschöpfen. Nun den Schweinebauch und die Haxen dazugeben, wieder aufkochen lassen und abschöpfen. Jetzt die Kräuter und Gewürze hinzufügen. 90 Minuten leise wallen lassen.
Inzwischen das Gemüse putzen und zurechtschneiden: Karotten halbieren, Lauchstangen halbieren, Wirsing und Sellerie vierteln.
Gemüse und Farz in die Bouillon geben und 1½ Stunden leise köcheln. Das Fleisch herausholen, in dicke Scheiben schneiden und auf eine vorgewärmte Platte legen, rundherum das Gemüse verteilen. Dann den Farz aus seinem Leinensack befreien, in Scheiben schneiden und rundum legen.
Die Bouillon wird extra gereicht.

Variation: Im Morbuhan ißt man diesen Eintopf nur mit gepökelten Schweinshaxen.

Porc au lait
Schweinelende in Milch

Früher stand hinter jedem Haus in der Bretagne ein Schweinekoben – so wie andere Franzosen Hasenställe haben. Neben unserem Ferienhaus in der Bretagne stand ein klitzekleines Granithaus mit zwei Kaminen und zauberhaften Blumen vor der Tür. Über diese Blumen kam ich mit der alten Frau, die dort ganz alleine lebte, ins Gespräch. Bald lud sie mich in ihr Haus auf ein Mic ein: Café und ein Gläschen Eau de vie. Ihr Häuschen hatte rechts ein Zimmer mit Kamin, links die Küche mit Kamin, dazwischen einen wahrhaft schweinchenrosa gestrichenen Flur und hinten einen Stall, in dem ein wohlgenährtes Schwein hauste. Nie im Leben wollte die Frau auf ein eigenes Schwein verzichten, auch wenn sie meinte, es sei etwas viel für sie allein – aber ein dickes Stück für den Neffen als Metzgerlohn, etwas in die Truhe und der Rest eingepökelt, dann habe sie keine Angst vor schlechten Zeiten. Bei dieser Vorliebe für das rosa Tier fallen auch die Schweinebraten der Bretonen reichlich und sehr schmackhaft aus.

Zutaten für 4 Personen:
1 kg Schweinefilet, 6 Knoblauchzehen, 2 EL Butter, 2 Lorbeerblätter, einige Petersilienstengel, 750 ml Vollmilch, frisch geriebene Muskatnuß, Salz und Pfeffer
Zubereitungszeit: 90 Minuten

Die einzelnen Schweinefilets mit Küchenfaden so zusammenbinden, daß ein rundes Bratenstück entsteht. 4 Knoblauchzehen schälen und stifteln, die anderen beiden ungeschält platt drücken. Mit einem spitzen Messer Schlitze in das Schweinefleisch bohren und die Knoblauchstifte darin versenken.
In einem Bräter, der nicht viel größer als der Braten sein sollte, die Butter erhitzen und das Schweinefleisch rundum braun anbraten. Pfeffern und salzen. Die platten Knoblauchzehen, den etwas zerkrümelten Lorbeer und die Petersilie dazugeben und mit der Milch aufgießen. Mit Muskatnuß würzen. Braten zugedeckt auf kleinerer Flamme ungefähr eine Stunde schmoren.
Das Fleisch aus der leicht geronnenen Milchsauce nehmen und warm stellen. Die Sauce eventuell kurz reduzieren, mit dem Schneebesen aufschlagen und durch ein Haarsieb auf das Fleisch geben.

Gigot d'agneau à la bretonne
Lammkeule bretonische Art

In weiten Teilen der Bretagne wird Schafzucht betrieben. Im Küstenbereich beweiden große Herden die Wiesen direkt am Meer. Ein hartes Gras wächst im ewigen Wind, das von der Gischt, die weit ins Land getragen wird, salzig schmeckt. Geht man hier spazieren, könnte man mit dem Salz auf der Haut seinen Tagesbedarf decken, und dementsprechend wird auch das Fleisch dieser Schafe schon vorab gewürzt. Meiner Meinung nach ist es nicht nur das Salz, sondern auch die eher karge Kost, die das Fleisch dieser Schafe so angenehm macht. An Festtagen ißt man deshalb Lammkeule, sonntags Lammspieße und werktags Ragout.

Zutaten für 4 Personen:
500 g weiße, kleine Bohnenkerne, 1 Lammkeule von 1,5–1,8 kg, 4 gestiftelte Knoblauchzehen, Butter, etwas Öl, 1–2 kleingewürfelte Zwiebeln, 1 Glas Weißwein, 8 geschälte und gewürfelte Tomaten, 1 Bouquet garni aus Petersilie, Lorbeer und Thymian, Salz und Pfeffer
Zubereitungszeit: 90 Minuten
Einweichzeit der Bohnen: 6–8 Stunden

Das Bratrohr auf 230° vorheizen.
Die Lammkeule von Fett und Haut befreien, mit einem spitzen Messer einritzen und in die Schnitte die Knoblauchstifte stecken. Das Fleisch mit Butter einreiben, salzen und pfeffern. Auf den Bratrost über die Saftpfanne legen, die man vorher mit Öl eingerieben hat, und ins heiße Bratrohr schieben.
Nach einer halben Stunde wenden und darauf achten, daß der herabtropfende Bratensaft in der Pfanne nicht verbrennt. Bei Bedarf ein wenig Wasser nachgießen. Nach einer Stunde ist die Keule fertig. Noch einmal wenden und im abgestellten Rohr 10 Minuten ruhen lassen.
Gleichzeitig die Bohnenkerne bereiten. In einem Topf 2 Eßlöffel Butter anschwitzen und die Zwiebel andünsten, mit dem Weißwein löschen und reduzieren. Die Bohnenkerne und die Tomaten dazugeben, alles vermischen und so viel Wasser dazugeben, daß alles bedeckt ist. Nach einer Stunde sind die Bohnen gar und werden gesalzen und gepfeffert.
Nun gibt es zwei Möglichkeiten des Servierens. Man reicht entweder Lamm und Bohnen getrennt und den Bratensaft in einer Sauciere, oder aber man gibt das Lammfleisch auf eine vorgewärmte Platte, schwenkt die Bohnen mit einem Klecks Butter im Bratensaft und serviert sie zum Fleisch.

Ragoût de mouton aux navets
Hammelragout mit weißen Rübchen

Es muß nicht immer Lamm sein, auch ein ausgewachsenes Schaf mit etwas kräftigerem Geschmack ist in der Bretagne sehr beliebt und wird mit weißen Rübchen gerne zu würzigem Ragoût verarbeitet.

Zutaten für 4 Personen:
5 EL Butter, 2 EL Öl, 1,5 kg grob gewürfeltes Hammelfleisch (ersatzweise Lamm), 2 große gewürfelte Zwiebeln, 3 EL Mehl, 1 Bouquet garni aus Petersilie, Thymian und Lorbeer, 3 zerstoßene Knoblauchzehen, 1 kg weiße Navetrüben, 20 geschälte Perlzwiebeln, 2 EL Zucker, Salz und Pfeffer
Zubereitungszeit: 60 Minuten

2 Eßlöffel Butter und Öl erhitzen und die Fleischwürfel kurz und kräftig anbraten. Die Zwiebeln dazugeben und hellgelb dünsten. Salzen und pfeffern, mit dem Mehl bestäuben und gut vermischen. Mit Wasser aufgießen, bis das Fleisch knapp bedeckt ist. Das Bouquet garni und die Knoblauchzehen hinzufügen. Das Ragout bei milder Hitze köcheln, ab und zu umrühren.
Inzwischen die Rübchen putzen und, wenn sie nicht gleich groß sind, mit einem Messer in gleiche Form bringen. In Frankreich schätzt man keine gewürfelten Rübchen, sie sollten immer die Form des Rübchens behalten.
In einem glattbodigem Topf die restliche Butter erhitzen und die Perlzwiebeln und die Rübchen andünsten. Immer wieder wenden, zuckern und salzen. Auf kleinster Flamme leicht golden dünsten. Eventuell etwas Wasser dazugeben, damit nichts anbrennt.
Nach einer Stunde ist der Inhalt in beiden Töpfen fertig. Zwiebeln und Rübchen in das Ragout geben und gut durchmischen. Noch einmal kurz aufkochen und abschmecken und sofort servieren.

Deftige und fruchtige Desserts

Zarte Schaumcremes und im Wasserbad gerührte Sößchen sind die Sache der Bretonen nicht. Den süßen Abschluß einer bretonischen Mahlzeit bilden handfeste Kuchen mit frischer bretonischer Butter, Backpflaumen und Rosinen.

Far breton

Eine Art Eierkuchen, mit Backpflaumen im Quiberon, mit Rosinen in der Gegend von Brest und einfach so im Norden der Bretagne, rund um Pol-de-Léon. Ein Dessert, das vor allem im Winter sehr gut ankommt und am nächsten Tag auch kalt noch ausgezeichnet schmeckt.

Zutaten für 4 Personen:
250 g Backpflaumen, 750 ml Milch, 60 g Butter, 4 Eier, 200 g Zucker, 200 g Mehl
Zubereitungszeit (ohne Einweichzeit): 40 Minuten

Die Backpflaumen 2 Stunden in heißem Wasser einweichen.
Das Backrohr auf 200° vorheizen.
Die Milch erhitzen und 40 Gramm Butter zerlassen. Eier und Zucker hellgelb rühren. Das Mehl, dann die noch heiße Milch und schließlich die flüssige Butter einarbeiten. Alles zu einem glatten Teig verrühren.
Eine Auflaufform ausbuttern. Die abgetropften Backpflaumen auf dem Boden verteilen, mit Teig übergießen. Kuchen im Backrohr in rund 20 Minuten goldbraun backen. Noch warm in der Form servieren.

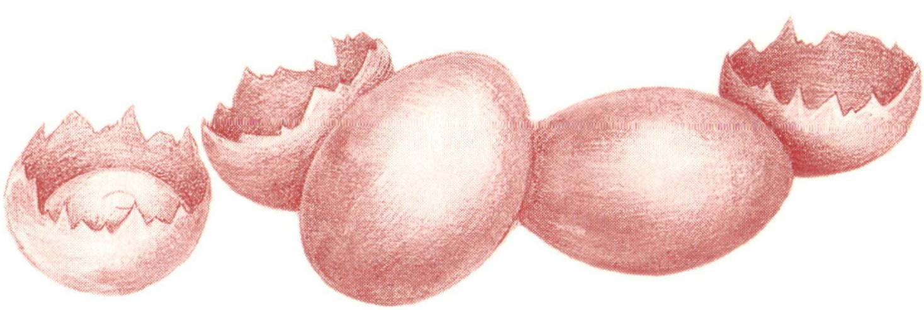

Kouigh Amann
Blätterteigkuchen

Die Zutaten sind einfach, die Herstellung ein bißchen schwierig, das Ergebnis exquisit. Bretonisch heißt dieser Kuchen Kouigh Amann, was nichts anderes heißt als »Butterbrot«. Ein wahrhaft feines Butterbrot, das aus der Gegend um Douarnenez stammt und in der gesamten Bretagne sehr beliebt ist.

Zutaten für 4 Personen:
Für den Teig: 300 g Mehl, 1 knapper TL Salz, ½ Hefewürfel, 150 ml lauwarmes Wasser
Für den Belag: 250 g zimmerwarme, leicht gesalzene Butter, 250 g Zucker
Zubereitungszeit (ohne Wartezeit): 30 Minuten

Das Mehl mit dem Salz mischen. Die Hefe im lauwarmen Wasser auflösen. Mehl und Hefewasser gut verkneten. Mit einem Tuch abdecken und an einem warmen Platz 30 Minuten gehen lassen. In dieser Zeit die Butter mit einer Gabel cremig rühren.
Den Teig auf einer bemehlten Platte zu einem Quadrat ausrollen und mit der Butter bestreichen, dabei einen etwa zentimeterbreiten Rand frei lassen. Kuchen mit Zucker bestreuen (etwas Zucker aufheben).
Nun faltet man das obere Drittel des Teigquadrats nach unten, das untere nach oben; das linke Drittel des nun entstandenen Teigstreifens nach rechts und das rechte Drittel nach links.
Jetzt rollt man das erhaltene Teigquadrat wieder aus (sehr sanft arbeiten und nicht zuviel Druck ausüben, damit die Butter und der Zucker nicht herausquellen). Das neue Quadrat wird wieder wie beschrieben gefaltet und in eine gebutterte runde Springform gegeben. Vorsichtig und sanft den Teig der Form anpassen, dabei den Teig von innen nach außen in die Rundung drücken. Noch einmal 30 Minuten gehen lassen.
Das Backrohr auf 200° vorheizen.
Kuchen im Rohr braun backen und noch warm mit dem restlichen Zucker bestreuen. Gegessen wird der Kuchen lauwarm.

Und natürlich gibt es Crêpes zum Nachtisch. Ganz einfach und bei den Kindern sehr beliebt ist er mit Zucker, Schokoladenpaste oder Konfitüre bestrichen. Ganz egal wo, am Strand oder auch beim Einkaufen am Markt, von irgendwo weht einem immer der Duft einer Crêperie um die Nase und man

kann es kaum verhindern, daß die Kinder plötzlich unbändigen Hunger haben, Hunger auf Crêpe au chocolat zum Beispiel. Und schon halten sie diese warme Köstlichkeit in einer Serviette, die Mütter haben kurz darauf überall Schokoladenspuren, und der Appetit ist bis zur nächsten Crêperie gestillt. So wie sich Kinder in Italien urlaubelang von Spaghetti ernähren, tun sie es in der Bretagne mit Crêpes.
Kommen zur Crêpe aber noch bretonische Erdbeeren mit ein bißchen Sahne, wird das Dessert zu einem kulinarischen Gedicht. Anfang des Jahrhunderts hat ein Marineingenieur die ersten dieser Erdbeerpflanzen von Amerika mitgebracht, die in Plougastel-Daoulas, an den Ufern und im Hinterland der windgeschützten Bucht von Brest sehr schnell heimisch wurden. In ganz Frankreich sind diese kleinen Erdbeeren sehr begehrt, da sie durch das intensive Licht der Bretagne ein einmaliges Aroma haben. Im Frühsommer ißt man sie fast täglich – entweder mit Crêpe oder einfach so.

Pays de la Loire,
Tal der Köstlichkeiten

Vielgestaltig sind die Landschaften in dem »Tal der Köstlichkeiten« entlang des längsten Flußes Frankreichs. Er entspringt in der Ardèche und entwickelt sich auf seinem Lauf durch Burgund langsam zu *der* Loire, die im großen Bogen nach Orléans und dann nach Tours fließt, gesäumt von den Schlössern der Reichen und Adligen der letzten Jahrhunderte. In einem sehr breiten Mündungsarm fließt sie unterhalb von Nantes bei Saint-Nazaire in den Atlantik.
Früher war die Loire Frankreichs wichtigste Wasserstraße, auf ihr fuhren die breiten Lastkähne von Paris in die Bretagne und nach Lyon. An ihrem Mittellauf ist sie von den sanften und lieblichen Hügellandschaften des Orléannais, der Touraine und des Anjou eingerahmt. Auf diesem fruchtbaren Boden mit seinem milden Klima wachsen entlang der Flußufer die besten Gemüse, die schönsten Trauben, die besten Birnen und Pflaumen. Große und kleinere Waldgebiete in der östlichen Touraine ziehen sich bis hin zu den Wäldern der Sologne, ihr Wildreichtum lockte den Adel und damit die Erbauer der Schlösser in die Gegend. In den Höhlen gedeihen die Champignons de Paris und werden in alle Ecken Frankreichs geschickt. Dazu ist die Loire und ihr Einzugsgebiet – allein zwischen Angers und Blois münden dreizehn Flüsse in die Loire – mit allen Süßwasserfischen gesegnet, die man sich nur wünschen kann. Wen wundert es da noch, daß sich die Könige und Adligen hier ihre Schlösser bauten?
Eine Reise entlang der Loire hat landschaftlich ihre Reize, die den selbstverständlichen Rahmen für eine ganz besondere Epoche der französischen Geschichte bilden. Man trifft auf die Spuren all derer, von denen man einst im Geschichtsunterricht schon gehört hat, und man erfährt all das, was einen eigentlich schon immer interessiert hätte. Wie die Mächtigen Frankreichs gelebt haben und wie sie gekämpft, wie sie Intrigen gesponnen haben um die Macht und um die schönsten Schlösser.
Es war für die Kinder eine unvergeßliche Reise, die wir mit einem Wohnmobil entlang der Loire machten. Von einem Schloß zum nächsten. Am Abend wurde die Geschichte vorgelesen, wie eine Gute-Nacht-Geschichte, und am nächsten Tag der Tatort besichtigt. Nicht nur die kaltherzige Katharina de Medici wurde ihnen unvergeßlich, auch Leonardo da Vinci mit seiner doppelläufigen Wendeltreppe in Chambord, der Inbegriff von Prunk und Größenwahn.
Mit Katharina de Medici kam die große Kochkunst nach Frankreich. Es ist also nicht verwunderlich, daß in diesem Landstrich die Geschichte der traditionellen Küche eine andere ist als in den übrigen Teilen Frankreichs. Denn

hier gab es einerseits die Bauern, Gärtner und Winzer, die alles anbauten, was auf den Tafeln der Herren benötigt wurde, doch andererseits waren nirgends sonst die einfachen Leute auf dem Land so dicht und unausweichlich mit dem Leben der Reichen und Regierenden verbunden. Die einfachen Leute haben sich einiges abgeguckt, und so ist die traditionelle ländliche Kochkunst entlang den Ufern der Loire von ganz besonderer Qualität und Raffinesse.

Vorspeisen von deftig bis zart

Rillettes

Eine cremige Paste aus Schweinefleisch, gewürzt mit Knoblauch und Zwiebeln bildet die Grundlage der Rillettes, einer Spezialität, um deren Erfindung sich die Städte Le Mans, Tours und Angers streiten. Jeder Metzger der Region, der etwas auf sich hält, stellt Rillettes nach alter Tradition her. In riesigen Töpfen kocht das Schweinefleisch stundenlang im eigenen Saft beziehungsweise Fett und muß ständig gerührt werden, denn es brennt sehr schnell an, und dann ist alles perdu. Wenn Sie Lust haben, probieren Sie es mal selber. Sie werden viel Begeisterung ernten, wenn Sie die Rillettes als rustikale Vorspeise oder als deftige Zwischenmahlzeit mit dicken Scheiben frischem Landbrot auf den Tisch stellen. Dazu reicht man nach Belieben saure Gurken, eingelegte Zwiebeln und knackige Radieschen oder auch saftige Birnen, wie es in der Touraine üblich ist.

Zutaten:
Je 700 g Schweineschulter, Schweinebrust, Schweinebauch, 2 gehackte Zwiebeln, 1 Bouquet garni aus 4 Zweigen Thymian, 1 Rosmarinzweig, 3 Lorbeerblättern, 1 EL grobes Meersalz, Pfeffer
Zubereitungszeit: 5 Stunden

Fleisch von Schwarte und Knochen befreien. In grobe Würfel schneiden und zusammen mit den Zwiebeln, dem Bouquet garni und etwa 125 Milliliter Wasser in einem großen Topf erhitzen. Dabei immer wieder mit einem großen Holzlöffel umrühren. Die Masse einmal kräftig aufkochen, danach 4 Stunden leise vor sich hin köcheln lassen.

Die fertige Rillettes etwas abkühlen lassen, noch einmal kräftig durchrühren, damit sich das Fett nicht zu stark oben absetzt. Die Masse in Keramiktöpfe füllen, in denen man sie später auch servieren kann. Die Töpfe mit Folie bedecken und zubinden und im Kühlschrank aufbewahren. Wenn Sie die Rillettes länger als 2 Wochen aufheben möchten, die Masse in Schraubdeckelgläser füllen, verschließen und bei 98° eine Stunde einwecken.

Écrevisses à la nage
Flußkrebse im Sud

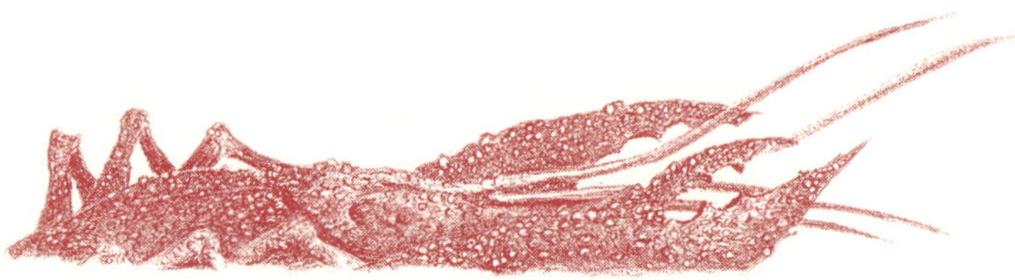

Für zarte Vorspeisen sind Fisch und Gemüse zuständig. Man kauft am besten direkt bei den Fischern. Für eine typische Vorspeise eignet sich eine Mischung aus vielen kleinen Fischen, die man in Öl und Butter sehr heiß brät und zu Salat und Brot serviert. Dazu natürlich einer der wunderbaren Weißweine der Loire.
Auf den Märkten kann man auch frisch gegrillte Aale kaufen und für einen kurzen Imbiß mit nach Hause nehmen oder Flußkrebse, eine teuer gewordene Spezialität, die ein ganz besonderes Rezept verdient:

Zutaten für 4 Personen:
1 kg Flußkrebse
Für die Courtbouillon: ¾ l Weißwein und ¼ l Wasser, 2 Karotten in Scheiben, 2 gewürfelte Zwiebeln, 1 Bouquet garni, 2 TL grobes Meersalz, 1 TL Pfefferkörner
Zur Verfeinerung der Sauce: 150 g kühle Butter, ½ Bund Schnittlauch, in Röllchen geschnitten, die Blättchen von ½ Bund Kerbelblättchen
Zubereitungszeit: 40 Minuten

Die Courtbouillon mit allen Zutaten in einem großen Topf auf den Herd stellen und zum Kochen bringen, danach nur noch leise wallen lassen. Inzwischen die Flußkrebse putzen, indem Sie mit einer Drehung der mittleren Schwanzflosse den Darm herauslösen.

Nach 20 Minuten Kochzeit die Flußkrebse dazugeben und gut 4 Minuten sieden lassen. Dazu das Feuer wieder hochstellen, denn mit den vielen Krebsen kühlt die Bouillon sehr ab. Die gegarten Krebse mit einem Schaumlöffel herausfischen. 12 Krebse beiseite legen, den Rest schälen; alle Krebse warm halten.
Nun die Hälfte der Courtbouillon wieder aufkochen, das Bouquet garni entfernen und mit einem Schneebesen Stück für Stück die Butter einarbeiten. Die Sauce abschmecken, die Krebsschwänze in tiefe Teller legen und die ganzen Krebse dekorativ mit dem Kopf aus dem Teller schauen lassen. Die gebundene Courtbouillon darüber verteilen und mit den Kräutern bestreut sofort servieren. Ein absoluter Hochgenuß, zu dem natürlich ein weißer Loire-Wein hervorragend paßt.

Cuisses de grenouilles du marais
Froschschenkel mit Knoblauch und Petersilie

In einer Gegend, wo man bei dämmrigem Licht oder mit ein bißchen Herbstnebel kaum unterscheiden kann, wo das Wasser aufhört und das Land anfängt, gibt es natürlich jede Menge Frösche. Froschschenkel sind ein ganz altes Gericht am Tisch des Bauern und an der Tafel der Herren. Und eigentlich werden sie im ganzen Land immer auf die gleiche Art mit viel frischer Petersilie und reichlich Knoblauch gegessen.

Zutaten für 4 Personen:
4 Dutzend Froschschenkel, 3 EL Weinessig, 1 Bund gehackte Petersilie, 4 gehackte Knoblauchzehen, etwas Mehl zum Wenden, 3 EL Butter, Salz und Pfeffer
Zubereitungszeit: 30 Minuten

In einem großen Topf Essigwasser aufkochen, die Froschschenkel dazugeben und 15 Minuten leise köcheln. Aus dem Wasser holen und trockentupfen, anschließend ganz leicht in Mehl wenden und in heißer Butter von beiden Seiten anbraten. Petersilie und Knoblauch hinzufügen, salzen und pfeffern. Die Froschschenkel noch 5 Minuten dünsten. Dabei immer wieder wenden. Sie werden auf einer großen Platte auf den Tisch gebracht und mit den Händen, Weißwein und einer großen Serviette gegessen.

Moules à l'oseille
Muscheln mit Sauerampfer

Sehr beliebt ist die Kombination von Muscheln mit Sauerampfer, der in jedem Garten eine große Ecke beansprucht, denn man füllt genau wie an der Gironde die Fische damit und liebt wie überall in Frankreich eine Sauerampfersuppe.

Zutaten für 4 Personen:
2 kg Muscheln, 3 EL Butter, 2 feingehackte Zwiebeln, 2 dicke Bündel Sauerampfer, in feine Streifen geschnitten, 1 EL Mehl, 150 g Crème fraîche, Salz und Pfeffer
Zubereitungszeit: 20 Minuten

Muscheln putzen und waschen, geöffnete Muscheln wegwerfen. Die guten Muscheln in einen großen Topf geben und einige Minuten garen; Muscheln, die sich jetzt nicht geöffnet haben, wegwerfen. Die geöffneten Muscheln von der oberen Schale befreien und warm stellen. Den Jus aufheben. In einem weiten Topf die Butter erhitzen und die Zwiebeln darin glasig dünsten. Die Sauerampferstreifen hinzufügen und garen. Mit Mehl bestäuben, mit dem aufgefangenen Muscheljus löschen und die Crème fraîche einrühren. Mit Salz und Pfeffer abschmecken und die Muscheln unterheben. In einer großen Schüssel auf den Tisch stellen.

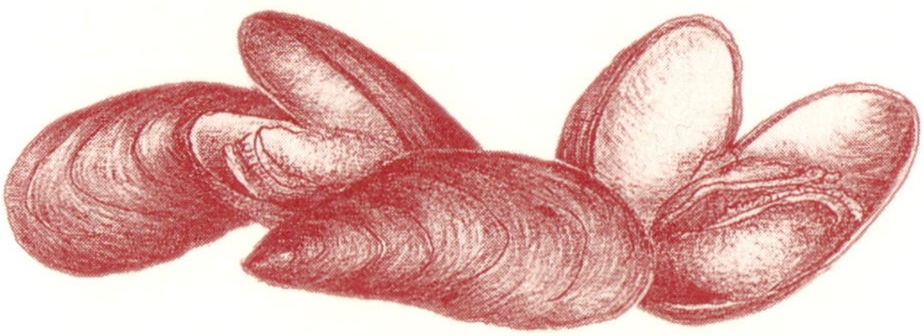

Salade aux haricots verts
Grüne Bohnen als Salat

Viele der ausgezeichneten frischen Gemüse werden vor allem im Sommer mit verschiedenen Vinaigrettes als erfrischende Salate serviert. Nicht einer, sondern drei oder vier kommen dann gleichzeitig auf den Tisch. *En famille* stellt man die verschiedenen Platten auf den Tisch, wenn man Gäste hat, richtet man dekorative Vorspeisenteller.
Wichtig ist zu wissen, daß Gemüsesalate am besten schmecken, wenn man das Gemüse noch warm vom Kochen mit der Vinaigrette vermischt, dann im Raum abkühlen läßt und zimmerwarm serviert.

Zutaten für 4 Personen:
500 g zarte grüne Bohnen, gekocht
Für die Vinaigrette: 5 EL Walnußöl, 2 EL Weißweinessig, Salz und Pfeffer, 2 feingewürfelte Schalotten, ½ Bund feingehackte Petersilie
Zubereitungszeit: 5 Minuten

Die Zutaten für die Vinaigrette mit einem kleinen Schneebesen verrühren und über die noch warmen Bohnen geben. Vor dem Servieren durchziehen lassen.

Salade d'asperges
Spargelsalat

Zutaten für 4 Personen:
500 g gekochter Spargel
Für die Vinaigrette: 5 EL Sonnenblumenöl, 2–3 EL Weißweinessig, Salz und Pfeffer, 2 hartgekochte und gewürfelte Eier, ½ Bund feingehackte Petersilie
Zubereitungszeit: 30 Minuten

Die Zutaten für die Vinaigrette mit einem kleinen Schneebesen verrühren. 3 Eßlöffel Spargelkochwasser in die Vinaigrette einrühren. Nach Geschmack mit etwas mehr Essig säuerlicher abschmecken. Über den warmen Spargel geben und durchziehen lassen.

Salade aux artichauts
Artischockensalat

Für diesen Salat verwende ich die kleinen, jungen Artischocken. Man muß sie nur von den äußeren, harten Blättern befreien und dann in Salzwasser mit dem Saft einer Zitrone kochen. Ersatzweise kann man auch Artischockenböden aus dem Glas verwenden.

Für die Vinaigrette: 5 EL Sonnenblumenöl, 2 EL Rotweinessig, Salz und Pfeffer, die Blätter von 2 Zweigen Estragon, je ½ Bund Kerbel und Schnittlauch miteinander fein hacken, 1 TL Dijonsenf
Zubereitungszeit: 30 Minuten

Öl, Essig, Salz und Pfeffer verrühren. Die Kräuter untermischen und mit Dijonsenf abschmecken. Über die Artischocken geben und servieren.

Salade de champignons
Champignonsalat

Für diesen Salat verwendet man die Champignons roh; mit Feldsalat und vielleicht einer Scheibe Entenbrust dazu wird daraus eine wahre Gourmandise!

Zutaten für 4 Personen:
500 g feste weiße Champignonköpfe, in dünne Scheiben geschnitten
Vinaigrette: 2 feingehackte Schalotten, Olivenöl und Sherryessig, Salz und Pfeffer
Zubereitungszeit: 20 Minuten

Zutaten für die Vinaigrette verrühren. Die Champignons erst kurz vor dem Servieren damit vermischen, da sie sonst dunkel und matschig werden.

Die zarten Gemüse

Begünstigt durch den fruchtbaren Schwemmlandboden und das milde, ausgeglichene Klima reifen hier die ersten Gemüse, die *primeurs,* früher heran als auf der Île de France und sind in Paris dementsprechend begehrt. Die ganz frühen Puffbohnen, die ersten zarten Erbsen, der weiße Spargel und der zarte Kopfsalat sind eine begehrte Handelsware der Pays de la Loire, vor allem der Touraine, die auch *jardin de la France* genannt wird. In Villandry, einem Schloß in der Nähe von Tours, gibt es den wohl schönsten Gemüsegarten Frankreichs: ein französischer Ziergarten mit Gemüsen, der den Jahreszeiten folgend ständig ein neues Bild bietet. Im Herbst schmücken die kunstvoll angelegten Rabatten nicht Astern oder Dahlien, sondern orangerote Kürbisse im Wechsel mit Kohl.

Die Bewohner dieses Landstrichs essen natürlich eine große Portion ihres Gemüses selber. Und hier wird in der traditionellen Speisefolge der Gemüsegang so bereitet, daß er als Glanzlicht eigens serviert wird.

Champignon à la crème
Champignons in Sahnesauce

Zutaten für 4 Personen:
1 EL Butter, 1 EL Öl, 1 kg kleine feste Champignons, etwas Zitronensaft
Für die Sauce: 3 EL Butter, 3 EL Mehl, 125 g Sahne, 125 ml Milch, 1 Bund gehackte Petersilie, Salz und Pfeffer, etwas geriebener Käse oder Semmelbrösel zum Überbacken
Zubereitungszeit: 30 Minuten

In einer Pfanne Butter und Öl erhitzen. Die Champignonköpfe von allen Seiten scharf anbraten, salzen und pfeffern und mit Zitronensaft beträufeln. Noch einige Minuten dünsten, sie sollen durch, aber noch knackig sein. Beiseite stellen.

Backofen auf 200° vorheizen.

Für die Sauce Butter erhitzen, unter ständigem Rühren das Mehl anschwitzen und mit dem Saft aus der Champignonpfanne sowie mit Milch und Sahne ablöschen.

Aufkochen lassen und dabei ständig rühren, die Petersilie dazugeben und die Champignonköpfe einarbeiten. Mit Salz und Pfeffer abschmecken und in eine gebutterte Auflaufform füllen. Mit Käse oder Semmelbröseln bestreuen und im Rohr goldbraun überbacken.

Ragoût de fèves
Puffbohnenragout

Im Frühjahr kommen als erstes Gemüse die Puffbohnen, denn sie wurden schon im Oktober gesät. Sie werden aus der dicken Schale gelöst und ergeben mit den zarten, kleinen Frühlingszwiebeln ein köstliches Mischgemüse, das sich so oder sehr ähnlich im ganzen Südwesten allergrößter Beliebtheit erfreut.

Zutaten für 4 Personen:
2 kg junge Puffbohnen, 2 EL Butter oder Gänsefett, 100 g frischer feingewürfelter Bauchspeck, 2 feingewürfelte Zwiebeln, 2 feingehackte Knoblauchzehen, 15 kleine Frühlingszwiebeln oder der Länge nach geviertelte Schalotten, ½ l Hühnerbrühe, 1 Bouquet garni aus Thymian, Lorbeer und Petersilie, Salz und Pfeffer, ½ Bund feingehackte Petersilie zum Garnieren
Zubereitungszeit: 30 Minuten

Die Bohnen putzen. Dazu die Schoten öffnen und die Kerne auslösen, und die Haut der Kerne entfernen. In einem Topf das Gänsefett erhitzen und den Speck bei starker Hitze anbraten. Die Zwiebeln und den Knoblauch dazugeben und glasig und goldgelb dünsten. Jetzt die Frühlingszwiebeln oder Schalotten hineingeben und rundum andünsten. Mit der Hühnerbrühe aufgießen und die Bohnenkerne sowie das Bouquet garni dazugeben. Aufkochen lassen, dann auf kleiner Flamme zugedeckt 10 Minuten köcheln. Das Bouquet garni entfernen, mit Salz und Pfeffer abschmecken, mit der Petersilie bestreuen und sofort servieren.

Variation: Das Ragout kann noch durch drei in Scheiben geschnittene Karotten ergänzt werden.

Petits pois à la vendéénne
Grüne Erbsen mit Salat und Speck

Und gleich nach den Fèves beginnt die Saison der zarten grünen Erbsen. Dieses im Herzen Frankreichs ganz besonders hoch geschätzte Gericht gibt es in mehreren Versionen. Nur mit Speck zubereitet heißt es *à la bonne femme* und nur mit Salatherzen *à la française.*

Zutaten für 4 Personen:
1,5 kg Erbsenschoten, 4 gelbe Salatherzen, 10 kleine Frühlingszwiebeln, 150 g gewürfelter Räucherspeck ohne Haut, 6 EL Butter, die abgerebelten Blätter von 3 Thymianzweigen, Salz, Pfeffer und eine Prise Zucker
Zubereitungszeit: 40 Minuten

Erbsen auspahlen, die Salatherzen vierteln, die Frühlingszwiebeln pellen und putzen (etwas vom Halm dranlassen). Den Speck 2 Minuten in kochendem Wasser blanchieren und abgießen.
Die Butter erhitzen. Zwiebeln und Thymian mit dem Speck darin einige Minuten andünsten, anschließend die Erbsen und die Salatherzen in den Topf geben und mitdünsten. Dabei mit einem Holzlöffel sanft, aber gleichmäßig rühren, damit alles rundum mit Butter überzogen ist.
Nun eine Tasse Wasser angießen, und das Ganze zugedeckt ungefähr 20 Minuten leise schmurgeln lassen; ab und zu rühren und eventuell noch etwas Wasser zugeben. Die Erbsen und der Salat müssen ganz weich sein, dann das Gemüse in einer vorgewärmten Schüssel sofort servieren.

Variation: Statt der Salatherzen können Sie auch Karotten oder kleine junge Artischocken dazugeben und mit gehackter Petersilie ergänzen.

Les asperges à la sauce hollandaise
Spargel mit Sauce hollandaise

Ist die letzte Erbse aus der Schale gekullert, spitzen die ersten Spargel mit den Köpfen aus ihren Hügelbeeten. Eine wunderbare Jahreszeit beginnt: die Spargelzeit.

Zutaten für 4 Personen:
1 ½ kg weißer Spargel von bester Qualität, 1 EL Butter, Salz, 1 TL Zucker
Für die Sauce: 350 g Butter, 4 Eigelb, nach Wunsch Zitronensaft
Zubereitungszeit: 40 Minuten

Spargelstangen gründlich schälen. In 2 Liter Wasser mit Butter, Salz und Zucker zum Kochen bringen, Spargel einlegen und weich kochen. Wie weich, ist ein heikles Thema. Viele Köche meinen, der Spargel müsse noch knackig sein; ich bin altmodisch und mag ihn weich. Spargel bis zum Servieren im Kochwasser stehen- oder liegenlassen.
Für die Sauce die Butter in einer Kasserolle zum Kochen bringen, dann auf etwa 50° abkühlen lassen.
In einer metallenen Rührschüssel die Eigelb mit etwas Salz und 4 Eßlöffeln Spargelsud über einem heißen Wasserbad aufschlagen. Das Wasserbad mit der Rührschüssel vom Herd nehmen und weiter mit dem Schneebesen schlagen, dabei ganz langsam die Butter einfließen lassen. Die am Boden der Kasserolle abgesetzte Molke läßt man zurück. Die Sauce nach Wunsch mit einigen Spritzern Zitronensaft abschmecken.
Sollte Ihnen das Mißgeschick widerfahren sein, daß die Sauce geronnen ist, am Rand der Rührschüssel etwas kaltes Wasser hineingeben und die Sauce von dieser Stelle her noch einmal aufrühren.
Spargel auf einer vorgewärmten Platte servieren und die Sauce getrennt dazu reichen.

Variation: Oft reicht man dazu noch einige Scheiben hauchdünn geschnittenen rohen Schinken.

Asperges vertes au gratin
Grüner Spargel überbacken

Zutaten für 4 Personen:
1,5 kg grüner Spargel, 1 EL Butter, ½ TL Zucker, 100 g Schinkenwürfel
Für die Sauce: 3 EL Butter, 3 EL Mehl, 125 g Sahne, 2 Eigelb, Salz und Pfeffer, etwas geriebener Käse zum Überbacken
Zubereitungszeit: 40 Minuten

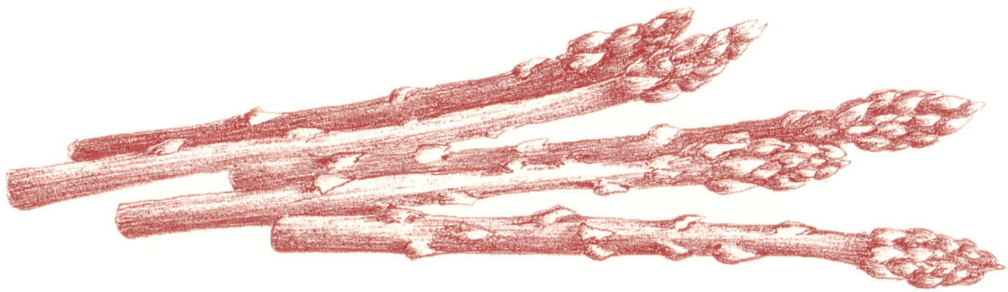

Spargel putzen; die Spitzen abtrennen, die Enden schälen. Die Spargelenden in 1½ Liter Wasser mit einem Eßlöffel Butter, einer Prise Salz und Zucker 20 Minuten kochen. Die Spargelenden herausfischen. In dem Sud nun die Spargelspitzen in knapp 10 Minuten bißfest garen.
Pro Person ein Eierpfännchen mit etwas Butter ausreiben, die Spargelspitzen dekorativ einlegen und mit den Schinkenwürfeln bestreuen.
Backrohr auf 200° vorheizen.
In einer Kasserolle die restliche Butter erhitzen und das Mehl darin anschwitzen. Mit so viel Spargelbrühe löschen, daß eine dicksämige Sauce entsteht; dabei ständig rühren. Aufkochen lassen und vom Feuer nehmen. Die Sahne mit den beiden Eigelb verquirlen und unterrühren. Die Sauce mit Salz und Pfeffer abschmecken und über den Spargel verteilen. Dünn mit geriebenem Käse bestreuen und im Rohr goldbraun backen.

Mojettes mitonnées
Weißes Bohnengemüse

Die frischen Bohnenkerne schätzt man hier ganz besonders. *Mojettes* heißen sie und sollen frisch aus der Schale nur ein bis zwei Tage im Schatten etwas antrocknen, bevor sie in den Kochtopf wandern. Man ißt sie ganz einfach mit Butter gedünstet oder in dieser etwas reichhaltigeren Version.

Zutaten für 4 Personen:
2 EL gutes Öl (Nußöl), 1 feingewürfelte Zwiebel, 1 kg frische weiße Bohnenkerne (eine kleinere Sorte), 1 Zwiebel mit 2 Nelken besteckt, 2 gewürfelte Knoblauchzehen, die abgerebelten Blätter von 3 Thymianzweigen, 2 Lorbeerblätter, Salz und Pfeffer, 3 EL Butter
Zubereitungszeit: 40 Minuten

Das Öl in einem weiten Topf erhitzen und darin die Zwiebelwürfel andünsten, aber nicht braun werden lassen, und pfeffern. 3 Minuten sanft ziehen lassen. Jetzt die gewaschenen, abgetropften Bohnenkerne sowie die ganzen Zwiebeln, den Knoblauch, den Thymian und die Lorbeerblätter dazugeben. Alles verrühren und mit heißem Wasser gerade bedecken. Den Deckel aufsetzen und mit einem mehrfach gefalteten, feucht-heißen Tuch abdecken. Nun auf kleiner Flamme weich köcheln. Ab und zu kontrollieren, daß die Bohnen nicht ansetzen, eventuell heißes Wasser nachgießen.
Wenn die Bohnen gar sind, mit Salz abschmecken und die Butter ganz sanft einarbeiten. Sehr heiß servieren. Das Bohnengemüse paßt zu einer mit Knoblauch gespickten Lammkeule oder auch zu Schweinefilet. In den bäuerlichen Haushalten, in denen man Schinken selber macht, schneidet man einzentimeterdicke Scheiben von dem Schinken ab, brät sie kurz auf beiden Seiten in Butter und serviert sie zu den Bohnen.

Variation: Statt der Butter frische Sahne und kleingehackte Petersilie beigeben.

Les champignons forestiers à la solognote
Waldpilze nach Art der Sologne

Vom Sommer bis in den Herbst sind die Wälder reichlich mit Pilzen gesegnet. Vor allem Pfifferlinge haben in den Wäldern der Loire und der Sologne ideale Bedingungen. Zu Braten und gegrilltem Fleisch ißt man meist nur Pfifferlinge oder verwendet Steinpilze als Garnierung, aber da man als Sammler meistens von allem ein bißchen findet, gibt es ein Pilzgemüse, das von einer größeren Sortenvielfalt nur profitiert.

Zutaten für 4 Personen:
1–1,5 kg Waldpilze, je 3 EL Butter und Olivenöl, 3 sehr feingewürfelte Schalotten,
1 Bund gehackte Petersilie, 2 gehackte Knoblauchzehen, ¼ l Fleischbrühe,
125 g Sahne, Salz und Pfeffer
Zubereitungszeit: 40 Minuten

Die Pilze mit einem feuchten Tuch und einer weichen Bürste reinigen, dann in Scheiben schneiden. Das Fett in einer weiten Pfanne erhitzen und die Schalotten darin leicht glasig dünsten. Die Pilzscheiben dazugeben und unter ständigem Wenden kräftig anbraten. Dabei tritt viel Flüssigkeit aus; die Pilze so lange weiterdünsten, bis die Flüssigkeit verdampft ist. Jetzt salzen und pfeffern und Petersilie sowie Knoblauch auf die Pilze streuen, einrühren und mit der Brühe löschen. Auf kleiner Flamme ohne Deckel rund 20 Minuten einköcheln lassen; die Sahne dazugeben und 10 Minuten leise weitergaren. Mit Salz und Pfeffer abschmecken.
Zu Kalbskotelett oder einem Braten servieren.

Fische aus Weihern und Flüssen

Der Fischfang an der Loire war schon immer reichlich, und auch die vielen Nebenflüsse haben ein großes Fischvorkommen. Damit auch in den Gegenden mit den allerkleinsten Flüßchen noch eine gute Versorgung garantiert war, begannen Mönche, die vielen Flüsse zu Weihern aufzustauen. So gestalteten sie den Fischfang ergiebiger und zogen die wilden Wasservögel an. Ihr Fleisch wurde kurzerhand zu »magerem« Fleisch deklariert, und so stand in der Fastenzeit nichts im Wege, um nach einem herrlichen Essen mit Hecht und Karpfen auch noch ein paar Wildenten auf den Tisch zu bringen. Nach den heiligen Männern übernahmen bis ins 17. Jahrhundert die Schloßherren die Fischzucht.

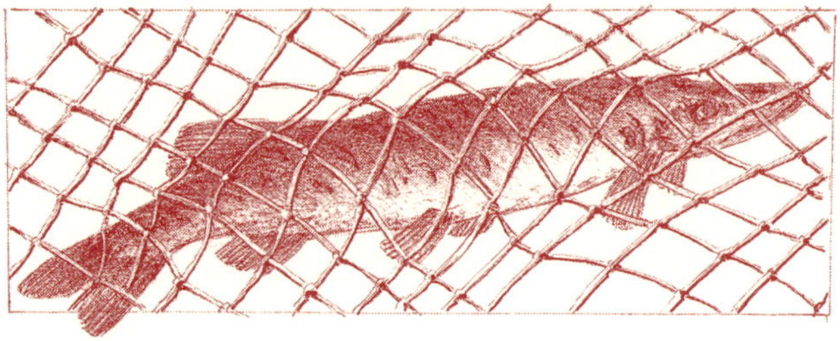

Matelote au vin rouge
Süßwasserfisch in Rotwein

Im Winter, wenn die Zeit der Jagd dem Ende zugeht, kommt die Zeit, in der die Weiher leer gefischt und trockengelegt werden. Das ist heute – auch ohne Mönche und Schloßherren – nicht anders. Im eiskalten Morgengrauen treffen sich Nachbarn und Freunde und fischen, gewärmt von einem Glas Glühwein, die Tümpel leer. Aus diesen Fischen bereitet man dann ein leckeres Gericht. Man kann durchaus verschiedene Süßwasserfische mischen, aber meistens nimmt man nur Karpfen und Aal.

Zutaten für 4–6 Personen:
2 kg küchenfertiger Karpfen und Aal, Butter zum Braten
Für den Sud: 1 Flasche Rotwein von der Loire, 3 Schalotten in Scheiben, 2 feingewürfelte Knoblauchzehen, 1 Bouquet garni aus viel Petersilie und 2 Lorbeerblättern, 10 ganze Pfefferkörner, Salz
Für die Sauce: 200 g Champignonköpfe, geviertelt, 15 kleine Schalotten oder Frühlingszwiebeln, 3 EL Butter, 3 EL Mehl, frisch gehackte Petersilie
Zubereitungszeit: 30 Minuten

Den Rotwein mit allen Zutaten für den Sud aufkochen und auf kleinem Feuer 30 Minuten köcheln.
Die Fische waschen, trockentupfen und in Stücke beziehungsweise Scheiben schneiden. In einer weiten Pfanne Butter erhitzen und Aal und Karpfenstücke kurz und heiß anbraten.

In einer anderen Pfanne Champignons und Schalotten in Butter anbräunen. Nun die Fischstücke in den Sud geben und 20 Minuten leise ziehen lassen.
Inzwischen die Butter für die Sauce erhitzen und das Mehl in das heiße Fett einrühren. Mit soviel Sud löschen, bis eine sämige Sauce entstanden ist. Die Pilze und Zwiebeln zu der Sauce geben und darin gar köcheln. Ab und zu umrühren und eventuell noch etwas Sud nachgießen. Die Fischstücke in eine vorgewärmte weite Schüssel legen und mit Sauce übergießen; mit frisch gehackter Petersilie bestreuen und sofort servieren.

Carpe au vin blanc
Karpfen in Weißwein

Dieses unkomplizierte Gericht bringt man am liebsten vor der Laichzeit der Karpfen auf den Tisch.

Zutaten für 4 Personen:
1 Karpfen von mindestens 2 kg (Milchner oder Rogen aufbewahren),
100 g zimmerwarme Butter, 3 gehackte Schalotten, 1 Bund gehackte Petersilie,
½ TL Thymian, 4 EL Semmelbrösel, ½ l Weißwein, 150 g Crème fraîche, Salz und Pfeffer, Butter für die Auflaufform
Zubereitungszeit: 60 Minuten

Backrohr auf 200° vorheizen.
Den Karpfen gut waschen, salzen und pfeffern und in die ausgebutterte Auflaufform legen. Die Butter mit den Schalotten und Kräutern verkneten, leicht salzen und auf die Oberfläche des Karpfens streichen. Milchner oder Rogen des Karpfens neben den Fisch legen und die Form ins heiße Backrohr schieben. Nach 15 Minuten den Wein aufgießen, wieder in das Rohr schieben. Nach weiteren 40 Minuten die Crème fraîche über den Fisch gießen und in 5 Minuten fertig garen.

Variation: Wenn Sie in den Fond der Auflaufform noch 200 Gramm in Scheiben geschnittene Champignons und 3 feingeschnittene Schalotten legen, wird die Sauce würziger und gehaltvoller.

Fleisch von den Weiden und aus den Wäldern

Etwas südlich der direkten Loireregionen liegt das Limousin, das besonders berühmt ist für seine Rinder und vor allem für die Kälber, die noch natürlich mit Kuhmilch auf der Weide ernährt werden. Dieses Kalbfleisch ist ein Gedicht, und die Innereien dieser Kälber können bedenkenlos verspeist werden.

Beuchelle à la tourangelle
Ragout von Kalbsnieren und Bries

Kalbsnieren und Bries sind die Zutaten für diese Spezialität der Touraine, und wie sonst nur noch im Lyonnais gehören die Kämme und die Nieren der Gockel dazu. Dieses deftige und schmackhafte Gericht hat Ende des vorigen Jahrhunderts Edouard Nignon, einer der großen Köche aus Paris, der für den russischen Zaren, den österreichischen Kaiser und auch den amerikanischen Präsident Wilson gekocht hat, in sein Repertoire aufgenommen und es damit weltberühmt gemacht. Heute ist es wieder in der Touraine zu Hause. La beuchelle variiert mit den Jahreszeiten, denn statt Champignons können auch Steinpilze, Pfifferlinge, Todestrompeten oder frische Morcheln verwendet werden. Folgendes Rezept habe ich von Pascal Bouvier, Koch im »Choiseul« in Amboise.

Zutaten für 4 Personen:
1 Kalbsbries (ca. 300 g), Butter, 1 küchenfertige Kalbsniere in dünne Scheiben geschnitten, 150 g Hahnenkämme und -nieren, 200 g Champignons (sehr kleine, feste ganz lassen, größere vierteln), 50 g feinstgewürfelte Karotten, 50 g feinstgewürfelter Sellerie, 2 cl Cognac, 200 g Sahne oder Crème double, Salz und Pfeffer, frisch geriebener Käse zum Überbacken
Zubereitungszeit: 40 Minuten

Backrohr auf 200° vorheizen.
Das Kalbsbries einige Minuten in kochendem Wasser blanchieren, mit eiskaltem Wasser abschrecken und dann sorgfältig häuten. In dickere Scheiben schneiden.

In einer Pfanne Butter erhitzen und die Nierenscheiben von beiden Seiten je 4 Minuten anbraten, salzen und pfeffern und auf einem Teller beiseite stellen. Mit den Briesscheiben genauso verfahren.
Nun in dem gleichen Fett die Hahnenkämme, die Nieren und die Champignons rundum gut anbraten, dünsten lassen und wieder beiseite stellen.
Die Pfanne auswischen. Die Gemüsewürfel in frischer Butter andünsten. Mit Cognac ablöschen, anschließend die Sahne dazugeben, mit Salz und Pfeffer abschmecken. Nun alle Zutaten mit der Sahnesauce mischen und in eine Auflaufform füllen, mit Käse bestreuen und kurz im Rohr gratinieren.

Cul de veau à l'angevine
Kalbsschmorbraten

Im Anjou ist ein Kalbsschmorbraten zu Hause, der aus dem runden Fleischstück oberhalb der Keule bereitet wird. Im Französischen nennt man dieses Stück *quasi* oder auch *cul de veau.*

Zutaten für 4–6 Personen:
¼ l Geflügelbrühe, ¼ l Weißwein (möglichst aus Anjou), 1 Bouquet garni aus Petersilie, Thymian und Lorbeer, 1 größeres Stück Schweineschwarte ohne Fett, 2 Zwiebeln, 3 Karotten, 3 Tomaten, je 2 EL Butter und Olivenöl, 2 kg Kalbfleisch von der Hüfte, 1 gespaltener Kalbsfuß, Salz und Pfeffer
Zubereitungszeit: 3 ½ Stunden

Das Backrohr auf 180° vorheizen.
Die Geflügelbrühe, den Weißwein und das Bouquet garni zusammen aufkochen und die Flüssigkeit reduzieren lassen, bis nur noch etwas mehr als die Hälfte übrig ist. In der Zwischenzeit die Schweineschwarte kurz blanchieren und in Stücke schneiden. Außerdem das Gemüse putzen und zurechtschneiden: Zwiebeln in Ringe hobeln, Karotten in dünne Scheiben schneiden, Tomaten vierteln.
In einem schweren Schmortopf mit gut schließendem Deckel das Fett erhitzen und das Fleisch von allen Seiten bei starker Hitze anbraten. Das Fleisch herausheben und rundherum salzen und pfeffern. Die Zwiebelringe in dem Bratfett hellbraun braten, dann die Karotten und die Tomaten einige Minuten mitschmoren und leicht salzen. Das Fleisch, den Kalbsfuß und die

Stücke von der Schweineschwarte auf das Gemüse legen und die eingekochte Wein-Brühe mit dem Bouquet garni zu dem Fleisch gießen.
Den Deckel fest verschließen, die Fuge entweder mit einem Mehl-Wasser-Teig verkleben oder Einmachgummis vom Deckelgriff zu den Henkeln spannen. Den Topf ins Rohr schieben und eine Stunde schmoren lassen. Anschließend die Brattemperatur auf 160° reduzieren und weitere 2 Stunden im Rohr lassen. Nach der Garzeit das Fleisch aus dem Topf heben und in die Mitte einer großen Platte legen, den Inhalt der Sauce mit einer Schaumkelle herausholen und rundum drapieren. Die Sauce bei lebhafter Hitze kurz reduzieren und darübergießen. Mit dicken Brotscheiben servieren.

Variation: Eine sehr nette Bäuerin gab mir ein Rezept von diesem klassischen Schmorgericht und sagte, daß sie am liebsten noch eine Handvoll grüne Bohnen oder zehn Frühlingszwiebeln mitschmort. Das ganze Jahr über ergänzt sie den Cul de veau mit allen Gemüsen, die sie gerade im Garten hat. Ich mache das auch und bereite genauso das Fleisch von Lammschultern zu, das ich vorher in Kräuteröl mariniert habe. Je vielseitiger und üppiger das Gemüsebett, desto besser die Sauce.
Der Geschmack wird noch herzhafter, wenn Sie das Kochgut vor dem Schließen des Deckels mit Speckscheiben abdecken.

Géline de Touraine au persil
Huhn mit Petersilie

In den Pays de la Loire gibt es die wunderschöne Géline de Touraine, eine Hühnerrasse mit blauschimmerndem schwarzen Gefieder und leuchtendroten Kämmen. Aus diesem Federvieh bereitet man hier Coq au vin, aus älteren Legehennen auch die Hühnersuppe, doch aus den jungen, noch saftigen Hühnern macht man diese Delikatesse.

Zutaten für 4 Personen:
1 Huhn aus Freilaufhaltung, je 4 EL Butter und Olivenöl, 2 Thymianzweige,
2 Lorbeerblätter, ¼ l Geflügelfond oder Kalbsfond (aus dem Glas)
Für die Farce: 100 g gehackte krause Petersilie, 2 gehackte Schalotten, 100 g Butter,
2 Eigelb, 1 Scheibe Toastbrot, Salz und Pfeffer
Zubereitungszeit: 70 Minuten

Backrohr auf 180° vorheizen.
Für die Füllung die Petersilie mit Schalotten, Butter, Eigelb und dem zerbröselten Toastbrot mischen. Mit Salz und Pfeffer abschmecken. Von unten beginnend vorsichtig die Hühnerhaut vom Fleisch lösen; die Farce überall sanft zwischen Haut und Fleisch verteilen und zunähen. Das Huhn außen und innen salzen und pfeffern.
Das Fett in einem Schmortopf erhitzen und das Huhn von allen Seiten schön braun anbraten, Thymian und Lorbeer neben das Huhn legen. Nun den Topf mit einem Deckel verschließen und für eine Stunde ins heiße Rohr schieben. Ab und zu mit dem Fond aufgießen.
Das Huhn herausnehmen, vorsichtig tranchieren, auf einer Platte anrichten, mit der Sauce begießen und mit frischen Pommes frites servieren.

Ragoût de sanglier
Wildschweinragout

Die Wildschweinjagd gehört zu den großen Herbstvergnügen. Die Keulen der Wildschweine werden als große Braten mit Knoblauch und viel Zwiebeln gegessen. Wie in der Auvergne legt man die Kartoffeln gerne mit dem Fleisch in den Bräter und gart alles zusammen. Aus der Schulter und dem Hals macht man Ragout.

Zutaten für 4 Personen:
3 EL Butter, 3 EL Olivenöl, 1 kg grobgewürfeltes Wildschweinfleisch (Hals oder Schulter), 1 große Zwiebel in sehr feine Streifen geschnitten, 6 cl Cognac, 2 Knoblauchzehen, 1 Bouquet garni aus Thymian und Lorbeer, 3 Würfelzucker, ½ l Rotwein, Mehlbutter aus 1 EL Mehl und 2 EL Butter, Salz und Pfeffer
Zubereitungszeit: 80 Minuten

Das Fett in einem gußeisernen Schmortopf erhitzen und die Fleischstücke mit den Zwiebelringen kräftig von allen Seiten anbraten, salzen und pfeffern. Mit dem Cognac löschen und flambieren. Anschließend den Knoblauch, das Bouquet garni, den Zucker und schließlich den Wein beifügen. Das Ragout aufkochen und dann auf kleinem Feuer mit geschlossenem Deckel eine Stunde leise vor sich hin köcheln lassen. Die Mehlbutter einarbeiten, das Ragout noch einmal abschmecken und aufkochen und auf einer tiefen, vorgewärmten Platte servieren.
Dazu reicht man gerne Salzkartoffeln und dicke Karottenscheiben, die nur in etwas Butter und Petersilie geschwenkt wurden.

Der süße Abschluß

Tarte Tatin
Apfeltarte

Fragt man einen Kenner der französischen Küche nach einem typischen Gericht der Sologne, werden viele ein Dessert an erster Stelle nennen. Die berühmte Tarte Tatin ist ein Apfelkuchen der ganz besonderen Art, denn er wird falsch herum gebacken und ist deswegen so besonders gut. Ende des vorigen Jahrhunderts erfanden die Schwestern Tatin in ihrer kleinen Auberge in Lamotte-Beuvron diesen außergewöhnlichen Apfelkuchen. Die Geschichte erzählt, daß einer der Schwestern durch ein Mißgeschick die fertig vorbereitete Tarte aus den Händen gefallen sei. Sie machte dann aus der Not eine Tugend und erfand diese neue Art der Tarte. Noch heute kann man in dem kleinen Ort den alten Küchenherd der Schwestern Tatin bewundern und die Originaltarte essen.

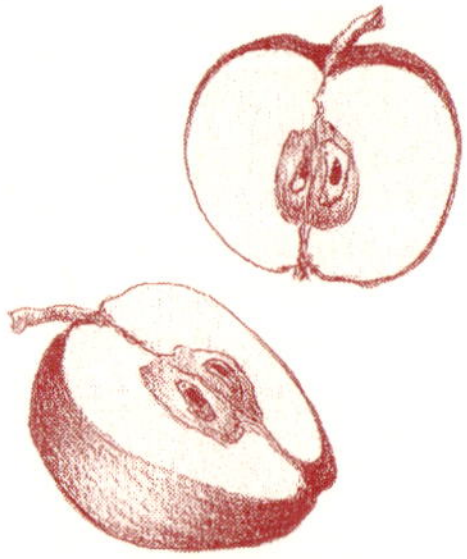

Zutaten für eine Tarteform:
Für den Teig: 125 g weiche Butter, 90 g Zucker, 1 Ei, 250 g Mehl, 1 Prise Salz
Für den Belag: 2 kg säuerliche Äpfel (Reinettes oder Boskoop), 200 g Zucker, 100 g flüssige Butter
Außerdem: Schlagsahne zum Servieren
Zubereitungszeit: 40 Minuten

Nach der Beschreibung auf Seite 435 einen Mürbeteig herstellen und ruhen lassen. Inzwischen die Äpfel schälen und achteln.
Die Hälfte des Zuckers in eine feuerfeste Tarteform streuen, die Äpfel darauf verteilen, mit dem restlichen Zucker bestreuen und mit der flüssigen Butter begießen. Die Form nun auf eine Herdplatte stellen und ohne Umrühren bei mittlerer Hitze stehenlassen, bis der Zucker karamelisiert und die Äpfel fast gar sind. Das kann eine Weile dauern – je nachdem, wieviel Flüssigkeit die Äpfel abgeben. Achten Sie auf den Geruch, damit der Karamel ja nicht schwarz wird.
Das Backrohr auf 220° vorheizen.
Nun den Teig sehr dünn ausrollen und die Äpfel damit bedecken. Den Teig etwas zwischen die Früchte hineindrücken und den Rand zwischen Äpfel und Form schieben. Jetzt die Tarte auf der mittleren Schiene in den vorgeheizten Backofen schieben und in 20 Minuten Teig braun und knusprig backen. Herausholen, nur kurz abkühlen lassen und dann auf eine Kuchenplatte stürzen. Noch warm mit frisch geschlagener Sahne servieren.

Gâteau d'automne
Herbstkuchen

Alle Früchte des Herbstes vereinigt ein Kuchen, der in einer großen Eisenpfanne langsam am Rande des Kaminfeuers gegart wird. Über Nacht sehr kalt gestellt und erst am nächsten Tag serviert, ist der Kuchen gut durchgezogen und ein wahrer Genuß mit einem Glas Weißwein für die Großen oder zum *goûter* der Kinder nach der Schule.

Zutaten für 4 Personen:
400 g Äpfel (Reinettes oder Boskoop), 300 g Birnen (z.B. Butter Hardy), 2 EL Butter, 50 g grobgehackte Walnußkerne, 200 g Zucker (+ etwas zum Bestreuen), 50 g Mehl, 1 Prise Salz, 6 Eier, 3 EL Birnenschnaps, 2–3 EL Nußöl
Zubereitungszeit: 30 Minuten
Ruhezeit: 24 Stunden

Äpfel schälen und in Scheiben schneiden, Birnen schälen und grob würfeln. Die Butter in einem weiten Topf erwärmen und die Äpfel hineingeben und andünsten; nach 5 Minuten die Birnen und die Nußkerne sowie 100 Gramm Zucker dazugeben. Alles vorsichtig miteinander verrühren und auf kleinem

Feuer 10 Minuten zugedeckt dünsten. Den eventuell entstandenen Fruchtsaft abgießen und die Früchte auf starkem Feuer so lange erwärmen, bis sie trocken sind. Beiseite stellen.
Für den Teig in einer Schüssel das Mehl mit dem restlichen Zucker und dem Salz vermischen; die Eier nacheinander einarbeiten. Nun den Birnenschnaps zufügen und den Teig mit dem Schneebesen kräftig schaumig schlagen.
In einer Pfanne bei mittlerer Hitze 2 Eßlöffel Nußöl erwärmen. Die Hälfte des Teigs auf dem Pfannenboden verteilen. Die Früchte gleichmäßig auf dem Teig verteilen und mit einem Holzspatel leicht in den Teig drücken. Nun die zweite Hälfte des Teiges auf und in die Früchte gießen und die Oberfläche glattstreichen. Einen Deckel auf die Pfanne setzen, aber einen Spaltbreit offenlassen, damit der Dampf abziehen kann. 10 Minuten bei schwacher Hitze backen.
Nun den Kuchen auf eine große flache Platte stürzen. Die Pfanne mit dem Rest des Nußöls wieder auf den Herd stellen und erhitzen. Den Kuchen hineingleiten lassen und bei mittlerer Hitze 3 Minuten backen. Nun den Kuchen auf eine Platte gleiten lassen, mit Zucker bestreuen und abkühlen. Mit einer Alufolie gut abdecken und im Kühlschrank 24 Stunden kühlen.

Pain perdu
»Verlorene« Brioche

Zutaten für 4 Personen:
250 g altbackene Brioche, 2 Eier, ½ l lauwarme Milch, 2 Päckchen Vanillezucker, 100 g Butter, 5 EL Honig
Zubereitungszeit: 20 Minuten

Die Brioche in dicke Scheiben schneiden; die Eier mit dem Schneebesen in einem tiefen Teller schaumig schlagen; die Milch mit Vanillezucker vermischen. Die Butter und den Honig in einer Pfanne heiß werden lassen.
Nun die dicken Briochescheiben in die Vanille-Milch tauchen, wenden, sofort wieder herausholen, sanft ausdrücken und von beiden Seiten in das Ei tunken.
Dann in der Pfanne von beiden Seiten braun braten und aus der Pfanne heraus heiß servieren.
Dazu passen die Rotweinpflaumen aus dem folgenden Rezept.

Pruneaux au vin
Pflaumen in Rotwein

Zutaten für 4–6 Personen:
1 kg Trockenpflaumen, ½ l Rotwein, 1 Zimtstange, 3 Gewürznelken, 1 Vanilleschote, die sehr dünn abgeschnittene Schale einer Zitrone, 100 g Zucker
Zubereitungszeit (ohne Wartezeiten): 30 Minuten

Am Vortag die Pflaumen mit dem Wein und den Gewürzen einweichen. Nach einigen Stunden die Pflaumen abgießen. Die Marinade mit dem Zucker zum Kochen bringen und 20 Minuten köcheln lassen. Nun die Pflaumen dazugeben und 10 Minuten bei mittlerer Hitze kochen. Mit dem Schaumlöffel Pflaumen herausholen.
Den Sud auf einen Viertelliter eindicken. Nun den Sud durch ein Sieb über die Pflaumen gießen, diese abkühlen lassen und bis zum nächsten Tag in den Kühlschrank stellen.

Zwischen Stroh und Asche

Wir können nicht die Touraine verlassen, ohne von den braunen Ziegen und dem Produkt aus ihrer Milch zu sprechen. Der Ziegenkäse aus dieser Region hat eine besondere Form: Die bekannten langen Rollen mit einem schwarz geaschten Äußeren und einem eher trockenen Inneren. Es liegt an der Kunst des Käsers, daß diese Rollen beim Zerschneiden nicht bröseln, sondern in glatten Scheiben in beliebiger Stärke serviert werden können.
Der **Sainte-Maure** ist ein Käse mit AOC, er wird also nach traditionellen, kontrollierten Verfahren hergestellt. So muß beispielsweise ein Strohhalm vom Roggen in der Mitte des Käselaibes stecken, den man beim Anschneiden entfernt.
Um die Notwendigkeit dieses Strohhalmes hat es schon harte Diskussionen gegeben. Die einen sagen, er sei notwendig, um die dicken Rollen beim Reifen besser zu durchlüften, die anderen meinen, daß mit dem Stroh unsaubere Bestandteile in den Käse kommen. Wie dem auch sei, der Sainte-Maure ist

ein milder, sehr feiner Ziegenkäse, der teilweise schon nach zehn Tagen Reife auf den Markt kommt. Nach zwei Tagen werden die Rollen vorsichtig in einer Mischung aus Salz und Holzasche gewälzt, wodurch sie das besondere Aussehen und Aroma erhalten.

Chèvre chaud
Heißer Ziegenkäse

Verhältnismäßig frisch, nach etwa eineinhalb Wochen Reifezeit, ist der Ziegenkäse besonders gut geeignet für dieses Rezept.

Pro Person eine zentimeterdicke Scheibe Ziegenkäse auf ein vorgetoastetes Stück Brot legen, auf einem gebutterten Backblech im Backrohr 5 Minuten backen oder unter einem Grill kurz erhitzen und dann auf einem bunten Salatteller servieren.

Rouelle de Sainte-Maure aux noix
Ziegenkäse mit Nußfüllung

Dem Sainte-Maure wird nachgesagt, er habe ein an Nuß erinnerndes Aroma, und so wird er auch gerne mit Walnußkernen zusammen gereicht. Oder man macht sich die Mühe und verfeinert ihn wie in nachstehendem Rezept, das eine nette kleine Vorspeise oder einen überraschenden Abschluß nach einem feinen Menü abgibt.

Zutaten für 4 Personen:
Für die Füllung: 100 g feingemahlene Walnußkerne, 50 g weiche Butter,
5 EL Nußöl, Salz und Pfeffer, Feldsalat zum Anrichten
Zubereitungszeit: 20 Minuten
Ruhezeit: 1 Tag

Wenn Sie zu Hause keinen Käseschneider mit Draht haben, lassen Sie sich eine Rolle des Sainte-Maure in Ihrem Käseladen der Länge nach in 4–5 Scheiben schneiden und die Scheiben vorsichtig mit einer Folie dazwischen verpacken, damit sie ganz bleiben.
Das Nußmehl mit der Butter und dem Öl vermischen und mit Salz und Pfef-

fer abschmecken. Die Paste dünn auf die Scheiben verteilen und den Käse wieder zu seiner ursprünglichen Form zusammensetzen. Leicht aneinanderdrücken und einen Tag ruhen lassen. Dann in Scheiben geschnitten mit Feldsalat dekoriert servieren.

Burgund, Land des Weins und der Schnecken, der Rinder und Hühner

Das Gebiet des alten Herzogtums Burgund ist das Herz Frankreichs, ein Land, in dem man auf Schritt und Tritt der Geschichte der *Grande Nation* und Europas begegnet. Hier kreuzten sich die Wege vom Rhônetal nach Paris und vom Rhein ins Loiretal oder hinüber zur Westküste. Die großen Klosteranlagen der Zisterzienser in Cluny oder Fontenay, die befestigten Städte mit ihren runden Türmen wie Semur, und all die zauberhaften Städte mit ihren romanischen Kirchen wie Autun, Auxerre und Vézelay; nicht zu vergessen Beaune, das Tor zum Burgund, mit seinem Hôtel-Dieu. Allerdings wurden die großen Klosteranlagen der Zisterzienser, die Paläste und Schlösser der Grafen und Herzöge in der Folge der Französischen Revolution teilweise zerstört.

In dem kleinen Ort Flavigny, der zauberhaft schön auf einem Hügel liegt und so verwunschen und verschlafen wirkt, als wäre die Zeit dort stehengeblieben, sind gleich hinter der Befestigungsmauer die Reste einer riesigen Kirche zu sehen. Sie wurde in der Revolution zerstört, und auf dem freigewordenen Platz hat man, fast in die Ruine hinein, eine Bonbonfabrik gesetzt, wo seither die berühmten weißen Anisdragees der Abbaye de Flavigny hergestellt und in der nie veränderten, wunderschönen ovalen Dose verkauft werden.

Schon die Römer versuchten sich dieses Land anzueignen. Die Schicksalsschlacht der Gallier fand in Alésia statt, einer kleinen Stadt, die von grünen Hügeln, Weiden und Hecken gesäumt ist. In dieser Landschaft mit ihren kleinen Dörfern, Schlössern und Wäldern steht Vereingetorix hoch auf einem Hügel in unglaublicher Größe, Schönheit und Stärke – und Unvergänglichkeit. Noch heute hat diese Niederlage der Gallier ihre Wirkung auf die Franzosen, die in beeindruckender Ergriffenheit scharenweise hierherpilgern.

Neben diesen geschichtlichen Spuren ist es die Landschaft in all ihrer Pracht, die den nachhaltigsten Eindruck hinterläßt. Man kann sich daran nicht satt sehen, und in jedem Tal und an jedem Fluß- oder Kanalufer entfaltet sie sich wieder ganz neu. Ein Erlebnis für alle Sinnesorgane: *On ne goûte pas la Bourgogne si on a le nez bouché ou si on ferme les yeux à moitié.* Man kann Burgund nicht richtig genießen, wenn man eine verstopfte Nase hat oder die Augen nur halb offenhält.

Endlos ziehen sich die vielversprechenden Weinberge der Côte d'Or dahin – doch die wertvollsten Lagen sind hinter Mauern mit schmiedeeisernen Toren verborgen. Zwischen den niedrigen Rebstöcken stehen die Weingüter, stattliche Herrenhäuser, bei deren Namen jeder Weinliebhaber in

Verzückung gerät. In den vielen kleinen Weinorten, wie Auxey Duresse, hat jedes Haus eine eigene Cave unter der Erde mit meist weitverzweigten und sagenhaften Ausmaßen. Ich habe mich immer gefragt, wie denn wohl all die Häuser auf endlosen, nicht besonders befestigten Höhlen stehen können. Aber diese Bauweise funktioniert schon seit Jahrhunderten, und ein Besuch bei einem ganz normalen Winzer, einem ohne großen Namen, ist für mich einer der Höhepunkte in der Bourgogne. Allein der Geruch dieser Keller ist hinreißend. Und im Anblick der endlosen Reihen von verheißungsvollen Flaschen beim Licht einer Kerze den Wein zu probieren, heißt Weingenießen pur. Aus diesem Grund habe ich all meine Kinder, als sie ungefähr zehn Jahre alt waren, auf unseren Frankreichreisen nach Burgund gebracht – immer in das gleiche Dorf an der Côte d'Or und immer auf die gleiche Mauer aus schräggestellten Granitsteinen im Schatten alter Bäume. Zuvor kauften wir bei einem Winzer den besten Burgunder, den er auf Lager hatte, und dort auf der Mauer hat jedes Kind sein erstes Glas Rotwein getrunken, damit es für den Rest des Lebens weiß, wie guter Wein schmecken muß. Diesen Sommer war mein erstes Enkelkind soweit, und sie war sehr stolz, daß sie endlich auch diese ganz besondere Weihe erhalten durfte.

Im waldbedeckten, sanften Hügelland rund um Saulieu weiden die weißen Charolais-Rinder der Bourgogne, die das beste Fleisch der Welt liefern. Sie leben nicht in Ställen, sondern zusammen mit ihren Kälbern draußen auf den heckengesäumten Wiesen. Diese Rinderrasse hat die Eigenschaft, sehr schnell zuzunehmen (bis zu 2,25 Kilo am Tag), wobei sich das Fett im Muskelfleisch ablagert. Das kann man beim Metzger sofort erkennen, denn ein Faux Filet vom Charolais-Rind ist mit vielen kleinen weißen Fettadern durchsetzt, es ist *persillé*, wie die Franzosen sagen, und dadurch so saftig und wohlschmeckend. In dem kleinen Dorf Sainte-Christophe-en-Brionnais, schon ganz im Süden des Charolais-Gebietes, von wo die Rinder ihren Siegeszug durch die Welt angetreten haben, wird ununterbrochen seit 1488 jeden Donnerstag in den frühen Morgenstunden ein Rindermarkt abgehalten. Da gibt es dann schon um 9 Uhr morgens als Stärkung nach dem Handel ein Entrecôte, das so zart ist, daß man kein Messer braucht.

Wieder ganz eigen in ihrer kulinarischen Geschichte sind die Monts du Morvan, Ausläufer des Massif Central mit Seen und Wäldern, die Fische, Pilze und Wild liefern. In Nolay erzählte uns eine alte Antiquitätenhändlerin im Schatten der wunderschönen, offenen Markthalle von den alten Zeiten, als diese Halle speziell für die Fellhändler aus dem Morvan der wöchentliche Treffpunkt war. Bei ihrer Erzählung von dem ungeheuren Wildreichtum in den tiefen Wäldem des Morvan dachte man unwillkürlich an Asterix und Obelix. Morvan ist aber nicht nur Waldlandschaft, sondern auch Zentrum der Schweinezucht in Burgund. In den deftigen Rezepten dieses Landstriches gibt es denn auch viel Speck und Würste, wie die Rosette du Morvan, eine Salami aus Schweinefleisch, und natürlich die dicken, würzigen Schinken.

Ganz anders, weiter und lichter und doch hügelig, ist das Land der Bresse, mit seinen Flüssen und Seen – ein Paradies für Angler und Liebhaber von Forelle, Hecht und Aal. Der wahre Reichtum der Bresse aber läuft auf zwei Beinen. Nicht Rinder, sondern Hühner spazieren auf dem satten Grün der Wiesen, und wie die Rinder im Charolais haben sie viel Platz. Ein echter Bresse-Hahn muß garantiert 100 Quadratmeter Lauffläche zur Verfügung haben. Wen nimmt es da wunder, daß diese Hähne nicht fett, aber groß und stark sind und lange fleischige Beine haben. Ganz anders in ihrer Art sind die Kapaune, die mit Mais gemästet werden und zu Weihnachten auf den Tisch kommen, oder die zarte und saftige Poularde de Bresse.

Bei unserem kulinarischen Überblick dürfen wir natürlich Dijon nicht vergessen, die ehemalige Hauptstadt des Herzogtums Burgund. Hier ist der Crème de Cassis zu Hause, ein aromatischer schwarzer Johannisbeerlikör, mit dem der berühmte Kir gemixt wird. Hier liegt auch die Heimat des Dijonsenfs. Er besitzt immer eine eigene, ganz besonders pikante Schärfe und Würze und wird in vielen Aromen angeboten. Viele Gerichte der französischen Küche sind ohne diesen Senf nicht denkbar.

Bei einer solchen Vielfalt wird deutlich, daß eine spezielle traditionelle Küche Burgunds nicht existiert, sondern eher eine sehr vielseitige und differenzierte Küche der verschiedenen Regionen Burgunds. Aber ein gemeinsames Merkmal gibt es doch: Alle Burgunder essen für ihr Leben gerne und trinken dazu, und es dürfen ruhig reichliche Portionen sein. Auch die Nebenprodukte aus Rinder- und Hühnerzucht, die Eier und die dicke cremige Sahne, sollen gut und reichlich verwendet werden, damit die Saucen angenehm und cremig geraten. Und unverzichtbar ist in der Küche die Verwendung des herrlichen Burgunder Weines. Nichts wäre verwerflicher an einer Sauce als die Zugabe von Wasser.

In den kleineren Ortschaften der Bourgogne habe ich in Restaurants die Tradition des *Plat du jour* erlebt, wie sie früher überall in Frankreich üblich war. Männer in Arbeitsanzügen und Handelsreisende mit Krawatte standen kurz vor Mittag in dicken Trauben an der Bar und tranken unter einem ungeheuren Geräuschpegel ihren Aperitif. Kurz nach zwölf setzten sie sich an

die schon vorgedeckten Tische, und auf jedem stand eine *caraffe de vin rouge* und eine *caraffe d'eau.* Dann kamen Vorspeise, Hauptgericht, Käse und Dessert. Bei jedem Gang hatte man die Wahl zwischen zwei Alternativen, und am Schluß gab es noch einen starken Kaffee, der Würfelzucker lag schon auf dem Löffel. Die Männer saßen alle bis ½ 2 Uhr und gingen dann mit einem schnellen *à demain* wieder an die Arbeit.
Bevor ich nun alle Rezepte, die ich im Laufe der Zeit mit viel Freude gefunden habe, darlege, möchte ich zu einer Spezialität kommen, die in der Bourgogne mit Leidenschaft verzehrt wird, die Andouille. Das ist eine Wurst, die aus den Kutteln vom Schwein hergestellt wird. Man sollte diese Spezialität – vorausgesetzt, man mag Kutteln – im Lande selbst probieren. Von der Andouille gibt es die verschiedensten Variationen, die entweder säuberlich gerollt oder als marinierte Bröckchen in der Wursthaut aufgetischt werden. Sie werden pur oder mit Senf gegessen und im Morvan ganz gerne in einem Gemüse von Bohnenkernen geschmort. In dem kleinen Dorf Bèze gibt es sogar ein Fest, in dessen Verlauf eine Königin der Andouille und ein König der Cornichons gewählt werden.

Begleiter zum Wein und Vorspeisen

Es ist leicht zu verstehen, daß so gute Tropfen wie die Burgunderweine nicht in den leeren Magen fallen dürfen; und so wird dafür gesorgt, daß das nicht passiert. Es gibt verschiedenes Gebäck mit Käse oder Quark, das eine hervorragende Begleitung zu jedem guten Schluck abgibt.

Gougère
Käsegebäck

Seit jeher liebt man diese Köstlichkeit, ein Brandteiggebäck, das angeblich in Tonnere erfunden wurde, als Begleiter zum Wein. Aber auch die Kinder freuen sich, wenn nach einem Festtag noch Gougères übrig sind zum *goûter*, der kleinen Brotzeit um 4 Uhr nach der Schule.
Die Gougères werden in kleiner Form wie Windbeutel oder auch als Kranz in einer ringförmigen Kuchenform gebacken. Sie schmecken am besten, wenn sie nur kurz abkühlen und lauwarm auf den Tisch kommen. In einigen Regionen wird statt Butter Schweineschmalz genommen, was dem Gebäck eine eigene Note gibt.

Zutaten für 4 Personen:
½ l Milch, Salz und Pfeffer, 120 g Butter, 250 g Mehl, 8 Eier, 150 g kleingewürfelter Emmentaler, 2 EL Sahne
Außerdem: 1 verquirltes Ei zum Bestreichen, etwas geriebener Emmentaler zum Überbacken
Zubereitungszeit: 60 Minuten

Das Backrohr auf 210° vorheizen.
Milch, Salz, Pfeffer und Butter in einem Topf zum Kochen bringen, kurz vom Feuer nehmen und das Mehl einrühren, dann auf kleinster Flamme mit einem Holzlöffel ständig weiterrühren, bis sich der Teig als ein Klumpen vom Topfboden löst. Jetzt den Topf vom Feuer nehmen und die Eier nacheinander in den Teig rühren. Das nächste Ei erst dann zugeben, wenn das vorige vollkommen eingerührt ist.
Nun die Käsewürfel und die Sahne unterheben. Den Teig entweder in kleinen Häufchen auf ein gebuttertes Backblech geben (Abstand lassen) oder in eine gebutterte Kuchenform füllen. Mit Ei bestreichen und mit dem Käse bestreuen. Im vorgeheizten Backrohr in 20–30 Minuten hellbraun backen.

Corniottes
Mürbeteiggebäck mit Quark und Käsefüllung

In der Bourgogne werden sehr gerne kleine Vorspeisen mit Quark zubereitet, den es in hervorragender Qualität gibt und der früher und auch heute noch in den ländlichen Haushalten selber hergestellt wird. In ganz Frankreich wird der traditionelle Quark *en faiselie* genannt und in Bechern mit einem herausnehmbaren Siebeinsatz verkauft, damit man ihn gut auf einen Teller stellen und einige Stunden abtropfen lassen kann. Corniottes sind ganz besonders lecker und werden meistens sehr schnell verputzt. Sie machen etwas Mühe, aber bemessen Sie die Menge nicht zu knapp, damit es sich auch lohnt.

Zutaten für 4–6 Personen:
Für den Teig: 500 g Mehl, 2 Eier, 1 TL Salz, 250 g Butter, 5 EL Milch
Für die Füllung: 400 g Quark (einige Stunden abtropfen lassen), 250 g kleingewürfelter Emmentaler, 3 Eier, 4 EL Sahne, Salz
Außerdem: 1 Eigelb mit 1 EL Wasser verquirlt
Zubereitungszeit (ohne Wartezeit): 40 Minuten

Den Teig nach der Beschreibung auf Seite 435 bereiten und eine Stunde im Kühlschrank ruhen lassen.
Das Backrohr auf 170° vorheizen.
Den abgetropften Quark mit den anderen Zutaten für die Füllung vermischen. Den Teig dünn ausrollen. Mit einer großen Tasse Kreise ausstechen und auf jeden 2 Teelöffel von der Käsecreme geben. Den Teig an drei Seiten hochklappen, so daß dreikantige, spitze Hütchen entstehen. Die Kanten gut aneinanderdrücken, dann die Hütchen mit dem Eigelb bestreichen und bei sanfter Hitze hellgelb backen. Dieses Hors-d'œuvre sollte möglichst noch lauwarm verspeist werden.

Variation: Wenn einmal die Zeit nicht reicht, die vielen kleinen Hütchen zu formen, backt man aus dem Teig und der Käsecreme eine Tarte. Geht schneller und schmeckt, warm mit Salat, ausgezeichnet.

Gâteau salé de Dôle
Salziger Kuchen mit Käse und Wurst

Der Kuchen wird warm gegessen und manchmal, wie hier in diesem Rezept, mit der würzigen Wurst aus Morteau angereichert. Dazu gibt es einen grünen Salat.

Zutaten für 4 Personen:
250 g Mehl, 1 Tütchen Backpulver, 6 Eier, 1 EL Sonnenblumenöl, 100 ml Weißwein aus Mâcon, 200 g geriebener Comté, 1 Saucisse de Morteau in Würfeln, Salz und Pfeffer
Außerdem: Butter für die Kuchenform
Zubereitungszeit: 70 Minuten

Das Backrohr auf 180° vorheizen.
Das Mehl mit dem Backpulver mischen. Eier, Öl, Weißwein und Salz und Pfeffer vermischen und in das Mehl einrühren. Wenn der Teig glattgerührt ist, den Käse und die Wurstwürfel einarbeiten. Teig in eine kräftig gebutterte Kuchenform geben und in einer Stunde im heißen Rohr abbacken.

Jambon persillé
Sülze aus Schinken und Petersilie

Aber nun die wichtigste Vorspeise des gesamten Burgund, die es in jedem Metzgerladen zu kaufen gibt, die in jedem guten Restaurant hausgemacht ist und die trotz dieses großen Angebots von jeder Hausfrau, die etwas auf sich hält, selber gemacht wird. Ich spreche von dem berühmten Jambon persillé. Er wird das ganze Jahr über gegessen, aber an Ostern ist er ein absolutes Muß.
Auch wenn die gestreßte Hausfrau während des Jahres schnell beim Metzger einkauft, an Ostern bereitet sie ihn mit viel Mühe gemäß der Familientradition zu. Denn der Jambon persillé kennt viele Variationen: Persillade nur obenauf oder in Schichten, mit Knoblauch oder ohne und so weiter. Ich habe ein Rezept aus einer alten Überlieferung aus Dijon gewählt, wahrscheinlich die Heimat dieser Köstlichkeit.

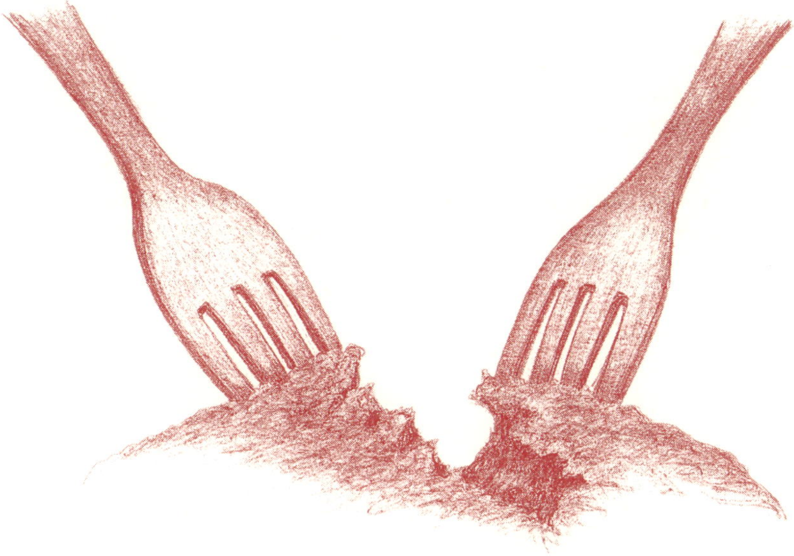

Zutaten für 4 Personen:
2 gespaltene Kalbsfüße, 3 größere Stücke frische Schweineschwarte, 1 kg gepökeltes Schweinefleisch (Schulter oder Keule)
Für den Sud: 2 Knoblauchzehen, 2 Karotten, 1 Zwiebel mit 2 Nelken gespickt, 1 Bouquet garni aus Lorbeer, Petersilie und 2 Estragonzweigen, 1 Flasche trockener Weißwein, Salz und Pfeffer, eventuell 2 EL Weißweinessig
Persillade: 4 Schalotten, 2 Knoblauchzehen, 2 Bund Petersilie, 1 Bund Kerbel und 1 Estragonzweig
Zubereitungszeit (ohne Ruhezeit): 3 Stunden

Als erstes die Kalbsfüße und die Schwarte kurz blanchieren, dann mit dem Schweinefleisch und allen anderen Zutaten des Suds rund zwei Stunden kochen. Das Schweinefleisch muß so weich sein, daß man es mit zwei Gabeln in größere Stücke zerpflücken kann. In dieser Zeit die Zutaten der Persillade sehr fein hacken und mischen.
Die Schwarten und das Fleisch der Kalbsfüße ganz fein hacken und mit der Hälfte der Persillade vermischen. Nun gibt man in eine ausreichend große Salatschüssel ein Drittel des gehackten Schwartenfleischs, dann die Hälfte des zerpflückten Schweinefleischs, nun das nächste Drittel der gehackten Schwarten und schließlich den Rest Schweinefleisch. Das letzte Drittel der Schwarten vermischt man mit dem Rest der Persillade und verteilt sie als Abschluß auf den Schüsselinhalt.
Jetzt mit dem eventuell mit Salz und 2 Eßlöffeln Weißweinessig abge-

schmeckten Sud knapp bedecken. Die Schüssel etwas rütteln, damit es keine Lufträume zwischen dem Fleisch gibt. Den Rest vom Sud in eine flache Form gießen und alles zusammen mehrere Stunden kalt stellen.
Serviert wird der Jambon persillé in einer dicken Scheibe auf dem Teller, garniert mit Würfeln aus dem gelierten Sud und mit etwas frisch gehackter, glatter Petersilie. Strenge Traditionalisten geben niemals Gürkchen oder eingelegte Zwiebeln zum Jambon.

Terrine de foies de volaille
Geflügelleberpastete

Die Terrinen, beziehungsweise Pasteten, gehören, wie überall in der nördlichen Hälfte Frankreichs, zu dem beliebtesten Vorspeisen. Und jede Region hat ihre eigenen speziellen Zutaten. Schweinefleisch im Morvan, in der Bresse natürlich Hühnerleber, an der Côte d'Or Wild. Für eine Hausfrau gehört es auch heute noch zum Repertoire, eine Terrine oder Pâté en Croûte selber zuzubereiten. Zu diesen Pasteten ißt man dann in Burgund nicht Salat oder Crudité, sondern sauer eingelegte Zwiebeln, kleine scharfe Gürkchen, die Cornichons, und in Essig eingelegte Kirschen aus der Kirschenregion um Auxerre. Eine Selbstverständlichkeit ist auch eine Auswahl von Senf aus Dijon, der grobe, der grüne mit Kräutern oder ein extra scharfer gehören dazu.

Zutaten für 4–6 Personen:
500 g Geflügelleber, je 1 sehr fein gehackte Zwiebel und Schalotte, 1 Knoblauchzehe, 3 gehackte Petersilienzweige, 4 cl Marc de Bourgogne, 1 dicke, altbackene Scheibe Weißbrot, etwas Milch zum Einweichen, 700 g Schweinehals, 2 Eier, 10 Lorbeerblätter, Salz und Pfeffer, ½ l Portweingelee (aus der Dose)
Zubereitungszeit: 2 Stunden
Einwirkzeit der Marinade: über Nacht

Am Abend vorher die Leber mit Zwiebel, Schalotte, Knoblauch, Petersilie und Marc in einer Schüssel vermischen und über Nacht im Kühlschrank marinieren lassen.
Am nächsten Morgen das Backrohr auf der höchsten Stufe vorheizen.
Das Brot einweichen und mit der Hand ausdrücken. Die Zutaten aus der Marinade nehmen und zusammen mit dem Schweinefleisch und dem Brot

durch den Fleischwolf drehen. Dann die Eier und die Marinade mit der Farce verrühren, mit Salz und Pfeffer abschmecken und in eine gefettete Terrinen- oder Auflaufform mit hohem Rand geben.
Die Lorbeerblätter auf der Oberfläche der Terrine hübsch anordnen. Die Form in ein Wasserbad stellen und 15 Minuten im Rohr backen; danach die Hitze auf 200° verringern und noch eine Stunde und 15 Minuten im Rohr weitergaren. Aus dem Rohr holen, das Fett abgießen, mit dem erhitzten Gelee übergießen und auskühlen lassen. Diese Terrine wird in der Form in kräftige Scheiben geschnitten und mit Landbrot und den sauren Zutaten serviert.

Œufs en meurette
Eier in Rotweinsauce

Dieses typisch burgundische Hors-d'œuvre wurde ursprünglich nach der Fastenzeit mit großer Vorliebe und in großen Mengen gegessen, weil in der ganz streng kirchlich gelenkten Zeit bis 1784 Eier während der Fastenzeit genauso verboten waren wie Fleisch. Nach Ende der Fastenzeit begann dann *la bombance*, die Schlemmerei mit Les œufs en meurette und natürlich mit bunten Eiern für die Kinder. Von jedem Hühnerhof wurde das größte Ei, das in der Karwoche gelegt worden war, mit einer Schleife verziert und dem jeweiligen Herrscher dargebracht. Vielleicht haben die dicken Schleifen um Frankreichs bombastische Schokoladeneier noch etwas mit dem alten Brauch zu tun – allerdings sind heute die Kinder die Herrschenden.
Der Zusatz *en meurette* wird für Speisen verwendet, die mit Rotweinsauce bereitet werden. So wird zum Beispiel auch der Karpfen gerne in dieser Rotweinsauce gegart und heißt dann *carpe en meurette* oder auch Nieren vom Schwein oder Kalb.

Zutaten für 4 Personen:
50 g Butter, 2 EL Öl, 20 größere Speckwürfel, 2 Zwiebeln und 1 Knoblauchzehe, feinstgewürfelt, 1 l dunkler Burgunder, 1 Bouquet garni aus Lorbeer, Thymian und Petersilie, 8 sehr frische Eier, Salz und Pfeffer, 4 Toastscheiben
Zubereitungszeit: 2 Stunden

Das Fett in einem Topf erhitzen und die Speckwürfel sanft andünsten. Zwiebeln und Knoblauch hinzufügen und glasig dünsten. Mit dem Rotwein auffüllen und das Bouquet garni dazugeben. 30 Minuten bei schwacher Hitze köcheln lassen. Den Kräuterstrauß entfernen und die Eier eines nach dem anderen hineingleiten lassen und 3 Minuten in der Sauce garen. Dabei den Topf ständig sanft rütteln, damit die Eier nicht aneinander kleben.
Die Toastscheiben rösten und noch heiß auf Teller verteilen. Die Eier mit dem Sieblöffel aus der Sauce heben, je zwei auf einer Toastscheibe anordnen und anschließend mit Sauce überziehen. Sofort heiß servieren. Die roten Eier sind farblich etwas ungewöhnlich, aber sehr gut.

Escargots bourguignons
Weinbergschnecken nach Burgunder Art

Schnecken sind das absolut zentrale Thema der Cuisine bourguignonne. Die besten Schnecken kommen aus der Bourgogne und werden hier mit großer Begeisterung gegessen. Durch Zufall kamen wir im Herbst bei einer Stippvisite im Burgund auf den großen Jahresmarkt in Cluny. Eine Stadt, ein Markt, mittendrin die Reste des alten Klosters, direkt daneben auf einem Platz unter Bäumen der große Viehmarkt mit Kühen, Pferden, Schafen, Schweinen und Stieren mit Ringen in der Nase. Zufällig auf so einen Markt zu kommen ist wie Ostern und Weihnachten gleichzeitig, ein Rausch der Sinne, Freude und Lebenslust. Es war Spätherbst und kühl, und wir gingen zum Aufwärmen (innerlich und äußerlich) in eine sehr volle und lärmende Kneipe. Und hier saßen am Nebentisch die Marktleute, dick eingemummt, weil sie gleich wieder in die Kälte mußten. Und sie aßen Schnecken. Aber nicht etwa sechs Stück in einem netten kleinen Pfännchen, sie aßen ein ganzes Dutzend und gleich danach noch einmal so viele. Wir haben es dann natürlich auch so gemacht, mit viel Weißbrot zum Tunken der köstlichen Sauce und einem guten Tropfen zum Nachspülen.

Zutaten für 4 Personen:
Schnecken aus der Dose in erstklassiger Qualität (Mengen s.o.)
Für die Schneckenbutter: 300 g Butter, Salz und Pfeffer und für
Sauce a): 1 sehr dickes Bund glatte Petersilie und 3–4 Knoblauchzehen
Sauce b): 1 dickes Bund glatte Petersilie, 2 Schalotten, die Blätter von 2 Estragonzweigen, 3–4 Knoblauchzehen
Sauce c): 1 Bund Petersilie, 1 Bund Kerbel, 2 Schalotten, 3–4 Knoblauchzehen, 1 Prise geriebene Muskatnuß, 1 EL Zitronensaft
Sauce d): 1 sehr dickes Bund Petersilie, 2 Schalotten, 3–4 Knoblauchzehen, 1 Anchovisfilet, 3 gemahlene Haselnußkerne und etwas Muskat
Zubereitungszeit: jeweils 15 Minuten

Die Zutaten für die gewünschte Sauce sehr fein hacken, mit der Butter verkneten und mit Salz und Pfeffer abschmecken.

Tip: Es gibt Schneckenpfannen aus doppelter Keramik mit tiefen Löchern, in die man die Schnecken direkt einlegt und dann mit der Kräuterbutter zustopft. Wir verwenden nur diese, weil man die Schnecken so einfach essen und hinterher das Pfännchen leicht säubern kann.
Glatte Petersilie ist wesentlich aromatischer als krause.

Cassolette d'escargots
Weinbergschneckenragout mit Pilzen

Zutaten für 4 Personen:
4 Dutzend sehr gute Schnecken aus der Dose, 600 g gemischte Pilze (z.B. Pfifferlinge, Steinpilze, Todestrompeten, Wiesenchampignons – es geht auch mit weniger Sorten – oder Zuchtpilze wie Austernpilze, Shiitake), 2 EL Butter, 3 feingehackte Schalotten, ½ Bund gehackte Petersilie, 2 gehackte Knoblauchzehen, 2 cl Marc de Bourgogne, 500 g Sahne, Salz und Pfeffer
Zubereitungszeit: 20 Minuten

Schnecken abtropfen lassen, Pilze sorgfältig putzen.
Die Butter in der Pfanne erhitzen, die Schalotten leicht andünsten und die Pilze dazugeben, so lange anbraten, bis die Flüssigkeit verdampft ist. Petersilie und Knoblauch hinzufügen, mit Marc löschen, salzen und pfeffern. Die

Schnecken hineingeben und unter ständigem Rühren 2 Minuten mitdünsten. Mit der Sahne aufgießen und cremig einkochen.
Die Cassolette wird, wie der Name schon sagt, in kleinen Schüsseln serviert und mit Brot gegessen.

Variation : Die angedünsteten Pilze und Schnecken mit einem großen Glas Burgunder Weißwein löschen. Außerdem schmeckt es ausgezeichnet, wenn die Cassolette in warmen Blätterteigpasteten serviert wird.

Die Suppen

Suppen sind seit alters her der Beginn jeder Mahlzeit. Obwohl sich heute die Eßgewohnheiten etwas geändert haben, wird in den bäuerlichen Haushalten und ganz besonders im Winter das Mahl mit einer Suppe begonnen. Die folgenden zwei Suppen bilden die Grundlage der bäuerlichen Suppenküche à la bourguignonne.

Soupe au chou
Kohlsuppe

Zutaten für 4 Personen:
1 Weißkohl- oder Wirsingkopf, 350 g Speck in Würfeln, 2 EL Schweineschmalz zum Anbraten, 1 große gewürfelte Zwiebel, Salz und Pfeffer
Zubereitungszeit: 80 Minuten

Den Kohl vierteln, putzen und in kleine Würfel schneiden. In kochendem Salzwasser 3 Minuten blanchieren. Den Speck in einem Suppentopf im heißen Schmalz anbraten, dann den Kohl und die Zwiebel dazugeben und andünsten; mit Salz und Pfeffer würzen und mit rund 2 Liter Wasser aufgießen. Gut eine Stunde kochen lassen.

Variationen: Im Morvan gibt man gerne noch einige Kartoffeln dazu und macht die Suppe damit cremiger. In anderen Gebieten bindet man die fertige Kohlsuppe mit einigen Eigelb, die mit Crème fraîche verrührt werden.

Statt in Wasser kann man den Kohl in Fleischbrühe garen, was herzhafter schmeckt. Traditionell ist obiges Rezept aber das einzig wahre. Heute hindert das jedoch niemanden, noch dazu wenn man einen Garten hat, auch ein paar Karotten, eine Navetrübe oder Lauch dazuzutun. Allerdings sollte der Kohl stets die Vorherrschaft behalten.

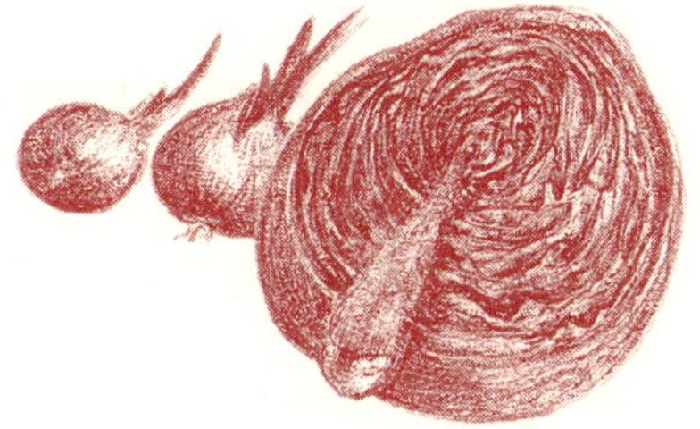

Potage bourguignon
Zwiebelsuppe

Zutaten für 4 Personen:
100 g Butter, 6 feingehackte Zwiebeln, 1 l Bouillon (nicht entfettet), mehrere sehr dünne Scheiben Weißbrot vom Vortag, 200 g geriebener Comté, Salz und Pfeffer
Zubereitungszeit: 40 Minuten

Die Butter erhitzen, die Zwiebeln darin andünsten, mit der Brühe aufgießen und ungefähr 20 Minuten leise köcheln lassen. Mit Salz und Pfeffer abschmecken (nicht zuviel Salz verwenden, der Käse ist bereits sehr salzig). Jetzt in eine feuerfeste Suppenterrine abwechselnd Brotscheiben, geriebenen Käse und einen Klecks Butter schichten, bis die Zutaten aufgebraucht sind. Mit heißer Zwiebelsuppe übergießen und unter dem Backofengrill kurz überbacken.

Gemüse- und Kartoffelgerichte

Weder das Gemüse noch die Salate liegen den Burgundern besonders am Herzen. Natürlich gibt es das alles, aber man kann nicht sagen, daß in der traditionellen Küche viel Aufhebens um Grünzeug gemacht würde. Gemüse diente höchstens als Begleiter von Fisch und Fleisch oder als Ergänzung für die dunkelroten Weinsaucen. Kohl wurde und wird in den ländlichen Haushalten jedoch fast das ganze Jahr über reichlich gegessen; am liebsten natürlich als Suppe, aber bisweilen auch als Gemüse, das natürlich mit Speck zubereitet wird.

Chou vert
Weißkohlgemüse

Zutaten für 4 Personen:
1 Weißkohl- oder Wirsingkopf, 2–3 EL Butter, 100 g Speck in Würfeln, 1–2 gewürfelte Zwiebeln, 2 gewürfelte Karotten, 1 Bouquet garni aus Lorbeer, Thymian und Petersilie, ½ l Geflügelbrühe, Salz und Pfeffer
Zubereitungszeit: 70 Minuten

Die dicksten Strunke vom Kohl entfernen, den Rest in größere Stücke schneiden und in kochendem Salzwasser 2 Minuten blanchieren. Abgießen und abtropfen lassen.
In einem Topf die Butter erhitzen und Speck, Zwiebel und Karotten darin andünsten. Die Kohlblätter und das Bouquet garni dazugeben, salzen und pfeffern und mit der Geflügelbrühe aufgießen. Aufkochen und bei milder Hitze eine Stunde weich schmoren.

Chorlatte
Wirsingpäckchen mit Kürbisfüllung

Und hier noch ein ganz altes Rezept, das im heutigen Département Yonne zu Hause ist. Ich weiß nicht, ob es jemand nachkochen wird, aber es zeugt von der beachtlichen Phantasie, die früher auf das Essen verwendet wurde. Man hatte nicht viel, vor allem kein Bargeld, und so versuchte man aus dem, was Haus und Hof erbrachten, immer wieder Neues zu gestalten. Und das ist gelungen, denn jede Region hat ihre ganz eigenen Kreationen, obwohl die Grundzutaten immer wieder die gleichen sind: Eier, Mehl, Sahne, Milch.

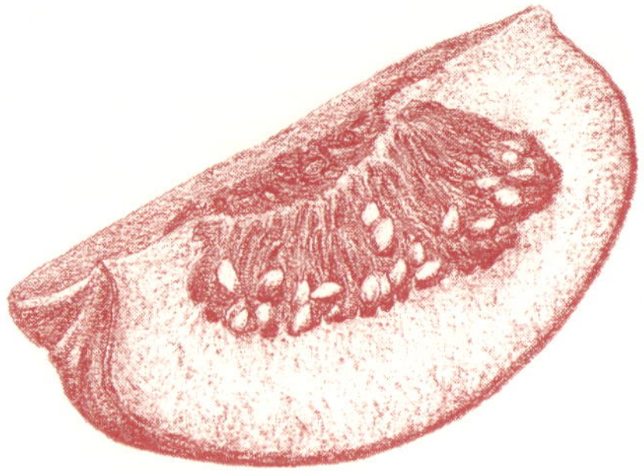

Zutaten für 4 Personen:
300 g gewürfeltes Kürbisfleisch, größere Wirsingblätter, 300 g Mehl, 4 Eier, ca. 50 g Sahne, Salz, Pfeffer und Muskatnuß, Butter zum Überbacken
Zubereitungszeit: 40 Minuten

Das Backrohr auf 180° vorheizen.
Die Kürbiswürfel in Salzwasser gabelweich garen. Abgießen und gut abtropfen lassen, dann mit einer Gabel zermusen. Die Wirsingblätter in Salzwasser blanchieren, abgießen und trockentupfen.
Aus Mehl, Eiern und etwas Sahne einen eher festeren Teig kneten, das Kürbispüree einarbeiten und mit Salz, Pfeffer und Muskat würzen.
Die Wirsingblätter auf einer Arbeitsfläche ausbreiten, auf jedes ein Teighäufchen setzen und einrollen. Die Wirsingpäckchen in eine gefettete Auflaufform setzen, mit etwas Butter bestreichen und goldbraun backen.

Tip: Diese Bällchen sind eine gute Beilage zu Wild. Wenn man zusätzlich zum Kürbis noch einige gebratene Speckwürfel in den Teig gibt, schmecken sie noch würziger.

Rapée du Morvan
Kartoffel-Käse-Plätzchen

Es ist noch nicht allzu lange her, daß die Kartoffel in Frankreich zu einem festen Bestandteil der Ernährung wurde. In den ländlichen Gebieten Burgunds aber wurde sie schneller als in manch anderen Regionen zum Hauptakteur einer Mahlzeit. Und das bevorzugt zur Abendmahlzeit, wenn man mit Kartoffeln, Speck und einem einfachen Salat oder mit gekochten Kartoffeln mit Senfsauce ein schnelles und einfaches Essen bereiten konnte. Und natürlich entwickelten sich in der weniger reichen Gegend der Monts du Morvan solch einfache und sättigende Kartoffelgerichte.

Zutaten für 4 Personen:
6 große, eher festkochende Kartoffeln, 200 g Topfen (fester Quark), 3 Eier, 100 g geriebener Comté, Salz und Pfeffer, Öl oder Butterschmalz zum Braten
Zubereitungszeit: 30 Minuten

Die Kartoffeln schälen und grob reiben und mit den anderen Zutaten vermischen. In einer großen Pfanne das Fett erhitzen, mit einem Löffel kleine Häufchen in das Fett setzen und flach drücken. Von beiden Seiten goldbraun braten und sofort mit Salat servieren.

Pomme de terre en gratin
Burgunder Kartoffelgratin

Diese Version des Kartoffelgratins stammt aus der Gegend um Beaune.

Zutaten für 4 Personen:
1 kg Kartoffeln, 500 g Sahne, 2 EL Senf aus Dijon, 1 Bund gehackter Schnittlauch, 1 Bund gehackte Petersilie, Salz und Pfeffer, Butter für die Form
Zubereitungszeit: 70 Minuten

Die Kartoffeln mit der Schale in 15 Minuten nicht zu weich kochen. Anschließend so heiß wie möglich schälen und in Scheiben schneiden.
Das Backrohr auf 220° vorheizen.
Die Sahne mit Senf, Salz und Pfeffer verquirlen. Eine Auflaufform buttern, die Hälfte der Kartoffelscheiben hineingeben, mit der Hälfte der Kräuter bestreuen, dann den Vorgang wiederholen. Mit der Sahnemischung übergießen und im Rohr rund 40 Minuten backen, bis die Oberfläche goldbraun ist. Das Gratin ist ein guter Begleiter zu Fleischgerichten.

Fisch, natürlich mit Wein

Zartfleischige Fische aus Flüssen und Seen mit natürlichen schilfigen Ufern, mit den flachen Plätten der Fischer am Holzsteg bestimmen die Fischgerichte Burgunds. An den Ufern der Doubs ist das bekannteste Fischgericht der Bourgogne, der Pôchouse, zu Hause. Die Schiffer, die das Holz der Wälder des Morvan auf Wasserwegen in die Städte brachten, hielten auf ihrem Weg immer mal wieder die Schnur ins Wasser, und alles, was dann bis zum Abend an Hechten, Karpfen, Schleien und Aal zusammenkam, wanderte in einen großen Topf, die *marmitte,* der über einem Holzfeuer hing. Kräuter kamen dazu, aber auch Zwiebel, Knoblauch und trockener Weißwein. Von den Bauern an den Ufern kam das Brot, und die übernahmen im Gegenzug von den Männern des Flusses das Fischgericht, ergänzten es mit ihren Produkten, wie Sahne und Ei oder gelegentlich Speck, und schon war er geboren, der Pôchouse, um dessen Verfeinerung sich das Städtchen Verdun-sur-Doubs am Zusammenfluß von Saône und Doubs verdient machte.

Pôchouse
Burgunder Fischtopf

Zutaten für 4–6 Personen:
2,5 kg gemischte Süßwasserfische (z.B. Aal, Barsch, Schleie, Hecht usw.),
1 Bouquet garni aus Thymian und Lorbeer, 7 geschälte Knoblauchzehen,
25 kleine junge Frühlingszwiebeln oder 10–15 Schalotten (in Viertel geschnitten),
1 l Bourgogne Aligoté oder trockener Weißwein, Beurre manié (3 EL Butter mit
2 EL Mehl verkneten), Salz und Pfeffer, 8 geröstete Scheiben Weißbrot zum Servieren
Zubereitungszeit: 50 Minuten

Die Fische putzen und waschen, die Köpfe abtrennen und die Körper in 5 Zentimeter breite Stücke schneiden. Fischköpfe, Bouquet garni und Knoblauchzehen in einen großen Topf schichten, dann die Fischstücke und die Zwiebeln daraufsetzen. Mit Weißwein übergießen und alles zusammen auf kleiner Flamme köcheln lassen.
Nach 15 Minuten Kochzeit die Zwiebeln und die Fischstücke herausheben und warm stellen. Den Rest noch weitere 15 Minuten zusammen mit der eingerührten *beurre manié* kochen lassen, dabei immer wieder rühren und mit Salz und Pfeffer abschmecken.
Nun die Brotscheiben in eine weite Schüssel legen, die Fischstücke und die Zwiebeln obenauf setzen. Die Sauce durch ein Sieb streichen und über die Fische träufeln.

Variation: Die Sauce durchseihen, aufkochen und 3 Eigelb mit 1 Tasse Sahne verquirlen und in die Sauce einrühren. Kurz erhitzen, aber nicht zum Kochen bringen.

Truite à la dijonnaise
Forelle mit Senfsauce

Zutaten für 4 Personen:
1 große küchenfertige Forelle von 1–1,5 kg, 2 Estragonzweige, 1–2 EL Butter, 2 grob zerkleinerte Karotten, 4 feingehackte Schalotten, 1 kleines Bund Petersilie, 300 ml Aligoté, 2 EL Crème fraîche, 1 EL grober Senf, 1 EL feiner Senf, Pfeffer und Salz
Zubereitungszeit: 50 Minuten

Das Backrohr auf 200° vorheizen.
Die Forelle waschen und trocknen; innen und außen salzen und pfeffern. Mit Estragon und etwas Butter füllen. Den Fisch in eine gebutterte Auflaufform legen, Gemüse und Petersilie dazugeben und mit dem Wein begießen. Die Form in das heiße Backrohr schieben, 15 Minuten braten und immer wieder mit dem Kochsaft beschöpfen. Die Temperatur auf 175° reduzieren und die Forelle noch 15 Minuten im Ofen ziehen lassen. Nun die Crème fraîche und den Senf verrühren, auf den Fisch und in den Fond geben und weitere 5 Minuten bei niederer Temperatur ziehen lassen. Die Petersilie entfernen und den Fisch in der Form servieren.

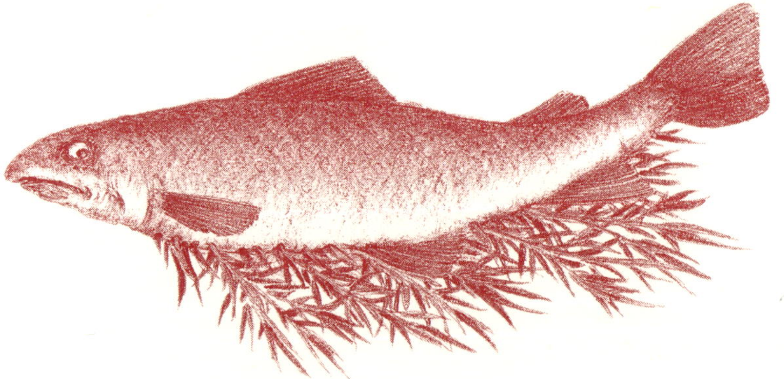

Variation : Dieses Rezept schmeckt auch ganz hervorragend mit Hecht oder mit Zander.

Filets de brochet dijonnaise
Hechtfilet nach der Art von Dijon

Diese Hechtfilets stammen dem Namen nach aus Dijon, werden aber an einem Sonntag an allen Flußläufen gerne gegessen. Wenn Sie es nachmachen wollen, was ich nur empfehlen kann, lassen Sie sich den Hecht vom Fischhändler filetieren und häuten.

Zutaten für 4 Personen:
4 Portionsfilets vom Hecht, 150 g fetter Speck in schmalen Streifen, 3–4 kleingehackte Schalotten, 1 Bouquet garni aus Lorbeer, Thymian und Petersilie, 375 ml Weißwein, 4 cl Marc de Bourgogne, 400 g Champignons, 1 Bund Petersilie, 5 EL Sahne, Salz und Pfeffer, Butter für die Form
Zubereitungszeit: 40 Minuten
Einwirkzeit der Marinade: 24 Stunden

Die Hechtfilets mit dem Speck spicken, salzen und pfeffern und in eine Form schichten. Zwiebeln und das Bouquet garni dazugeben und mit Weißwein und Marc drübergießen. Mit Klarsichtfolie gut abdecken und mindestens 24 Stunden im Kühlschrank marinieren lassen.
Am nächsten Tag das Backrohr auf 200° vorheizen.
Eine Auflaufform reichlich buttern. Die Champignons putzen. 150 Gramm davon blättrig aufschneiden, den Rest mit der Petersilie fein verhacken. Diese Mischung auf dem Boden der Form verteilen. Die Hechtfilets darauf betten und die blättrig geschnittenen Champignons um die Filets verteilen. Die Marinade durchseihen und über den Fisch gießen.
Hechtfilets im heißen Ofen garen. Nach 15–20 Minuten die Sahne und einige Butterflocken dazugeben, 5 Minuten weitergaren, dann den Fisch in der Form auf den Tisch bringen.

Die Fleischgerichte

Kommen wir ohne Umschweife zum Thema Nummer eins in puncto Küche, Wein und Kühe in der Bourgogne. Ich spreche vom Bœuf Bourguignon, das hügelauf und hügelab in jedem kleinem Dorfgasthof und in jeder Familie auf den Tisch kommt. Dieses Nationalgericht bekommt man allerdings in sehr unterschiedlicher Qualität und Beschaffenheit zu kosten, und manchmal möchte einem fast die Lust darauf vergehen. Stößt man aber durch Zufall auf eine Hausfrau oder, wie in meinem Fall, auf einen Wirt, die es noch nach bestem Wissen und mehr noch Gewissen zubereiten, dann versteht man, was an diesem Gericht so begeistert. Das Fleisch ist ganz dunkel vom Wein, durchzogen vom Geschmack der Zutaten und so zart, daß es auf der Zunge zergeht. Dazu die hausgemachten Nudeln, die kurz in Butter geschwenkt werden und die Sauce aufsaugen.

Bœuf bourguignon
Rindsragout nach Burgunder Art

Hier nun das Rezept von meinem Koch aus der kleinen Gaststätte »Minimes« in Semur, die zu Füßen der Befestigungsmauer am Ufer eines kleinen Flusses liegt. Der Gasthof ist der Tradition völlig verschworen. Nur der eigene Wein wird ausgeschenkt und schmeckt hervorragend. Und man merkt, die Wirtsleute sind trotz aller Arbeit jederzeit voll Enthusiasmus und sorgen dafür, daß der Ruf der wahren Cuisine à la bourguignonne in die Welt getragen wird.

Zutaten für 4 Personen:
250 g nicht zu stark geräucherter Bauchspeck in Streifen, 3 EL Butter, 3 EL Öl, 2 gewürfelte Zwiebeln oder 25 kleine Frühlingszwiebeln, 500 g geviertelte Champignons, 2 Karotten in Scheiben, 1,5 kg Rindfleisch vom Bug in Würfel geschnitten, 4 cl Marc de Bourgogne, 1 l roter Burgunder, 1 Bouquet garni aus Lorbeer, Thymian und Petersilie, 2 ungeschälte Knoblauchzehen, 2 EL Mehl, Salz und Pfeffer
Zubereitungszeit: 4–5 Stunden

Die Speckstreifen in kochendem Wasser 2 Minuten blanchieren, mit einem Schöpflöffel herausholen und trocknen. Das Fett in einem festen Schmortopf erhitzen und die Speckstreifen anbraten, herausnehmen und beiseite stellen.

Dann genauso mit den ganzen Zwiebeln, den Champignons und den Karottenscheiben verfahren. Zum Schluß werden die Fleischwürfel bei guter Hitze angebraten, mit Salz und Pfeffer gewürzt und mit Marc und Rotwein abgelöscht. Das Bouquet garni und die zerquetschten Knoblauchzehen dazugeben.

Das Fleisch nun ganz leise vor sich hin köcheln lassen. Nach ungefähr einer Stunde die Champignons, den Speck und die Karotten hinzufügen und alles noch 1–2 Stunden ganz leise schmurgeln lassen. Gegen Ende der Kochzeit noch einmal mit Salz und Pfeffer abschmecken und das mit etwas Wasser oder Rotwein verrührte Mehl einrühren.

Das Bœuf Bourguignon wird nur besser, wenn es am Tag vorher gekocht wird, dann 24 Stunden in seiner Sauce richtig durchzieht und am nächsten Tag nur noch kurz erhitzt wird. Erst durch das Ziehen in der Sauce erhält das Bœuf seinen vollen Geschmack.

Der Koch in Semur hat mir glaubhaft versichert, daß dies die alte traditionelle Methode sei, was mir durchaus einleuchtet. Denn es ist wahrscheinlicher, daß die von Arbeit geplagte Hausfrau am Samstag das Mahl für Sonntagmittag vorbereitete, das dann ohne viel Arbeit nach dem Kirchgang fertig und wahrhaft perfekt war. Die andere Methode, das Fleisch mit Zwiebeln, Karotten und dem Bouquet garni vor dem Garen 24 Stunden im Rotwein zu marinieren, gehört eher zu den Rindfleischgerichten mit dem Namen *Daube.*

Variationen: Rindfleisch wird in der Bourgogne in vielen Variationen, aber im Grunde dem Bœuf Bourguignon ähnlich zubereitet. So läßt man im Nivernais das Stück Fleisch gerne ganz, gibt noch einen Kalbsfuß dazu, und schon ist es ein Schmorbraten à la nivernaise. Oder man verwendet Ochsenschwanz und bereichert die Sauce mit Trauben für die Queue de bœuf vigneronne. Auch wird der Braten manchmal ohne Pilze und Speck, aber dafür mit Weißwein zubereitet. Man kann von den Köchinnen und Köchen der Bourgogne lernen, daß saucenreiche Gerichte mit Rindfleisch mit einer bestimmten Basis und viel Phantasie ein immer wieder neues Gesicht erhalten können.

Entrecôte à la bourguignonne
Lendenschnitte mit Zwiebeln und Pilzen

Bei dem Entrecôte kommen besser als bei jedem anderen Stück die Besonderheiten der Charolais-Rinder zum Vorschein, denn durch die Fettadern im Muskelfleisch ist es so saftig wie kein anderes.

Zutaten für 4 Personen:
4 Entrecôte à ca. 300 g, 2 EL Butter und 2 EL Öl zum Anbraten
Für die Sauce: 3 EL Butter, 6 sehr fein gehackte Schalotten, 1 Flasche bester Burgunder Rotwein, 300 g blättrig geschnittene Champignons, Salz und Pfeffer, 1 Bund feingehackte Petersilie zum Garnieren
Zubereitungszeit: 30 Minuten

Für die Sauce in einer Pfanne die Butter erhitzen und die Schalotten darin leicht bräunen. Mit dem Rotwein aufgießen und bei lebhafter Hitze auf die Hälfte reduzieren. Nun die Champignons dazugeben und mit Salz und Pfeffer abschmecken. Bei schwacher Hitze köcheln lassen und wieder auf die Hälfte reduzieren.
Die Entrecôtes in dem erhitzten Fettgemisch von beiden Seiten scharf anbraten, salzen und pfeffern. Nun von beiden Seiten auf kleiner Flamme bis zur gewünschten Garstufe weiterbraten. In Burgund liebt man das Fleisch innen noch rot, aber nicht mehr blutig.
Entrecôtes auf eine vorgewärmte Platte geben, mit Sauce überziehen und mit der Petersilie bestreuen. Dazu ißt man Pommes frites.

Escalopes à la moutarde
Kalbsschnitzel in Senf-Sahne-Sauce

Die Escalopes sind ein schnelles und beliebtes Sonntagsessen – vorausgesetzt, die Kalbsschnitzel mit einer Senfsauce nähern sich in ihren Ausmaßen denen des darunter liegenden Tellers an.

Zutaten für 4 Personen:
4 große Kalbsschnitzel, 5 EL Butter, 3 EL Öl, 3 cl Marc de Bourgogne, 150 g Sahne, 1 gehäufter EL feiner Senf, 1 EL grober Senf, Salz und Pfeffer
Zubereitungszeit: 15 Minuten

Die Schnitzel kurz und schnell in dem erhitzten Fett braten, salzen und pfeffern und warm stellen.
Den Bratensatz mit Marc de Bourgogne löschen und mit der Sahne loskochen. Bei starker Hitze reduzieren und mit Salz und Pfeffer abschmecken. Den Senf einquirlen und die Sauce über die Schnitzel geben.

Rognons à la moutarde
Kalbsnieren in Senfsauce

Zutaten für 4 Personen:
2 küchenfertige, gewässerte Kalbsnieren, 2 EL Öl, 2 EL Butter, 3 feingehackte Schalotten, 1 großes Glas Weißwein, 100 g Sahne, 2 EL Dijonsenf, Salz und Pfeffer
Zubereitungszeit: 20 Minuten

Das Fett der Nieren, so gut es geht, entfernen. Öl und Butter erhitzen und die Nieren mit den Schalotten rundherum anbraten. Salzen und pfeffern. Mit dem Weißwein löschen und abdecken. Die Nieren etwa 10 Minuten dünsten, während dieser Zeit einmal wenden. Aus der Pfanne nehmen und warm stellen.
Jetzt die Sauce in eine Kasserolle geben und auf starker Flamme bis auf einen kleinen Rest reduzieren. Die Sahne mit dem Senf verquirlen, sorgfältig mit dem Fond verrühren und 2–3 Minuten einköcheln.
In dieser Zeit die Nieren aufschneiden und den ausgetretenen Saft zu der Sauce geben. Die Nierenscheiben auf vorgewärmte Teller oder auf eine Platte legen, mit der Sauce begießen und servieren.

Potée bourguignonne
Burgunder Eintopf mit Pökelfleisch

Dieser Eintopf ist ein klassisches Sonntagsgericht, zu dem man gepökeltes Schweinefleisch verwendet. Die verschiedensten Stücke vom Schwein (mit Ausnahme der Keule, denn die wurde zum Schinken) legte man früher in jedem Haushalt in Salzlake ein, machte sie haltbar und ganz nebenbei auch würzig. Dieses Pökelfleisch lieferte die Basis für Jambon persillée (siehe Seite 164), für Potée bourguignonne und für viele andere beliebte Sonntagsessen. Lassen Sie sich mitreißen von der Begeisterung des Gaston Roupnel: »Wer die Potée Bourguignonne nicht kennt, den Eintopf auf Burgunder Art, der wird von dieser genial einfachen Zubereitung und ihren genialen Ergebnissen überrascht sein. Ich habe Eintöpfe genossen, wo die duftigen Aromen der Gemüse und die Deftigkeit des Pökelfleisches sich zu einem wahren Küchenfrühling verbunden hatten, einem Fest der Gabel!«
Da das gepökelte Schweinefleisch, das heute in den Metzgereien zu kaufen ist, in keiner Weise der Pökelei von früher entspricht, sollten Sie sich die Mühe machen, das Schweinefleisch selber zu pökeln. Es ist nicht schwierig, und das Ergebnis lohnt die Mühe.

Zutaten:
Pökellake: 1 l Wasser, 50 g Pökelsalz (beim Metzger besorgen), 20 g Salz, 1 dickes Bouquet garni aus Lorbeer, Thymian und Beifuß, 3 ungeschälte Knoblauchzehen, 3 Nelken und einige zerdrückte Pfefferkörner und Wacholderbeeren
Fleisch: 1 nicht zu kleines Stück Bauchspeck, 1 Schweinshaxe, 1,5 kg Schweineschulter
Gemüse: 200 g getrocknete Bohnenkerne, 1 geviertelter Wirsing, 12 große, halbierte Möhren, 3 Zwiebeln, 12 Kartoffeln, 6 Lauchstangen, 500 g grüne Bohnen
Zubereitungszeit: gut 2 Stunden
Einweichzeit der Bohnen: über Nacht
Pökelei: 5 Tage oder länger

Mindestens 5 Tage im voraus die Pökellake etwa 20 Minuten kochen und abkühlen lassen.
Das Fleisch in eine nicht zu große Schüssel geben, mit Lake und allen Gewürzen übergießen. Abdecken, kühl stellen und mehrere Tage durchziehen lassen.
Am Abend vorher die Bohnenkerne in kaltem Wasser einweichen.
Am Tag der Zubereitung das Fleisch abspülen und mit kaltem Wasser aufsetzen. Zwei Stunden leise köcheln lassen. In der Reihenfolge der Garzeit das geputzte Gemüse zum Fleisch geben und mitgaren. Würzen muß man die Potée meistens nicht mehr, denn das Pökelfleisch steuert den notwendigen Geschmack bei.
Zum Servieren legt man den Kohl in die Mitte einer vorgewärmten Platte, alle anderen Gemüse rundherum, auf eine andere heiße Platte kommt das in Stücke geschnittene Fleisch. Die Brühe wird in eine Terrine auf dicke Brotscheiben gegossen und jeder nimmt sich nach Belieben.
Selbstverständlich gehört Senf aus Dijon dazu und vielleicht noch einige Cornichons.

Tip: Die übriggebliebene Brühe ist eine hervorragende Basis für Kartoffel- oder Gemüsesuppen.

Jambon du Morvan à la crème
Gepökelte Schweinekeule mit Sahnemorcheln

Das Rezept wurde am 11. November 1919 zu Ehren von Poincaré in Saulieu serviert. Da es die Verfeinerung eines Gerichtes ist, das seit alters her gerne gegessen wurde, möchte ich es hier vorstellen.

Zutaten für 4 Personen:
1 kg gepökelte Schweinekeule, 20 getrocknete Morcheln, 100 g Butter, 100 ml Sherry, 150 g Sahne, Salz und Pfeffer
Zubereitungszeit: 1 Stunde
Wässern des Schinkens: mehrere Stunden oder über Nacht

Den gepökelten Schinken in kaltem Wasser einweichen, über Nacht oder einige Stunden ruhen lassen, eventuell das Wasser einmal wechseln.
Die Morcheln waschen und in lauwarmem Wasser einweichen.

Den Schinken in kochendes Wasser legen und etwa 30 Minuten kochen. Einweichwasser der Morcheln filtern und für die Sauce aufheben. Den Schinken aus dem Sud heben.
Die Butter in einem Schmortopf erhitzen, den Schinken von allen Seiten anbraten. Die Morcheln dazugeben, mit Sherry löschen und 15 Minuten schmoren lassen. Immer wieder mit dem Einweichwasser der Pilze aufgießen. Den Schinken herausnehmen und warm stellen. Den Fond mit Morchelwasser und Sahne aufgießen, etwas einkochen lassen und mit Salz und Pfeffer abschmecken. Den Schinken in Scheiben schneiden, auf einer Platte anrichten und mit der Morchelsauce überziehen.

Das Geflügel oder Die weißen Juwelen der Bresse

Alle Hühner der Bresse sind weiß und sehen ganz besonders appetitlich aus, wie sie so mit ihren leuchtendroten Kämmen und dem weißen Federkleid auf den Wiesen herumlaufen. Es war nicht so einfach, die wichtigsten und traditionellsten Gerichte der Bresse zu finden, denn es gibt so viele Spezialitäten wie Hühner, und alle schmecken so gut, weil die Hühner gut sind.

Coq au vin
Huhn in Weinsauce

Geht man nach meinem Enkelkind Kati, dann gibt es nur ein gutes Essen in der ganzen Bourgogne, und das ist Coq au vin. Jeden Tag, in jedem Restaurant, mittags und abends, nahm sie die Karte in die Hand, studierte lange und angestrengt, um dann immer den gleichen Satz zu sagen: »Oh, wie schön, da gibt es Coq au vin, den nehme ich.« Mein Koch aus Semur betonte ausdrücklich und mehrmals (er wollte wohl verhindern, daß ich jemals leichtfertig mit diesem Problem umgehe): *Le vrai coq au vin, c'est avec le vin de Chambertin.* Und noch eine Weisheit: *Un Coq au vin pour deux personnes? Impensable!* Also, laden Sie Leute ein!

Zutaten für 4 Personen:
1 Bresse-Hahn von ungefähr 2 kg, 150 g magerer frischer Speck, Butter, 3 cl Cognac, 1 Bouquet garni aus Lorbeer, Thymian, etwas Rosmarin und reichlich Petersilie, 1 Flasche Chambertin, ca. 30 kleine Zwiebeln, Frühlingszwiebeln oder Schalotten, ca. 30 kleine feste Champignonköpfe, Beurre manié (20 g Butter und 20 g Mehl verkneten), Salz und Pfeffer
Zubereitungszeit: 2 Stunden

Geflügel waschen und in zehn Stücke teilen, den Speck in feine Streifen schneiden, das Gemüse putzen und eventuell zurechtschneiden.
In einer Pfanne die Butter erhitzen, die Geflügelteile zusammen mit dem Speck anbraten und mit dem Cognac flambieren. Anschließend in einen Schmortopf geben, erhitzen, salzen und pfeffern. Das Bouquet garni hinzufügen und mit dem Wein übergießen. Etwa 90 Minuten leise schmurgeln lassen.
Im gleichen Fett in der Pfanne die Zwiebeln und Champignons anbraten und in den Fleischtopf geben. 30 Minuten oder etwas mehr leise simmern lassen. Nach dieser Zeit die Fleischstücke aus der Sauce heben, in eine große vorgewärmte Schüssel geben und warm halten.
Die Sauce nun kräftig erhitzen und die Beurre manié einrühren, 3 Minuten auf starker Flamme unter Rühren reduzieren und binden. Auf die Fleischstücke gießen und mit geröstetem Weißbrot servieren.

Fricassée de poulet à la crème
Hühnerfrikassee

Zutaten für 4 Personen:
1 junges Hähnchen oder auch eine Poularde, 1 Karotte, 1 Zwiebel, 2 Knoblauchzehen, 250 ml Weißwein, 250 g gepökeltes Bauchfleisch (sehr mager und vorher gewässert), 1 Bouquet garni aus Lorbeer, Thymian und Petersilie, 3 EL Butter, 2 EL Mehl, Saft einer halben Zitrone, 2 Eigelb, 4 EL Sahne, Salz und Pfeffer
Zum Servieren: geröstete Baguettescheiben, Cornichons, Zitronenscheiben
Zubereitungszeit: 1 Stunde

Hähnchen waschen und in zehn Stücke teilen. Das Gemüse putzen. Einen Viertelliter Wasser und den Wein aufkochen lassen. Huhn, Bauchfleisch, Karotte, Zwiebel, Knoblauch und Bouquet garni hineingeben, 40 Minuten kochen lassen, mit Pfeffer und Salz abschmecken.
Das Mehl in der Butter hell anschwitzen. Mit dem Hühnersud aufgießen. Die Fleischstücke einlegen und 15 Minuten simmern. Fleischteile herausnehmen und warm halten.
Die Sauce mit einigen Spritzern Zitronensaft abschmecken, Eigelb und Sahne verrühren und in die Sauce quirlen; erhitzen, aber nicht mehr kochen. Das Huhn und das in Stücke geschnittene Bauchfleisch auf einer vorgewärmten Platte anrichten, mit der Sauce übergießen. Rundum in Butter geröstete Brotscheiben, Cornichons und Zitronenscheiben legen.

Variationen: Dieses Grundrezept wird gerne mit kleingeschnittenen Champignons bereichert. Im Frühling macht man es manchmal mit frischen Morcheln, die von Mai bis Mitte Juni Saison haben und wirklich ganz einmalig schmecken.

Poulet au riz
Huhn in Reis

Dieses Rezept gehört inzwischen zum Standardprogramm in jedem französischen Haushalt und ist ganz besonders kinderfreundlich. Hier haben wir das Rezept auf die jüngeren Hühner umgerechnet, die es in der Regel zu kaufen gibt. Wenn Sie aber wie im Originalrezept ein ausgewachsenes Suppenhuhn von 1,5–2 Kilo verwenden, verlängert sich die Garzeit um mindestens 30 Minuten.

Zutaten für 4 Personen:
1 Huhn mit allen Innereien, 2–3 EL Pflanzenöl, 3 EL Butter, 3 feingewürfelte Zwiebeln, 5 längs geviertelte Karotten, knapp ½ l Wasser oder Geflügelbrühe, ½ l Burgunder Weißwein, 1 Bouquet garni aus Lorbeer, Thymian und reichlich Petersilie, 300 g Langkornreis, Salz und Pfeffer
Zubereitungszeit: 2 Stunden

Das Huhn waschen, innen und außen salzen. Die Innereien putzen und beiseite stellen.
In einem großen Schmortopf das Öl erhitzen und das Huhn von allen Seiten anbraten, herausheben und das Öl auskippen. Jetzt im gleichen Topf die Butter erwärmen und darin die Zwiebeln, Karotten und Innereien andünsten. Nun das Huhn wieder in den Topf geben, auf die Seite legen, Wasser oder besser noch Geflügelbrühe, Wein und das Bouquet garni zugeben. Bei geschlossenem Deckel etwa 30 Minuten köcheln lassen, das Huhn wenden und weitere 30 Minuten köcheln lassen. Das Huhn auf den Rücken drehen, den Reis einstreuen, salzen und pfeffern, einmal umrühren und nun bei sehr schwacher Hitze ohne Rühren 30 Minuten fertig garen.
Das Huhn tranchieren, auf eine gewärmte Platte legen, das Bouquet und die Innereien entfernen und den Reis um das Huhn anordnen.

Die Desserts

Die Bourgogne ist wie alle Weingegenden reich an Obst. Es gibt nicht nur Äpfel und Birnen, die schwarzen Johannisbeeren und die roten Himbeeren rund um Dijon, sondern auch Kirschen, die in der Gegend von Auxerre zwischen dem Wein wachsen. Diese Vielfalt an Früchten, die im Laufe des Jahres zur Verfügung stehen, spielen die Hauptrolle bei den Desserts.
Der Anbau der schwarzen Johannisbeeren ist auf den Einfluß der Mönche zurückzuführen, die sie zur Herstellung ihrer Heilmittel benötigten. Als dann eine Rebenkrankheit den Weinbau sehr schädigte, gingen viele Weinbauern dazu über, auf ihren kalkigen Böden, die für die Johannisbeere ideal sind, die schwarzen Früchte anzubauen. So wurden die Weinbauern zu Produzenten von Crème und Sirop de Cassis, und die Côte d'Or wurde wieder um eine kulinarische Spezialität reicher.

Confit de cassis
Eingemachte schwarze Johannisbeeren

Dies ist ein altes Rezept, um schwarze Johannisbeeren für den Winter zu konservieren. Man pflückt die Beeren und gibt sie ungewaschen in Einmachgläser. Dann deckt man sie mit Zucker zu, legt einen Deckel locker auf und stellt das Glas den Rest des Sommers in die Sonne. (Da Burgund im Sommer erfüllt ist von Wärme und Sonne, weiß ich nicht, ob dieses System auch in Norddeutschland funktioniert. Im Elsaß habe ich es ausprobiert, und es klappte hervorragend.) Wenn dann der Herbst wieder Einzug hält, gießt man den Saft, der entstanden ist, in Flaschen ab und macht ihn ein. Die Beeren behält man für die Pâtisserie.

Gouéron
Schneller Apfelkuchen

Nun eine Form des Apfelkuchens aus ganz alter Zeit.

Zutaten für 4 Personen:
500 g Reinettes, 4 cl Cognac, 150 g Zucker, 200 ml Milch, 3 Eier, 400 g Mehl, Butter für die Form
Zubereitungszeit (ohne Wartezeit): 50 Minuten

Die Äpfel schälen und schmale Spalten schneiden. Mit Cognac und der Hälfte des Zuckers vermischen und einige Stunden durchziehen lassen. Inzwischen die Milch abkochen und wieder erkalten lassen.
Backofen auf 180° vorheizen.
Eier, Milch, den Rest Zucker und das Mehl zu einem glatten Teig verrühren und anschließend die Äpfel mit der Marinade unterheben. Eine runde Kuchenform ausbuttern, den Teig einfüllen und den Kuchen im Ofen goldbraun backen. Aus der Form nehmen, abkühlen lassen und mit Puderzucker bestreut servieren.

Clafoutis aux poires et au cassis
Birnen-Johannisbeer-Kuchen

Zutaten für 4 Personen:
1 kg Birnen (Williams oder Gute Luise), 250 g schwarze Johannisbeeren, 3 Eier, 100 g Zucker, 1 Prise Salz, 70 g Mehl, 300 g Milch, 30 g flüssige Butter
Zubereitungszeit: 50 Minuten

Das Backrohr auf 180° vorheizen.
Birnen schälen, halbieren und entkernen. Johannisbeeren verlesen.
In einer Schüssel die Eier mit Zucker und Salz schaumig schlagen; Mehl, Milch und Butter der Reihe nach einrühren. Nun eine Auflaufform ausbuttern und die Birnenhälften mit der Schnittfläche nach unten hineinlegen. Mit den Johannisbeeren bestreuen und den Teig darübergießen. Den Kuchen in den Backofen schieben und in 40 Minuten goldbraun backen.

Pain d'épices
Gewürzkuchen

Die Ursprünge dieses Kuchens liegen im 15. Jahrhundert. Philipp der Gute soll es gewesen sein, der dieses Gebäck in Flandern probierte und daraufhin den Koch in seine Dienste nahm. Dieser Gewürzkuchen hält sich in einer Blechdose sehr lange und schmeckt sehr gut mit frischer Butter bestrichen.

Zutaten für 1 Kastenform:
125 g Zucker, 125 g Honig, 250 g Weizenmehl, 50 g Roggenmehl, 2 TL Backpulver, 1 EL Zimt, 1 TL gemahlener Anis, ½ TL gemahlener Ingwer, 1 Prise Kardamom, 2 TL abgeriebene Orangenschale
Zubereitungszeit: 60 Minuten

Das Backrohr auf 190° vorheizen.
125 ml Wasser und Zucker zum Kochen bringen und in 5 Minuten zu Sirup verkochen. Vom Herd nehmen und den Honig einrühren. Beide Mehlsorten und das Backpulver in eine Schüssel sieben, mit allen Gewürzen mischen und dann das Zucker-Honig-Wasser einrühren.
Eine Kastenform ausbuttern, den Teig einfüllen. Nach etwa 40 Minuten im Rohr Stricknadelprobe machen, eventuell noch etwas weiterbacken.

Der Käse

Burgund ist reich an Käsen aus Kuhmilch und Ziegenmilch. Ohne den **Époisses** allerdings wäre Burgund nicht denkbar: ein cremiger Käse mit einer weichen, honiggelben bis goldbraunen Rinde, die mit Marc de Bourgogne gewaschen wird. Das Aroma des Époisses ist, vornehm ausgedrückt, sehr intensiv und schlicht gesagt umwerfend. Der Käse ist vom Geruch her deftig, aber ausgezeichnet im Geschmack.
Als wir mit unseren Kindern auf dem Weg in das kleine Dorf Époisses, inmitten von hügeligen Wiesen waren, gab es kurz vor unserem Ziel eine heftige Diskussion im Auto über den Geruch, der sich plötzlich breitmachte. Verdächtigungen wurden ausgesprochen und abgewiesen, bis wir wußten, daß dieser Duft wie eine Glocke über dem Käsedorf hängt. Das Dorf ist ganz der Käseproduktion gewidmet, hat ein verschlafenes und doch bewohntes Schloß, das umgeben ist von großen Parkanlagen und Stallungen, in denen die Pferde stehen. Auch der große Taubenturm fehlt nicht.

Époisses en feuilletée
Époisses in Blätterteig

Man kauft sich in einem Käsefachgeschäft einen schönen reifen Époisses und einen Blätterteig, der mit Butter gemacht wurde. Den Blätterteig ausrollen. Nun schneidet man Vierecke aus dem Blätterteig, legt in die Mitte ein dickes Stück Époisses und faltet das Ganze zu Dreiecken. Die Oberfläche der Blätterteigtaschen mit Eigelb bestreichen und auf einem gebutterten Backblech im vorgeheizten Ofen goldbraun backen. Diese Taschen auf einen grünen Salat legen, der mit einer Salatsauce mit kleingehackten Schalotten und Dijonsenf angemacht wurde.

Savoyen:
Ein Leben zwischen Bergen und Seen

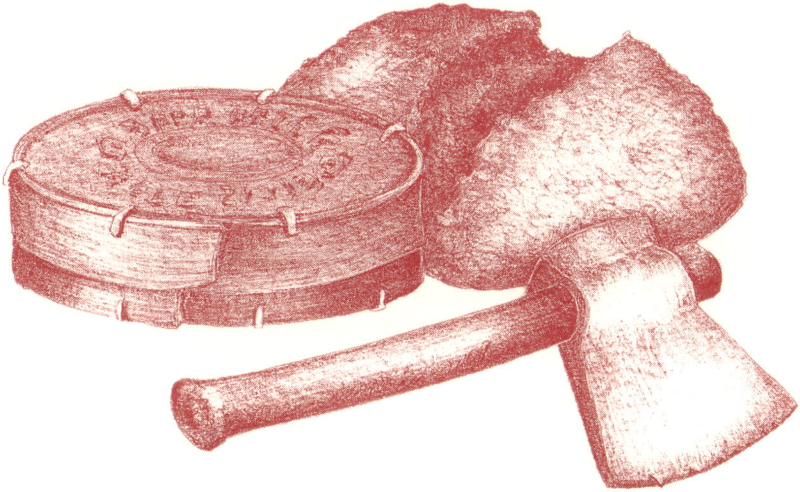

Zwischen dem Genfer See im Nordwesten und der Schweiz und Italien im Osten und der Dauphiné im Süden liegt Savoyen mit seiner faszinierenden Bergwelt. Die Haute Savoie wartet mit so berühmten Namen wie Mont Blanc, Mégèves und Chamonix auf, die südlichere Savoie dagegen besitzt nicht mehr ganz so berühmte Berge und ist dafür auch beschaulicher. Überall gibt es traumhafte Täler mit kristallklaren Seen und wunderschönen Dörfern, in denen breite Höfe mit Holzaltanen und Steinen auf den Dächern sowie kleine gemütliche Hütten das Bild bestimmen.
Kulinarisch ist diese Region berühmt für ihre Wurst, den Diot, der meist in Weißwein gesotten wird, und auch für ihre Fische aus den Bergseen. Vor allem aber sind es die Käse, die die Hochgebirgsregion weltberühmt machten. 200 000 Hektar Bergweiden gibt es in Savoyen, und die sind vor allem von Kühen beweidet. Die Ziegen, die auch in großer Zahl auf den Bergweiden anzutreffen sind, wurden früher weniger wegen ihrer Milch denn als Fleischlieferanten gehalten. Hauptsächlich jedoch ist es der Käse, der die Menschen in den Bergen sättigt und ernährt. Der Käse ist hier in so reichem Maße, in so einmaliger Qualität und in einer so phantastischen Vielfalt vertreten, daß ich dieses Kapitel ganz dem Käse und den damit verbundenen köstlichen, gar nicht so schwierigen Gerichten widmen möchte.
Nicht viel anders verhält es sich in der nördlich angrenzenden Franche Comté. Der bekannteste Käse ist dort der Comté, er trägt den Ruhm der gleichnamigen Region in die Welt. Der goldfarbene Käse hat einen leichten, nussigen und fruchtigen Geschmack; ich verwende ihn deswegen häufig lieber als Emmentaler. Eine besondere Spezialität aber ist der Vacherin oder auch Mont d'Or, der in Spanholzschachteln verkauft wird; aus denen sollte man ihn auch nicht herausholen, denn sein cremiges und sehr würziges Innenleben hat die Tendenz davonzulaufen. Auch heute noch wird er aus diesem Grunde nur im Winter auf den Bergbauernhöfen gemacht und von den Liebhabern jedes Jahr wieder sehnsüchtig erwartet.
Die wichtigste Ergänzung zum Käse sind seit Urzeiten auf den bäuerlichen Höfen das Brot und die Kartoffel. Das Brot wurde wie in den anderen Alpenländern auf den entlegenen Bauernhöfen im festen Rhythmus von zwei bis drei Wochen gebacken. Es hielt sich lange, wurde aber mit der Zeit immer härter. Dann mußte das Beil das Messer ersetzen, und das Brot ließ sich nur noch in einer Suppe genießen. In einigen Bäckereien backt man heute noch in den alten Holzöfen, so bei Jean-Pierre Veyrat in Manigod, dessen Ofen rund zweihundert Jahre alt ist. Durch den alten Ofen und das Feuer aus Tannenholz bekommen seine Brote einen ganz besonderen Geschmack, denn

im Teig ist auch nichts anderes als Mehl, Wasser, Salz und Hefe. Er backt noch die alte Kranzform *(couronne)*, die gerade in den Bergen so beliebt war, denn man konnte sie gut an einem Stock über der Schulter transportieren. Wenn Sie – vielleicht an einem kalten Wintertag – Freunde zu einem kulinarischen Ausflug in die Savoie einladen, dann besorgen Sie auch einen Weißwein oder einen Rosé aus der Gegend. Er ist so klar, trocken und leicht, daß er ideal die würzigen und deftigen Gerichte ergänzt.

Berthoud
Käsecreme

Südlich des Genfer Sees liegt eingekeilt zwischen dem See, der Schweiz und den Bergen die kleine Region Chablais mit der Stadt Abondance. Hier ist der Vraiabondance zu Hause, der zwar nicht zu den bekanntesten Käsesorten der Savoie gehört, aber für diese *spécialité chablaisienne* ist genau sein Geschmack wichtig. *Berthoud* werden in Abondance kleine feuerfeste Schalen genannt, die man für dieses Gericht verwendet. Sie können auch Eierpfännchen nehmen.

Zutaten für 4 Personen:
300 g Abondance, 2 Knoblauchzehen, Pfeffer, 4 EL Madeira
Zubereitungszeit: 20 Minuten

Das Backrohr auf 240° vorheizen.
Den Käse blättrig schneiden. Die Schalen mit Knoblauch ausreiben und den Käse in die Schüsseln verteilen. Leicht pfeffern und mit dem Madeira beträufeln. 5–10 Minuten im Ofen gratinieren. Das Gericht ist fertig, wenn der Käse völlig geschmolzen ist und blubbert. Mit Brot oder mit kleinen Kartoffeln in der Schale servieren.

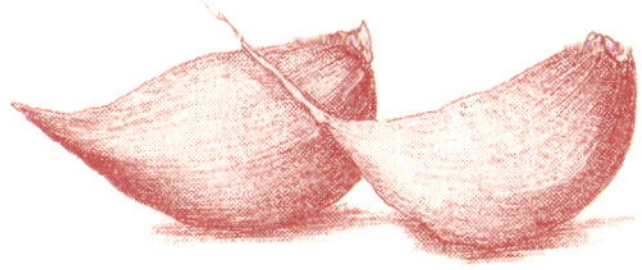

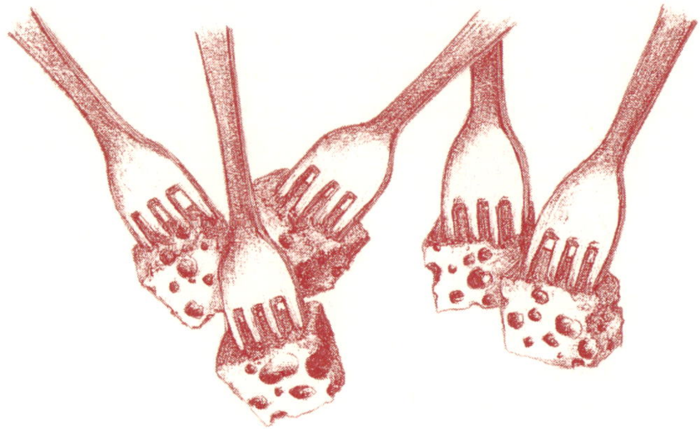

Fondue savoyarde
Savoyer Käsefondue

Das Fondue ist keine Erfindung der Savoie, sie kommt aus der Schweiz, hat sich aber seit Beginn des Jahrhunderts sehr schnell in der Gastronomie und dann in den Familien eingebürgert. Das Fondue wird mit zwei Käsesorten gemacht. Der Emmentaler aus der Region ist dem Schweizer Artgenossen sehr ähnlich, der Beaufort ist ein glatter gelber Käse, der aus einem stark erhitzten Teig, einer sogenannten *pâte cuite*, fabriziert wird und eine natürlich gebürstete Rinde sowie 50% Fett i.Tr. besitzt. Er wird in einem sehr kleinen Bereich im Massif du Beaufortain hergestellt und reift in kühlen, feuchten Kellern mindestens sechs Monate.

Zutaten für 4 Personen:
400 g Beaufort, 400 g Emmentaler de Savoie, 1 Baguette, 1 Knoblauchzehe, 400 ml Vin de Savoie, 6 cl Kirschgeist
Zubereitungszeit: 30 Minuten

Die beiden Käsesorten in sehr kleine Stücke schneiden. Baguette in Scheiben und dann in Würfel schneiden, so daß jedes Stück Brot auch ein Stück Rinde hat, damit man es besser aufspießen kann.
Einen glatten weiten Topf mit der Knoblauchzehe ausreiben und darin den Wein erhitzen. Den Käse zugeben und auf kleinem Feuer schmelzen lassen. Immer wieder mit einem Holzlöffel rühren, bis eine homogene Masse entstanden ist. Jetzt den Kirschgeist dazugeben und den Topf in die Mitte des Tisches auf eine Wärmeplatte oder ein Rechaud stellen.

In einem Korb die Weißbrotbrocken dazu servieren. Sie werden auf eine Gabel gespießt und in die Käsemasse getaucht. Bon appétit! Dazu gibt es einen kräftigen Schluck Wein zum Nachspülen, manche empfehlen auch Kirsch zum Fondue – denn wer sein Brotstückchen im Käse verliert, muß eine Runde Schnaps zahlen.

Raclette

Noch mehr als das Fondue ist das Raclette zu einem festen Bestandteil der häuslichen Küchenpläne geworden. Wenn Sie an einem kalten Abend mit Freunden oder der Familie gemütlich um einen Tisch sitzen wollen, ohne vorher Stunden in der Küche gestanden zu haben, und nicht teuer, aber gut essen möchten, gibt es Raclette. Dazu brauchen Sie dann einen Racletteofen, der mit seinen Pfännchen in die Mitte des Tisches gestellt wird.

Zutaten für 4 Personen:
600 g Raclette- oder Beaufortkäse, 12 festkochende Kartoffeln, Cornichons und Perlzwiebeln als Beilagen
Zubereitungszeit: 30 Minuten

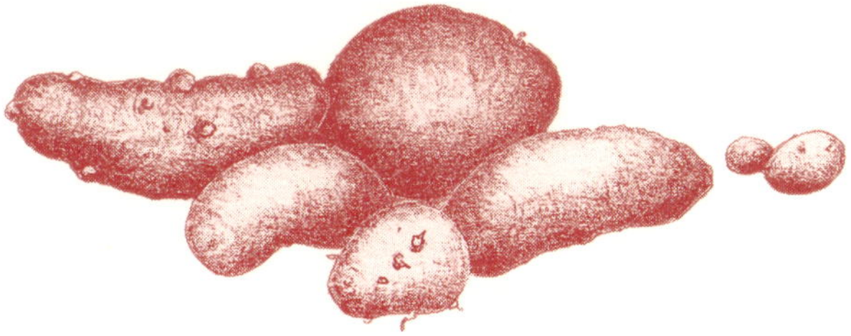

Käse in Scheiben schneiden, Kartoffeln gut putzen, dann in der Schale kochen und servieren.
Jeder legt seinen Käse auf ein Pfännchen unter die Heizspirale des Racletteofens und läßt den Käse schmelzen. Den warmen Käse mit Kartoffeln und den sauren Beilagen verspeisen.

Variation: Die oben beschriebene Version ist Raclette classique. Unsere Kinder sind große Raclettefans, weil sie gerne bei Tisch in aller Ruhe brutzeln, und so erfanden wir unsere private, etwas erweiterte Gourmet-Variante. Ich halbiere die gewaschenen und gebürsteten Kartoffeln der Länge nach und reibe sie mit Olivenöl und Salz ein. Dann lege ich sie mit der Schnittfläche auf ein dick gebuttertes Blech und backe sie im vorgeheizten Ofen gar und knusprig. Auf das Blech für die Erwachsenen streue ich auf die Butter noch reichlich Kümmel. Rund um den Racletteofen stelle ich Schalen mit kleingewürfeltem Speck und Zwiebeln, Schalen mit blättrig geschnittenen Champignons und Teller mit Tomatenscheiben. Nun bastelt jeder nach seinem Gusto. Käse mit Speck und Zwiebeln belegt oder mit Champignons und Speck oder mit Tomate. Die Kinder wetteifern, und es schmeckt uns allen sehr gut.

Gratin de fondue
Käsegratin

Folgendes Käsegratin ist sehr schmackhaft und zart. Reichen Sie dazu Feldsalat mit einer Zwiebelvinaigrette und eine Schüssel Rote-Bete-Salat, und Sie speisen wie ein alter Savoyarde.

Zutaten für 4 Personen:
4 Eier, 120 g Butter, 120 g Mehl, ca. 1,5 l kalte Milch, 120 g geriebener Käse (Beaufort oder Tome)
Zubereitungszeit: 30 Minuten

Backrohr auf 200° vorheizen.
Eier trennen. Eiweiß sehr steif schlagen. Die Butter in einem Topf erwärmen, mit einem Holzlöffel das Mehl einrühren und auf kleinster Flamme leise dämpfen, ohne daß es Farbe nimmt. Nach 5 Minuten mit der Milch löschen. Dabei ständig mit dem Schneebesen rühren. Langsam so viel Milch einarbeiten, daß eine dicksämige Béchamelsauce entsteht.
Den Käse unterziehen, die Sauce vom Herd nehmen, dann die Eigelb eines nach dem anderen unterrühren, am Schluß den Eischnee unterheben. Eine Gratinform buttern, die Masse einfüllen und 15 Minuten ins Rohr schieben, bis der Deckel schön goldbraun ist.

Farçon classique
Kartoffel-Käse-Auflauf

Eine ganz besondere Spezialität der Savoie sind die Farçons oder Farcements; letztere sind Pasteten aus Ei, getrockneten Früchten und Speck, die im Wasserbad gegart werden; erstere jedoch im Rohr gebackene Kartoffelaufläufe.

Zutaten für 4 Personen:
1,5 kg Kartoffeln, ¼ l warme Milch, 80 g Butter, 1 Bund ganz fein gehackter Kerbel, 150 g geriebener Käse, 4 Eier, Salz, Pfeffer
Zubereitungszeit: 60 Minuten

Backrohr auf 200° vorheizen.
Die Kartoffeln in der Schale weich kochen.
Die heißen Kartoffeln schälen und durch die Kartoffelpresse drücken, anschließend mit der Milch und der Butter zum Püree schlagen. Kerbel und Eier eines nach dem anderen unterziehen.
Zwei Drittel des Käses einarbeiten, leicht salzen und pfeffern.
Den Teig in eine gebutterte Auflaufform füllen und mit dem Rest des Käses bestreut ins Rohr schieben und etwa 20 Minuten überbacken.

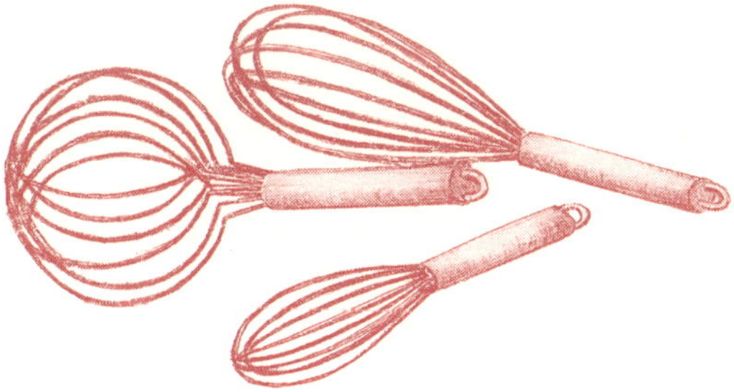

Gratin savoyard
Kartoffelgratin aus Savoyen

Wenn ich Ihnen noch ein Kartoffelgratin aus dem reichen Angebot der Küche der Berge präsentiere, dann nur deshalb, weil jedes für sich ganz besonders gut ist und weil man damit seiner Familie oder seinen Gästen eine große Freude bereitet. Viel zu selten sind solch schmackhafte Kartoffelgerichte auf dem Tisch, obwohl alle sie eigentlich gerne essen. Servieren Sie zum Beispiel ein zartes Kalbskotelett mit Pilzen in Sahnesauce dazu.

Zutaten für 4 Personen:
600 g festkochende Kartoffeln, 150 g frisch geriebener Beaufort oder Comté, ca. 500 ml gute Hühnerbrühe, Salz, Pfeffer und Muskatnuß, 1 Knoblauchzehe und Butter zum Ausreiben der Gratinform.
Zubereitungszeit: 60 Minuten

Backrohr auf 180° vorheizen und eine Gratinform mit Knoblauch und Butter ausreiben.
Die Kartoffeln in dünne Scheiben hobeln und eine Schicht davon schuppenartig überlappend in die Gratinform legen. Mit Käse bestreuen, die nächste Lage Kartoffelscheiben einschichten und so fortfahren, bis der Käse den Abschluß bildet.
Die Brühe kräftig mit Salz, Pfeffer und frisch geriebener Muskatnuß würzen und über das Gratin gießen, so daß die Kartoffeln noch nicht ganz mit Brühe bedeckt sind. Ins Rohr schieben und 40–50 Minuten garen, bis die Käsedecke leicht braun ist.

Tartiflette
Bratkartoffeln mit Reblochon

Sind alle bisher erwähnten Käsesorten der Alpenregion große schnittfeste Laibe, so ist der **Reblochon** ein flacher, etwa ein Kilo schwerer cremiger Käse, der seit dem 15. Jahrhundert bekannt ist. Der Name leitet sich von dem Dialektwort *rablassâ* ab, was soviel bedeutet wie »plündern, stehlen«. Das kommt daher, daß die Senner in früheren Zeiten auf ihrer Alm niemals die gesamte Milch für die Herstellung der Tome und Beaufort ablieferten, sondern einen besonders fetten Milchrest behielten, um davon nach dem Verschwinden der Milchabholer heimlich und im verborgenen ihren »eigenen« Käse herzustellen, den cremigen und würzigen Reblochon. Er ist ganz besonders gut zum Kochen und Gratinieren geeignet und wird eigentlich kaum zum Brot gegessen. Er ist der wahre Kochkäse der Savoie.

Zutaten für 4 Personen:
5 rohe geschälte Kartoffeln, 1–2 Zwiebeln, 2 EL Butter, 1 gut reifer Reblochon, Salz und Pfeffer
Zubereitungszeit: 40 Minuten

Kartoffeln in zentimetergroße Würfel schneiden, die Zwiebeln fein würfeln. Die Butter in einer Pfanne erhitzen und die Zwiebel und Kartoffeln andünsten, so daß sie unter häufigem Wenden gar, aber nicht zu braun werden. Salzen und pfeffern. Nun den Reblochon, von dem man die Rinde ganz dünn weggeschnitten hat, obenauf legen. Den Deckel schließen und bei schwacher Hitze 20 Minuten alles miteinander köcheln lassen.
Servieren Sie dazu einen Salat mit Knoblauchvinaigrette und reichlich Weißwein – und die Welt ist in Ordnung.

Poireaux à la savoyarde
Lauch überbacken

Aber das ist noch nicht alles, was die Savoyarden mit Käse servieren. In ihren Regionen, in denen die Sommer nicht zu lang sind und wegen der Höhenlage jederzeit im Mai und Juni ein Kälteeinbruch stattfinden kann, wachsen kaum grüne Bohnen oder Tomaten und Basilikum. Das ist das Land, in dem der Lauch sich sehr gut entwickelt, denn er kann Frost ertragen.

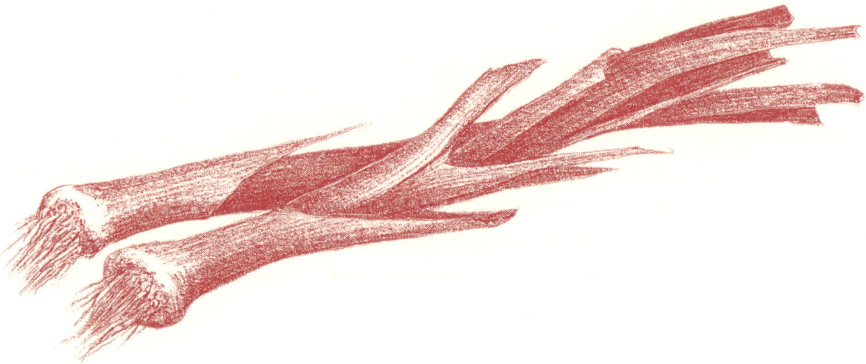

Zutaten für 4 Personen:
1 kg Lauch, 100 g geriebener Beaufort oder Comté, 1 gehackte Knoblauchzehe, 1 Handvoll Semmelbrösel, geriebene Muskatnuß, Salz und Pfeffer, Butter zum Überbacken
Zubereitungszeit: 40 Minuten

Das Backrohr auf 200° vorheizen.
Lauch sorgfältig waschen, in 10 Zentimeter lange Stücke schneiden und in Salzwasser weich kochen.
In einer Schüssel den Käse, Semmelbrösel und Gewürze gut vermischen. Eine Gratinform ausbuttern, eine Schicht Lauch hineinfüllen, mit der Hälfte der Käsemischung bestreuen, den Rest Lauch darauf verteilen, dann den Rest der Mischung und zum Abschluß einige Butterflöckchen verteilen. Ins Rohr schieben und 15 Minuten gratinieren.

Variation: Genauso wird auch ein Gratin mit Wirsing und im Frühsommer mit Kopfsalat bereitet.

Omelette au Reblochon
Omelett mit Reblochon

Von Marie-Ange, die das Hotel-Restaurant »La Croix-Fry« bei Manigod leitet und als echtes Kind des Landes total auf die regionale Küche eingeschworen ist, stammt folgendes Rezept.

Zutaten für 4 Personen:
50 g Sahne, 200 g Reblochon, 6 Eier, 1 EL Butter, Salz und Pfeffer,
½ Bund feinstgehackte Petersilie zum Servieren
Zubereitungszeit: 20 Minuten

Die Sahne in einer kleinen Kasserolle erhitzen und den entrindeten Reblochon in Stücken geschnitten dazugeben; bei sanfter Hitze schmelzen lassen. Die Eier in eine Schüssel schlagen und mit einer Gabel verquirlen. Die Eiermasse ganz leicht salzen und normal pfeffern.
Die Butter in einer großen Pfanne erhitzen und die Eiermasse hineingießen. Bei mittlerer Hitze etwas stocken lassen, dann die Käsemasse auf das Omelett verteilen. Auf ganz kleiner Stufe 4 Minuten braten. Das Omelett zusammenfalten und auf eine große Platte gleiten lassen. Achtung, die Käsesauce fließt noch! Alles mit Petersilie betreuen und mit getoastetem Landbrot servieren. Ein Gedicht!

Girolles à la savoyarde
Pfifferlinge aus Savoyen

In den Bergwäldern wachsen natürlich Pilze, und im Herbst ergibt das ein köstliches, sehr nahrhaftes Pilzgericht, das je nach Sammlerglück immer wieder anders ausfällt. Ich persönlich finde das Gericht am besten mit Pfifferlingen.
An dieser Stelle muß aber unbedingt noch erwähnt werden, daß es nicht ausschließlich in Savoyen, sondern in ganz Frankreich nur ein Messer gibt, mit dem man stilvoll Pilze suchen geht, und wenn man sie gefunden hat, am Fuß abschneidet. Das Opinel-Messer wurde von einem Savoyarden vor mehr als hundert Jahren erfunden. Es ist ganz einfach, sehr praktisch, denn es öffnet sich garantiert nicht, solange man es in der Tasche trägt, und ist vor allen Dingen formschön. An dem Modell ist nie etwas verändert worden und es hat sogar einen Platz im Museum of Modern Art in New York gefunden.

Zutaten für 4 Personen:
600 g Pfifferlinge, 2 EL Schweineschmalz, 1 gewürfelte Zwiebel, 1 durchgedrückte Knoblauchzehe, 125 g gewürfelter Räucherspeck, 2 EL gehackte Petersilie, 125 g Sahne, 100 g grobgeriebener Beaufort, Salz und Pfeffer
Zubereitungszeit: 30 Minuten

Pfifferlinge sorgfältig putzen. Das Schmalz in einer Pfanne erhitzen und darin die Zwiebeln, den Knoblauch, den Speck und die Petersilie andünsten. Die Pfifferlinge dazugeben und alles zusammen weiter dünsten. Immer wieder wenden, dann salzen und pfeffern und so lange weiter dünsten, bis die Flüssigkeit verdampft ist.
Mit der Sahne aufgießen und noch 10 Minuten auf kleinem Feuer köcheln lassen. Nun den Käse einrühren, nochmals kurz aufkochen und sofort servieren. Dazu gibt es dann dicke Scheiben eines guten Brotes und einen guten Wein, zum Beispiel Rousette de Savoie.

Variation: In der Franche Comté gibt es in manchen Gebieten noch viele Morcheln. Diese delikaten und kostbaren Pilze werden ebenso als Einzelgericht serviert, aber dann ohne Käse, damit das feine Aroma nicht zerstört wird.

Poulet au fromage
Huhn mit Käse

Sie müssen nicht glauben, daß meine Fundgrube der Käsegerichte nun erschöpft ist, aber in diesem Buch ist es sowieso schwieriger, sich zu beschränken, als nicht genug Material zu haben. Zum Abschluß eine Kombination, die nicht sehr bekannt ist außerhalb der Berge Savoyens.

Zutaten für 4 Personen:
1 junges Huhn, 3 EL Olivenöl oder Sonnenblumenöl, ¼ l Weißwein, 125 g geriebener Tome de Savoie oder Beaufort, Salz und Pfeffer
Zubereitungszeit: 60 Minuten

Das Backrohr auf 210° vorheizen.
Das Huhn waschen und in acht Teile zertrennen. Das Öl in einer Pfanne erhitzen und die Hühnerteile darin kräftig anbraten. Die Hühnerteile danach in eine leicht gebutterte Gratinform legen, in der sie nebeneinander liegend gerade Platz haben. Salzen und pfeffern.

Das Öl aus der Pfanne entfernen, die Pfanne wieder auf den Herd stellen und mit dem Weißwein löschen, den Bratensatz mit einem Holzspatel lösen. Den so erhaltenen Jus auf die Hühner verteilen und die Form für 40 Minuten ins Rohr schieben.
Während dieser Zeit die Hühnerteile ab und zu wenden. Aus dem Rohr holen, mit dem Käse bestreuen und so lange überbacken, bis der Käse eine goldgelbe Kruste auf dem Fleisch gebildet hat.

Mont Blanc
Maronenpüree

Dieses Dessert gehört in die Savoie und darf in diesem Buch nicht fehlen. Empfehlen kann man es aber nur nach einem sehr leichten Hauptgang. Eines der obigen Käsegerichte und dieses Dessert danach ist wohl nur für einen hart arbeitenden Senn auf der höchsten Alm der Savoie verträglich.

Zutaten für 4 Personen:
1 kg Maronen, 1 Vanilleschote, 1 l Milch, 100 g Puderzucker, 1 Päckchen Vanillezucker, 250 g Sahne
Zubereitungszeit: 45 Minuten
Kühlzeit: mehrere Stunden

Maronen schälen und häuten. Wenn Sie sich nicht die Arbeit machen wollen, was ich durchaus verstehe, kaufen Sie eingefrorene Maronen, aber niemals welche aus der Dose, sie schmecken meist scheußlich.
Die Kastanien zusammen mit der Vanilleschote in der Milch ungefähr 45 Minuten weich kochen. Die Vanilleschote entfernen, den Puderzucker und den Vanillezucker einarbeiten.

Unter ständigem Rühren auf kleinster Flamme zu einem dicken Brei kochen und anschließend auf einer Platte zu einem »Gebirge« auftürmen. Mehrere Stunden kalt stellen. Die Sahne mit dem Vanillezucker schlagen und als »Gletscher« auf dem Berg verteilen und servieren.

Variation: In Restaurants preßt man das warme Kastanienpüree lieber durch die grobe Scheibe einer Kartoffelpresse auf Dessertteller und stellt diese etwas zierlicheren Mont Blancs dann in den Kühlschrank.

Das Lyonnais – Königreich der Gastronomie

Die Geschichte Lyons beginnt mit den Römern, die 43 v. Chr. am Fuße des Hügels Fourvière die Siedlung *Lugdunum* gründeten. Der Platz am ruhigen und sicheren Ufer der Saône war gut gewählt. Die floß angeblich so langsam, daß Cäsar seinen Purpurmantel in den Fluß werfen mußte, um zu sehen, in welche Richtung sie fließt. Kurz danach vereint sich dieses ruhige Gewässer mit der großen und wilderen Rhône, die als Schiffahrtsweg und Verbindung zum Mittelmeer diente. Durch die Anbindung an diese beiden großen Flüsse wurde *Lugdunum* schnell zum Knotenpunkt, zur Hauptstadt des römischen Reiches in Gallien. Die Stadt profitierte zudem von einem fruchtbaren Umland, fischreichen Gewässern, Wäldern voll Wild und einem milden Klima, das vor allem auch denWeinbau der Römer in dem heute ältesten Weingebiet Frankreichs günstig beeinflußte.
Wenn man der »Tour de France« von Asterix und Obelix glaubt – und die beiden liegen geschichtlich nicht unbedingt falsch –, dann war die Stadt schon damals ein Hort der kulinarischen Genüsse und herrlichsten Wurstwaren. Heute hat sich Lyon zu einer Stadt entwickelt, die ganz der Kunst des Mahles, der Schlemmerei und der Erhaltung der Tradition auf diesem Gebiet gewidmet ist. Wie die alten Römer bedienen sich die Bewohner Lyons der Erzeugnisse aus den Nachbarregionen, und sie nehmen immer nur das Beste oder machen das Beste daraus. Seien dies nun die Hühner der Bresse oder die Fische und Frösche der Dombes, die Lämmer der Auvergne, der Käse der Franche Comté oder das Gemüse der Provence. Paul Bocuse, der Koch, der das Bewußtsein für die traditionelle Küche in Frankreich wieder geweckt hat, und natürlich aus Lyon stammt, meint, die Region sei größer, als man glaubt, und stecke voller fabelhafter Köchinnen und exzellenter Köche. Und wie jeder gerne ergänzt, voll fabelhafter Esser, deren Leitspruch »*Au travail on fait ce qu'on peut, à table on se force*«, bei der Arbeit macht man das Mögliche, bei Tisch strengt man sich an, eigentlich alles aussagt.
In diesem Buch möchte ich ganz besonders die Gerichte hervorheben, die nicht mit den Römern, sondern mit einer späteren Epoche des Lyonnais zu tun haben, mit der Zeit der Seidenweberei.
Seit dem 15. Jahrhundert wurden von dieser Stadt aus Frankreichs Könige und die prunksüchtigen Hofschranzen mit den wunderschönsten Seiden beliefert. Bis weit ins Rhônetal hinein wuchsen Maulbeerbäume, und in bäuerlichen Betrieben fütterte man mit den Blättern dieser Bäume die Seidenraupen. Vom frühen Morgen bis in die späte Nacht saßen in vielen Häusern die *Canuts*, die Seidenweber, an ihren Webstühlen und produzierten traumhaft schöne Stoffe. Sie arbeiteten hart und für wenig Geld und waren doch

phantasievolle Feinschmecker. An manchen Tagen hatten sie nichts anderes als weißen Käse und Kartoffeln, um daraus ein schmackhaftes Mahl zu bereiten, aber an den besseren Tagen leisteten sie sich doch Fleisch. Nicht Fleisch, wie wir es meinen, sondern für heutige Verhältnisse eher Abfallprodukte. Dem Einfallsreichtum der Seidenweber ist es zu verdanken, daß aus weniger edlen und billigen Nahrungsmitteln wie Schweineohren, Kutteln, Lammfüßen und Pansen exquisite Gerichte wurden. Mit ihrer Phantasie wurden daraus Speisen, die sich zu einer einmaligen Kultur der Gastronomie entwickeln sollten. Sie wurden zum Hauptbestandteil des *Mâchon*, der manchmal einzigen Mahlzeit des Tages.

Heute lebt diese Kultur weiter in den Markthallen, wo sich in den frühen Morgenstunden die Marktleute und die Käufer bei einer kräftigen, deftigen Brotzeit, ebendem *mâchon*, treffen, der mit reichlich Beaujolais hinuntergespült wird. Selbst wenn Sie nur einen Tag in Lyon sind: Stehen Sie früh auf und gehen Sie in die Markthallen, les Halles de la Part-Dieu, oder auf einen der Märkte, und Sie werden mehr über das Lyonnais erfahren als bei jeder Stadtrundfahrt. Lyon ist so reich an Märkten, auf denen die Erzeuger ihre Waren direkt verkaufen, wie kaum eine andere Stadt Frankreichs. Der schickste ist sicher der am Quai Saint-Antoine, hier pflegt auch Bocuse einzukaufen.

Aber nicht nur in der Markthalle, auch in den engen Gassen der Altstadt pflegt man diese Tradition des *mâchon*, gibt es die einfachen kleinen Restaurants mit den alten Gerichten der Seidenweber. Diese speziellen Bistros werden *bouchon* genannt und wurden in alten Zeiten von Frauen geführt, die ganz der traditionellen Küche ergeben waren und sie bewahrten. Diese Frauen waren die hochgelobten und geliebten *Mères de Lyon*. Einheimische kennen die bekanntesten heute noch bei Namen und wissen genau, für welche Gerichte sie berühmt waren. Heute sind es mehr Patrons, die die Bouchons führen, aber auch sie sind in Lyon berühmt, wenn sie gut sind. Hier trifft man sich heute nicht nur morgens nach den ersten Stunden der Arbeit, sondern auch abends um fünf Uhr, dann wird es noch mal Zeit für eine ordentliche Brotzeit mit einem kräftigen Schluck im Bouchon des Viertels, um die Zeit bis zum Dîner zu überbrücken.

Ganz besonderen Ruhm genießen in Lyon die Würste und die Pasteten. Die große Kunst des Metzgers ist hier in ihrer ganzen Breite gefragt. Es ist sicher nicht übertrieben, daß Lyon in Sachen Wurst der absolute Spitzenreiter Frankreichs ist. Die berühmte Rosette, eine Art lange und hart getrocknete Salami, oder die bis zu 5 Kilo schwere Jésu sind nur zwei Spezialitäten. Dann gibt es noch die vielen frischen Fleischwürste, die Cervelas, die frisch gekocht mit Kartoffelsalat gegessen wird, oder die Sabodet, die in Wein gekocht zum Mâchon der Canuts gehörte. Sie hat ihren Namen vom Holzschuh, dem *sabot*, dessen Form sie früher ähnelte; nicht zu vergessen die Boudins, die mit Kräutern gewürzten Blutwürste. In Lyon wird vom Schwein alles verwertet und zu einem Leckerbissen verwandelt, vom Ohr bis zum Schwanz und der Schwarte, die, schon gebrüht, in kleine Pakete gefaltet und verschnürt verkauft wird. Vielfältig werden auch Tripes oder Gras-double, Kutteln vom Rind, zubereitet.

Mâchon oder Vorspeisen à la lyonnaise

Bevor wir zu den üppigen Fleischgerichten gelangen, widmen wir uns der eigentlichen Hauptmahlzeit der Canuts an Werktagen. Das einfache und schmackhafte Gericht aus Frischkäse beschreibt J. Augier 1841 folgendermaßen: »Zum Frühstück besteht die Nahrung des Canut aus einer Art weißem Käse, den er mit Knoblauch, Butter und kleinen Zwiebeln mischt. Zu Mittag ißt er Gepökeltes und Kartoffeln mit demselben weißen Käse und zum Abendessen, wenn er es überhaupt ißt, greift er zum dritten Mal auf seinen heißgeliebten Käse zurück.« Vielleicht heißt der Quark deshalb auch »Gehirn der Seidenweber«:

Cervelle de Canut
Kräuterquark

Zutaten für 4 Personen:
300 g Sahnequark (40 % Fett), 3 EL Sahne, 2 EL Olivenöl, 2 EL Weißwein, die gehackten Blätter von je 10 Stielen glatter Petersilie, Schnittlauch, Estragon und Kerbel, 2 feinstgewürfelte Schalotten, 1 durchgepreßte Knoblauchzehe, Salz und Pfeffer
Zubereitungszeit (ohne Wartezeiten): 20 Minuten

Quark in ein mit einem Mulltuch ausgeschlagenes Sieb geben und mehrere Stunden abtropfen lassen.

Den abgetropften Quark mit Sahne, Öl und Wein cremig rühren, mit Salz und Pfeffer würzen. Danach die Kräuter, die Zwiebel und den Knoblauch einarbeiten. Mindestens 2 Stunden kühl stellen und mit Roggenbrot oder knusprigem Landbrot essen.
Der Vollkommenheit wegen möchte ich erzählen, daß in einem ganz alten Rezept steht, man müsse den Käse mit dem Holzlöffel so stark schlagen, »als würde es sich um deine Frau handeln«. Womit einerseits vielleicht nachgewiesen werden kann, daß sich die Canut ihren Käse selber zubereiteten, andererseits aber auch, daß die Frauen genau wußten, was die Anweisung bedeutet, denn sie waren im täglichen Leben an Stelle des Käses.

Vinaigrette

Für die Vorspeisen wird immer wieder Salat verwendet, und ganz anders wie bei den südlichen Nachbarn nimmt man kein Olivenöl und keinen Knoblauch.

Zutaten für einen Salat für 4 Personen:
5 EL Öl (Walnußöl, Sonnenblumenöl oder Erdnußöl), 2 EL besten Weinessig,
1 TL Dijonsenf, Salz und Pfeffer
Zubereitungszeit: 5 Minuten

Zutaten mit einem kleinen Schneebesen verrühren und über den Salat träufeln. Wenn Sie die Vinaigrette im voraus zubereiten, vor der Verwendung noch einmal kurz aufrühren.

Salade aux lardons
Blattsalat mit Speck

Mit den Jahreszeiten wechselnd wird diese Vorspeise entweder mit Löwenzahn, Rucola, Frisée oder auch gemischten Salaten serviert. Verwendet man im Frühjahr hauptsächlich oder ausschließlich Löwenzahnsalat und auch die festeren und rauheren grünen Blätter, nennt man in Lyon diesen Salat auch *Groins d'âne aux lardons:* Eselsschnauze mit Speck.

Zutaten für 4 Personen:
Blattsalat nach Wahl (am besten mehrere Sorten gemischt), 4 Eier, 100 g grobgewürfelter Räucherspeck, 8 Scheiben Baguette, 4 EL Butter, 1–2 halbierte Knoblauchzehen, 1 EL Weinessig
Zum Würzen: Vinaigrette (siehe vorhergehendes Rezept)
Zubereitungszeit: 25 Minuten

Salat waschen, putzen und abtropfen lassen. Die Eier wachsweich kochen, schälen und halbieren. Die Brotscheiben in etwas Butter anrösten und danach mit Knoblauch einreiben, beiseite legen. Die Speckwürfel in Butter kräftig anbraten und mit Essig löschen.
Nun den Salat in eine Salatschüssel geben und mit der Vinaigrette würzen, die Brotscheiben in grobe Stücke brechen, noch mal in der Pfanne kurz erhitzen und über den Salat streuen. Die Eier auf dem Salat anordnen und zum Schluß die heißen Speckwürfel mit ihrer Sauce über allem verteilen.

Variation: Statt Eier und Speck werden kurz angebratene Stücke von der Hühnerleber auf den Salat gelegt, wobei der Bratfond auch mit Essig gelöscht und über den Salat gegeben wird.

Salade de dents de lions aux oreilles de cochons
Löwenzahnsalat mit Schweineohren

Während im übrigen Frankreich der Löwenzahnsalat *pissenlit* heißt, wird er hier im Lyonnais mit phantasievollen Namen belegt, wie Sie beim vorhergehenden Rezept sehen können. Die Phantasie ist am Werk in Lyon, nicht nur bei der Namensgebung der Lebensmittel. Aus Schweineohren, anderenorts nur Hundefutter, wird hier eine echte Köstlichkeit gezaubert.

Zutaten für 4 Personen:
600 g Löwenzahnsalat, 2–3 Schweineohren, Vinaigrette (siehe Seite 209)
Für den Sud: 2 Karotten, 2 Stangen Lauch, 2 Zwiebeln, 1 Bouquet garni aus Lorbeer, Thymian und Petersilie, 5 Gewürznelken, einige weiße Pfefferkörner
Zum Panieren: 2 Eier, 4 EL scharfer Dijonsenf, Semmelbrösel, Butter zum Ausbraten
Zubereitungszeit (ohne Wartezeit): 30 Minuten

Die Schweineohren zweimal in kochendem Wasser blanchieren und abgießen. Dann mit frischem Wasser, dem geputzten Gemüse und den Gewürzen für den Sud aufsetzen und 2–3 Stunden kochen. Abkühlen lassen, die äußere Haut entfernen und in mundgerechte Stücke schneiden.
Die Eier mit dem Senf verquirlen. Das Fett in der Pfanne erhitzen, aber nicht braun werden lassen. Die Schweineohren in die Eiermischung tauchen, dann in den Semmelbröseln wälzen und im Fett ausbacken.
Den Löwenzahnsalat mit der Vinaigrette würzen. Auf dem Salat die frischen, noch heißen Schweineohren servieren.

Salade de pieds de mouton
Salat von Lammfüßen

Salätchen aus allem und jedem und möglichst mehrere gleichzeitig, damit man die genußvolle Qual der Wahl hat, das ist ein Hors-d'œuvre, wie es der Bewohner des Lyonnais siebenmal in der Woche liebt. Ein Kartoffelsalat aus kleinen speckigen Kartoffeln mit Scheiben der Sabodet und etwas Schnittlauch in der Vinaigrette gehört dazu. Auch der Wurstsalat aus der Cervelas, angemacht mit Zwiebelchen und in Scheiben geschnittenen Cornichons und ein Salat aus Ochsenmaul, wie auch wir ihn in jeder Metzgerei kaufen

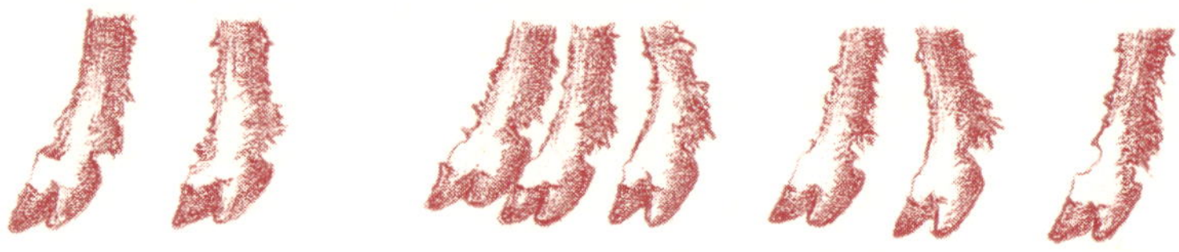

können, bestreut mit gehackter Petersilie. Und als besondere Spezialität der Salat aus dem in ganz feine Streifen geschnittenen Pansen. Es ist nicht üblich bei uns, aber wenn Sie Anhänger von Innereien sind, lassen Sie sich vom Metzger einen gebrühten Teil des Pansen geben und probieren es aus. Den Salat aus dem Rindermagen sollten Sie schon am Morgen vor dem Essen in die Vinaigrette mit reichlich Senfzugabe legen, damit er gut durchziehen kann. Vor dem Servieren wird er mit frischgehacktem Schnittlauch, Kerbel und Petersilie bestreut. Der wichtigste und wohl auch traditionellste in der Reihe dieser Salate ist allerdings der Salat aus Lammfüßen.

Zutaten für 4 Personen:
2 l Wasser, 2 EL Mehl, 6–8 Lammfüße, gehackte Petersilie zum Garnieren
Für die Remoulade: 3 Eigelb, 1 EL Senf, 200 ml Erdnußöl, 2 EL Crème fraîche, 1 EL Weißweinessig, 1 feinstgewürfelte Schalotte, die gehackten Blätter von je 5 Petersilien- und Kerbelstielen, 6 gewürfelte Cornichons, 2 EL Kapern, Salz und Pfeffer
Zubereitungszeit (ohne Wartezeiten): 20 Minuten

Etwas Wasser mit dem Mehl verrühren, zu dem Rest Wasser geben und zum Kochen bringen. Die gewaschenen Lammfüße in das Wasser geben und 2–3 Stunden köcheln lassen.
Für die Remoulade in einer rutschfesten Schüssel (wenn Sie keine Schüssel

mit Gummifuß haben, stellen Sie Ihre Rührschüssel auf ein feuchtes Schwammtuch) die Eigelb, Senf, Salz und Pfeffer mit dem Schneebesen verrühren. Langsam unter ständigem Rühren das Öl einlaufen lassen, die Crème fraîche und zum Schluß noch den Essig einrühren. In diese cremige Sauce die restlichen Zutaten unterheben, nochmals abschmecken.
Die Lammfüße aus dem Kochsud heben, etwas abkühlen lassen, bis Sie sie anfassen können. Das Fleisch noch warm von den Knochen lösen und in eine Schüssel legen. Die Remouladensauce mit dem Fleisch vermischen und 2 Stunden an einem kühlen Platz, aber nicht unbedingt im Kühlschrank ziehen lassen. Vor dem Servieren mit frisch gehackter Petersilie bestreuen.

Tête de veau
Kalbskopf

Es ist in normalen Haushalten fast nicht möglich, einen Kalbskopf zu kochen. Daher sollten Sie versuchen, schon gebrühte Stücke davon, am besten die Backen, bei Ihrem Metzger zu kaufen. Diese legen Sie dann nur noch 30 Minuten in den Sud, damit das Fleisch den Geschmack der Gewürze annimmt:.

Zutaten für 4 Personen:
1 küchenfertiges Kalbshirn, 1 Kalbszunge, Stücke vom Kalbskopf (ca. 600 g), frisch gehackte Petersilie zum Garnieren
Für den Sud: 3 l Wasser, 1 Karotte, 1 Zwiebel mit 3 Nelken besteckt, 1 Stange Lauch, 1 Bouquet garni aus Lorbeer, Thymian und Petersilie, ½ Zitrone, Pfefferkörner und Salz
Zubereitungszeit: 1½ Stunden

Das Kalbshirn wässern; dazu am besten das Hirn in eine größere Schüssel mit Wasser legen und frisches Wasser in kleinem Strahl ständig zulaufen lassen.
Den Sud mit allen Zutaten zum Kochen bringen. Als erstes die Zunge einlegen und insgesamt 90 Minuten kochen. Nach 60 Minuten die Stücke vom Kalbskopf dazugeben und nach 70 Minuten das Kalbshirn obenauf legen und auf kleinster Flamme mitkochen lassen.
Den Topf vom Herd nehmen, die Zunge vorsichtig herausheben, kurz abkühlen lassen und häuten. Zum Aufwärmen wieder in den Sud legen.

Die Zunge in Scheiben schneiden und mit den Kalbskopfstücken und dem Hirn auf einer vorgewärmten Platte anrichten. Mit dem heißen Sud begießen und mit der Petersilie bestreut servieren.
Dazu die Remouladensauce aus dem vorhergehenden Rezept und Brot servieren. Wenn Sie es als Hauptgericht essen wollen, reichen Sie gekochte Kartoffeln dazu.

Boudin aux pommes
Blutwurst mit Äpfeln

Blutwürste werden in ganz Frankreich gerne gegessen, im Lyonnais sind sie aber besonders schmackhaft, denn die Metzger bereiten sie mit Kräutern zu.

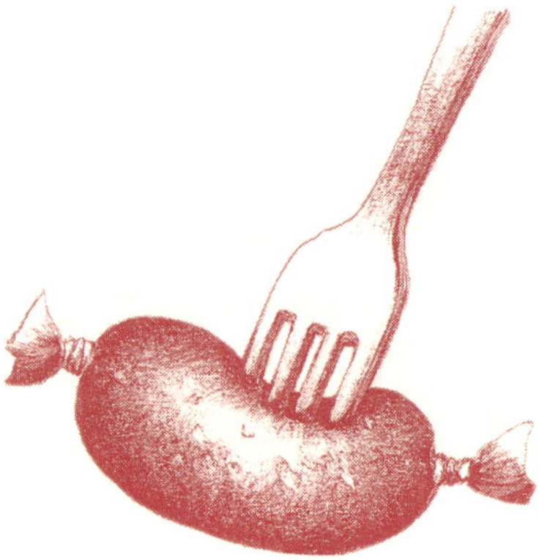

Zutaten für 4 Personen:
6 säuerliche Äpfel (Reinettes), 2 EL Butter, 4 Blutwürste, 1 EL Schweineschmalz, Salz und Pfeffer
Zubereitungszeit: 20 Minuten

Die Äpfel schälen, entkernen und achteln. Die Butter in einer Pfanne erhitzen und die Äpfel langsam glasig dünsten; salzen und pfeffern. Gleichzeitig die Blutwürste mit der Gabel von allen Seiten leicht einstechen und im Schweineschmalz rundum anbraten. Nun die Äpfel in eine vorgewärmte Auflaufform geben und die Blutwürste mit ihrem Fett auf die Äpfel legen.
Sofort mit Brot servieren. Als Hauptgericht werden die Boudins mit Salzkartoffeln serviert.

Gâteau de foie de volailles
Geflügellebersoufflé mit Tomatensauce

Hühnerlebern sind und waren schon immer billig, und so ist die folgende Vorspeise ein traditionelles Essen, das aber nur zu Feiertagen als Vorspeise gegessen wurde. Am täglichen Familientisch ist dies, in etwas größeren Ausmaßen und mit einer Kartoffelbeilage, der Hauptgang.

Zutaten für 4 Personen:
3 Scheiben Toastbrot, 125 ml Milch, 4 helle Hühnerlebern, 2 Schalotten, 4 Eier (trennen), die sehr fein gehackten Blätter von je 10 Petersilien- und Kerbelzweigen, Salz und Pfeffer, Butter für die Form
Für die Tomatensauce: 10 geschälte, entkernte und gewürfelte Tomaten, 3 feingehackte Schalotten, 1 EL Butter
Außerdem: grüne Oliven zum Servieren
Zubereitungszeit: 40 Minuten

Das Backrohr auf 220° vorheizen.
Das Toastbrot in der Milch einweichen und dann ausdrücken, zerpflücken und auf kleinster Flamme unter Rühren etwas trocknen lassen. Anschließend die Lebern und die Schalotten miteinander fein hacken und die Eigelb, die Kräuter und das Brot einrühren. Mit Salz und Pfeffer abschmekken. Die Eiweiß zu festem Schnee schlagen und vorsichtig unter die Lebermasse heben. Eine dick gebutterte Soufflé- oder Auflaufform mit der Masse füllen und im Rohr in 15–20 Minuten braun backen.
In dieser Zeit die Schalotten für die Sauce in Butter andünsten, die Tomaten hinzufügen, mit Salz und Pfeffer würzen, auf starker Flamme aufkochen. Die Tomatensauce auf eine runde Platte geben, den Gâteau de Foies aus der Form lösen und darauf betten und mit grünen Oliven umlegt servieren.

Œufs à la tripe
Eier in Zwiebelsauce

Diese Vorspeise oder das kleine Zwischengericht kommt trotz des Namens ganz ohne Fleisch aus. Die Kaldaunenhändler sollen es ganz besonders geliebt, ja sogar erfunden haben, und nach ihnen ist es benannt.

Zutaten für 4 Personen:
400 g Zwiebeln, 80 g Butter, 3 EL Mehl, 150 ml entfettete Hühnerbrühe, 150 ml Milch, 6 Eier, Salz, Pfeffer und Muskatnuß
Zubereitungszeit: 30 Minuten

Die Zwiebeln halbieren und in dünne Scheiben schneiden, in kochendem Salzwasser 3 Minuten blanchieren, abgießen und abtropfen lassen. In einen Topf mit glattem Boden geben und bei sanfter Hitze unter Rühren die Flüs-

sigkeit verdampfen lassen. Nun die Butter dazugeben und mit den Zwiebeln dünsten, mit dem Mehl bestäuben und mit der Brühe löschen. Dabei ständig rühren. Nun die Milch dazugießen und alles 15 Minuten köcheln, mit den Gewürzen abschmecken.
Inzwischen die Eier kochen und warm stellen. Die Sauce in eine vorgewärmte Auflaufform geben, die Eier in Scheiben schneiden, darauf verteilen und etwas in die Sauce drücken. Sofort servieren.

Suppen, Hechtklößchen und Karden

Dieser Abschnitt ist etwas ungewöhnlich in seiner Zusammenstellung, aber ich habe hier die Minderheiten der Küche im Lyonnais vereint, damit sie etwas stärker zur Geltung kommen. Es gibt nicht viele spezielle Fisch- oder Gemüsegerichte, aber die wenigen sind unvergleichlich gut.
Bei den Suppen steht natürlich an erster Stelle die **Gratinée lyonnaise**, die im Ofen überbackene Zwiebelsuppe. Hier stand ich vor der schwierigen Entscheidung, welcher Region ich sie zuordnen sollte, denn sie wird im Lyonnais und in der Bourgogne auf die gleiche Art zubereitet und mit der gleichen Leidenschaft als eigenes Kulturgut verteidigt. Der einzige Unterschied liegt darin, daß im Lyonnais die Zwiebeln eher in Ringe, in der Bourgogne eher in Würfel geschnitten werden. Von den Zutaten her erscheint mir die Zwiebelsuppe mit ihrer stärkenden und aufwärmenden Kraft in eher bäuerlichen Haushalten beheimatet, und daher finden Sie das Rezept im Kapitel Burgund auf Seite 171.

Soupe au potiron
Kürbissuppe

Nicht in allen Regionen Frankreichs wird die größte Gemüsepflanze, der Kürbis, in der Küche verwendet. Im Lyonnais bereitet man mit Kartoffeln gemischt ein farblich und geschmacklich hervorragendes Kürbispüree, und auch ein Kürbisgratin wie in der Provence steht auf den Speiseplänen der Familien. An erster Stelle aber steht die Kürbissuppe, die cremig und goldgelb aussieht und eine Mahlzeit auf sehr angenehme und freundliche Art eröffnet.

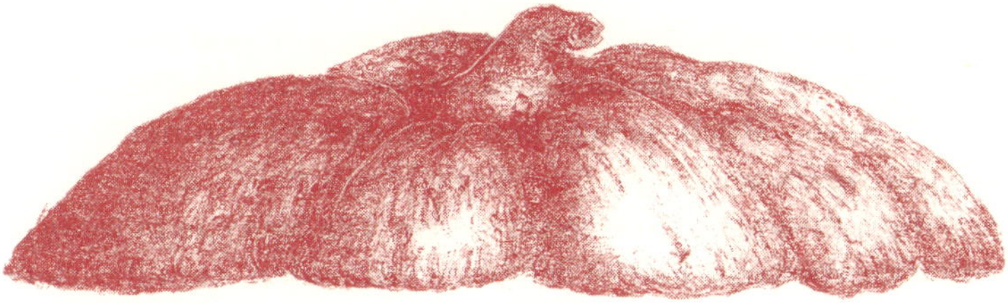

Zutaten für 4–6 Personen:
1 Kürbis von ca. 3 kg, 1 l Hühnerbrühe,
200 g Crème fraîche oder Crème double,
Salz und Pfeffer, geriebene Muskatnuß
Zubereitungszeit: 60 Minuten

Von dem Kürbis einen Deckel abschneiden und die Frucht vorsichtig aushöhlen, so daß noch eine ausreichend dicke Wand übrigbleibt. Die Fäden und die Kerne wegwerfen, das feste Fruchtfleisch in Würfel schneiden und in wenig Salzwasser 20 Minuten weich dämpfen. Die Kürbiswürfel abtropfen lassen und durch ein Sieb streichen oder in den Mixer geben und fein pürieren. Die Hühnerbrühe zum Kochen bringen und das Kür bispüree mit dem Schneebesen einrühren. Die Crème fraîche dazugeben, mit den Gewürzen abschmecken und noch mal kurz aufkochen. Die fertige Suppe in dem ausgehöhlten Kürbis servieren.
Zur Verfeinerung und je nach Geschmack gibt man feingehackten Kerbel, geriebenen Käse oder frisch geröstete Croûtons auf die Suppe, manchmal auch alles zusammen. Probieren Sie es aus, die Suppe schmeckt in jeder Version.

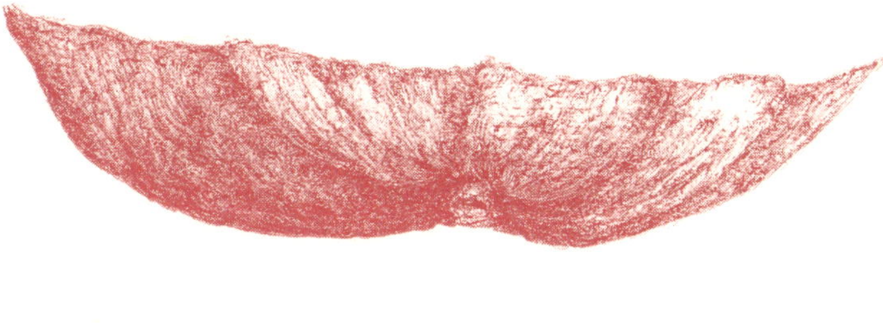

Gratin de cardons à la moëlle
Kardengratin mit Markscheiben

Mit dem Gemüse halten es die Bewohner Lyons so ähnlich wie ihre Nachbarn im Burgund; sie machen daraus keine eigenständigen Gerichte, sondern geben es als Geschmacksverstärker und schmückendes Beiwerk zu ihren Fleischgerichten.
Bei den Karden haben sie eine Ausnahme gemacht. Wieder einmal waren es die Italiener, die es mitbrachten, und zwar zur Hochzeit der Marie von Medici mit Henri IV im Jahre 1600. Dieses Distelgemüse wurde eine wahre Spezialität im Lyonnais und wird bis heute als eigenständiges Gemüse-Zwischengericht bei allen Familienfesten serviert. Nördlich von Lyon, rund um Villefranche, stehen riesige Felder voll mit Karden. Bei dem Anblick der stacheligen Schöpfe, die aus ihren Umhüllungen ragen, haben sich unsere Kinder und wir auch immer wieder gefragt, wie hungrig der Mensch wohl war, der als erster diese Distel gekocht hat. Denn der Anblick der Pflanze läßt nicht erahnen, wie gut sie schmeckt.

Zutaten für 4 Personen:
1,5 kg Karden, Saft von 2 Zitronen
Für die Velouté: 60 g Butter, 1 Zwiebel, geviertelt und in dünne Scheiben geschnitten, 60 g Mehl, ½ l Hühnerbrühe, 400 g Crème fraîche, Mark von 3–4 Rindermarkknochen in Scheiben geschnitten, Salz und Pfeffer
Zubereitungszeit: 60 Minuten

Die Karden schälen, darauf achten daß die Fasern alle entfernt sind, und in fingerlange Stücke schneiden. Sofort in Wasser mit Zitronensaft legen und eine Stunde kochen. Wenn man die Karden länger liegenläßt, werden sie schwarz, also immer gleich in Zitronenwasser legen und beim Schälen Handschuhe anziehen.
Während die Karden garen, bereitet man die Velouté zu. Die Butter zerlassen, die Zwiebel kurz andünsten und mit Mehl überstäuben. Unter ständigem Rühren anschwitzen, dann mit der Hühnerbrühe löschen und mit Salz und Pfeffer abschmecken. Die Crème fraîche einrühren und die fertiggekochten, abgetropften Karden unterheben. Noch einmal abschmecken und in eine gebutterte Auflaufform geben. Die Markscheiben auflegen und das Ganze unter dem Backofengrill goldbraun überbacken.

Gratin de macaronis
Makkaronigratin

Weil in französischen Kochbüchern immer die Beilagen im Kapitel der Gemüse auftauchen, möchte ich die beliebteste Beilage Lyons auch hier einfügen. Das Makkaronigratin gehört wie so vieles andere der Küche Lyons sicher auch zu dem italienischen Erbe und wird an Festtagen gerne als Beilage zu Fleischgerichten gegessen. Im täglichen Leben, in einem Haushalt mit Kindern vor allem, ist dieser Auflauf mit Salat gereicht ein beliebtes Mittagessen.

Zutaten für 4 Personen:
500 g Makkaroni, 3 EL Butter, 3 EL Mehl, 500 g Sahne, 150 g geriebener Käse (100 g Comté, 50 g Parmesan), Salz, Pfeffer und reichlich Muskatnuß
Zubereitungszeit: 30 Minuten

Die Makkaroni in reichlich Salzwasser bißfest kochen. Kalt abspülen und abtropfen lassen.
Das Backrohr auf 200° vorheizen.
In einem Topf die Butter zum Schmelzen bringen, das Mehl einrühren und unter ständigem Rühren mit der Sahne löschen und zum Kochen bringen. Zwei Drittel des geriebenen Käses einrühren und mit Salz, Pfeffer und Muskatnuß würzen. Die Makkaroni in eine gebutterte Auflaufform legen, die Sauce gleichmäßig darüber verteilen, mit dem restlichen Käse bestreuen und 10–15 Minuten goldbraun überbacken.

Quenelles de brochet
Hechtklößchen

Die Quenelles de brochet gehören zu Lyon wie die Kirche Notre-Dame de la Fourvière. Sie werden in ganz Frankreich gegessen, aber jeder weiß, daß sie in Lyon beheimatet sind.

Zutaten für 4 Personen:
600 g Hechtfilet ohne Haut (am besten von Fischhändler herrichten lassen), 4 Eier, 1 Eiweiß, 300 g eisgekühlte Sahne, 100 g eisgekühlte Butter, Pfeffer und Salz, nach Wunsch entweder 1 Prise Muskat oder Cayennepfeffer
Zubereitungszeit (ohne Wartezeiten): 40 Mintuen

Mit den Hechtklößchen fängt man am Abend vorher an. Das Fischfleisch zerpflücken und alle Gräten entfernen. Das Fischfleisch in einen Mixer geben, langsam die Eier und die Sahne dazumixen. Dann Stück für Stück die eiskalte Butter einarbeiten, bis eine glatte Masse entstanden ist, die gewürzt wird und sofort wieder in den Kühlschrank wandert und dort über Nacht bleibt.
Einen großen Topf Wasser zum Kochen bringen. Mit Eßlöffeln, die immer wieder in kaltes Wasser getaucht werden, die Klößchen formen. Die Klößchen ins siedende Wasser geben und in rund 15 Minuten leise gar ziehen lassen.
Die Hechtklößchen werden auf vorgewärmten Tellern oder Platten serviert und mit Sauce übergossen, zum Beispiel mit heißer Butter oder mit der klassischen Beurre blanc (s. Seite 116).

Morue à la crème
Stockfisch in Sahne

Wie im ganzen Süden Frankreichs wird auch im Lyonnais Stockfisch gegessen. Hier ein ganz besonderes Rezept von Madame Mijo Chirat, deren Leben ganz der Erhaltung der gastronomischen Tradition des Lyonnais gewidmet ist und deren Einladungen am häuslichen Tisch berühmt sind. In ihrer Familie und in der ihres Mannes werden die Rezepte seit Generationen weitergegeben und unverändert gekocht. Wenn Sie den bei uns in Deutschland etwas unüblichen Stockfisch kennenlernen wollen, rate ich Ihnen zu diesem Rezept.

Zutaten für 4–6 Personen:
750 g gesalzener Stockfisch, 1 Zwiebel, 1 Bouquet garni aus Lorbeer und Thymian, 1 Knoblauchzehe, 6 Kartoffeln (z.B. Bintje), 100 ml Milch, 250 g Crème fraîche, Salz und Pfeffer
Zubereitungszeit: 90 Minuten
Einweichzeit für den Stockfisch: 1 Nacht

Am Abend vorher den Stockfisch in kaltem Wasser einweichen, das Wasser mehrmals wechseln. Am nächsten Tag die Zwiebel und das Bouquet in reichlich Wasser 15 Minuten auskochen. Den Stockfisch in diesem Sud etwa 15 Minuten leise simmern lassen.
Das Backrohr auf 200° vorheizen.
Eine Gratinform kräftig mit der Knoblauchzehe ausreiben und großzügig buttern. Kartoffeln schälen und in Scheiben schneiden. Abwechselnd eine Lage Kartoffelscheiben und eine Lage Stockfisch dachziegelartig einschichten; mit Kartoffeln abschließen. Milch und Crème fraîche mischen, salzen und pfeffern und über den Auflauf gießen. Das Gratin etwa eine Stunde braun backen.

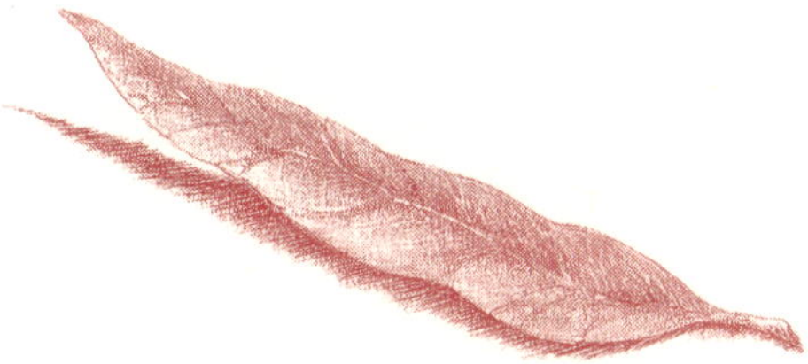

Hühner, Krebse und Frösche und auch ein bißchen Hase

Das vielgeliebte französische Kleinvieh … hier im Lyonnais hat man daraus wahre gastronomische Köstlichkeiten gemacht, die am Ruhm der *cuisine française* maßgeblich beteiligt sind und zum Festtagsprogramm der Haushalte ganz Frankreichs gehören. Beginnen wir bei den Hühnern, die natürlich aus der Bresse kommen und natürlich von hervorragender Qualität sind, und auch sein sollten, wenn Sie die Rezepte zu Hause nachkochen.

Poulet au vinaigre sans cinéma
Huhn mit Essig

Ob das Poulet au vinaigre wirklich aus dem Lyonnais stammt, ist umstritten, aber auch nicht so wichtig. Wichtig ist, daß es hier durch die ständige Konkurrenz der besten Köche, die in Lyon um die Gunst ihres anspruchsvollen Publikums buhlen, zu seinem gastronomischen Höhepunkt geführt wurde. Hier nun die traditionelle Variante, wobei *sans cinéma* nur bedeutet, daß es ohne Wein zubereitet wird.

Zutaten für 4 Personen:
1 Freilandhahn aus der Bresse von ca. 2 kg, 3 Zwiebeln, 2 Tomaten, 100 g Speck, 2 EL Erdnußöl, 2 EL Butter, einige Thymianzweige, 100 ml Sherryessig, Salz und Pfeffer
Zubereitungszeit: 60 Minuten

Das Geflügel waschen und in 8–10 Stücke teilen. Die Zwiebeln in Streifen schneiden, die Tomaten häuten und grob würfeln, den Speck ebenfalls in Würfel schneiden.
Das Fett in einem Schmortopf erhitzen und die Hähnchenteile von allen Seiten langsam, golden anbraten. Zwiebeln, Speck und Thymian dazugeben und 10 Minuten mitdünsten, dann die Tomaten dazugeben. Deckel schließen und alles 30 Minuten sanft schmoren. Immer wieder wenden, damit nichts anbrennt. Jetzt mit dem Essig löschen, salzen und pfeffern und nochmals 15 Minuten schmoren lassen.

Zugelassene Variante: Nach dem Essig noch Kalbsfond zu dem Huhn geben und damit die Sauce runder und intensiver gestalten.

Poularde de Bresse demi-deuil
Poularde mit Trüffeln

Nun zur Krönung der Kochkunst rund ums Huhn. Der Name ist sehr bildhaft, heißt doch *demi-deuil* wörtlich übersetzt Halb-Trauer. Das Huhn trägt mit seinen schwarzen Trüffelflecken in der weißen Haut nur teilweise Schwarz. Für dieses Gericht werden prinzipiell Poularden aus der Bresse verwendet, die dort mit Mais gemästet werden und deshalb ein besonders zartes und saftiges Fleisch besitzen. Dieses Rezept zeigt, wie sehr Lyon es verstanden hat, die Ressourcen anderer Provinzen zu nutzen: Das Fleisch kommt aus der Bresse, die Trüffel aus der Provence – von jedem Nachbarn das Beste für den Festtagsschmaus der Stadt.

Zutaten für 4 Personen:
1 küchenfertige Poularde, 6 Karotten, 2 Lauchstangen, 2–3 Selleriestengel, 3 Navetrübchen, 1 Bouquet garni aus Petersilie, Thymian und Lorbeerblättern, 1 Zwiebel mit 2 Nelken besteckt, 1 frische schwarze Trüffel, in Scheiben geschnitten, 60 g Butter, 60 g Mehl, 100 g Sahne, 2 Eigelb, Salz
Zubereitungszeit: 2 Stunden

Hals, Kopf sowie die Füße von der Poularde abtrennen und in einem großen, hohen Topf (die ganze Poularde sollte gerade hineinpassen) mit 3 Liter Wasser aufsetzen. Zusammen mit dem geputzten und in größere Stücke geschnittenen Gemüse, dem Bouquet garni, der Zwiebel und etwas Salz 25 Minuten kochen. Dann das Gemüse vorsichtig herausheben und beiseite stellen.
Währenddessen mit einem spitzen Messer auf der Bauchseite sowie auf der Keule und den Oberschenkeln tiefe Taschen zwischen Haut und Fleisch der Poularde schlitzen, in die man die Trüffelscheiben steckt. Nun die Poularde in die Bouillon geben und bei geschlossenem Deckel 1½ Stunden leise köcheln lassen.
Für die Sauce in einem Topf die Butter schmelzen, das Mehl einrühren und hell anschwitzen, mit der Bouillon löschen und unter ständigem Rühren mit dem Schneebesen aufkochen lassen. Die Sahne mit dem Eigelb verrühren, hinzufügen und heiß werden, aber nicht mehr kochen lassen.
Die Gemüse in die Sauce geben und nach kurzer Aufwärmzeit die Sauce mit dem Gemüse auf eine große vorgewärmte Platte geben. Die Poularde darauf anrichten. Sollten Sie das Tranchieren bei Tisch nicht lieben, teilen Sie die

Poularde in der Küche und betten die Poulardenstücke mit der getrüffelten Seite nach oben auf die Sauce. Dazu wird Reis gereicht.

Variation: Man nimmt die Leber und den Magen der Poularde und hackt die Innereien zusammen mit einem Bund Petersilie sehr fein. Dann vermischt man das Gehackte mit in Milch eingeweichtem und anschließend ausgedrücktem Toastbrot, einem Ei und etwas kleingehackter Trüffel; salzen und pfeffern. Aus dieser Farce eine Kugel formen und in das Innere der Poularde stopfen. Die Poularde zunähen und anschließend wie oben verfahren. In diesem Fall die Poularde in der Küche tranchieren und die Füllung getrennt servieren.

Gratin du chanoine
Gratin aus Flußkrebsen und Froschschenkeln nach Domherrenart

Heute klingt jedes Gericht mit Flußkrebsen sehr exklusiv. Früher gab es in den Flüssen und Bächen ganz Frankreichs jedoch so große Vorkommen von Flußkrebsen, daß sie durchaus zur Ernährung der bäuerlichen Familien gehörten. Zur Saison im Sommer wurden die Krebse zu Türmen gehäuft serviert, und die ganze Familie saß um den Tisch und brach und pulte und saugte das Krebsfleisch aus den roten Panzern.
In den zahlreichen Teichen rund um die Dombes werden heute Krebse und Frösche, die genau wie die Krebse früher in die ländliche Küche gehörten, gezüchtet. So ist es heute zwar ein teurer Spaß, aber zu besonderen Gelegenheiten verzichtet niemand im Lyonnais auf Flußkrebse oder Froschschenkel. Wenn nun Froschschenkel und Flußkrebse in einem Gericht zusammenkommen, dann ist es etwas für Fürsten oder Domherren oder eben für die, die wissen, was gut ist.

Zutaten für 4 Personen:
1 kg Froschschenkel, 1 kg Flußkrebse, 1–2 EL Keimöl, 40 ml Cognac, 2 extrafeingehackte Schalotten, 125 ml Weißwein, 300 g Sahne, 1 Bouquet garni aus Petersilie, Thymian, Estragon und wenig Lorbeer, etwas Keimöl
Zubereitungszeit: 30 Minuten

Die Froschschenkel über Dampf garen.
Von den Flußkrebsen mit einem kräftigen, nach oben gerichteten Ruck an der mittleren Schwanzflosse den Darm entfernen.
Anschließend in einer weiten Pfanne das Öl erhitzen und die Krebse von allen Seiten anbraten, dann mit Cognac löschen. Krebse aus der Pfanne nehmen, schälen und wieder in die Pfanne setzen. Zusammen mit den Schalotten kurz dünsten, mit Weißwein löschen und das Bouquet garni dazugeben. Nun leise köchelnd die Sauce reduzieren, dann die Sahne aufgießen und 10 Minuten weiterköcheln lassen. Nun die Froschschenkel hineinsetzen.
Die Sauce abschmecken, alles in eine Auflaufform gießen und unter dem Backofengrill rund 5 Minuten gratinieren.

Lapin farci
Hase gefüllt

Da die Küche des Lyonnais eher durch die Bewohner einer großen Handels- und Industriestadt geprägt ist und nicht so sehr von der Tradition der ländlichen Bevölkerung, ist dies eine der wenigen Regionen Frankreichs, in denen es nicht gleich mehrere typische Rezepte für Stallhasen gibt. Dieses hier stammt aus den Bergen des Beaujolais und ist ganz besonders für eine rustikale Tafel geeignet.

Zutaten für 4 Personen:
1 ganzer küchenfertiger Hase mit Leber, Herz und Lunge, 200 g geräucherter Schinken, 200 g feingewürfelter geräucherter Speck, 200 g Wurstbrät, je 1 EL gehackte Petersilie, Kerbel und Estragon, 2 feingehackte oder durch die Presse gedrückte Knoblauchzehen, 2 EL Butter, 10 Schalotten (ganz oder halbiert), 3 Karotten in Scheiben, ¼ l Weißwein, 1 Bouquet garni aus Lorbeer, Thymian, Rosmarin (1 Zweig) und Petersilie, Salz und Pfeffer
Zubereitungszeit: 2 Stunden

Als erstes bereitet man die Füllung, indem man die Innereien des Hasen mit dem Schinken durch die grobe Scheibe des Fleischwolfes treibt und anschließend mit Speck, Brät, Kräutern und Knoblauch vermischt. Mit Salz und Pfeffer abschmecken.
Nun die Bauchhöhle des Hasen damit ausfüllen und zunähen. Den Hasen salzen und pfeffern. Die Butter in einem Schmortopf erhitzen und den Ha-

sen von allen Seiten goldbraun anbraten; Schalotten und Karotten beigeben und kurz mitdünsten. Nun mit dem Weißwein löschen, das Bouquet garni dazugeben und zugedeckt bei milder Hitze 1½ Stunden schmoren. Dazu schmeckt ein Makkaronigratin (s. Seite 219) ausgezeichnet.

Fleischgerichte, ganz nach Art des Lyonnais

Aus zwei Regionen bedienen sich die Feinschmecker der Stadt, wenn es ums Rindfleisch geht. Aus der Bourgogne holen sie sich das Charolais für alles Gebratene und für den Pot au feu aus dem Limousin die Kälber, die dort nur mit Milch von den Kühen und mit Kräutern aufgezogen werden und köstliches Fleisch liefern.

Pot au feu à la jambe de bois
Rindfleischsuppe nach Art des Lyonnais

Pot au feu »mit Holzbein« heißt das Gericht wörtlich übersetzt; verständlicher vielleicht wäre: mit Markknochen. Hier wird Kalb- und Rindfleisch gemischt, und so ist es für einen Zwei-Personen-Haushalt nicht kochbar, nie entwickelt es mit Minimengen seine volle Köstlichkeit. Kochen Sie einen großen Pot au feu, und laden Sie Ihre Freunde ein. An einem kalten Wintertag, nach einem großen Spaziergang, wenn alle ausgehungert und verfroren sind, wird der Pot au feu zu einem unvergeßlichen Erlebnis.

Zutaten für 8 Personen:
1 kg ausgelöstes Beinfleisch, 1 kg hohe Rippe, 2 Rinderbacken, 4 große Stücke vom Ochsenschwanz, 1 Kalbshaxe, 1 Kalbszunge, 8 schöne Markknochen
Für die Brühe: 3 Karotten, 2 Stangen Lauch, 1 großes Stück Sellerie, 4 ungeschälte Knoblauchzehen, 1 Zwiebel besteckt mit 3 Nelken, 1 Bouquet garni aus Lorbeer und Thymian, Salz und Pfeffer
Gemüse zum Servieren: 10 kleine Karotten, 5 kleine Stangen Lauch, 5 weiße Rübchen, 2 Pastinaken, 10 Kartoffeln
Zubereitungszeit: 4 Stunden
Kühlzeit: 1 Tag

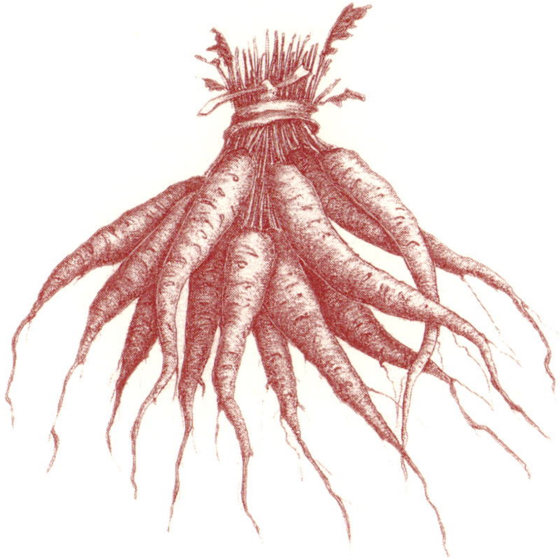

Am Tag vorher einen großen Topf Wasser aufsetzen und das geputzte Suppengemüse dazugeben, salzen und pfeffern. Sobald es siedet, das Rindfleisch hineinlegen; 30 Minuten später die Stücke vom Kalb hinzufügen. (Markknochen erst am nächsten Tag kurz vor dem Servieren in die Brühe legen.) Ohne Deckel leise kochen lassen. Nach drei Stunden den Topf vom Herd nehmen und kalt stellen.
Am nächsten Tag den Fettdeckel vorsichtig entfernen und das Fleisch aus der Brühe heben. Die Brühe durch ein Sieb in einen Topf gießen und wieder zum Kochen bringen. Jetzt das geputzte Gemüse, das später mitgegessen wird, einlegen und ganz leise eine Stunde kochen lassen. Die Kartoffeln und die Markknochen erst nach 40 Minuten dazugeben; damit das kostbare Mark sich nicht aus den Knochen löst und in den Tiefen des Suppentopfes verschwindet, am besten in ein sauberes Tuch wickeln und so mitkochen (nur, wenn das Tuch mit klarem Wasser gewaschen wurde). Zum Schluß das Fleisch einlegen und noch 10 Minuten mitsieden und heiß werden lassen.
Auf großen vorgewärmten Platten das Fleisch und das Gemüse anordnen, mit kochender Brühe übergießen und servieren. Dazu reicht man grobes Meersalz, Cornichons und in Essig eingelegte Kirschen.

Grillade marinière
Rindfleischtopf der Flußfischer

Die Schiffer auf der Rhône, die tagelang unterwegs waren und je nach Wasserstand und Strömung keine Zeit hatten, um lange am Herd zu stehen und zu rühren, haben ein einfaches und köstliches Rindfleischgericht erfunden, das von alleine kocht oder aufwärmt. Es macht auch nichts, wenn dieses Gericht länger kocht, es ist jederzeit bereit, die hungrigen und doch anspruchsvollen Mägen der Rhôneschiffer zu füllen.

Zutaten für 4 Personen:
1 kg Rindfleisch (Rumpsteak), 1 kg Zwiebeln, 3 Knoblauchzehen, 4 EL Öl, 100 ml bester Rotweinessig, 1 l guter Côtes du Rhône, Salz und frisch gemahlener Pfeffer
Zubereitungszeit: 5 Stunden

Das Backrohr auf 180° vorheizen.
Das Rindfleisch in dünne Scheiben schneiden. Die Zwiebeln in dünne Scheiben schneiden und mit dem durchgepreßten Knoblauch, Salz und Pfeffer mischen.
Eine große Auflaufform oder einen Schmortopf mit Deckel mit Öl auspinseln. Abwechselnd Zwiebeln und Fleischscheiben einschichten. Mit Zwiebeln beginnen und enden. Essig und Rotwein mischen und über die Komposition gießen. Den gut schließenden Topf 3–4 Stunden ins heiße Backrohr stellen.
Der Schmortopf kommt auf den Tisch und wird erst geöffnet, wenn alle sitzen. Dazu serviert man Kartoffelbrei oder frische Bandnudeln.

Variation: Dieses Gericht schmeckt, so einfach es ist, ganz hervorragend; noch etwas aromatischer wird es, wenn man das Fleisch vor dem Kochen eine Nacht in eine Marinade aus Rotwein und Essig wie oben, 3 Lorbeerblättern, 3 Nelken, 1 Orangenschale, geriebener Muskatnuß und Knoblauch einlegt. Wenn die Schichten im Topf sind, gießt man mit der Marinade auf, entfernt aber vorher die Orangenschale und die Nelken.

Ragoût de béatilles
Ragout mit Hahnenkämmen

Diese duftenden Ragouts und Gratins aus allen möglichen Innereien sind die wahren Spezialitäten Lyons. Ein sehr altes Rezept ist das Ragout aus Hahnenkämmen, Herzen, Nieren und eventuell auch Lebern der großen Bresse-Hühner. Diesem Ragout wurde eine stark aphrodisische Wirkung zugeschrieben, und so kam es, daß Madame du Barry es fast täglich Louis XV vorsetzte, um seine Leidenschaft für sie neu zu entfachen.

Zutaten für 4 Personen:
4 EL Weißweinessig, 3 EL Mehl, 300 g Hahnenkämme, 2–3 EL Butter, 200 g gewürfelter Speck, 200 g Champignons in Scheiben, 200 g Karotten in Scheiben, 3 feingewürfelte Schalotten, 200 g Hühnernieren, 200 g Herzen von Hähnen, 1 Flasche bester Rotwein (Côte du Rhône oder Beaujolais), 1 Bouquet garni aus Thymian und Lorbeer, 1 durchgepreßte Knoblauchzehe, 1 gewürfelte Zwiebel, 1 EL Zucker, Salz und Pfeffer
Zubereitungszeit (ohne Wartezeit): 40 Minuten

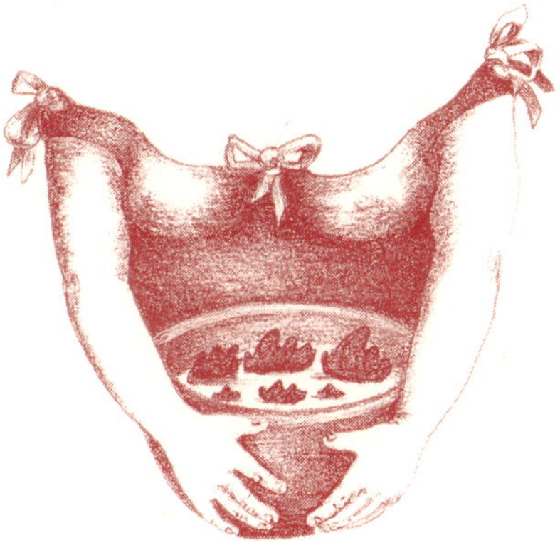

In einem großen Topf 2 Liter Wasser mit Essig und 2 Eßlöffeln Mehl zum Kochen bringen; die Hahnenkämme darin weich kochen. Herausnehmen, abkühlen lassen und die Haut entfernen.
In einer Pfanne etwas Butter erhitzen und die Speckwürfel und Champignons anbraten. Aus dem Fett nehmen und beiseite stellen.
In der gleichen Pfanne die Karotten und die Schalotten andünsten und die Kämme, Nieren und Herzen dazugeben, mit dem Rest Mehl bestäuben, leicht ansetzen lassen und mit dem Rotwein löschen. Das Bouquet garni und die Knoblauchzehe hinzufügen, salzen und pfeffern. Das Ragoût in einen Topf geben und leise vor sich hin köcheln lassen, bis sich die Sauce reduziert hat.
Nun in der Pfanne die Zwiebel in etwas Butter andünsten, zuckern und karamelisieren lassen. Diese Zwiebeln, den Speck und die Champignons zum Ragoût geben und alles zusammen 15 Minuten leise schmurgeln lassen. Dazu reicht man gerne Kürbispüree.

Gratin de tripes à l'ancienne
Kutteln gratiniert nach alter Art

Zutaten für 4 Personen:
4 EL Öl, 4 Karotten in Scheiben, 2 gewürfelte Zwiebeln, 4 durchgepreßte Knoblauchzehen, 4 geschnürte Päckchen aus der entfetteten Schwarte vom Schwein, 1 roher Kalbsfuß (vom Metzger spalten lassen), 1 kg gemischte vorgekochte Tripes (Pansen, Kutteln und Gekröse vom Kalb; beim Metzger gesotten bestellen), 4 gehäutete und gewürfelte Tomaten, 2 EL Tomatenmark, 150 g dunkler Kalbsfond (aus dem Glas), 1 Flasche Beaujolais, 1 Bouquet garni aus 2 Thymianzweigen 2 Rosmarinzweigen und Lorbeer, 8 Kartoffeln, 100 g geriebener Gruyère, Salz und Pfeffer, gehackte Petersilie zum Servieren
Zubereitungszeit: 4 Stunden

Das Öl in einem Schmortopf erhitzen und darin Karotten, Zwiebeln, Knoblauch, die Päckchen aus Schwarte und den Kalbsfuß sanft andünsten. Dann die Tripes, die Tomaten, das Mark dazugeben, unter vorsichtigem Rühren mitdünsten, salzen und pfeffern. Nun mit dem Fond und dem Beaujolais löschen, das Bouquet garni beigeben und alles 3 Stunden leise köcheln lassen.
In der Zeit die Kartoffeln schälen und etwa 10 Minuten kochen.
Das Rohr auf der höchstmöglichen Stufe vorheizen.
Jetzt eine Gratinform ausfetten, die Tripes mit ihrer Sauce hineingeben und die Kartoffeln dazwischenstecken. Mit Käse bestreuen und alles im Ofen 20 Minuten überbacken. Mit gehackter Petersilie bestreuen und sofort servieren.

Gras-double à la lyonnaise
Rinderpansen nach Art des Lyonnais

Zum Abschluß dieses Kapitels nun der schon besprochene Pansen vom Rind oder der noch zartere vom Kalb. So und nicht anders bereiteten schon die Seidenweber dieses Gericht, und das Rezept legte die Basis zu allen folgenden Kreationen dieser Art.

Zutaten für 4 Personen:
800 g Pansen (beim Metzger schon geputzt und gebrüht bestellen), Schweineschmalz zum Braten, 400 g feingeschnittene Zwiebeln, 100 ml Weißwein, 1 EL Weinessig, Salz und Pfeffer, Petersilie zum Servieren
Zubereitungszeit: 30 Minuten

Den Pansen noch einmal gründlich reinigen und in schmale Streifen schneiden. Diese kurz in kochendemWasser blanchieren, gut abtropfen lassen und trockentupfen.
In einer Pfanne Schweineschmalz erhitzen und die Zwiebelstreifen anbraten. Bei ständigem Rühren dafür sorgen, daß sie braun, aber nicht schwarz werden. Aus dem Fett nehmen und beiseite stellen.
Anschließend in der Pfanne wieder etwas Schweineschmalz erhitzen und bei starkem Feuer die Pansenstreifen anbraten, salzen und pfeffern. Die Zwiebeln dazugeben und mit dem Weißwein löschen. Noch etwas köcheln lassen und unmittelbar vor dem Servieren den Essig dazugeben und alles mit frischer Petersilie bestreuen. Sehr heiß zu Tisch bringen.

Die Desserts

Manchmal ist es nicht genau auszumachen, in welcher Region sich ein Rezept zuerst so ausgebreitet hat, daß man es zum Allgemeingut erklären kann. Viele dieser regionalen Erfindungen haben sich, weil sie so gut waren, in Windeseile in ganz Frankreich etabliert, und es ist schon deswegen nicht einfach, die Wurzeln zu finden, da niemand zugeben will, das Rezept einer anderen Region vereinnahmt zu haben. Bei einigen Rezepten ist jedoch immer klar, woher sie stammen. Auf dem Gebiet der Desserts hat das Lyonnais gleich zwei solcher Besonderheiten zu bieten.

Gâteau au sucre de Pérouges
Zuckerkuchen aus Pérouges

Der Zuckerkuchen stammt aus dem kleinen Städtchen Pérouges in der Nähe Lyons. Dieser Kuchen ist einer der ältesten Kuchen Frankreichs und den traditionsverbundenen Bäckern dieses Städtchens ist es zu verdanken, daß er bis heute in all seiner Einfachheit einen Platz in der französischen Küche behalten hat. In alten Zeiten wurde er wie der Flammkuchen aus dem Elsaß an den Backtagen vor dem Brot in den Ofen geschoben, um die größte Hitze zu nehmen und allen im Hause den Tag zu versüßen.

Zutaten für einen Kuchen:
Für den Teig: 20 g Hefe, etwas lauwarmes Wasser, 50 g Zucker, 250 g Mehl, 2 Eier, 1 Prise Salz
Für den Belag: 60 g zimmerwarme Butter, 60 g Hagelzucker
Zubereitungszeit (ohne Wartezeit): 30 Minuten

Die Hefe mit 2 Eßlöffeln warmem Wasser und einem Teil des Zuckers verrühren. Das Mehl in eine Schüssel geben und in die Mitte eine Mulde drücken. Die Hefemischung hineingeben. Langsam mit dem Mehl verarbeiten, dann Eier, Zucker und Salz hinzufügen. Eventuell noch etwas Wasser dazugeben, so daß ein fester glatter Teig entsteht. Sehr gut kneten, dann eine Kugel formen und abgedeckt ruhen und ungefähr auf die doppelte Größe aufgehen lassen.
Das Backrohr auf 220° vorheizen.
Den Teig noch einmal durchkneten und eine runde dünne Platte ausrollen. Diese auf ein gebuttertes Backblech legen, mit Butter bestreichen und mit Zucker bestreuen. Im Backrohr in ungefähr 15 Minuten knusprig braun backen. Schmeckt noch lauwarm am besten.

Bugnes
Schmalzgebäck

Das Schmalzgebäck wurde mit den Jahren zum beliebtesten Gebäck in Lyon. Seit die Dames de Saint-Pierre, also die Nonnen des Klosters Saint-Pierre, sie im 16. Jahrhundert erfanden, erfreuen sich die Bugnes eines ununterbrochenen Erfolges. Ursprünglich waren sie das Gebäck für den Faschingsdienstag und wurden mit Rosenwasser parfümiert. Aber schon bald aß man sie zu jedem Festtag, und der anfänglich recht einfache Teig wurde mit Ei und Orangenwasser angereichert. Die Bugnes sind so leicht, daß man in Lyon von einem guten Katholiken sagt, er komme geradewegs in den Himmel, wie ein Bugne.

Zutaten für 4 Personen:
100 g weiche Butter, 1 Prise Salz, 30 g Zucker, 2 Eier, 2 EL Orangenblütenwasser, die abgeriebene Schale von einer halben Zitrone, 250 g Mehl, Fett zum Ausbacken, Puderzucker zum Bestreuen
Zubereitungszeit: 30 Minuten

Die Butter in einer Rührschüssel schaumig rühren und das Salz, den Zucker und die Eier nach und nach einrühren. Am Schluß die Gewürze und das Mehl dazugeben. Jetzt den Teig mit der Hand kneten, so lange, bis er sich von der Unterlage löst und nicht mehr klebt.
Den Teig auf einer bemehlten Arbeitsfläche auf 2 Millimeter Stärke ausrollen und mit einem gezackten Teigrädchen in Bänder und diese dann in Dreiecke schneiden.
Das Fritierfett (in Lyon nimmt man sehr oft Erdnußöl, andere bevorzugen Butterschmalz) erhitzen und die leicht in sich verdrehten Teigdreiecke goldbraun ausbacken.
Auf Küchenkrepp legen, mit Puderzucker bestreuen und am besten lauwarm essen.

Variation: Wenn Sie das Schmalzgebäck gerne etwas aufgeblasen haben wollen, geben Sie dem Teig noch 2 TL Backpulver bei. Sollten Sie kein Orangenblütenwasser bekommen, parfümieren Sie den Teig mit der abgeriebenen Schale von einer ungespritzten Orange.

Poire pochée
Rotweinbirnen

Ein typisches Dessert im Herbst sind die Rotweinbirnen, mit Wein aus dem Beaujolais und Birnen aus dem Tal der Rhône.

Zutaten für 8 Personen:
8 mittelgroße festkochende Birnen, 150 g Zucker, 1 Flasche guter Beaujolais, 2 Gewürznelken, 6 Kardamomkapseln, 1 Vanilleschote, einige leicht gequetschte Pfefferkörner, 1 Stange Zimt, die Schale einer Orange
Zubereitungszeit: 30 Minuten

Die Birnen sorgsam schälen und versuchen, die Stiele dran zu lassen.
Den Zucker in einen Topf mit glattem Boden geben, auf kleiner Flamme schmelzen und leicht bräunen lassen. Beim Schmelzen ständig rühren, sonst wird der Zucker leicht zu dunkel und schmeckt dann bitter. Mit dem Rotwein löschen und so lange rühren, bis sich die Karamelmasse aufgelöst hat. Nun die Gewürze beigeben und 10 Minuten ohne Deckel leise durchkochen.
Die Birnen hineingeben und so lange auf kleinster Flamme köcheln lassen, bis sie weich, aber noch in Form sind. Das dauert meistens 20 Minuten. Die Birnen vorsichtig herausheben, in eine Schüssel geben, in die sie stehend hineinpassen. Den Rotweinsud noch weitere 10 Minuten einkochen lassen und dann durch ein Sieb, noch heiß, über die Birnen gießen. Abgedeckt auskühlen lassen. Birnen in der Schüssel servieren. Dazu wird gerne das Pain d'Epices aus Dijon oder ein anderes Gebäck gereicht.

Variation: In den fertigen Weinsud ein Glas Crème de Cassis gießen. Das gibt dem Birnenkompott auf Lyoner Art eine ganz besondere Note.

Pommes rôties au beurre de caramel
Gebratene Äpfel mit Butterkaramel

Das sehr bäuerliche Rezept mit Äpfeln stammt aus den Monts du Beaujolais und ist ein herrliches Dessert für einen windigen, verregneten Herbstabend.

Zutaten für 4 Personen:
4 größere oder 8 kleine Äpfel (am besten Reinettes)
Für die Füllung: 50 g Butter, 100 g Zucker, ½ TL Zimtpulver, 1 Handvoll grob zerkleinerte Walnüsse
Für den Karamel: 200 g Zucker, 1 Glas Wasser, 100 g Butter
Zubereitungszeit: 40 Minuten

Backrohr auf 220° vorheizen.
Von den ungeschälten Äpfeln an der Blütenseite einen Hut abschneiden und beiseite legen, das Innere der Äpfel aushöhlen. Die ausgehöhlten Äpfel in eine gebutterte Auflaufform stellen und das Innere mit Zimt-Zucker würzen; die Nüsse in den Löchern verteilen und in jedes ein nußgroßes Stück Butter geben. Die Hütchen wieder aufsetzen und die Äpfel im vorgeheizten Backrohr 25 Minuten backen. In der Zwischenzeit den Karamel bereiten.
Den Zucker in einer Kasserolle unter ständigem Rühren zum Schmelzen bringen und goldbraun karamelisieren lassen. Die Karamelisierung mit einem Glas Wasser stoppen und rühren. Die Butter flöckchenweise einarbeiten. Die Auflaufform aus dem Ofen holen, die Hütchen vorsichtig entfernen, den Karamel auf den Äpfeln verteilen, die Hütchen wieder aufsetzen und sofort servieren. Nach Belieben kann man noch eine Schüssel eiskalte, ungesüßte geschlagene Sahne dazugeben.

Auvergne, Land des Käses, der Schweine und des Kohls

Bevor ich die Auvergne im Herzen Frankreichs selber besuchen konnte, traf ich Denis und lauschte fasziniert seinen Erzählungen aus dem Herzen der Auvergne, der Hochebene von Aubrac, wo er die Sommerferien bei seinem Großvater auf dem Bauernhof verbrachte. Dort in den Bergen sind die Sommer so kurz, daß alle Kräfte mobilisiert werden müssen, um die Arbeit auf dem Hof und den Feldern zu schaffen. Drei Monate hatten die Kinder Ferien, und drei Monate wurde von früh bis spät geschafft, um Vorräte für den langen Winter anzulegen. Als Kind hatte Denis ein sehr zwiespältiges Verhältnis zu dieser Art von Ferien. Er liebte den Hof und die Berge, das Baden und Angeln im kleinen Fluß, doch der Stock seines Großvaters, der jeden ertappten Müßiggänger wieder zur Arbeit rief, verleidete ihm einiges. Trotz all der Schufterei gab es aber einen Höhepunkt des Tages: das Frühstücksritual auf dem Hof seines Großvaters überstrahlte den ganzen Tag und machte jede Plackerei wieder wett.

Früh am Morgen versammelten sich die Bauernfamilie und alle Helfer auf den Bänken am großen Holztisch in der Küche zum *petit déjeuner.* Auf dem Tisch lagen ein großes Brett mit einem großen Stück Cantal, dem Käse der Auvergne, und ein Messer, daneben stand eine Schüssel mit dicker, sahniger Crème fraîche, in der der Holzlöffel fast stehen blieb. Über dem offenen Kaminfeuer hing an einer Kette der alte Kessel mit heißer Sauerampfersuppe, die mit dicken Speckbrocken angereichert war. Vor dem Großvater standen alle Schüsseln, die *bols*, der Anwesenden, und nur er hatte das Recht, den großen, flachen und dunklen Brotlaib aus der Schublade zu holen. Er schlug das Kreuz über dem Laib und schnitt mit seinem Messer Brotbrocken in jede Schüssel. Er nahm dazu immer *sein* Messer, das er wie jeder Mann der Auvergne immer bei sich trug und das natürlich in Laguiole hergestellt worden war. Anschließend nahm sich jeder selbst vom Käse und von der Crème fraîche dazu, und die Großmutter schöpfte die heiße Suppe darüber. Diese erste Mahlzeit des Tages am Tisch seines Großvaters ist für Denis das Schönste und Beste seiner Kindheit. Eine Erinnerung an eine untergegangene Welt, wie er melancholisch meinte. Eine Melancholie, die vielen Kindheitserinnerungen anhängt. Als ich einige Zeit später selbst in die Auvergne aufbrach, erwartete ich nichts dergleichen. Doch als ich von Figeac kommend quer durch das grüne Land der Vulkane etwas abseits der schnellen Routes Nationales fuhr, entdeckte ich zu meiner Überraschung in den Tälern und auf den Höhen genau diese »untergegangene« Welt, als wäre die Zeit stehengeblieben.

Ein sehr intensives Erlebnis war der sonnige Frühlingstag auf der Ferme Auberge de Puech Verny in Saint-Cirgues-de-Jordanne, ein kleiner Ort in einem geschlossenen Tal hinter Aurillac. An einem steilen Hang gelegen, hatte die Ferme einen berauschenden Blick über die benachbarten Berge. Am Nachmittag saßen wir auf Holzbänken im Hof, rund um uns Wiesenhänge und Kühe und einige Schweine, die sich grunzend in der Sonne aalten. Dazwischen liefen jede Menge Hühner herum, und in den Blumenrabatten hoppelten zwei aus den Ställen entwischte Hasen. Sie sollten am nächsten Tag in den Ragouttopf wandern, damit die frisch gesetzten Blumen eine Überlebenschance hatten. Abends entfachte Madame Gilbert in der alten großen Küche ein Feuer im Kamin, und wir saßen an einem riesigen Tisch vor den Flammen.

Nun hatte ich sie tatsächlich gefunden, die bäuerliche Welt von Denis. Der Eingangstür gegenüber befand sich ein Granitgewölbe mit der Wasserstelle und dem Spülplatz, an der rechten Außenwand ein offener Kamin. Der Kamin hatte solche Ausmaße, daß rechts und links neben der Feuerstelle Platz für eine hübsche Holzbank mit Rückenlehne war, wo man sich am besten aufwärmen konnte. Im schwarzen Rauchfang baumelten die Speckseiten zum Räuchern. Die Keulen der letzten Schweinegeneration hingen in einer Kammer neben der Küche, um säuberlich in dünne Gaze verpackt einige Monate an der Luft zu köstlichem Jambon séché auvergnat heranzureifen.

Die Wirtin Madame Gilbert tischte uns das Essen auf und meinte entschuldigend, es sei nur ein kleines Abendessen, nicht so reichlich wie ein Mittagsmahl. Wir aßen uns durch alle Gänge und fragten uns später, wie wir ein Mittagsmahl hätten schaffen sollen. Zum Abschluß gab es ein großes Stück Cantal und Bleu d'Auvergne mit Landbrot. Im Gegensatz zu den meisten anderen französischen Regionen war es ein Roggenbrot, und Madame Gilbert machte nach alter Tradition ein Kreuz über dem Laib, bevor sie uns dicke Scheiben abschnitt und zum Käse auf das Brett legte. Die Käse von der benachbarten Ferme schmeckten intensiv und deftig, wie man sie im Laden nicht kaufen kann. Bis spät in die Nacht saßen wir dann mit Madame vor dem Feuer, wohlig warm und satt, und sie erzählte uns über ihre Art zu kochen und zu leben und über ihre große Liebe, die Kühe der Auvergne. Die milchschokoladenbraunen Kühe mit ihren schön geschwungenen Hörnern, die rund um ihre Ferme auf den Berghängen weiden, gehören zur *race de salers* und bleiben fast das ganze Jahr zusammen mit dem Stier und den Kälbern auf den Weiden. Maßlos wütend wurde unsere freundliche Madame Gilbert, als sie auf das Ansinnen der Europäischen Union zu sprechen kam,

wonach es Vorschrift werden soll, allen Kühen in der Landwirtschaft die Hörner abzuschneiden. Diesen Anschlag auf die Schönheit der alten, traditionellen Kuhrasse der Auvergne würde sie nicht überleben.
Madame Gilbert gab mir viele der folgenden Rezepte. Wir kämpften uns mit Händen und Füßen durch das Gewirr der Sprache, denn wenn es ums Kochen ging, benutzte sie gerne den Dialekt der Auvergne, der mit der französischen Hochsprache sehr wenig zu tun hat.
Die Küche der Auvergne ist eine Küche für Landbewohner. Ihre Mahlzeiten sind für Menschen, die sich den ganzen Tag im Freien aufhalten, schwer arbeiten und mit der Natur leben. Doch auch als Besucher kann man sich für diese Küche begeistern, wenn man in der wunderbaren Vulkanlandschaft wandert und ausgehungert in eine der Schäferhütten, den sogenannten *burons,* eingekehrt ist, um ein Aligot zu essen.

Wärmende Suppen und deftige Vorspeisen

Davon findet man jede Menge im Land der Vulkane, denn die Winter sind lang und kalt. Zwei Suppen gibt es praktisch jede Woche selbst in der kleinsten Hütte: die deftige Kohlsuppe und die Linsensuppe aus den feinen Linsen von Le Puy. Sie sind klein und dunkel, behalten beim Kochen die Form und werden deshalb auch als »Kaviar der Auvergne« bezeichnet.

Soupe auvergnate
Suppe der Auvergne

Zutaten für 4 Personen:
300 g Linsen aus Le Puy, 300 g gewürfelte Kartoffeln, 300 g geräucherter Speck im Stück, 1–2 gewürfelte Zwiebeln, 1 feingehackte Knoblauchzehe, 1 Bouquet garni aus Petersilie, Lorbeer und Thymian, 1 EL Butter, 150 g Crème fraîche, Salz
Zubereitungszeit: 70 Minuten

Die Linsen in 2 Liter Wasser zum Kochen bringen. Kartoffelwürfel, Speck, Zwiebeln, Knoblauch und Kräuter dazugeben. Gut weich kochen und das Speckstück herausnehmen. Die Suppe durch ein Sieb streichen und salzen.

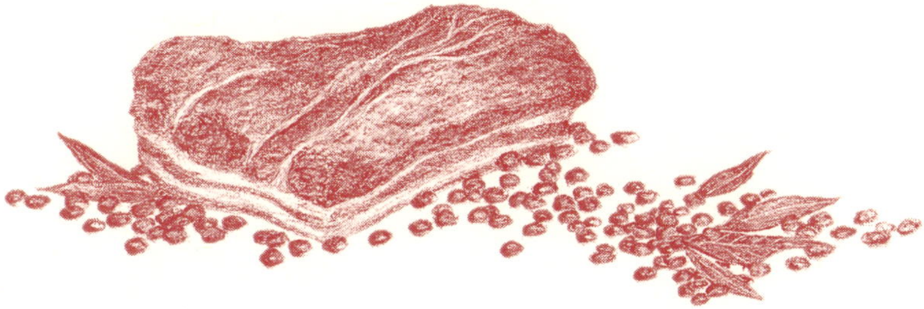

Den Speck in Würfel schneiden und in die Suppe geben. Suppe wieder erhitzen und mit Butter und Crème fraîche verfeinern. Heiß servieren.

Soupe aux choux
Kohlsuppe

Diese Kohlsuppe ist so nahrhaft, daß sie oft eine komplette Mahlzeit abgibt. Viele Haushalte auf dem Lande halten auch heute noch ihre eigenen Schweine, die, wie wir uns überzeugen konnten, in der wohl besten Art aufwachsen. Sie bewegen sich frei auf dem Hof oder den anliegenden Wiesen. Schweine seien der Grundpfeiler der Auvergne, belehrte uns Madame Gilbert. Selbstverständlich pökelt jeder sein Fleisch selber, es schmeckt ganz anders als das sogenannte Pökelfleisch vom Metzger, bei dem heute die Pökelei nur mit Salz passiert. Machen Sie einmal den Versuch, Schweinefleisch selber zu pökeln. Es ist gar kein so großer Aufwand, und Sie werden die Köstlichkeit von gepökeltem Fleisch wiederentdecken. (Rezept Seite 182)

Zutaten für 4–6 Personen:
500 g gepökeltes Schweinefleisch, 500 g gepökelter Schweinebauch, 8 Kartoffeln, 1–2 Wirsingköpfe, 2 Zwiebeln mit jeweils 1 Nelke besteckt, 8 Scheiben altbackenes Roggenbrot, Salz und Pfeffer
Zubereitungszeit: 2 Stunden
Vorbereitungszeit für das Fleisch: über Nacht

Schweinefleisch und Schweinebauch über Nacht mehrere Stunden wässern. Das Fleisch danach mit 2 Liter Wasser aufsetzen und eine Stunde über schwacher Hitze wallen lassen. In der Zwischenzeit Kartoffeln würfeln, den Wirsing putzen und achteln. Das Gemüse mit den Zwiebeln in die Suppe geben und nochmals 45 Minuten kochen. Anschließend die Zwiebeln heraus-

fischen, das Fleisch in Portionsstücke schneiden und wieder zur Suppe geben. Mit Salz und Pfeffer abschmecken.
Die Brotscheiben in eine große angewärmte Terrine legen, die Suppe mit ihrem Inhalt draufschöpfen und sofort servieren.

Variation: Zum endgültigen Potée auvergnate und damit zum sättigenden Hauptgang wird diese Suppe, wenn man noch eine Stück vom luftgetrockneten Beinschinken sowie einige Karotten, Rübchen und je nach Geschmack einige Zehen Knoblauch mitkocht.

Pâté de porc
Schweinefleischpastete

Im Beliebtheitsgrad gleich nach den Suppen kommt bei den Vorspeisen die Schweinefleischpastete, zu der man einen grünen Salat ißt. Einfach und deftig, auch als schnelles *goûter* mit einer dicken Scheibe dunklem Brot zwischen den Arbeiten in Haus und Hof ist die Pâté immer recht.

Zutaten für 4–6 Personen:
1 kg geräucherter Schweinebauch oder Schweinehals, 500 g Schweineschulter, 300 g Schweineleber, 1 große feingehackte Zwiebel, 1 Bund feingehackte Petersilie, die Blättchen von 6 Zweigen Thymian, 1 EL Mehl, 50 ml Weißwein, 2 cl Marc, Salz und Pfeffer, 1 Schweinenetz
Zubereitungszeit: 2 Stunden

Das Backrohr auf 180° vorheizen.
Fleisch und Leber in Würfel schneiden und mit einem Wiegemesser hak-

ken. Mit der Zwiebel, der Petersilie, dem Thymian und Salz und Pfeffer gut vermischen. Jetzt das Mehl in Wein und Marc auflösen und die Masse damit binden. Den Fleischteig in das Schweinenetz packen und in eine Terrinenform aus Keramik geben. Die Terrine ins Wasserbad stellen und im heißen Rohr 1½ oder 2 Stunden garen.

Beignets aux fromages d'Auvergne
Käsetaschen

Hier noch eine Vorspeise, diesmal aber mit dem geliebten Käse. Schmeckt ganz hervorragend mit einer großen Schüssel grünem Salat.

Zutaten für 4 Personen:
Für den Teig: 250 g Mehl, 100 g weiche Butter, 1 Prise Salz, 1 Ei
Für die Füllung: 50 g zerkrümelter Bleu d'Auvergne, 75 g geriebener Cantal, 2 EL Sahne, 2 Eigelb, Salz und Pfeffer, je 1 Bund gehackte Petersilie und Kerbel
Außerdem: Butterschmalz zum Ausbacken
Zubereitungszeit (ohne Wartezeit):
60 Minuten

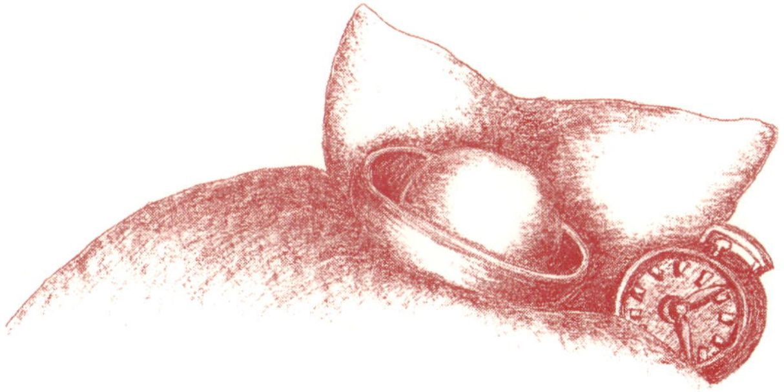

Für den Teig Mehl, Butter, Salz und Ei vermischen. Eßlöffelweise Wasser dazugeben, bis der Teig eine geschmeidige, aber nicht zu feuchte Konsistenz erhält. Teig zur Kugel formen und zugedeckt 30 Minuten ruhen lassen.
Inzwischen für die Füllung alle Zutaten vermischen.
Den Teig ausrollen und mit einem Glas Kreise ausstechen, auf deren eine Hälfte man etwas von der Füllung legt. Die andere Hälfte darüberklappen und die Ränder fest mit einer Gabel zusammendrücken.
Die Taschen in heißem Butterschmalz goldbraun ausbacken und sehr heiß servieren.

Fleischgerichte

Fleisch als Braten kam in früheren Zeiten besonders in ländlichen, eher kargen Gebieten eigentlich nur am Sonntag zum großen Familien-Mittagessen auf den Tisch. Die Lebensbedingungen waren nicht so üppig, die Familien groß, und so galt in den Haushalten die Regel *les basses pieces pour la famille*, die einfachen Stücke für die Familie. Von den Lämmern und Kälbern wurden die guten Stücke verkauft, für die Familie blieben die Füße und die Kutteln. Aber in der Auvergne wußte man wie in allen Regionen Frankreichs auch damit etwas Leckeres und Kunstvolles zu bereiten.

Tripoux
Falsche Lammkeulchen

Für dieses Gericht brauchen Sie einen Topf mit Deckel, der so geschaffen ist, daß Sie ihn mit einem dicken Mehlteig hermetisch verschließen können. In der Auvergne ist dieser Topf aus Ton und ähnelt der elsässischen Bäckeoffeform, die Sie gut für dieses Gericht verwenden können.

Zutaten für 4 Personen:
1–2 Lammägen, 4 Lammfüße, 100 g gewürfelter roher Schinken,
100 g gewürfelter Speck, 1 Bund Schnittlauch, ½ Bund Petersilie, 2 Knoblauchzehen, 4 Schalotten, küchenfertige Kutteln vom Hammel, große dünne Scheiben vom grünen Speck, 1 Bouquet garni, ½ l Weißwein, Salz und Pfeffer
Außerdem: Mehlteig zum Versiegeln
Zubereitungszeit: 6 Stunden

Lammägen gründlich waschen und in vier Teile schneiden. Beiseite stellen. Das Fleisch von den Lammfüßen lösen, die Knochen aufheben. Schinken und Speck würfeln, Kräuter, Knoblauch und Schalotten zusammen fein hacken.
Das Backrohr auf 150° vorheizen.
In einer Schüssel die Schinken- und Speckwürfel mischen und die Kräutermischung hinzufügen. Das abgelöste Fleisch der Füße und die Kutteln in kleinste Würfel schneiden und unter die Farce mischen. Mit Salz und Pfeffer würzen. Die Farce auf die Lammagenstücke verteilen und zu einem Säck-

chen falten, in dessen Öffnung man die Knochen steckt, bevor man fest zubindet.

Mit den herausragenden Knochen sehen die Beutel wie kleine Keulen aus. Diese setzt man nun in den Topf auf die Speckscheiben, gibt das Bouquet garni dazwischen und gießt den Weißwein auf. Dann den Topf mit einem dicken Teig aus Mehl und Wasser verschließen. Das Ganze 4–5 Stunden im Backrohr garen.

Variation: Dieses sehr beliebte Gericht wird auch mit Kutteln vom Kalb oder mit gemischten Kutteln bereitet.

Gigot brayaude
Lammkeule auf Kartoffelbett

Zu besonderen Festtagen gab es auch in der Auvergne manchmal eine Lammkeule, die auf eine für Frankreich ansonsten eher ungewöhnliche Art serviert wird. Das hat mit der Kartoffel zu tun, die in der Auvergne eine große Rolle spielt und neben Kohl und Wirsing wohl das wichtigste Gemüse ist. Der Geschmack ist in diesem Fall aber auch ganz besonders gut, da die Kartoffeln und der Bratensaft sich herrlich miteinander verköcheln.

Zutaten für 4 Personen:
1 Lammkeule (1,5–1,8 kg), 7 gestiftelte Knoblauchzehen, 4 EL weiche Butter, 1 kg geschälte und in dünne Scheiben geschnittene Kartoffeln, 1 Bouquet garni, 3 EL Öl, einige Scheiben geräucherter Speck, ca. 1 l Fleischbrühe, Salz und Pfeffer
Zubereitungszeit: 100 Minuten

Das Backrohr auf 180° vorheizen.
Mit einem spitzen Messer kleine Schlitze in die Lammkeule stechen und die Stifte von 3–4 Knoblauchzehen hineingeben. Die Keule salzen und pfeffern und mit Butter einreiben. Eine tönerne, ofenfeste Form ausbuttern, die Keule hineinlegen und mit einem Drittel der Kartoffelscheiben umgeben. Salzen, pfeffern, die Hälfte des restlichen Knoblauchs darauf verteilen. Das

Bouquet garni, einige Butterflöckchen und tropfenweise Öl darübergeben. Nun die nächste Lage Kartoffelscheiben einschichten und wie beschrieben Knoblauchbutter und Öl dazutun. Nun die letzte Schicht Kartoffelscheiben einfüllen, mit den Speckscheiben abdecken und mit der Fleischbrühe aufgießen, bis die Kartoffeln gerade bedeckt sind.
Die Keule im vorgeheizten Backrohr ungefähr 1½ Stunden schön braun braten. Ein köstliches Mahl!

Chou farci
Gefüllter Kohl

Chou farci, gefüllter Kohl beziehungsweise gefüllter Wirsing, ist wohl die wichtigste Fleischspeise der gesamten Auvergne, die sich von hier aus auch im Rest Frankreichs verbreitet hat. Dazu möchte ich aber vorweg noch etwas klären. Bevor ich in der Auvergne war, sah ich bei Bocuse oder in anderen Kochbüchern gefüllte Kohlköpfe, die prächtig rund und grün die Fleischfüllung verbargen. Nach meinen ersten Versuchen stellte ich fest, daß meine Kohlköpfe dafür nicht geeignet waren. Man muß sie im ganzen kochen, dann vorsichtig aufblättern, ohne sie zu zerstören, und die Farce zwischen die Blätter füllen. Anschließend den Kohlkopf wieder in seine ursprüngliche Form bringen, elegant verschnüren und im Backrohr fertig garen. Entweder waren die Außenblätter richtig, dann war der Wirsing innen noch ganz hart und ließ sich in keiner Weise elegant aufblättern, oder er war innen richtig, dann waren aber die Außenblätter matschig. Ich gab es auf und entdeckte bei meinem Besuch in der Auvergne, daß die Hausfrauen dort Chou farci auf ganz andere Weise bereiten. Sie buttern eine tönerne Auflaufform, legen sie dann mit Kohlblättern aus und füllen schichtweise vorgekochte Kohlblätter und Farce ein. Auf dem Lande bereitete man die Füllung oft aus einigen kleingehackten Resten vom Sonntagsbraten, die mit etwas Wurstbrät vermischt werden. Zum Würzen kamen noch einige gehackte Zwiebeln, manchmal etwas Petersilie, Pfeffer, Salz und 1–2 Eier dazu. Die Füllung variiert von Mal zu Mal ein bißchen mit den Vorräten und Vorlieben der Köchin. Anschließend wird alles im Rohr dunkelbraun gebacken, weil sie die herbe Gechmacksnote des stark gebräunten Kohls lieben. Die Füllung in diesem Rezept ist etwas ungewöhnlich, aber ganz besonders zart und läßt dem Geschmack des Kohles die Hauptrolle.

Zutaten für 4 Personen:
1 großer Wirsing, 6 Eier, 6 große EL Mehl, ½ l Milch, 300 g feines Wurstbrät, 1 EL Öl, 12 nicht zu dicke Scheiben magerer Speck, Salz und Pfeffer
Zubereitungszeit: 2 Stunden

Bratröhre auf 240° vorheizen.
Wirsing putzen, in einzelne Blätter teilen und diese in Salzwasser 15 Minuten blanchieren und dann in einzelne Blätter teilen.
In einer Schüssel die Eier und das Mehl verquirlen. Anschließend die Milch und das Wurstbrät einarbeiten. Salzen und pfeffern.
In einem ofenfesten Schmortopf das Öl erhitzen. 6 Speckscheiben und einige Kohlblätter auf dem heißen Topfboden verteilen. Nun auf die Kohlblätter etwas Füllmasse streichen, mit Kohlblättern abdecken. Vorgang wiederholen, bis die Zutaten aufgebraucht sind. Mit Kohlblättern und den restlichen Speckscheiben abdecken.
Topf zudecken und im heißen Rohr 30 Minuten schmoren lassen, danach die Hitze auf 160° reduzieren, den Deckel abnehmen und noch eine Stunde weiterschmoren. Den gefüllten Kohl auf eine Platte stürzen und servieren.

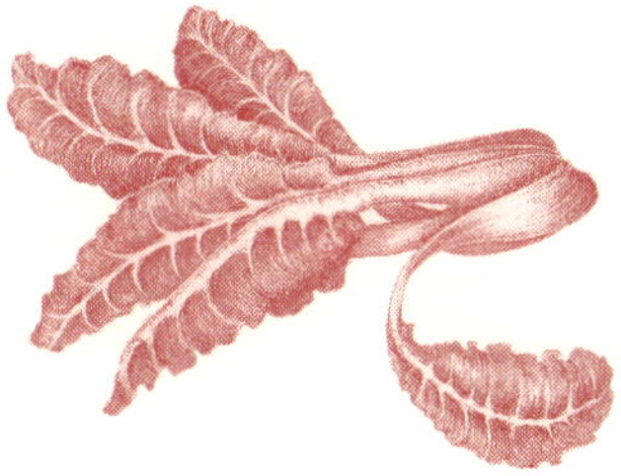

Pounti
Mangold-Kräuter-Auflauf

Im Frühsommer, wenn endlich die Wiesen wieder grün sind und die ersten Blätter von Mangold und die spitzen Halme des Schnittlauchs im Garten wachsen, ist die Zeit für ein Nationalgericht, das man sich als Nicht-Auvergner nicht so gut vorstellen kann – aber glauben Sie mir, am Holztisch vor einem lodernden Kaminfeuer schmeckt dieses Gericht ausgezeichnet.

Zutaten für 4 Personen:
300 g Dörrpflaumen, 1 kg Mangoldblätter, 1 Bund Petersilie, 1 Bund Schnittlauch, 250 g gepökeltes Bauchfleisch in kleinen Würfeln, 6 Eier, 300 g Buchweizenmehl, 750 ml Milch, Salz und Pfeffer, Öl für die Form
Zubereitungszeit (ohne Wartezeit): 2 Stunden

Das Backrohr auf 240° vorheizen.
Dörrpflaumen 30 Minuten leise in Wasser köcheln und quellen lassen. Inzwischen Mangoldblätter, Petersilie und Schnittlauch waschen, abtropfen lassen und trockentupfen. Mit einem Messer Gemüse und Kräuter sehr fein schneiden und mit den Speckwürfeln in einer Pfanne auf kleiner Flamme dämpfen, bis alle Flüssigkeit verdunstet ist; nicht braun werden lassen.
In einer Schüssel Eier und Mehl verquirlen, die Milch hinzufügen und anschließend das Speck-Gemüse-Gemisch unterheben. Mit Salz und Pfeffer abschmecken, die Pflaumen untermischen.
Die Masse in eine gefettete Auflaufform füllen und im Rohr rund 30 Minuten braun backen. Anschließend noch eine Stunde bei mittlerer Hitze fertiggaren. Auf eine Platte stürzen und heiß servieren. Sehr gerne wird der Rest auch kalt in Begleitung einer großen Schüssel Salat serviert.

Poitrine de veau farcie
Gefüllte Kalbsbrust

Die Krönung aller Sonntagsmittagessen in der Auvergne ist eine große gefüllte Kalbsbrust, die glänzend und goldbraun gebraten auf den Tisch kommt. Dieses Gericht ist auch in anderen Regionen bekannt, aber die für die Auvergne so typische Beigabe von Mangold gibt einen besonderen Reiz.

Zutaten für 4–6 Personen:
1,5 kg Kalbsbrust mit Knochen (vom Metzger eine Tasche hineinschneiden lassen), Salz und Pfeffer
Für die Füllung: 3 Scheiben Toastbrot, 100 ml Milch, 2 Schalotten, 2 Knoblauchzehen, 1 Bund Petersilie, 1 Bund Schnittlauch, 10 Mangoldblätter, 2 Eier, 300 g feines Wurstbrät
Für die Sauce: einige Stücke Schweineschwarte, 4 Zwiebeln, 4 Karotten, 1 Bouquet garni, ¼ l Weißwein, ca. 200 ml Fleischbrühe
Zubereitungszeit: 3½ Stunden

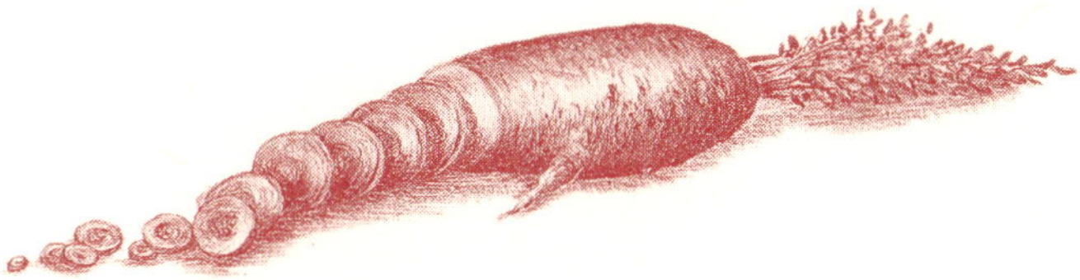

Für die Füllung das Toastbrot in Milch einweichen. Schalotten, Knoblauch und Kräuter fein hacken, Mangold in feine Streifen schneiden. Toast ausdrücken und mit allen Zutaten für die Füllung sorgfältig vermischen. Die Farce mit Salz und Pfeffer abschmecken.
Die Kalbsbrust von außen salzen und pfeffern. Farce in die vom Metzger geschnittene Tasche füllen und mit Küchenfaden gut zunähen.
Das Backrohr auf 180° vorheizen.
Einen Schmortopf mit der Speckschwarte auslegen, Zwiebeln und Karotten zerkleinern und darauf verteilen. Die gefüllte Kalbsbrust sowie das Bouquet garni darauf plazieren. Zugedeckt 20 Minuten sanft schmoren. Nun den Wein dazugießen und einkochen lassen. 125 ml Fleischbrühe dazugeben und wieder etwas reduzieren. Den Schmortopf schließen und die Kalbsbrust 2 Stunden im vorgeheizten Rohr garen. Immer wieder mit etwas Fleischbrühe aufgießen.
Die Kalbsbrust heiß servieren und darauf hoffen, daß sie nicht gleich ganz aufgegessen wird, denn abends schmeckt sie kalt aufgeschnitten mit Salat auch ausgezeichnet.

Kartoffeln, die Trüffel der Auvergne

In kaum einer Region Frankreichs bestimmt die Kartoffel so sehr die Mahlzeiten wie in der Auvergne. Aber die Auvergne ist auch eine der raren Regionen der *Grande Nation*, in der das Klima keinen Weinbau erlaubt und somit viele Früchte, die für den Rest Frankreichs selbstverständlich sind, hier nicht gedeihen. Die Winter sind lang und die Sommer kurz, der Boden auf den Vulkanbergen ist nicht gerade üppig. Kohl und Kartoffeln tut das nur gut, und so haben die Bewohner der Puy das Beste daraus gemacht.
In den Bauernhäusern bestand das tägliche Abendessen aus einer Suppe (meist Kohl- oder Linsensuppe), und danach gab es Pellkartoffeln, die im Kaminfeuer gegart worden waren, mit Speck und Butter. Denn diese Produkte waren auch auf dem kleinsten Hof immer vorrätig.

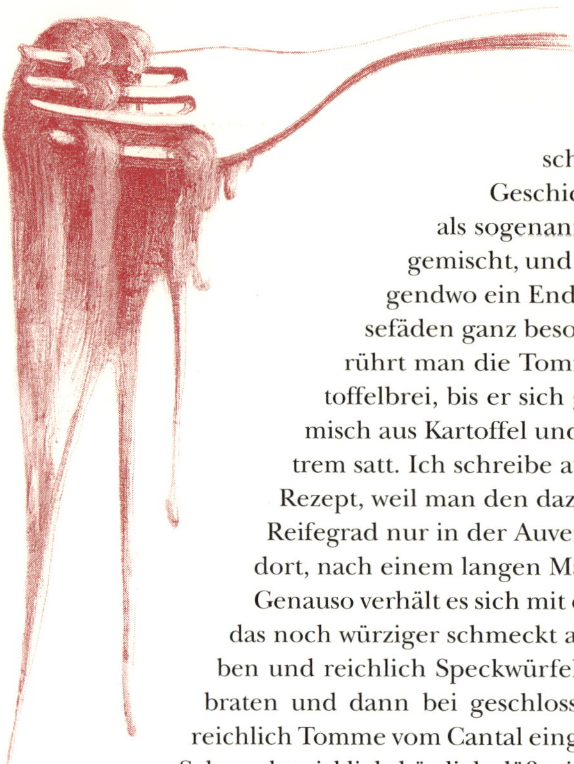

Aligot, die Spezialität der Auvergne schlechthin, verbindet die Kartoffel mit dem Cantal, dem französischen Käse mit der wahrscheinlich längsten Geschichte. Der Käse wird in sehr junger Reife als sogenannte Tomme unter sahnigen Kartoffelbrei gemischt, und bei jedem Bissen hat man große Mühe, irgendwo ein Ende der Käsefäden zu finden. Damit die Käsefäden ganz besonders lang und nicht abgerissen werden, rührt man die Tomme immer in einer Richtung in den Kartoffelbrei, bis er sich ganz aufgelöst hat. Das Aligot, dieses Gemisch aus Kartoffel und frischem Cantal, macht zudem noch extrem satt. Ich schreibe aus dem einfachen Grund kein genaueres Rezept, weil man den dazugehörigen Käse in dem einzig richtigen Reifegrad nur in der Auvergne bekommt und man Aligot auch nur dort, nach einem langen Marsch über die Berge essen sollte.

Genauso verhält es sich mit dem sehr alten Kartoffelgericht **Truffade**, das noch würziger schmeckt als Aligot. Da werden rohe Kartoffelscheiben und reichlich Speckwürfel in Schweineschmalz schön braun angebraten und dann bei geschlossenem Deckel gegart. Zum Schluß wird reichlich Tomme vom Cantal eingearbeitet und sehr heiß mit Salat serviert. Schmeckt wirklich köstlich, läßt sich aber nur mit dem frischen Cantal der Auvergne zubereiten.

Patia au four
Kartoffelgratin nach Art der Auvergne

Bei uns gut nachzukochen und ebenso deftig und köstlich ist das Gratin nach Art der Auvergne, das man gerne mit einem Salat serviert.

Zutaten für 4 Personen:
1 kg Kartoffeln, 5–6 blättrig geschnittene oder feingehackte Knoblauchzehen, 1 Zwiebel in Scheiben, dickere Speckscheiben für die Gratinform, 250 g Sahne, ¼ l Milch, Salz und Pfeffer, Butter für die Form
Zubereitungszeit: 80 Minuten

Backofen auf 200° vorheizen.
Die Kartoffeln in Scheiben schneiden, den Boden einer tönernen Auflaufform buttern. Abwechselnd Kartoffelscheiben und Knoblauch einschichten und jeweils salzen und pfeffern. Die letzte Schicht besteht aus Kartoffelscheiben, auf die man die Zwiebelringe verteilt. Mit den Speckscheiben abdecken.
Sahne und Milch vermischen und über die Kartoffeln gießen, so daß sie nur knapp bedeckt sind. Die Form in den vorgeheizten Backofen schieben und eine Stunde darin backen. Nach etwa 30 Minuten die Temperatur auf 175° verringern. Das braun gebackene Gratin mit Salaten auf den Tisch bringen.

Pâté de pommes de terre
Mürbeteigtarte mit Kräuterkartoffeln

Die Krönung der Kartoffelgerichte ist ohne Zweifel diese Kartoffeltarte. Damit können Sie bei jeder Einladung in Ihrem Hause Eindruck machen, denn sie schmeckt nicht nur gut, sondern sieht auch sehr dekorativ aus.

Zutaten für 4–6 Personen:
Für den Teig: 500 g Mehl, 2 Eier, 1 TL Salz, 250 g Butter, 5 EL Milch
Für die Füllung: 6 mittelgroße festkochende Kartoffeln (z.B. Charlotte), 1 Zwiebel, 2 Knoblauchzehen, ½ Bund Petersilie, 1 Eigelb, 200 g Sahne, Salz und Pfeffer
Zubereitungszeit: 60 Minuten

Den Mürbeteig wie auf Seite 435 beschrieben vorbereiten und ruhen lassen.
Inzwischen die Füllung zubereiten. Kartoffeln in dünne Scheiben schneiden (erntefrische Kartoffeln mit Schale verwenden), Zwiebel, Knoblauch und Petersilie fein hacken und mischen.
Das Backrohr auf 200° vorheizen.

Den Teig nun zu zwei verschieden großen runden Teigplatten ausrollen. Mit dem größeren Stück eine gebutterte Backform so auslegen, daß der Teig noch 2 Zentimeter über den Rand hinausragt. Den Teigboden mit Kartoffelscheiben bedecken, dann abwechselnd mit der Zwiebelmischung einschichten. Die Lagen jeweils salzen und pfeffern, mit Kräutergemisch enden.

Nun den Teigdeckel auflegen und die Ränder der beiden Platten fest zusammendrücken und nach Möglichkeit ein hübsches Muster in den Rand drücken. Die Tourte mit Eigelb bestreichen. Mit einem Messer den Teig mehrmals durchstechen, damit die Luft beim Backen austreten kann.

Im Rohr 45 Minuten backen. Die Tourte herausholen, und mit einem scharfen Messer einen Deckel 4 Zentimeter vom Rand entfernt aus der Pâté schneiden und abheben. Die Sahne über den Inhalt der Tourte gießen, Deckel wieder auflegen. Den Kuchen noch einmal 5 Minuten in den Ofen geben, dann sofort servieren. Dazu paßt eine Schüssel bunt gemischter Salat.

Variationen: Ich finde die Idee eines heißen, wohlriechenden Kuchens dieser Art so gut, daß ich jede Menge Variationen damit fabriziere. So kann man die Kartoffeln mit einem Bratenrest, der kleingeschnitten mitsamt Sauce untergemischt wird, bereichern, genauso aber auch mit vorgedämpftem Spinat oder Mangold. Einmal ausprobiert, werden Sie jede Menge Möglichkeiten finden.

Äpfel und Brombeeren für das Dessert

Nach dem Essen oder auch zu einem Kaffee am Nachmittag liebt man etwas Süßes. Die Früchte, die rund um Haus und Hof heranreifen, werden zu einfachen ländlichen Kuchen oder kuchenähnlichen Desserts verarbeitet. Die wilden Früchte der Auvergne sind vor allem die Brombeeren an den Waldrändern, während auf den Bäumen am Haus Äpfel und Birnen wachsen. In geschützten Lagen gedeihen auch Kirschen und Reineclauden.

Milliard aux mûres
Brombeerauflauf

Ein schnelles und nicht gerade leichtes Dessert, das dem bretonischen Far oder dem Clafoutis stark ähnelt. Auch Kirschen und Trauben werden so verarbeitet.

Zutaten für 4 Personen:
500 g Brombeeren, 2 Eier, 100 g Mehl, 200 ml Milch, 100 g Zucker, 1 Prise Salz, Butter für die Form
Zubereitungszeit: 40 Minuten

Das Backrohr auf 200° vorheizen.
Eine tönerne Auflaufform ausbuttern und den Boden mit den geputzten Brombeeren belegen.
Eier mit Mehl verquirlen, die Milch einschlagen, 80 Gramm Zucker einarbeiten und die Prise Salz zugeben. Den Teig über die Brombeeren gießen, mit dem Rest Zucker bestreuen und im Backrohr braun backen.

Galette aux mûres
Brombeerkuchen

Eine etwas feinere Variante, die auch heiß aus dem Ofen gegessen wird:

Zutaten für eine Tarteform mit 30 cm Durchmesser:
100 g Mehl, 150 g Zucker, 150 g Puderzucker, 150 g gemahlene Mandeln, 6 Eiweiß, 250 g leicht gebräunte Butter, 300 g Waldbrombeeren
Zubereitungszeit: 40 Minuten

Das Backrohr auf 200° vorheizen.
In einer Schüssel Mehl, Zucker und Puderzucker sowie Mandeln vermischen. Eiweiß halbsteif schlagen und mit einem Holzspatel unterheben. Die braune Butter einrühren.
Zwei Drittel des Teiges in eine gebutterte Tarteform geben, die Brombeeren auf den Teig legen, den Rand dabei frei lassen. Das letzte Drittel des Teiges auf die Früchte verteilen. Galette im vorgeheizten Backrohr in 30 Minuten goldgelb backen. Dazu frisch geschlagene Sahne reichen.

Käse in der Auvergne – Cantal und immer wieder Cantal

Natürlich steht vor allen anderen Käsesorten der **Cantal**, ein riesiger Käsezylinder von wahrhaft archaischem Geschmack. Meiner Vorstellung nach entspricht der Cantal mit seinem so reichen und intensiven Geschmack und seiner cremigen bis festen Konsistenz dem Urkäse. Kein anderer gleicht ihm. Seit zweitausend Jahren wird er aus Rohmilch gemacht, in bis zu 40 Kilo schwere zylindrische Käselaibe gepreßt, die mindestens drei Monate in den großen Kellern reifen. Seit zweitausend Jahren ist der Cantal das wichtigste Wirtschaftsprodukt seiner Region. Zu Beginn diente er als Tauschobjekt im Handel mit dem Süden, heute wird er in alle Welt exportiert. Es gibt noch viele Bauernhöfe, die ihn produzieren, und wenn Sie einmal in der Auvergne im Urlaub sind, dann kaufen Sie auf dem Hof gemachten Cantal in der Region Salers, und Sie können sicher sein, daß Sie den besten Cantal haben. Fast genauso wichtig wie der Cantal ist der **Bleu d'Auvergne**, der weich und cremig ist und eine natürliche Rinde hat. Der Bleu wird aus Kuhmilch produziert und ist deswegen etwas zarter im Geschmack als der berühmte Roquefort aus dem benachbarten Rouergue, der ausschließlich aus Schafsmilch hergestellt wird. Der Bleu d'Auvergne gehört auch zu den zweiunddreißig geschützten Käsesorten Frankreichs, deren traditionelle Herstellung damit gewährleistet bleibt. Auch der **Fourme d'Ambert**, der in langen runden Zylindern fabriziert wird, gehört in diesen erlesenen Kreis. Der Fourme wird immer in runden Scheiben vom Laib geschnitten und ist noch etwas weicher und zarter als der Bleu. Ich benütze ihn sehr gerne für eine zarte Sahnesauce zu hausgemachten Nudeln.

Quiche au lard et au Cantal
Quiche mit Speck und Cantal

Der Käse wird natürlich in den Küchen der Familien so verwendet wie andernorts der Gruyère oder Emmentaler, und so gibt es auch eine ganz typische Quiche, die gerne als Abendessen mit Salat auf den Tisch kommt.

Zutaten für eine Tarteform mit 30 cm Durchmesser:
Für den Teig: 250 g Mehl, 1 Ei, ½ TL Salz, 130 g Butter, 2–3 EL Milch
Für den Belag: 10 dickere Speckscheiben, je 80 g Cantal in dünnen Scheiben und gerieben, 4 Eigelb, 4 EL Mehl, 100 ml Milch, 100 g Sahne, Salz, Pfeffer und geriebene Muskatnuß
Zubereitungszeit: 60 Minuten

Den Mürbeteig nach der Beschreibung auf Seite 435 zubereiten und nach einer Ruhezeit von 30 Minuten rund ausrollen. Eine gebutterte Tarteform damit auslegen. Mit der Gabel einige Löcher hineinpiksen.
Backofen auf 190° vorheizen.
Die Speckscheiben in einer heißen Pfanne von beiden Seiten knusprig braten und auf den Teig legen, darauf die Käsescheiben verteilen. Eigelb mit Mehl, Milch und Sahne vermischen und würzen. Auf die Käsescheiben gießen und mit dem geriebenen Käse bestreuen. Im vorgeheizten Backrohr in etwa 45 Minuten goldbraun backen und noch warm servieren.

Périgord und Quercy,
ein kulinarisches Paradies

Die Erwähnung des Périgord läßt alle, denen das Essen eine Leidenschaft ist, hoffnungsvoll Luft holen und den Blick gen Himmel richten, denn das Land um die beiden Flüsse Dordogne und Lot ist das Traumland für Feinschmecker und gute Esser, für Gourmets und Gourmands gleichermaßen. Aber nicht nur die kulinarischen Sinne kommen in dieser Region Frankreichs auf ihre Kosten. Bei einer Fahrt durch das Tal der Dordogne wird man all die landschaftlichen Schönheiten als wahren Augenschmaus empfinden. Malerisch liegen die Ortschaften an den steilen Ufern, und immer wieder krönt eines der angeblich 1001 Schlösser des Périgord den Ausblick. Und dazu die Städte mit ihren gut erhaltenen Häusern der letzten Jahrhunderte in den hellen Ockertönen aus dem Kalkstein des Landes. Keine Stadt Europas hat zum Beispiel so viele denkmalgeschützte Häuser wie die Stadt Sarlat. Welch ein Gipfel des Erlebens an einem Samstag auf der Place de la Liberté, den großen Wochenmarkt zu erleben. Eingerahmt von der einmaligen Kulisse dieser wunderschönen Gebäude, die Fülle der Landesprodukte vor Augen, meint man das Paradies gefunden zu haben. Ganz besonders, wenn man den Tag am Abend mit einem mehrgängigen Menü in einem der Restaurants dieser Stadt beendet. Schwierig ist es höchstens, bei dem riesigen Angebot das Richtige zu finden. Aber es gibt eine Vereinigung von einigen Köchen dieser Stadt, die sich der Erhaltung der gastronomischen Tradition verschrieben haben; in ihren Restaurants kann man sicher sein, die wahre Kochkunst dieser Region zu finden.

Das Quercy ist nicht so bekannt und deswegen auch noch nicht so überlaufen. Wir waren begeistert, denn alles ist etwas verträumter, etwas natürlicher und landschaftlich zauberhaft. Hier haben wir auf den mit Steinmauern eingefaßten Weiden die vielgepriesenen Gänseherden gesehen, und das Federvieh machte einen guten Eindruck, wie es so zu Hunderten mit langgestreckten Hälsen über die Wiesen zog. Auch im Quercy gibt es tiefe gewundene Flußtäler und an den schönsten Punkten immer wieder ein Schloß oder ein Herrenhaus und nicht zu vergessen die wunderschönen Wälder.

Der Reichtum an Eßbarem muß schon die Steinzeitmenschen in die Kalksteinhöhlen des Périgord gezogen haben, denn hier hatten sie alles, was sie brauchten: Wild, Pilze, Nüsse und Kastanien in Hülle und Fülle sowie Wohnplätze in den Höhlen. Also auch schon damals ein kulinarisches Paradies, wie die berühmten Zeichnungen der Höhlen von Lascaux erzählen. Diese wohl einmaligen Höhlen wurden 1940 von vier Kindern aus Montignac entdeckt und sind heute einer der meistbesuchten Orte Frankreichs.

Der natürliche Reichtum der Wälder ernährte auch in den folgenden Jahr-

hunderten seine Bewohner und wurde durch die selbstgezogenen Gänse, Enten und das heißgeliebte Schwein hervorragend abgerundet. Das Schwein mit all seinen Produkten war im Périgord so beliebt, daß es niemals *porc*, sondern immer *le cochon* oder ganz respektvoll *le monsieur* genannt wurde. Und natürlich wurde mir die Geschichte von dem Schullehrer erzählt, der auf die Frage, was der schönste Tag im Jahr sei, von seinen Schülern die Antwort bekam: *Celui où on tue le cochon* – der Schlachttag.
Die Küche des Périgord ist eine Küche ohne Butter. Die Gänse, Enten und das Schwein liefern das Fett und geben den Speisen den so typischen Geschmack *à la périgordine*. Die Salate erhalten ihre ganz eigene Note durch das köstliche Nußöl, das in vielen kleinen Ölmühlen noch heute nach alter Methode gewonnen wird. Und all diese deftigen Herrlichkeiten werden abgerundet durch einen dunkelroten oder einen weißen Wein, der an den Hängen der Flußtäler rund um Cahors und Bergerac heranwächst, nicht zu vergessen den berühmten Montbazillac.
Viele Jahrhunderte waren die Weine der Dordogne und der noch dunklere Wein rund um Cahors weltberühmt, bis Ende des vorigen Jahrhunderts die Reblaus fast den gesamten Weinbau zum Erliegen brachte. Heute ist er rund um Bergerac und Cahors wieder neu erblüht, aber die Reben bedecken nur mehr ein Sechstel der früheren Anbauflächen.
Die kalkigen Böden der verödeten Weinberge wurden neu bepflanzt mit Eichen, und nach einigen Jahren erntete man statt des Weins die größte Kostbarkeit des Périgord, die schwarze Trüffel. Diese schwarzen, unwahrscheinlich duftenden Knollen sind heute fast unbezahlbar. Dabei waren sie in früheren Zeiten die Brotzeit der armen Leute. Die Schulkinder der Armen hatten zur Pause in der Schule eine Trüffel mit Brot im Hosensack und tauschten diese sehr gerne gegen die Schokolade der besser gestellten Kinder. Die Trüffel ist genau wie in der Provence umgeben von Geheimnissen, von Tips, wo man günstig welche ergattern kann, und von Fundstellen, die niemand verrät. Aber die Einheimischen können sie sich heutzutage nicht mehr leisten, es sei denn, der Vater oder Großvater hat eines dieser berühmten Schweine und sucht die Trüffeln selber. Das Schwein hat einen ungeheuren Riecher für die Knollen, es eignet sich hervorragend zur Suche; man hat nur das Problem, das Tier daran zu hindern, den gefundenen Schatz selber zu fressen. Deswegen geht man auch im Périgord dazu über, Hunde für die Suche einzusetzen, die sich nichts aus den Knollen machen. 90 Prozent der echten Périgordtrüffeln gehen in den Verkauf, wandern in die Sterne-Restaurants der großen Städte in der ganzen Welt. Denn die grauschwarze

Trüffel des Périgord und des Quercy ist die beste und aromatischste aller Trüffeln. Im Quercy in der Ortschaft Lalbenque findet von Dezember bis Februar der größte Trüffelmarkt der gesamten Region statt. Nur wenige Schnitze machen aus einem kleinen Omelett eine Delikatesse. Einige Stückchen in der Bratensauce lassen das ganz besondere Aroma hervortreten. Einmal sollten Sie die vielgepriesene schwarze Trüffel des Périgord probieren und nicht auf den Preis schauen.

Aber die großen Laubwälder sind auch ein idealer Standplatz für Steinpilze. Davon gibt es hier große Mengen, und unter Kennern entbrennen oft heftige Diskussionen, ob nun die Steinpilze unter den Kastanien oder die, die unter den Eichen wachsen, das bessere Aroma haben. Ich finde sie alle köstlich, wenn sie morgens gefunden wurden und schon am Mittag auf dem Teller liegen, genau wie all die anderen Waldschätze, die Pfifferlinge, Todestrompeten und die würzigen Mousserons.

Am besten ist es wohl mit den Rezepten zu beginnen, denn hier in dieser Region ist mir nach der Provence das Auswählen am schwersten gefallen. Das Material ist so vielfältig und so hervorragend, daß man kein Rezept weglassen möchte.

Suppe oder Tourin

La soupe en Périgord c'est un régal et un repas, die Suppe im Périgord ist ein Festschmaus und eine ganze Mahlzeit. Suppe ißt man zum Mittagessen und natürlich wie in ganz Frankreich auf dem Lande auch zum Abendessen. Frühmorgens steht der Bauer auf, trinkt eine große *bol* Kaffee und versorgt sein Vieh. Im Winter ist danach, bevor er rausgeht auf die Felder, die Zeit für die erste heiße und sättigende Suppe. Suppe gehört im Périgord seit Jahrhunderten zum Tageslauf. Typisch für die Suppen dieser Region ist das Gänse- oder Entenfett, das für das Périgord-Aroma sorgt; zum Aufgießen wird gerne Geflügelbrühe verwendet. »Tourin« werden die vielfältigen Suppen genannt, die mit der Jahreszeit wechselnd aus Kräutern und Gemüse, aber ohne Beigabe von Fleisch bereitet werden. Die Tourins sind die sogenannten schnellen Suppen, denn ein kurzer Gang in den Garten, etwas Kleinschneiden der Zutaten, kurze Kochzeit – und fertig. Eine mit sehr viel Pfeffer gewürzte Tourin wird dem Brautpaar in der Hochzeitsnacht serviert. Sie

ist so stark gewürzt, daß sie den jungen Leuten die Tränen in die Augen treibt. Es ist so Sitte, aber warum die armen Leute das trinken müssen, hat mir niemand erklären können.
Zur Vollkommnung des Suppenkapitels gehört aber noch der Chabrol. Wenn man die heiße Suppe bis auf einen kleinen Rest ausgelöffelt hat, greift man zur Rotweinflasche und gießt einen kräftigen Schluck in den noch warmen Teller, schlürft Suppe und Wein in einem Zug aus dem tiefen Teller und ist dann gewappnet und vor allem Übel bewahrt. Seit vielen Generationen gibt der Chabrol den erschöpften Bauern und Arbeitern, aber auch den Frauen nach einem harten Arbeitstag neue Kraft und bewahrt sie vor allerlei Krankheiten. Der Chabrol ist die Medizin des Périgord. Die Väter werden ihren Söhnen den Chabrol geben, sobald sie nicht mehr an der Brust trinken, damit sie groß und stark werden. Die Mädchen trinken ihn nicht, denn sie haben Angst, daß ihnen dann Barthaare wachsen. Die Wöchnerin und die stillende Frau trinkt ihn täglich, um bei Kräften zu bleiben, und ein Sprichwort sagt, daß nach harter, schweißtreibender Arbeit ein Chabrol wichtiger sei als ein trockenes Hemd. Versuchen Sie den Chabrol zusammen mit einer der Suppen aus dem Périgord.

Tourin à l'oseille
Sauerampfersuppe aus dem Périgord

Zutaten für 4 Personen:
2 dicke Bündel Sauerampferblätter, 2 EL Gänsefett, 3–4 feingehackte Knoblauchzehen, 1,5 l entfettete Hühnerbrühe, 2 Eier, 3 EL Sahne, einige dünne Scheiben altbackenes Bauernbrot, Salz und Pfeffer
Zubereitungszeit: 20 Minuten

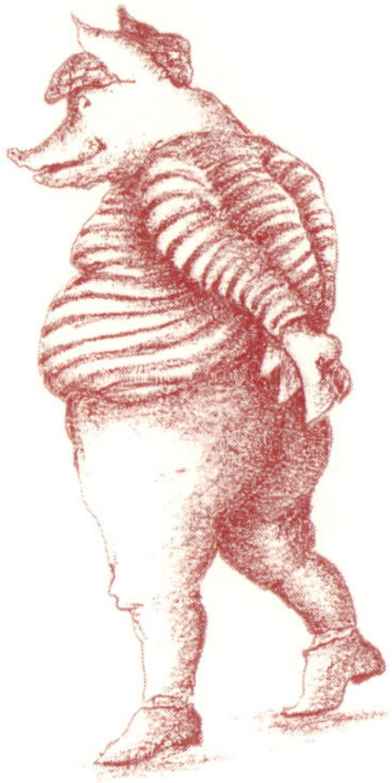

Sauerampfer putzen und in feine Streifen schneiden. Das Fett in einem weiten Suppentopf erhitzen und darin den Knoblauch andünsten. Die Sauerampferblätter dazugeben und einige Minuten dünsten. Mit der Geflügelbrühe aufgießen und rund 10 Minuten ohne Deckel kochen lassen.
Die Eier trennen. Eigelb in eine Suppenschüssel schlagen, Eiweiß mit Sahne verquirlen und in die Suppe rühren; mit Salz und Pfeffer abschmecken. Die Suppe vom Herd nehmen und unter Rühren zu den Eigelben in die Suppenschüssel gießen. Le tourin mit den Brotscheiben belegen und servieren.

Variation: Für die etwas sättigendere Form dieser Suppe, kocht man 500 Gramm Salzkartoffeln, die man im Kochwasser zerdrückt. Zu dieser Kartoffelsuppe gibt man den in der Pfanne gedünsteten Knoblauch mit Sauerampfer und Eiweiß dazu, die Eigelb werden genau wie oben zum Schluß eingerührt. Hierzu gibt es keine Brotscheiben. Diese Variation ist etwas sämiger und auch sehr wohlschmeckend. So werden das ganze Jahr über die Tourin gekocht. Immer ist das Gänse- oder Entenfett, in dem Zwiebeln und Knoblauch oder nur Knoblauch angebraten werden, die Basis. Dazu kommen dann Kerbel, Tomaten oder auch nur ein Löffel Verjus oder Essig. Mit Eigelb und Eiweiß verfeinert – fertig ist der Tourin à la tomate oder Tourin blanchi.

Soupe à la carcasse d'oie
Suppe aus Gänsekarkassen

Werden im Herbst die Gänse geschlachtet und für Confit und all die anderen Köstlichkeiten zerlegt, bleiben die Karkassen übrig, an denen noch Fleisch und Fett dran ist. Und da man im Périgord alles verwendet, macht man daraus eine wunderbare Suppe. Wurden auf einer Gänseferme sehr viele Gänse auf einmal geschlachtet, hat man die Karkassen auch in Salz eingelegt, um sie für eine spätere Verwendung haltbar zu machen.

Eine oder mehrere Karkassen in einem großen Suppentopf mit kaltem Wasser aufsetzen und eine Stunde kochen. Dann beliebiges Suppengemüse dazugeben: Karotten, Lauch, Sellerie, das Herz eines Weißkohls, ein bis zwei weiße Rübchen. Salzen und pfeffern. Das Gemüse rund 45 Minuten mitkochen. Dann serviert man die Brühe, als Hauptmahlzeit kommen die Karkassen mit dem Gemüse auf den Tisch, die man genußvoll abknabbert, bis nur noch die blanken Knochen übrigbleiben.

Variation: Sehr ähnlich verfährt man auch mit den *abattis*, den Abfällen beim Gänse- und Geflügelschlachten (Flügelspitzen, Hälse, Füße und Köpfe).

Soupe aux fèves
Puffbohnensuppe

Bei uns sind die Sau- oder Puffbohnen fast unbekannt, aber im Süden Frankreichs waren sie in früheren Zeiten ein Hauptnahrungsmittel, bis sie nach der Entdeckung Amerikas ein wenig von den Bohnenkernen verdrängt wurden. Aber wie gesagt, nur ein wenig, denn das ganz einmalige Aroma der Puffbohne wird nach wie vor hochgeschätzt, und kein ländlicher Garten kommt ohne sie aus. Am 9. Oktober, dem Tag des St. Denis, werden sie gesät, und schon im März und April kann man die ersten Bohnen ernten.

Zutaten für 4 Personen:
2 EL Gänsefett, 200 g Lauch in feinste Ringe geschnitten, 1 feingehackte Zwiebel, 2 feingehackte Knoblauchzehen, 500 g gehäutete Puffbohnenkerne, 1,5 l Geflügelbrühe, 1 TL Thymianblättchen, 3 EL Crème fraîche, Salz, Pfeffer
Zubereitungszeit: 45 Minuten

Das Fett erhitzen und Lauch, Zwiebel und Knoblauch darin andünsten. Die enthäuteten Bohnenkerne dazugeben und mit der Brühe aufgießen. In ungefähr 20 Minuten weich garen und dann pürieren. Den Thymian dazugeben und noch mal 5 Minuten kochen lassen. Mit Salz und Pfeffer abschmecken, mit der Crème fraîche binden und heiß servieren.

Variation: Wenn die Puffbohnen ganz jung und frisch aus dem Garten kommen, läßt man die Haut gerne dran. Die Suppe erhält dann zwar einen leichten Grauton, aber das Aroma wird dadurch intensiver. In diesem Falle wird die Suppe nicht püriert.

Soupe aux fèves et aux légumes
Gemüsesuppe mit Puffbohnen

Im Sommer lieben die Menschen aus dem Périgord und dem Quercy Gemüsesuppen mit allem, was gerade im Garten heranwächst. Aber einige Zutaten sind hier noch unbedingt dabei, die in den anderen Regionen nicht üblich sind. Das sind die geschälten Kerne der Puffbohnen, einige kleingeschnittene Mangoldblätter und der Sauerampfer. Machen Sie sich einmal die Mühe, auf dem Markt alle Zutaten zusammenzukaufen, oder bauen Sie im Garten die nötigen Gemüse an. Sie werden begeistert sein.

Zutaten für 4 Personen:
500 g Puffbohnenkerne, 150 g Karotten, 1 Rübchen, 1 Stange Lauch, 1 Zwiebel, 100 g grüne Bohnen, 4 Blätter Mangold, 1 Bund Sauerampferblätter, 1 Bund Kerbel, 500 g frische Erbsen, Salz und Pfeffer, evtl. Gänsefett oder Sahne zum Verfeinern
Zubereitungszeit: 60 Minuten

Das Gemüse putzen und zurechtschneiden. Puffbohnen häuten, ganz frische Bohnenkerne ungeschält verwenden, das Wurzelgemüse fein würfeln, die grünen Bohnen in Stücke schneiden, Mangold, Sauerampfer und Kerbel hacken.
Ungefähr 2 Liter Wasser zum Kochen bringen. Das Gemüse hineingeben, salzen und pfeffern. Puffbohnen und die kleinen Erbsen erst zum Schluß beigeben, denn sie sind nach 10–15 Minuten gar und sollten nicht zerfallen. Zur Verfeinern geben Sie kurz vor dem Servieren noch einen Eßlöffel Gänsefett oder einige Eßlöffel Sahne dazu. Die letzten 2 Minuten den Kerbel einstreuen und durchziehen lassen.

Soupe à la citrouille et aux haricots rouges
Kürbissuppe mit roten Bohnen

Kein Garten ohne Kürbis, der hier nur Citrouille und niemals Potiron genannt wird. Groß und dunkelgelb sollen sie sein, dann ißt man den ganzen Winter diese Kürbissuppe mit roten Bohnen. Es gibt ganz einfache Rezepte mit den beiden Gemüsen, etwas Speck, Petersilie und Knoblauch, aber hier eine ganz besonders gute Version für den frühen Herbst, wenn die ersten Kürbisse reifen und die letzten Tomaten und Bohnen gepflückt werden wollen. In dieser Zeit sind die Bohnenkerne frisch, und überall auf den Märkten werden sie von den Bauern angeboten.

500 g frische oder 250 g getrocknete Bohnenkerne (getrocknete vorher einweichen), 800 g Kürbisfleisch, 500 g grüne Bohnen, 2–3 Kartoffeln, 2–3 Karotten, 500 g Tomaten, 1 große Zwiebel, 3 Knoblauchzehen, 1 Bund Petersilie, 150 g gepökelter Speck, 1 breiter Streifen Schweineschwarte, 2 EL Gänsefett, Salz und Pfeffer
Außerdem: Brot und nach Wunsch Nußöl oder Verjus zum Servieren
Zubereitungszeit: 90 Minuten

Getrocknete Bohnenkerne mehrere Stunden oder über Nacht in kaltem Wasser einweichen. Das frische Gemüse putzen und zurechtschneiden: Kürbis würfeln; Bohnen, Kartoffeln und Karotten in Stücke schneiden; Tomaten häuten und würfeln; Zwiebel, Knoblauch und Petersilie fein hacken. Den Speck in kleine Würfel schneiden, die Schweineschwarte 10 Minuten überbrühen und dann würfeln.
Bohnenkerne und Schwartenwürfel in etwa 3 Liter kochendes Wasser werfen und ungefähr 30 Minuten kochen.
In dieser Zeit in einer Pfanne das Fett erhitzen und die Zwiebel mit Knoblauch und Petersilie sowie den Speck darin andünsten. Nach 10 Minuten die Tomaten hinzufügen und zu einer dicken Sauce verkochen, die man dann mit den grünen Bohnen, Kartoffeln, Karotten und Kürbiswürfeln zu den Bohnenkernen gibt und noch 45 Minuten miteinander köcheln läßt. Salzen, pfeffern und auf trockenen, dünn geschnittenen Brotscheiben servieren und nach Belieben noch mit einem Schuß Nußöl oder Verjus würzen.

Mique
Hefekloß als Suppeneinlage

So wie das Wort *quenelle* zu Lyon und *bouillabaisse* zu Marseille gehört, so die *mique* zu Sarlat. Die Mique macht aus einer köstlichen Suppe ein sättigendes Festmahl, ein Sonntagsessen, und ist eines dieser ganz alten Bauerngerichte, die mich begeistern. Die Mique wurde entweder zur schon erwähnten Suppe mit den Karkassen der Gänse (s. Seite 262) gekocht oder wie hier zu einer Suppe mit gepökeltem Schweinefleisch und Gemüse. In einem Buch über das Périgord noir wird die Rangordnung in sehr treffender Weise ausgedrückt: Trüffel und Foie gras sind in der Sonate des Menüs die perfekten Akkorde, triumphal! Die Mique ist dagegen ein ländlicher Holzschuhtanz.

Zutaten für 4 Personen:
Für den Kloß: 150 g feingewürfeltes altbackenes Brot, 150 g feingewürfelter Pökelspeck, ca. 50 ml lauwarme Milch oder Bouillon, ca. 50 ml lauwarmes Wasser, ca. 400 g Mehl, 3–4 Eier, 1 EL flüssiges Gänsefett, ½ Päckchen Trockenhefe, Salz und Pfeffer
Zubereitungszeit (ohne Wartezeit): 60 Minuten

Brot- und Speckwürfel in eine weite Schüssel geben und mit Milch oder Bouillon und Wasser befeuchten. Das Brot darf aber auf keinen Fall matschig werden. Nun einen Teil des Mehls darüber rieseln lassen und die Schüssel in beiden Händen so schwenken, daß die Würfel sich mit dem Mehl vermischen.
In einer anderen Schüssel die Eier mit dem Fett verquirlen, salzen und pfeffern und zu den Würfeln in der großen Schüssel geben. Vorsichtig unterheben und den Rest Mehl sowie die Hefe einrühren, so daß ein geschlossener Teig entsteht. Mit den Händen kneten und zu einer Art Rugbyball formen. Auf eine große Platte legen, mit Mehl bestreuen und mit einem Tuch bedeckt ruhen lassen.
Dazu kocht man in 3–4 Liter Wasser reichlich Suppengemüse, wie Zwiebel, Lauch, Karotten, Sellerie, einige Mangoldstiele, 2 Lorbeerblätter, Salz, Pfeffer, 2 Nelken und ein schönes Stück gepökeltes Schweinefleisch.
Nach ½ Stunde läßt man die Mique in die Brühe gleiten und kocht sie noch 45 Minuten sanft in die Suppe.
Dann setzt man alle Familienmitglieder an den Tisch, mit dem Löffel in der

Hand, denn die Mique muß sofort und sehr heiß gegessen werden, sonst wird sie fest. Nun hebt man die Mique auf eine heiße Platte, legt das in Stücke geschnittene Fleisch und die Gemüse außen herum und serviert die Bouillon separat in einer Terrine.

Nußöl, das Aroma für den Salat

Ganz anders als im übrigen Frankreich ißt man im Périgord *en famille* den Salat nicht vorher oder nachher, sondern dazu. Man legt den Salat auf den gleichen Teller wie das Fleisch und die Sauce, was sonst als Unart der Nichtfranzosen verpönt ist. Es sollten immer verschiedene Blattsalate sein, wie Kopfsalat, Escariol und Frisée, die das ganze Jahr über mit Beigaben gemischt werden, die man in der Natur findet. Im Winter liebt man Feldsalat, im Frühjahr Löwenzahn und Brunnenkresse von den Bachufern.

Vor allem in den Restaurants werden die Salate heute häufiger als leichte Vorspeise gereicht. Dann werden die Salatblätter mit kleingeschnittenen Nußkernen vermischt, mit angebratenem Speck bestreut und manchmal mit einem pochierten Ei oder luftgetrockneter Enten- und Gänsebrust belegt.

Die Salatsaucen sind einfach: etwas Knoblauch, ein wenig Rotweinessig und als kulinarischer Höhepunkt das ganz besondere Aroma des Nußöls. Es ist hier üblich, nur den Essig mit Knoblauch, Salz und Pfeffer zu mischen und an den Salat zu geben und erst am Tisch das Nußöl über die Blätter zu tropfen, denn das Öl läßt die Salatblätter erschlaffen.

Die Nußbäume wurden von den Römern an Dordogne und Lot gebracht, und in früheren Zeiten sah man im Herbst überall Frauen und Kinder sitzen und mit einem Hammer auf einer Baumscheibe oder in Holzkästen auf dem Schoß die Nüsse knacken. Man hatte in jedem Dorf eine eigene Nußmühle für die Ölgewinnung und verwendete die Kerne außerdem noch für Kuchen und Brot. In dem Dorf Martel im Lot und in Sainte-Nathalène im Périgord Noir werden noch traditionelle Ölmühlen aus dem 16. Jahrhundert betrieben, wo Sie überall das Nußöl kaufen können. Probieren Sie es, es gibt Ihren Salaten eine ganz eigene Note. Das reine, kaltgepreßte Nußöl ist zu stark für einen Salat und wird je nach Geschmack mit mehr oder weniger Erdnußöl vermischt (üblich ist ein Drittel Nußöl zu zwei Drittel Erdnußöl).

Die Gans, das Wappentier

Kein Hof in der ganzen Region ohne Gänse. Große graue Tiere mit langen Hälsen, durch die die Gänse gestopft werden. Auf der ganzen Welt gibt es Gegner dieser Mast, aber sie alle werden hier im Périgord genau so wie im Südwesten, wo eher Enten gemästet werden, nur belächelt. Hat doch die Gänsemast eine sehr lange Geschichte. Schon die alten Ägypter stopften die Gänse, um sie fetter zu machen. Der Stopfvorgang glich dem von heute, wie man auf Malereien in Grabkammern sehen kann. Die Gans wanderte mit den Hebräern ins Gelobte Land, denn mit dem Gänsefett konnte man Fleisch konservieren und doch die strengen jüdischen Essensvorschriften einhalten. Schließlich übernahmen auch die Römer von den Griechen die *gavage*, die Stopferei; sie stopften die Gänse mit einer Mischung aus Getreide und Feigen, um das Aroma der Leber besonders fein zu machen. Es gibt ein Rezept des berühmten Feinschmeckers Apicius, 100 Jahre v. Chr., daß ich Ihnen nicht vorenthalten möchte, vielleicht kochen Sie es einmal nach:
»Man schneide die Leber mit Schilf in Scheiben und mariniere diese in Garum (eine fermentierte Fischsauce und Speisenwürze). Zerstoße Pfeffer, Liebstöckelkraut und 2 Lorbeerblätter, wälze die Leberstücke in den Gewürzen und wickle sie in ein Schweinenetz. Anschließend brate die Päckchen auf dem Grill und serviere sie sofort.«
Im Feldgepäck der Römer wanderte die Geflügelstopferei nach Frankreich und wurde vor allem von den Juden im Südwesten und rund um Straßburg weitergeführt. Zu Anfang wurde mit Gerstenmehl gestopft, das man mit Honig, Wasser, Feigen und Hefe vermischte: erst nach der Entdeckung Amerikas setzte sich allmählich der Mais durch. Heute stopft man meistens mit in Fett und etwas Salz gedünsteten Maiskörnern, die weich die Hälse hinuntergleiten und nicht verletzen.
Das Périgord ist heute der größte Produzent von Foie gras von der Gans in der ganzen Welt, die von Kennern der Foie gras von der Ente vorgezogen wird. Und wo es Foie gras gibt, gibt es natürlich auch die dazugehörige Gans. Gans in allen traditionellen Variationen, denn nichts bleibt von der Gans ungenutzt für die Küche, wie ich im Suppenkapitel schon erwähnt habe. Lassen Sie sich einführen in die Vielseitigkeit einer Gans, denn sie ist kulinarisch viel mehr als ein Gänsebraten. Alle folgenden Rezepte können auch mit Enten gemacht werden.

Cou d'oie farci
Gefüllter Gänsehals

Zutaten für 4 Personen:
2 Gänsehälse, Gänse- oder Entenfett zum Braten
Für die Füllung: 300 g feines Wurstbrät vom Metzger, 2 gehackte Knoblauchzehen, ½ Bund gehackte Petersilie, ca. 200 g Foie gras von Ente oder Gans, 50 g gewürfelte Trüffel oder 1 Handvoll Pistazienkerne, 20 ml Armagnac, Salz und Pfeffer
Zubereitungszeit (ohne Wartezeit): 2 Stunden
Kühlzeit: mehrere Stunden

Die Haut sorgsam von den Gänsehälsen lösen, ohne sie dabei einzureißen. Dann die Haut an einem Ende zunähen. In einer Schüssel die Zutaten für die Füllung vorsichtig vermischen. Etwa 2 Stunden kühl stellen und dann in die Hälse stopfen. Das andere Ende auch zunähen. Die Hälse in einer großen Menge Gänse- oder Entenfett 1½ Stunden sanft kochen lassen; wenn sie an die Oberfläche steigen, sind sie durch. Über Nacht abkühlen lassen.
Für ein Entrée werden die Hälse rundum in Gänsefett braun gebraten und dann in zentimeterdicke Scheiben geschnitten und zu einem Salat gereicht. Schmeckt ganz phantastisch.

Tip: Man kann die Hälse zubereiten, wenn man Zeit hat, und sie dann in dem Fett, in dem sie gekocht wurden, auch einige Wochen in einem Glas aufheben. Das Fett muß die Hälse aber ganz bedecken.

Confit

In einem ländlichen Haushalt wurde nie eine einzige Gans geschlachtet, sondern immer viele Gänse. Und so wurde, um den ganzen Winter von den Köstlichkeiten zu speisen, das Confit erfunden. Genau wie beim Gänsehals garte man die diversen Fleischstücke in Fett und konservierte sie. Ich habe so eine Speisekammer gesehen und war total begeistert. In Reih und Glied stehen die *bocaux* oder Einmachgläser sorgsam geordnet nach den verschiedenen Stücken. Es muß ein tolles Gefühl sein, wenn man auf so eine gut gefüllte Speisekammer zurückgreifen kann.
Kaufen Sie zur Saison 2–3 Gänse oder auch Enten. Die Oberschenkel, die

Keulen, die kleinen Keulen der Flügel von mehreren Enten und Gänsen mit grobem Meersalz einreiben und mindestens 24 Stunden ziehen lassen.
Am nächsten Tag die Stücke etwas aneinander klopfen, damit überflüssiges Salz abfällt, und die Stücke nun in sehr viel Gänsefett leise kochen. Zum Fett gibt man noch einige Lorbeerblätter und 1–2 Teelöffel Thymian. Die Stücke nach ca. 1–1½ Stunden aus dem Fett holen, abkühlen lassen und nach Sorten sortiert in Einmachgläser geben. Mit noch heißem Fett auffüllen und dann entweder einwecken oder so viel Fett aufgießen, daß das Fleisch restlos bedeckt ist. Um die Stücke unter dem Fett zu halten, verkreuzt man kleine Stöckchen der Weinranken und preßt damit das Fleisch nach unten.
Zum Verzehr stellt man die Gläser im Périgord nahe an das Kaminfeuer und dreht sie immer wieder, damit sich das Fett erwärmt und die Stücke leicht herausgeholt werden können. Ich stelle sie in die Nähe der Heizung – was natürlich längst nicht so romantisch ist. Endgültig in der Pfanne bei mittlerer Hitze entfetten.
Als Vorspeise wird das Confit in Scheiben geschnitten und auf Salat (am besten Löwenzahn oder Chicorée) gelegt. Als Hauptgericht ißt man sie je nach Jahreszeit mit frischen grünen Erbsen oder Puffbohnen oder auch mit Steinpilzen (siehe folgendes Rezept).
Genau wie das oben beschriebene Confit kocht man auch die enthäuteten Mägen im Fett und gibt sie getrennt von dem anderen Fleisch in kleinere Gläser. Dann kann man jederzeit **Gésier d'oies ou de canards** in dünne Scheiben schneiden, im eigenen Fett in der Pfanne bräunen und auf einem schön gemischten Blattsalat als Vorspeise servieren. Noch eine Delikatesse.

Confit d'oie et les cèpes
Gänseconfit mit Steinpilzen

Zutaten für 4 Personen:
Pro Person 1 Keule oder 1 Oberschenkel vom Confit, 1 kg frische Steinpilze, 2 Knoblauchzehen, 1 Bund Petersilie, Gänsefett, Salz und Pfeffer
Zubereitungszeit: 30 Minuten

Das Confit langsam erwärmen, damit sich die Stücke leichter aus dem Fett nehmen lassen. Inzwischen Pilze sorgfältig putzen und in dickere Scheiben schneiden. Knoblauch und Petersilie zusammen fein hacken.
Die Gänsestücke aus dem Fett nehmen und anschließend in der Pfanne von

allen Seiten hellbraun anbraten. In einer anderen Pfanne etwas Gänsefett erhitzen und die Steinpilzscheiben kurz und heiß anbraten, so daß die Ränder der Pilzscheiben bräunen. Mit dem Petersilie-Knoblauch-Gemisch bestreuen, salzen und pfeffern. 2–3 Minuten auf kleinerer Flamme weitergaren und auf Teller verteilen. Die Confitstücke dazulegen und sofort servieren. Dazu passen hervorragend Pommes Sarladaise (s. Seite 283)

Variation: Braten Sie mit den Steinpilzen noch einige Pfifferlinge und wenn möglich noch ein paar Morcheln (auch getrocknete, die 15 Minuten in lauwarmem Wasser eingeweicht werden), ein wahrer Festtagsschmaus!

Magrets grillés et sauce aillade et les cèpes sautées
Gänsebrust mit Knoblauch-Nuß-Sauce und gebackenen Steinpilzen

In alten Büchern mit traditionellen Rezepten aus dem Périgord kommen keine Gerichte mit den Bruststücken, den Magret de canard oder Magret d'oie vor, denn die wurden ganz genau wie die Foie gras verkauft und brachten das Haushaltsgeld für die Frau. Es ist heute nicht viel anders, diese zwei Teile der Gans oder der Ente gibt es nur zu ganz großen Festtagen. Folgendes Rezept ist im ganzen Südwesten beliebt, von der Languedoc bis ins Périgord. Die Zeit, in der man dieses schmackhafte Gericht speisen kann, ist allerdings sehr kurz bemessen, denn man braucht frische Walnüsse, bei denen man die Haut vom Nußkern noch abziehen kann.

Zutaten für 4 Personen:
4 Filets von der Enten- oder Gänsebrust, Enten- oder Gänsefett zum Braten
Marinade für die Bruststücke: 2 sehr fein gehackte Knoblauchzehen, die Blättchen von einigen Thymianzweigen, 4 cl Armagnac, Salz und frisch gemahlener Pfeffer
Für die Sauce: 1 kg Steinpilze, 3 Knoblauchzehen in Scheiben, 30 frische gehäutete Walnüsse, 8 EL Olivenöl oder Erdnußöl
Zubereitungszeit: 30 Minuten
Einwirkzeit der Marinade: 1–2 Stunden

1–2 Stunden vor dem Essen die Hautseite der Filets mit einem scharfen Messer rautenförmig nicht zu tief einschneiden. Alle Zutaten für die Marinade vermischen. Fleischstücke mit der Marinade von allen Seiten bestreichen und in der Küche ruhen lassen. Nicht kalt stellen.
Inzwischen die Steinpilze putzen und in dickere Scheiben schneiden.
Außerdem für die Sauce 3 Eßlöffel Wasser, Knoblauch und Nüsse in den Mixer geben und fein pürieren. Ganz langsam das Olivenöl dazugeben und dabei den Mixer auf kleiner Stufe laufen lassen. Die fertige Sauce in einer Sauciere beiseite stellen.

Das Backrohr auf 160° vorheizen.
Die Bruststücke aus der Marinade nehmen, eventuell Knoblauchstückchen abstreifen.
In einer Pfanne etwas Gänse- oder Entenfett erhitzen, die Bruststücke auf der Hautseite 5 Minuten anbraten, dann von der anderen Seite 4 Minuten. Im vorgeheizten Rohr warm stellen und nachgaren lassen.
Den größten Teil des Fettes aus der Pfanne gießen. Die Marinade zum restlichen Bratfett in die Pfanne gießen, erhitzen und verrühren. Die Fleischstücke dazugeben und bei geschlossenem Deckel noch 5–10 Minuten darin ziehen lassen.
Jetzt die Steinpilzscheiben in heißem Gänsefett in einer Pfanne schnell und heiß von beiden Seiten anbräunen, salzen und pfeffern.

Nun die Fleischstücke in Scheiben schneiden, auf einer vorgewärmten Platte anrichten, mit dem Fond aus der Pfanne begießen, mit den Steinpilzen umlegen und zusammen mit der Sauciere auf den Tisch stellen. Schmeckt einmalig gut.

Magrets au verjus
Gänse- oder Entenbrust mit grünem Traubensaft

Für folgendes Rezept brauchen Sie Verjus, den Saft aus grünen, unreifen Trauben, der in dieser Region oft statt Zitrone benutzt wird. Diese Säure paßt ausgezeichnet zu dem Fett der Enten und Gänse. In Feinkostläden kann man Verjus auch bei uns kaufen.

Zutaten für 4 Personen:
4 Magrets von Gans oder Ente, 1 TL frische Thymianblättchen, 2 EL Enten- oder Gänsefett, 5 cl Armagnac, 1 TL Puderzucker, 150 ml Verjus, 100 g Nußkerne, Salz und Pfeffer
Zubereitungszeit: 20 Minuten

Das Bratrohr auf 160° vorwärmen.
Die Haut der Bruststücke mit einem spitzen Messer rautenförmig einritzen, salzen, pfeffern und mit Thymian bestreuen. Das Fett in einer Pfanne erhitzen und die Filets auf der Hautseite 5 Minuten braten, anschließend von der anderen Seite 4–5 Minuten braten. Aus der Pfanne heben und im Rohr warm stellen.
Den größten Teil des Fettes abgießen und die Pfanne wieder auf den Herd stellen. Den Fond mit Armagnac ablöschen, Puderzucker und dann Verjus und Nußkerne dazugeben. Auf kleiner Flamme köcheln und reduzieren lassen.
Nun die Bruststücke aus dem Rohr holen, in dickere Scheiben schneiden, auf einer vorgewärmten Platte anrichten, mit der Sauce begießen und servieren. Dazu reicht man gerne neue Kartoffeln in der Schale.

Foie gras

Foie gras ist die Leber der gemästeten Enten und Gänse. Eine Stopfleber besteht immer aus zwei eng zusammengedrückten Leberlappen und wiegt 600–700 Gramm bei den Enten und bis zu 1000 Gramm bei den Gänsen. Sie ist das Kernstück der Delikatessen rund um das Federvieh und wird in zahllosen Variationen bereitet.

Foie gras frais aux câpres
Frische Foie gras mit Kapern

Zutaten für 4 Personen:
1 ganze Enten- oder Gänseleber, 4 cl Armagnac oder Cognac, 1 EL Gänsefett, 4 feingehackte Schalotten, 1 gehäufter EL Mehl, 0,75 l guter, sehr trockener Weißwein, ½ l Geflügel- oder Kalbsbrühe, 1 Handvoll erstklassige Kapern, Salz und Pfeffer
Zubereitungszeit: 40 Minuten
Einwirkzeit der Marinade: 2–3 Stunden

Die Foie gras schon einige Stunden vor dem Essen mit Salz, Pfeffer und der Hälfte des Armagnac oder Cognac marinieren.
In einem weiten Topf das Gänsefett erhitzen und darin die Schalotten glasig andünsten. Das Mehl einstreuen und unter Rühren hell anschwitzen; mit dem Weißwein löschen. Kräftig einkochen und dann die Brühe dazugießen. 10 Minuten weiterkochen, dann die Hitze reduzieren und die Leber in die leicht siedende Sauce legen. Darauf achten, daß die Leber ungefähr 25 Minuten nur leise vor sich hin köchelt. Kocht sie zu stark, d.h. bei zu großer Hitze, wird sie hart. Nach 25 Minuten mit einer Nadel vorsichtig in die Leber stechen, der Saft sollte nicht mehr rot oder rosa, sondern leicht gelblich sein. Jetzt den restlichen Armagnac und die Kapern dazugeben, 5 Minuten ziehen lassen.
Die Leber auf eine sehr gut vorgewärmte Platte legen, mit einem Teil der Sauce begießen, den Rest der Sauce extra servieren. Für dieses Essen sollten auch die Teller vorgewärmt sein. Von der Leber nimmt sich jeder mit dem Löffel. Servieren Sie dazu einen goldenen Montbazillac oder einen Sauternes, und Sie werden Foie gras nie wieder anders essen wollen – sagen die Leute aus dem Périgord.

Escalope de foie gras
Foie gras kurzgebraten

1 frische Enten- oder Gänseleber, 1 EL Gänsefett,
Salz und Pfeffer
Zubereitungszeit: 10 Minuten

Leber in zentimeterdicke Scheiben schneiden. Das Fett in der Pfanne erhitzen und die Leberscheiben hineinlegen. Von beiden Seiten leicht braun braten und salzen und pfeffern.
Diese Leberscheiben schmecken ganz ausgezeichnet als Vorspeise zusammen mit etwas Wintersalat oder mit einigen im Gänsefett gedünsteten Apfelscheiben, die mit etwas Majoran bestreut werden.

Terrine de foie gras
Gänseleberpastete

Die folgende Terrine ist ein Höhepunkt für jedes Festessen und gar nicht so schwierig.

Zutaten für 6–8 Personen:
1 frische Enten- oder Gänseleber, 8 cl Cognac, 1 TL Meersalz
Zubereitungszeit: 60 Minuten
Ruhezeit: einige Tage

Die Leber vorsichtig auseinanderbrechen und mit einem spitzen Messer die dünne Außenhaut und die dickeren Blutgefäße entfernen. Die Leberstücke auf einer Platte auseinanderbreiten, mit Meersalz bestreuen und mit Cognac beträufeln, und den Cognac mit den Händen vorsichtig einmassieren.
Mit einer Folie abdecken und mindestens 24 Stunden kühl stellen.
Backrohr auf 140° vorheizen.
Nun eine Pastetenform mit Deckel nehmen und die Leberstücke vorsichtig eindrücken, so daß keine Hohlräume zwischen den Stücken bleiben. Wenn alle Stücke in der Form sind, die Oberfläche mit den Händen glätten und den Deckel aufsetzen. In ein 80° heißes Wasserbad stellen und im Rohr bei

exakt 140° etwa 50 Minuten garen. Die Temperaturen mit einem Thermometer überprüfen.
Die Terrine herausnehmen, abkühlen und dann mindestens 3–4 Tage im Kühlschrank ziehen lassen. Der Fettdeckel verhindert ein Austrocknen. Kurz vor dem Servieren die Terrine ganz kurz in ein heißes Wasserbad stellen, dann stürzen und das Fett entfernen. In etwa zentimeterdicke Scheiben schneiden und zusammen mit Madeiragelee oder Portweingelee servieren.

Variation de luxe: Eine Hälfte der Leber in die Terrine füllen, mit Trüffelscheiben oder -würfeln belegen und dann die zweite Hälfte der Leber einfüllen.

Cailles aux cèpes et girolles
Wachteln mit Steinpilzen und Pfifferlingen

Ich kann Ihnen nur einen kleinen Teil der Rezepte über das Federvieh aus dem Périgord und dem Quercy ans Herz legen. Es gibt noch die sehr geliebten Puten, die Perlhühner und all die Wildgeflügel wie Fasane und Wachteln. Aber ich muß mich in dieser Region auf das Wesentliche beschränken. Als kleine Ergänzung aber hier noch ein Wachtelrezept.

Zutaten für 4 Personen:
4 große, fleischige Wachteln, 150 g rohe Foie gras in Würfel geschnitten, 300 g Toastbrotwürfel, 6 cl Armagnac, 8 dicke, ungeschälte Knoblauchzehen, 5 Thymianzweige, 4 feste Steinpilzköpfe, 600 g geputzte Pfifferlinge, Salz und Pfeffer, Entenfett zum Braten
Zubereitungszeit: 40 Minuten

Wachteln sorgfältig waschen und trockentupfen.
Etwas Entenfett in einer Pfanne erhitzen. Die gewürfelte Foie gras und die Brotwürfel kurz und kräftig anbraten, mit dem Armagnac löschen und vom Herd nehmen. Die Würfel aus der Pfanne heben, kurz abkühlen lassen und in die Wachteln füllen. Wachteln zunähen. Bratfond aufheben.
Etwas Entenfett in einem Schmortopf erhitzen. Wachteln und Knoblauchzehen rundherum scharf anbraten. Den Thymian dazugeben, salzen und pfeffern und zugedeckt bei mittlerer Hitze rund 20 Minuten schmoren.
In dieser Zeit die Pilze in Entenfett braten, salzen und pfeffern. Aus der Pfanne heben und warm stellen.

Nun die Wachteln und Knoblauchzehen auf einer heißen Platte anrichten, mit Pilzen umkränzen und warm stellen. Mit dem zurückbehaltenen Bratfond den Bratsatz im Schmortopf löschen, nochmals kurz aufkochen und über die Wachteln gießen.

»Lou moussou« – Monsieur, das Schwein

Wie bei den Enten und Gänsen wird beim Schwein alles, aber auch wirklich alles verwertet. Wenn im späten Herbst der Metzger auf den Hof kam und das Tier geschlachtet wurde, begann die Arbeit der Konservierung. Die Regale in der Speisekammer füllten sich mit Tontöpfen und Einmachgläsern oder auch Dosen, die alle darauf warteten, die Schüsseln auf dem Tisch auch den ganzen Winter über aufs angenehmste zu füllen. Es ist heute in den ländlichen Höfen noch genauso, denn das Schwein, das man selber das ganze Jahr über mit Mais und Kastanien gemästet hat, ist in der Fleischqualität hervorragend, und man weiß, was man ißt. Aus dem aufgefangenen Blut macht man Boudin, Blutwurst. Wie überall auf der Welt gibt es aus der Wurstbrühe am Schlachttag eine Suppe, die Jimboura. Aus den gewaschenen Kutteln bereitet man die Andouille oder Andouillette, und aus dem fetten Fleisch Würste, die in der Pfanne oder auf dem Grill gebraten werden. Nach dem alten Brauch, *lo fricocheiro,* brachte man am Schlachttag ein Stück Fleisch sowie eine Kostprobe von jeder frisch bereiteten Wurst zu seinen Nachbarn, das erhielt die Freundschaft.

Grillons
Brotaufstrich nach Art des Périgord

Wenn Sie wie die Hausfrau im Périgord ihre Vorratskammer füllen wollen:

2,5–3 kg Schweineschulter, 2,5–3 kg fetter Schweinebauch, die Blätter von einem dicken Büschel Thymian, 6 feingehackte Lorbeerblätter, etwas frisch geriebene Muskatnuß und Pastetengewürz (4 Épices), Salz und Pfeffer
Zubereitungszeit: 4 Stunden
Ruhezeit: einige Stunden

Das Fleisch in grobe Würfel schneiden und mit Salz und frisch gemahlenem Pfeffer, Thymian und Lorbeer gut vermischen und mindestens 48 Stunden im Kühlschrank »vergessen«. Nach Wunsch die Fleischwürfel ab und zu wenden.

Die Fleischwürfel mit einem Liter Wasser aufsetzen und sanft erhitzen. Mindestens alle 15 Minuten umrühren und auf kleiner Flamme mindestens 3 Stunden kochen lassen. Ganz zum Schluß etwas Muskatnuß und eine Prise 4 Epices dazugeben und mit Salz und Pfeffer abschmecken.

Wenn die Fleischstücke schon sehr weich sind, die ganze Masse durch ein Sieb gießen, um das Fett abzuscheiden (Fett aufheben). Die Fleischstücke gibt man nun zurück in den Topf und kocht sie unter ständigem Rühren so lange, bis sie fast einem Püree gleichen. Nun läßt man dieses Fleischmus abkühlen, bis es gerade noch lauwarm ist, füllt es in Schraubdeckelgläser oder auch in Steinguttöpfe und deckt die Masse mit einer etwa 4 Zentimeter hohen Fettschicht ab. Die Behälter gut verschließen – und fertig ist Ihr Vorrat. (Bei Steinguttöpfen legt man direkt auf das Fett ein Pergamentpapier und dann noch eines über den Topfrand, das mit einem Faden festgebunden wird.)

Crépinettes truffées
Getrüffeltes Schweinehack

Zutaten für 4 Personen:
500 g fettes Schweinehack, 1 Ei, 1 Schweinenetz, 1 frische Trüffel, Salz und Pfeffer
Zubereitungszeit: 45 Minuten
Ruhezeit: 1 Tag

Das Hackfleisch salzen und pfeffern und mit dem Ei vermischen. Das Schweinenetz in lauwarmes Wasser legen, damit es sich leichter entfalten läßt, und anschließend mit einer Küchenschere in viereckige oder runde Stücke schneiden. Auf jedes Stück Netz eine Portion Fleisch legen. Die Trüffel dünn raspeln und auf dem Fleisch verteilen. Das Schweinenetz darüberfalten, so daß kompakte Päckchen entstehen. Diese Päckchen 1 Tag im Kühlschrank liegenlassen, damit das Aroma der Trüffel sich auf das Fleisch überträgt. Die Päckchen dann auf dem Grill oder in der Pfanne in Gänsefett goldbraun braten und mit einem Kartoffelpüree oder einem Kastanienpüree servieren.

Porc aux châtaignes
Schweinebraten mit Kastanien

Sonntagmittag oder zu anderen besonderen Tagen gibt es mit Vorliebe Braten vom Schwein in sehr unterschiedlichen Geschmacksnuancen. Versuchen Sie mal einen dieser Schweinebraten à la Périgord, und entdecken Sie etwas ganz Neues.

Zutaten für 4 Personen:
1,5–2 kg Schweinefleisch von der Schulter oder vom Hals, 3 zerdrückte Knoblauchzehen, 2 Stangen Lauch, 2 Karotten, 1 Zwiebel besteckt mit 3 Nelken, 1 Bouquet garni aus Lorbeer, Petersilie und Thymian, 500 g geschälte Kastanien, Salz und Pfeffer
Zubereitungszeit (ohne Wartezeit): 2 Stunden

Am Abend vor dem Essen den Braten salzen, pfeffern und mit dem zerdrückten Knoblauch einreiben. In Folie packen und ruhen lassen.
Am nächsten Tag das Gemüse putzen. Lauch in breite Ringe, Karotten in dicke Scheiben schneiden. Etwas Wasser in einen Bräter gießen, den Braten mit allen Gemüsen und Kräutern hineinlegen. Bei mittlerer Hitze ohne Deckel anschmoren und immer wieder wenden. Nach 45 Minuten nochmals ein Glas Wasser hinzugießen, die Kastanien in den Fond legen, den Deckel schließen und alles zusammen nochmals 30–45 Minuten sanft schmoren.
Das Fleisch in Scheiben schneiden, auf eine vorgewärmte Platte legen und den Fond mit den Kastanien rundherum anrichten.
Dazu serviert man eine Schüssel Salat, am liebsten Feldsalat. Reste können Sie abends nach der Suppe kalt aufgeschnitten essen.

Porc aux pruneaux
Schweinebraten mit Pflaumen

Aus der nahen Gascogne und dem Pflaumenland Agen haben die Backpflaumen ihren Weg ins Périgord gefunden, und hier hat man sie mit Schwein und Walnüssen zu einer ganz besonderen Spezialität werden lassen.

Zutaten für 4–6 Personen:
2 kg Schweinenuß, 2 zerriebene Lorbeerblätter, 150 g magerer Räucherspeck ohne Schwarte, 3 Schalotten, 15 Walnußkerne, 30 Dörrpflaumen, Sonnenblumenöl, 1 Glas trockener Weißwein, Salz und Pfeffer
Zubereitungszeit: 90 Minuten
Ruhezeit: über Nacht

Den Braten am Abend vor dem Mahl mit Salz und Pfeffer und mit den zerriebenen Lorbeerblättern einreiben, fest in Folie packen und im Kühlschrank ruhen lassen.
Am nächsten Tag mit einem spitzen Messer eine Tasche in das Fleisch schneiden. Den Speck fein würfeln, die Schalotten sehr fein hacken, die Nüsse grob mahlen. Zehn Pflaumen fein hacken, den Rest ganz lassen.
Das Backrohr auf 200° vorheizen.
In einer Pfanne die Schalotten und den Speck in einem Eßlöffel Öl anbraten; die gehackten Pflaumen und die Walnüsse dazugeben. Eventuell mit Salz und Pfeffer abschmecken. Nun einen Teil dieser dicklichen Paste in die Tasche des Bratens füllen und die Öffnung zubinden oder zunähen, damit keine Füllung austreten kann. Den Rest aufheben und zur Sauce geben; sie wird sämig und erhält einen hervorragenden Geschmack.
Eine Bratform, die nicht viel größer als das Fleischstück ist, mit Öl bestreichen, den Braten hineinlegen und in das vorgeheizte Rohr schieben. Nach 15 Minuten wenden, mit dem Weißwein löschen und die ganzen Backpflaumen rundum anordnen. Ab und zu das Fleisch wenden und nach 40 Minuten den Rest Füllung in den Fond rühren; eventuell noch etwas Weißwein dazugeben. Den Braten abdecken und bei 160° noch 30 Minuten ziehen lassen. Das Fleisch auf einer vorgewärmten Platte anrichten, mit den Pflaumen umlegen, mit dem Fond begießen und servieren.

Enchaud
Confit vom Schwein

Confit ist die beliebteste Art, das Fleisch von *lou moussou* aufzubewahren. Es wird aus den ausgelösten Rückenstücken und anderen Teilen zubereitet. Viele behaupten, dieses Confit sei besser als das der Gänse und Enten. In der heutigen Zeit mag es komisch anmuten, daß man wieder einmachen soll, aber glauben Sie mir, Sie entdecken einen verlorengegangenen Schatz. Das Confit wird dann in dünnen Scheiben kalt oder in etwas dickeren Scheiben kurz in der Pfanne gebräunt serviert. Meistens in Begleitung eines Salates, der natürlich mit Nußöl angemacht ist.

Zutaten:
1,5–2 kg ausgelöste Schweinelende, 3 TL Thymianblättchen, grobes Meersalz, 500 g Schweineschmalz
Zubereitungszeit: 2 Stunden
Ruhezeit: über Nacht

Das Fleisch am Abend vorher in vier Stücke schneiden, mit Thymian und Salz einreiben und im Kühlen ruhen lassen.
Am nächsten Tag das Fett erhitzen. Die Fleischstücke hineinlegen und 2 Stunden köcheln lassen. Das Enchaud ist dann gut, wenn man mit einem Strohhalm in das Fleisch stechen kann. Haben Sie keinen Strohhalm? – Dann nehmen Sie ausnahmsweise eine Stricknadel.
Nun die Fleischstücke aus dem Fett nehmen und abgekühlt in einen Steinguttopf oder in Einmachgläser legen. Mit heißem Fett begießen, so daß das Fett mindestens 3 Zentimeter über dem Fleisch steht, oder einmachen. Das Fleisch sollte vor dem Servieren mindestens 2 Monate durchziehen.

Die Früchte des Waldes

Der Herbst ist die reichste Zeit des Jahres, in der die Tafeln rund um Dordogne und Lot reich gedeckt werden mit allen Köstlichkeiten. Wenn die ersten warmen Herbstregen die Hitze des Sommers ablösen, beginnen die Pilze in den Kastanien- und Eichenwäldern ihre festen Köpfe aus dem Boden zu strecken. Mit Körben aus Kastanienholz, die mit Farnblättern ausgelegt sind, geht man auf die Jagd nach Steinpilzen und all den anderen Waldpilzen du bois. Steinpilze werden am liebsten frisch gegessen, wogegen Mousserons und Todestrompeten gerne getrocknet werden, um den ganzen Winter über den Saucen von Braten aller Art und den Confits ihr Aroma zu geben. Und so bestimmen im Herbst Pilzgerichte die ländliche Küche, und niemand vermißt das Fleisch.

Cèpes à la sarladaise
Steinpilze nach der Art von Sarlat

Zutaten für 4 Personen:
1 kg möglichst kleine und feste Steinpilze, 4 EL Gänse- oder Entenfett, 1 Bund gehackte Petersilie, 3 gehackte Knoblauchzehen, einige Spritzer Zitronensaft oder Verjus, Salz und Pfeffer
Zubereitungszeit: 60 Minuten

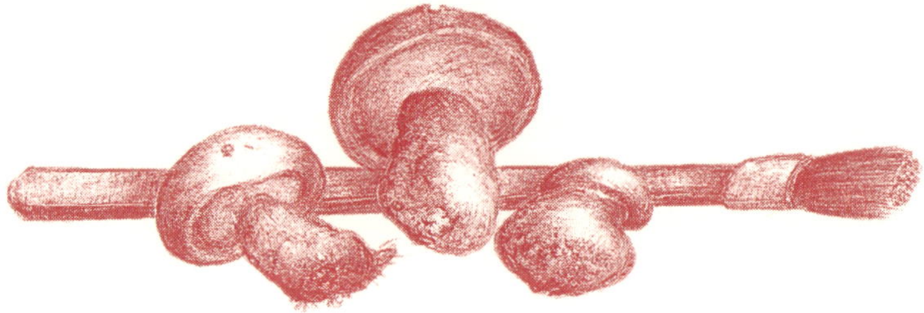

Die Pilze mit einem Tuch, einem Pinsel und einem spitzen Messer putzen. Niemals waschen, denn sie saugen sich voll Wasser und verlieren ihren guten Geschmack. Pilze je nach Größe ganz lassen oder halbieren bzw. vierteln.
In einem Topf das Fett erhitzen und die Pilze dazugeben. Unter vorsichtigem Rühren von allen Seiten andünsten, salzen und pfeffern und bei schwacher Hitze rund 30 Minuten dünsten. Petersilie und Knoblauch einstreuen. Das Pilzgemüse zugedeckt weitere 15 Minuten dünsten. Immer wieder vorsichtig wenden. Mit einigen Spritzern Zitronensaft oder Verjus würzen. Auf heißen Platten servieren.

Pommes sarladaises
Kartoffeln nach der Art von Sarlat

Diese Form von Bratkartoffeln ist eine sehr beliebte Beilage zu den Steinpilzen aus dem vorhergehenden Rezept.

Zutaten für 4 Personen:
6 rohe Kartoffeln in feine Scheiben geschnitten, 4 EL Gänsefett, 1 Bund gehackte Petersilie, 2 gehackte Knoblauchzehen, Salz und Pfeffer
Zubereitungszeit: 40 Minuten

Das Fett in einer großen Pfanne erhitzen und die Kartoffelscheiben auf dem Pfannenboden verteilen, die Kartoffeln dürfen nicht zu dick aufeinanderliegen.
Die Kartoffelscheiben auf großer Flamme so lange anbraten, bis die Ränder der Scheiben leicht braun sind. Nun alle Scheiben sorgsam wenden, die Kartoffeln salzen und pfeffern und wieder wenden, wenn die Scheiben braun sind. Mit Petersilie und Knoblauch bestreuen und einen Deckel auf die Pfanne legen. Kartoffeln auf kleiner Flamme in 10–15 Minuten gar dünsten, dabei immer wieder wenden.

Cèpes farcies
Gefüllte Steinpilze

Zutaten für 4 Personen:
12 größere Steinpilze, Olivenöl
Für die Füllung: je 3 Scheiben roher Schinken und leicht geräucherter Bauchspeck in feinen Würfeln, 1 kleines Bund gehackte Petersilie, 2 gehackte Schalotten, 2 gehackte Knoblauchzehen, 3 Scheiben Toastbrot (in lauwarmer Milch einweichen), 2 Eier, Salz und Pfeffer
Zubereitungszeit: 60 Minuten

Die Stiele von den Köpfen trennen und in Würfel schneiden. Von den Köpfen den Schwamm entfernen und die Innenflächen salzen.
Backrohr auf 180° vorheizen.
Alle Zutaten der Farce mischen, das Toastbrot vorher ausdrücken. Mit Salz und Pfeffer abschmecken. Nun die Pilzköpfe damit füllen und in einer Pfan-

ne in heißem Öl anbraten. Anschließend in eine tönerne Auflaufform, deren Boden gefettet ist, setzen. Die gewürfelten Stiele darüberstreuen und im Rohr 30–40 Minuten bei mittlerer Hitze backen.

Variation: Sehr lecker schmecken *Cèpes à la tomate.* Das sind gefüllte Steinpilzköpfe, wie oben beschrieben, die in einer leichten Tomatensauce geschmort werden. Dazu 350 Gramm geschälte und gewürfelte Tomaten, 2 feingehackte Schalotten und Knoblauchzehen vermischen, salzen und pfeffern. Ein Kräutersträußchen aus Thymian, Lorbeer und Petersilie dazugeben und die gefüllten Steinpilzköpfe hineinsetzen und 45 Minuten im heißen Rohr backen.

Purée de châtaignes
Kastanienpüree

Im Spätherbst, kurz nach der Pilzernte, fallen die ersten Kastanien von den Bäumen. Im Périgord werden die großen runden Marrons geerntet, die immer nur eine Nuß in der Schale, nicht zwei wie bei den Châtaignes im Elsaß haben. In früheren Zeiten waren die Maronen im Herbst und Winter die Nahrung der Bauern. Nach der Suppe gab es Kastanien, für die Erwachsenen mit Weißwein, für die Kinder mit heißer Milch. Heute begleiten sie viele Braten, oder sie werden als Püree gereicht. Sehr beliebt sind auch die glänzenden und zuckrigen Marrons glacés.

Zutaten für 4 Personen:
1 kg Kastanien, kochende Milch, 1–2 EL Butter, Salz
Zubereitungszeit: 70 Minuten

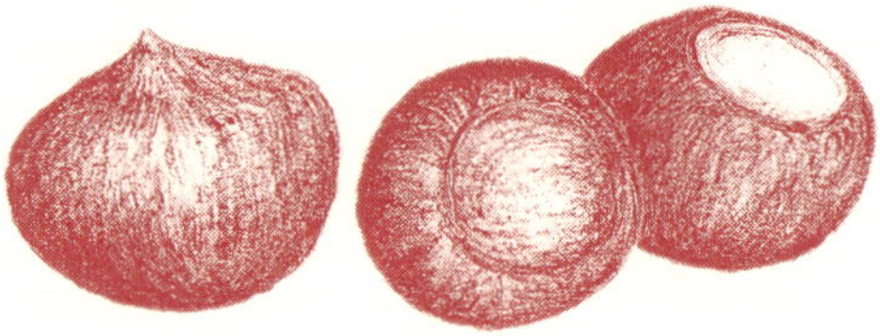

Die Kastanien 5 Minuten in kochendem Wasser überbrühen. Abtropfen lassen und mit einem spitzen Messer die innere und die äußere Schale entfernen. Nun die Kastanien in Salzwasser garen (knapp 60 Minuten) und

anschließend durch ein Sieb streichen oder durch die Kartoffelpresse drücken.
So viel kochende Milch dazugeben, bis ein dickcremiges Püree entsteht. Mit Butter verfeinern.
Das Püree zu allen Braten, besonders auch zu Wild, servieren.

Anmerkung: Die Milchmenge richtet sich nach der Beschaffenheit der Kastanien, und die ist sehr unterschiedlich. Die Milch mit etwas Fingerspitzengefühl und nach der gewünschten Konsistenz dosieren.

Truffes en pâte à pain
Trüffeln im Brotteig

Und nun zu der größten Delikatesse des Herbstes und Winters, die Trüffel. Sie ist fast unerschwinglich teuer, und vielleicht werden Sie sich kaum jemals welche kaufen. Falls doch, dann sollten Sie hier lesen, was Sie damit machen können. Der größte Luxus ist eine ganze Knolle für jeden, als Entrée eines umwerfenden Mahles.

Zutaten für 4 Personen:
4 Trüffelknollen, grobes Meersalz und Butter
Für den Teig: 300 g Mehl Type 550, 190 ml lauwarmes Wasser, 10 g Hefe, 1 TL Salz, ½ EL Öl
Zubereitungszeit (ohne Wartezeit): 60 Minuten

Die frischen Trüffeln vorsichtig unter fließendem Wasser mit einer Bürste reinigen und danach gut abtupfen.
Das Backrohr auf 200° vorheizen.
Nach der Beschreibung auf Seite 428 einen Weißbrotteig herstellen. Den Teig in vier Teile teilen und diese mit den Handballen zu runden Platten auseinanderdrucken. Auf jede Teigplatte eine Trüffel legen und den Teig über dieser schließen, so daß es aussieht, als lägen vier dickere Brötchen vor Ihnen.
Die kostbaren Kugeln 20 Minuten im Warmen ruhen lassen, damit der Hefeteig geht. Anschließend auf einem bemehlten Backblech im Ofen goldbraun backen. In einem mit weißen Servietten ausgelegten Korb servieren und das Salz und die Butter dazu reichen.

Œufs brouillés truffés
Eiercreme mit Trüffeln

Zutaten für 4 Personen:
100 g frische kleine Trüffeln, 8 Eier, 2 EL Sahne, Salz und Pfeffer
Zubereitungszeit: 15 Minuten
Ruhezeiten: mehrere Stunden

Das Aroma der Trüffeln ist so intensiv, daß es sich durch bloßes Danebenlegen auf andere Nahrungsmittel überträgt. Auch auf Eier, da die Schalen sehr porös sind. Die Eier mit den Trüffeln in einen dicht schließenden Behälter geben, über Nacht in den Kühlschrank stellen.
Am nächsten Tag die Trüffeln in feinste Streifen schneiden oder grob reiben. Die Eier aufschlagen und in einer Rührschüssel mit der Sahne verquirlen. Die Trüffelstreifen unterheben. Mit Salz und etwas frisch gemahlenem Pfeffer würzen und eine Stunde ruhen lassen.
Jetzt die Schüssel in ein Wasserbad mit siedendem Wasser setzen und die Mischung rühren, bis sie cremig wird und abbindet. Sofort auf einer heißen Platte mit getoastetem Weißbrot servieren. Wenn Sie die Eimasse nicht so cremig, sondern lieber fest mögen, das Ei, ohne zu rühren, im Wasserbad stocken lassen.

Süßes, nicht nur mit Nüssen

Crème brûlée aux noix
Crème brûlée mit Nüssen

Ein französischer Klassiker nach Art der Dordogne:

Zutaten für 4 Personen:
250 ml Milch, 2 Vanilleschoten, 100 g grobgehackte Walnußkerne, 8 Eigelb, 150 g Zucker, 750 g Sahne, Hagelzucker
Zubereitungszeit: 70 Minuten
Ruhezeit: mehrere Stunden

Die Milch zum Kochen bringen, vom Feuer nehmen und die Vanilleschoten und die Nüsse dazugeben. Zugedeckt 15 Minuten ziehen lassen, dann die Schoten mit einem spitzen Messer aufschlitzen, das Mark herauskratzen und in die Milch geben. Nun in einer Rührschüssel die Eigelb mit dem Zucker weiß schaumig rühren, dann die Milch und die Sahne einrühren.
Eine Stunde ruhen lassen, dann die Mischung in feuerfeste Suppenteller oder Schalen verteilen und im auf 100° vorgeheizten Backrohr 50 Minuten stocken lassen. Anschließend die Creme im Kühlschrank aufheben. Kurz vor dem Servieren den Grill gut vorheizen, die Creme mit Hagelzucker bestreuen und im Grill in wenigen Minuten karamelisieren.

Tarte aux noix
Tarte mit Walnüssen und Mandeln

Für den Teig: 250 g Mehl, 150 g weiche Butter, 75 g Puderzucker, 75 g gemahlene Mandeln, 1 Ei, einige Tropfen Vanilleextrakt, 1 Prise Salz und etwas Butter für die Form
Für den Belag: 200 g grobgehackte Walnußkerne, 150 g gemahlene Mandeln, 150 g Puderzucker, 150 g weiche Butter, 3 Eier, 3 steifgeschlagene Eiweiß
Zubereitungszeit: 60 Minuten

Das Backrohr auf 160° vorheizen.
Alle Teigzutaten gut vermischen und 30 Minuten ruhen lassen. Anschließend ausrollen und eine gebutterte Tarteform damit belegen.
Die Zutaten für den Belag (bis auf den Eischnee) mischen. Den Eischnee zum Schluß unterheben. Nun die Füllung auf den Teig geben und den Kuchen 30–40 Minuten backen. Vor dem Servieren mit Puderzucker bestreuen und nach Wunsch mit karamelisierten Nüssen dekorieren.

Gâteau aux noix
Walnußkuchen

Für eine Tarteform:
Für den Teig: 200 g Mehl, 100 g Zucker, 125 g Quark (20%), 1 Eiweiß, 4 EL Sonnenblumenöl, ½ Hefewürfel, 1 Prise Salz
Für den Belag: 50 g Butter, 1 EL Milch, 100 g Zucker, 7 geh. EL gemahlene Walnüsse, 1 Eigelb
Zubereitungszeit: 50 Minuten

Das Backrohr auf 180° vorheizen.
Die Zutaten für den Teig vermischen. Mit einem Holzspachtel auf den Boden einer gebutterten Tarteform streichen. 20 Minuten gehen lassen.
In der Zeit die Butter mit Milch und Zucker erwärmen und verrühren, bis sich der Zucker gelöst hat. Vom Feuer nehmen und die Nüsse und das Eigelb einarbeiten. Den Belag auf dem Teig verteilen und im Rohr backen.
Dieser Kuchen schmeckt am besten, wenn man ihn frisch und noch lauwarm serviert.

Pastis

Der Pastis aus dem Quercy ist ein so raffinierter Kuchen, daß ich die Frauen, die ihn machen, nur bewundern kann. In dem Dorf Saint-Martin Labouval lebt Yvette, die diese Kuchen nach alter Tradition herstellt. Von überall kommen die Menschen, um diese Kostbarkeit bei ihr auf dem Markt zu kaufen oder für die Familienfeste zu bestellen.

Zutaten für 1 Kuchen:
2–3 Äpfel, 5 cl Armagnac, 500 g Mehl, 1 Ei, 1 großes Glas Wasser mit etwas Nußöl vermischt, 200 g grober Zucker, 125 g flüssige Butter
Zubereitungszeit: 1½ Stunden

Die Äpfel schälen und in ganz feine Lamellen schneiden. Diese in Armagnac marinieren.
In der Zeit den Teig bereiten. Das Mehl in eine Schüssel geben, eine Mulde hineindrücken und das Ei sowie das Wasser mit Öl hineingeben. Das Mehl langsam von innen nach außen mit der Flüssigkeit vermischen und verkne-

ten, bis der Teig fest und glatt wird. Die Teigkugel mit Öl bestreichen und unter einer mit warmem Wasser befeuchteten Schüssel 30 Minuten ruhen lassen.
Ein Laken auf einem großen Tisch ausbreiten und leicht bemehlen. Die Teigkugel in der Mitte plazieren und in die Länge ziehen. Den Teig immer wieder über die zu Fäusten geballten Hände ziehen. Bei der Arbeit um den Tisch gehen und den Teig langsam so ziehen, daß er dünn und durchsichtig den ganzen Tisch bedeckt. (Wenn Sie schon einmal Strudel selbst gemacht haben, kommt Ihnen diese Prozedur vermutlich bekannt vor.)
Das Backrohr auf 160° vorheizen.
Nun mit einem weichen Pinsel die Butter auf den Teig streichen und die Apfelstücke in weiten Abständen darauf verteilen. Mit Zucker bestreuen. Die restliche Marinade mit den Fingern auf den Teig spritzen. Nun mit Hilfe des Tuches den Teig von der Längsseite her aufrollen, so daß eine lange, lockere Wurst entsteht, die man nun wie eine Schnecke um sich selber wickelt. Diese Schnecke in eine gebutterte Kuchenform setzen und im Rohr 40 Minuten goldbraun backen. Dieser zarte Kuchen zu Café und Nußlikör läßt einen zum Anhänger des altmodischen Kaffeeklatsches werden.

Käse von Ziegen und Schafen

Für Käse ist vor allen Dingen die Region Quercy zuständig, denn hier weiden die braunen langhörnigen Ziegen auf den karstigen Hochebenen. Die Milch der Ziegen wird aromatisiert von den Blättern des Weißdorns und der Brombeeren, die auf windigen Höhen die Hauptnahrung darstellen. Im kühlen Keller oder in den Höhlen reift der kleine, flache und runde Ziegenkäse bis zu zwei Wochen auf Weidengeflecht. **Le Cabecou** nennt man ihn in der Region, offiziell heißt er **Rocamadour**. Die äußere Haut ist leicht trocken, das Innere köstlich cremig und würzig. Ein Cabecou auf einem Roggenbrot, dazu der dunkelrote Cahors-Wein – mehr braucht man nicht, um sich richtig wohl zu fühlen. Der frische Ziegenkäse wird mit Honig und Nüssen gerne zum Dessert gereicht.
In südlicher Richtung schließen sich die Hochebenen des Rouergue an. Sie heißen Causses und gehören heute zum Département Aveyron, der am dünnsten besiedelte Landstrich Frankreichs. Die Flüsse haben sich tiefe

pittoreske Schluchten in die Felsen gegraben, und auf den Ebenen kommen vier Schafe auf einen Menschen. Sie liefern die Milch für den wohl neben Camembert berühmtesten Käse des Landes, den blaugeäderten **Roquefort**.
Vor zweitausend Jahren setzte sich ein Schäfer am Eingang einer der vielen Höhlen nieder, um Brotzeit zu machen. Ein dickes Roggenbrot, bestrichen mit Dickmilch. Da sah er fern am Horizont ein wunderschönes Mädchen laufen. Er ließ sein Brot auf einem Stein liegen und versuchte dem Mädchen zu folgen. Lang mußte er laufen und erreichte es doch nicht, und so dauerte es einige Zeit, bis er schließlich zu seinem abgelegten Brot zurückkam. Und er wunderte sich sehr, als er auf seinem vor Stunden abgelegten Brot eine blaugrüne Äderung vorfand. Ausgehungert, wie er war, biß er trotzdem hinein und war überrascht von dem delikaten Geschmack.
Das war die Geburtsstunde des Roquefort. In der frischen und feuchten Luft der Felsenhöhlen reifen die großen Laibe drei Monate zu der würzigen Käsespezialität heran. Die typische blaue Schimmelung wird dadurch erreicht, daß eine besondere Art von Brotkrumen in den Käseteig eingearbeitet wird. In Alufolie gehüllt reist der Roquefort in alle Welt und wird gerne mit Trauben oder Birnen gereicht. Zu einem zarten Kalbsschnitzel schmeckt eine Sahnesauce sehr gut, die mit Roquefort und etwas frisch gemahlenem weißen Pfeffer gewürzt wird.

Gascogne, Land des Armagnac, der Enten und der Tauben

Lange habe ich überlegt, wie ich das Gebiet, das sich von den Pyrénées basses die Atlantikküste entlang bis zur Gironde und landeinwärts durch die flachen Landes bis ins Pflaumengebiet um Agen erstreckt, nennen und aufteilen soll. Die Regionen sind oft zusammengefaßt als der Südwesten. Kulinarisch sind sie einerseits sehr unterschiedlich, andererseits weisen sie auch viele Gemeinsamkeiten auf. Viele Jahrhunderte bildete das gesamte Gebiet das Herzogtum Gascogne, lange Zeit aber gehörte es zum noch viel größeren Aquitanien. Meine Freunde im Südwesten, die sich sehr stolz Gascogner, aber nie Aquitanier nennen würden, nahmen mir die Entscheidung ab.

Hält man sich an die alten Grenzen der Gascogne, gehört Bordeaux genauso dazu wie die heutige Region Béarn, eine zauberhafte Gegend am Fuß der Pyrenäen, deren Ortschaften und Städte einen ganz eigenen Charme und äußerst freundliche Bewohner haben. Zur Abrundung des Kapitels habe ich mich entschlossen, auch das französische Baskenland dazuzunehmen, das sowohl landschaftlich als auch kulinarisch höchst reizvoll ist. Ein großes und sehr vielseitiges Kapitel also.

Wenn Sie einmal hier im äußersten Südwesten Frankreichs Urlaub machen, dann sollten Sie nicht nur an den flachen Sandstrand von Bordeaux fahren, sondern auch die Reize und Gaumenfreuden der Regionen rund um Bordeaux erkunden.

Die Bewohner der Gascogne, ihre liebenswerte Art, ihre Gastfreundlichkeit und ihre tief verwurzelte Verbundenheit mit der Tradition haben mich am meisten fasziniert. Ist man in ihren Häusern zu Gast, dann ist man vor allem Gast in der Küche, denn hier spielt sich das Leben ab. Diese Küchen sind mein Traum. Sie sind groß und hell, in der Mitte steht ein großer Holztisch, und an der Längsseite der riesige Kamin, in dem täglich ein Feuer brennt und wo Grill, Spieß und der runde Topf auf dem Dreifuß bereitstehen für Enten, Federwild und Hühner.

In dem kleinen Ort Poudenas im Herzen der Gascogne, dem heutigen Département Gers, fand ich die Gascogne schlechthin. Die Landschaft ist sehr hügelig und weit, gesprenkelt mit vereinzelten Bauernhöfen und kleinen engen Dörfern, in denen man glaubt, die Zeit sei stehengeblieben. Am Rande der Landes und mitten im Land der Pflaumen und des Armagnac findet man alles, was die Gascogne ausmacht. In dieser Umgebung liegt die kleine Stadt Nerac, in der *le bon roi Henri*, der König der Gascogne, im Schloß seiner Mutter aufgewachsen ist. Henri IV blieb dem Land seiner Kindheit immer sehr verbunden und war der einzige König Frankreichs, dem das Wohlergehen der einfachen Bevölkerung am Herzen lag. Und bis heute sind die Gascogner ihrem guten Henri IV und ganz besonders dem *poulet Henri IV* treu geblieben. Man kann kein Gespräch übers Essen führen, ohne daran erinnert zu werden, wie sich der König dafür eingesetzt hat, daß sich jeder am Sonntag sein Hühnchen leisten konnte.

Auch Napoleon sorgte in diesem Landstrich für wesentliche Veränderungen. In früheren Zeiten waren die Landes ein weites, flaches Sumpfgebiet mit vielen Tümpeln und Bächen. Auf dem morastigen und torfigen Boden konnte nichts gedeihen; nur die Schafe wurden satt, und die Schäfer mußten auf Stelzen laufen, damit sie leichter über die vielen Wasserlöcher kamen. Es gibt schöne alte Bilder von den Schäfern auf Stelzen, die weit über das Land schauten und dabei Socken strickten. Napoleon ließ das Gebiet trockenlegen und Pinien anpflanzen; Wild wurde heimisch, Pilze konnten körbeweise geerntet werden, und die Bevölkerung konnte sich mit dem Verkauf von Harz und Pinienkernen ihren Lebensunterhalt verdienen. Die Landes wurden zu einem beliebten Jagdgebiet, und diese Leidenschaft ist in der Gascogne auch heute noch ungebrochen.

Und wenn ich von der Jagd und Jägern der Region spreche, muß ich André Coulanges aus Poudenas erwähnen. Er ist begeisterter Jäger und Gourmet und besitzt das verschmitzteste Lachen der Gascogne; er und seine Frau haben mich in die Feinheiten der Küche der Gascogne eingeweiht. Nach dem zweiten oder dritten Gang des »kleinen« Mittagsmahls tat er den weisen Ausspruch: *Connaît une femme, tu connais un pays.* Und so war es. Die eine Frau, die man kennen mußte, war seine Ehefrau Jeanne, eine kleine und wendige und so gastfreundliche Person, daß man nach kurzer Zeit das Gefühl hatte, zur Familie zu gehören. Die zweite ist Marie Claude Gracia aus dem Restaurant »La belle Gasconne«, das ebenfalls in Poudenas liegt. Das Restaurant besitzt zwei Michelin-Sterne, hat sich ganz der regionalen Küche gewidmet und wird schon seit mehreren Generationen von der Familie betrieben.

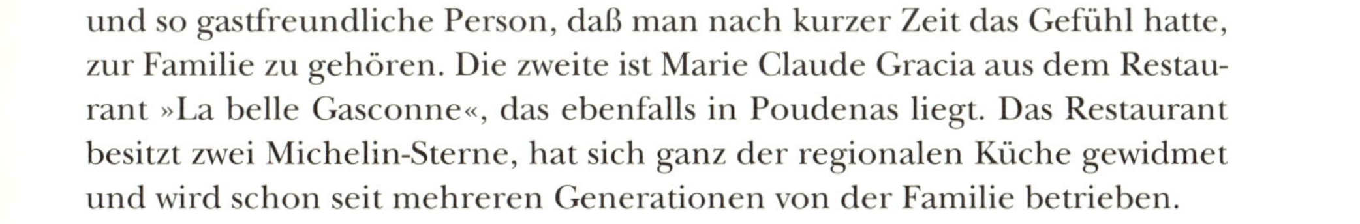

Die Vorspeisen von Bordeaux bis nach Poudenas

Wie überall ist die Vorspeise die Gelegenheit der kleinen Leckereien, ein bißchen Salat, die Scheibe einer Terrine dazu oder sonst etwas Gutes, vielleicht ein paar kleine Muscheln oder ein Fisch. Das alles finden Sie im Südwesten überreichlich.

Terrine de lièvre
Wildhasenpastete

Zutaten für 6–8 Personen:
1 großer Wildhase, 15 cl Armagnac, die Blätter von 2 Thymianzweigen, 1 kg Schweinefleisch vom Hals, 2 Eier, 1 TL Épices (französisches Pastetengewürz, gibt es in Feinkostläden), ca. 150 g grüne Speckscheiben zum Bardieren, Salz und Pfeffer, mehrere Lorbeerblätter zum Belegen
Zubereitungszeit: 3 Stunden
Einwirkzeit der Marinade: über Nacht
Ruhezeit der Pastete: 1 Tag

Am Abend vorher den Hasen entbeinen, das Fleisch von Haut und Sehnenresten befreien. Die langen Hasenrücken der Länge nach halbieren und im Armagnac zusammen mit den Thymianblättchen über Nacht marinieren. Das restliche Fleisch in Folie packen und kalt stellen.

Am nächsten Tag das übrige Fleisch in große Würfel schneiden und durch den Fleischwolf drehen. In eine Schüssel geben, die Eier, die Gewürze und die Marinadenflüssigkeit dazugeben und zu einer glatten Farce verrühren. Das Backrohr auf 150° vorheizen.

Nun eine große Pastetenform mit Deckel so mit den Speckscheiben auslegen, daß genug übersteht, um die Oberfläche später abzudecken. Nun ein Drittel der Farce einfüllen und sanft andrücken, die Hälfte der Rükkenstreifen drauflegen, das zweite Drittel der Farce einfüllen und andrücken, die restlichen Rückenstücke und dann den Rest der Farce gut verteilen und mit den Händen anpressen. Die Speckscheiben säuberlich über der Fleischfüllung schließen, die Lorbeerblätter auf den Speck drükken und die Terrine mit dem Deckel fest verschließen. In ein mit heißem Wasser gefülltes Wasserbad stellen und im Ofen rund 2 Stunden garen lassen. Die Terrine vor dem Anschneiden mindestens einen Tag ruhen lassen. Dann zu buntem Blattsalat servieren.

Tip: Wenn Sie keine Pastetenform mit Deckel haben, nehmen Sie irgendeine andere schöne Schüssel und verpacken sie so gut und dicht wie möglich mit Alufolie.

Salade landaise
Salat der Landes

Zutaten für 4 Personen:
Salat aus Kopfsalat, Batavia und Eichblattsalat, 2 Schalotten, 150—200 g Confit von Entenmägen (als Confit de gésier de canard *in Feinkostläden erhältlich),*
1 Handvoll Pinienkerne, 1 EL Enten- oder Gänsefett
Für die Vinaigrette: Olivenöl, Rotweinessig, 1 gehackte Knoblauchzehe,
Salz und Pfeffer
Zubereitungszeit: 30 Minuten

Die geputzten Salatblätter dekorativ auf vier Teller verteilen. Die Schalotten in dünne Ringe schneiden und über dem Salat verteilen. Confit in Scheiben schneiden und zusammen mit den Pinienkernen in heißem Fett anbraten. Beim Heißwerden schnellen die Confitscheiben gerne hoch; ich halte deshalb immer einen großen Deckel mit der einen Hand über die Pfanne, unter dem ich mit der anderen Hand die Zutaten wende, bis sie sehr heiß und leicht braun sind.
Nun die Zutaten für die Vinaigrette verrühren und über den Salat träufeln. Anschließend den Pfanneninhalt über dem Salat verteilen. Reichen Sie frisches Landbrot dazu.

Foie gras de canard aux pommes
Entenleber mit Äpfeln

Im ganzen Südwesten ißt man frische, kurz gebratene Foie gras als Vorspeise vor einem Festmahl. Bei Jeanne Coulanges war es die Vorspeise des »kleinen Imbiß«. Sie hat in ihrer Speisekammer in einem alten Schrank viele Gläser in Reih und Glied stehen, die mit großen Stücken Foie gras gefüllt sind. Diese Leberstücke werden genauso weiterverarbeitet wie frische. Für ein gutes Gelingen der eingemachten Gaumenfreude muß die Foie gras noch warm sein, wenn man sie direkt nach dem Schlachten in die vorgewärmten Gläser füllt. Die Leberscheiben werden nur leicht mit Portwein, Salz, Pfeffer und einer Prise Muskat gewürzt. Dann die Schraubdeckelgläser 1½ Stunden im Wasserbad köcheln lassen. Da Sie vermutlich nicht über diesen sagenhaft leckeren Vorrat verfügen, kaufen Sie für folgendes Rezept eine frische Stopfleber.

Zutaten für 4 Personen:
1 Foie gras von der Ente (ca. 600 g), 6 cl Portwein, 3 saure Äpfel (Reinettes oder Boskoop), 2 Schalotten, 4 EL Enten- oder Gänsefett, Salz und Pfeffer, etwas frisch geriebene Muskatnuß
Zubereitungszeit: 20 Minuten
Ruhezeit: 3–4 Stunden

Foie gras in 2 Zentimeter dicke Scheiben schneiden, mit Portwein, Salz, Pfeffer und Muskat würzen und im Kühlschrank einige Stunden ruhen lassen.
Inzwischen die Äpfel schälen, das Kernhaus ausstechen und die Früchte in dickere Scheiben schneiden. Schalotten sehr fein hacken.
Nun in einer Pfanne die Hälfte des Fettes erhitzen, Schalotten und Apfelscheiben darin glasig dünsten und vorsichtig wenden, damit sie die Form behalten. In der zweiten Pfanne die Foie gras im restlichen Fett kurz und kräftig von beiden Seiten goldbraun braten. Nun die Äpfel auf Teller verteilen, mit Foie gras belegen und sofort servieren.

Variationen: Die gebratenen Leberscheiben auf einer Platte anrichten und warm stellen, das heiße Fett in der Pfanne mit einem Glas Weißwein löschen und geschälte Trauben 2–3 Minuten darin dünsten. Diese Sauce über die Leberscheiben geben und sofort servieren.

Im Baskenland läßt man die Leber ganz und dünstet sie bei schwacher Hitze in Portwein, so daß sie innen noch rosa bleibt; dann wird sie in Scheiben aufgeschnitten und auf den Äpfeln serviert.

Piperade
Paprikagemüse mit Eiern

Nur die wenigsten Franzosen haben je das Baskenland besucht, doch sie kennen alle die traditionellen Mützen, den Schinken aus Bayonne und die Piperade. Diese Vorspeise wird in ganz Frankreich gegessen, schmeckt aber im Baskenland ganz besonders gut, weil dort die kleinen Paprikaschoten mit der sehr dünnen Haut wachsen.

Zutaten für 4 Personen:
500 g bunte Paprikaschoten, 2 Zwiebeln, 3 Knoblauchzehen, 1 kg Tomaten, 4 dickere Scheiben Bayonner Schinken, 5 EL Olivenöl, 8 Eier, Salz und Pfeffer
Zubereitungszeit: 40 Minuten

Das Gemüse putzen und zurechtschneiden: Paprika und Zwiebeln in dünne Streifen, Knoblauch dünnblättrig schneiden. Tomaten häuten, entkernen und würfeln. Schinken würfeln.
In einer weiten Pfanne das Öl erhitzen, die Zwiebeln und den Knoblauch sanft glasig dünsten, die Paprikastreifen dazugeben und unter ständigem Rühren 10 Minuten mitdünsten. Die Tomaten hinzufügen, salzen und pfeffern und alles ungefähr 20 Minuten schmurgeln lassen. In einer zweiten Pfanne in etwas Öl die Schinkenwürfel anbraten.
Inzwischen die Eier in eine Schüssel schlagen, leicht salzen und pfeffern und verquirlen. Die Eier über das Gemüse gießen und leicht mit der Gabel einrühren, bis die Eiermasse stockt, aber noch nicht ganz fest ist. Auf eine vorgewärmte Platte gleiten lassen, mit den Schinkenwürfeln bestreuen und sofort servieren.

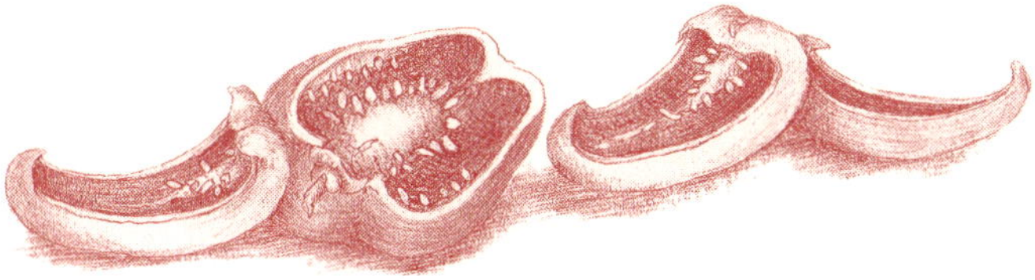

Escaoouton landais et cèpes poêlés
Maisbrei mit Steinpilzen

Im Herbst nach den ersten warmen Regen beginnt die Zeit der Pilze. Was nicht sofort auf den Tisch kommt, wird für den Winter getrocknet. Im Herzen der Gascogne schwört man beim Braten der frischen Pilze auf Gänse- oder Entenfett. In den ländlichen Haushalten verbindet man die Pilze mit einer sättigenden Zugabe, in den Landes ist dies manchmal Mais.

Zutaten für 4 Personen:
400 ml Geflügelbrühe, 250 g Maismehl, 200 g geriebener baskischer Schafskäse, 150 g Mascarpone, 1 EL Gänse- oder Entenfett, 600 g Steinpilze in dicken Scheiben, 1/2 Bund gehackte glatte Petersilie, 50 g Butter, Salz und Pfeffer
Zubereitungszeit: 40 Minuten

Die Geflügelbrühe in einem Topf zum Kochen bringen und das Maismehl einrieseln lassen. Dabei ständig mit dem Schneebesen rühren, damit keine Klumpen entstehen. Auf kleinster Flamme rund 15 Minuten leise köcheln und immer wieder rühren. Nun den geriebenen Käse und den Mascarpone einarbeiten und weiterkochen, bis eine cremige Masse entsteht. Mit Salz und Pfeffer abschmecken.
Während dieser Zeit das Gänsefett in einer Pfanne erhitzen und die Steinpilze auf starker Flamme einige Minuten anbraten; pfeffern und salzen und mit der Petersilie bestreuen. In einer zweiten Pfanne die Butter erhitzen und leicht bräunen.
Nun den Maisbrei in tiefe Teller verteilen, mit Pilzen belegen und mit der braunen Butter beträufeln.

Fisch und Muscheln gibt es hier aus dem Meer, aus den großen Bassins an der Küste von Bordeaux, aus den vielen großen und kleinen Flüssen und ihren Mündungstrichtern. Das Bassin d'Arcachon ist ganz besonders reich an Fischen; die Austern von hier sind berühmt für ihre Qualität. Rund um das Becken von Arcachon kann man in unendlich vielen großen und kleinen Restaurants frische Meeresfrüchte und auch bergeweise Austern essen, die meist mit Butter, Brot und Zitrone serviert werden. Es gibt aber noch eine Art, Austern zu essen, die so manchem Puristen die Haare zu Berge stehen läßt. Aber einmal probiert, muß man feststellen, daß diese Zusammenstellung von Austern mit frischen, gebratenen Schweinswürsten ihre Reize hat.

Huîtres et saucisses au vin blanc
Austern und Würstchen mit Weißwein

Zutaten pro Person:
1 Dutzend frische Austern (gekühlt, aber nicht geeist), 2 würzige Schweinswürste (heiß und frisch vom Grill), 2 dick gebutterte Scheiben Roggenbrot, reichlich Weißwein (z.B. Graves oder Entre deux Mers)
Zubereitungszeit: 5 Minuten

Sind alle Zutaten bereitgestellt, ißt man als erstes genußvoll eine Auster. Danach nimmt man einen kräftigen Bissen Brot zusammen mit einem Stück heißer Wurst und spült schließlich reichlich Weißwein hinterher. Nun wieder eine Auster und so weiter.
Der Sinn dabei ist, daß man nach der kräftigen Wurst und dem Weißwein wieder voll Überraschung den Geschmack jeder einzelnen Auster wahrnehmen kann. *Bon appetit!*

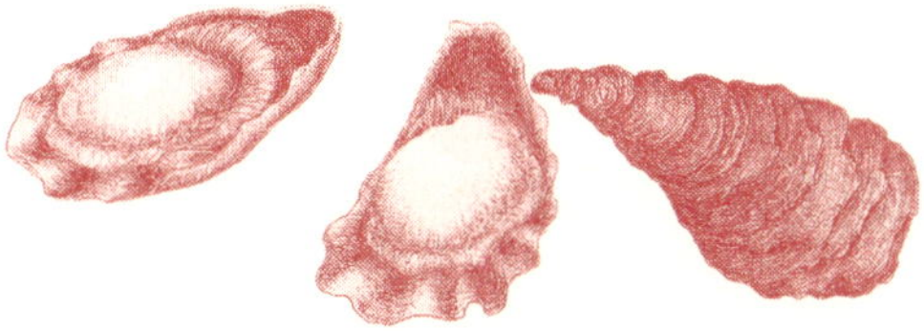

Rougets farcis de cèpes
Rotbarben mit Steinpilzfüllung

Zum Saisonende im Herbst werden im Bassin von Arcachon von begeisterten Hobbyanglern Rotbarben gefangen. Die Fische sind etwas größer als ihre Verwandten aus dem Mittelmeer; zusammen mit den Steinpilzen aus den Landes geben sie eine delikate Vorspeise.

Zutaten für 4 Personen:
8 große küchenfertige Rotbarben zum Füllen, 3 EL Entenfett, 2 EL Butter, ½ Bund glatte, feingehackte Petersilie
Für die Füllung: 2 Scheiben weißes Landbrot, 100 g Sahne, 150 g Spinatblätter, 400 g Steinpilze, 70 g geriebener Parmesan, 1 Ei, 2 EL Olivenöl, je ½ Bund feingehackte Petersilie und Kerbel, 1 gehackte Knoblauchzehe, Salz und Pfeffer
Zubereitungszeit: 50 Minuten

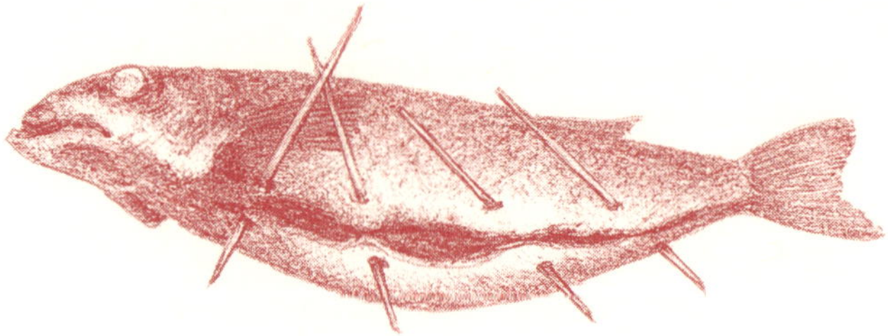

Für die Füllung das Brot in der Sahne einweichen. Spinat putzen und weich dämpfen; gut ausdrücken und fein hacken. Steinpilze putzen und in einem Eßlöffel Entenfett anbraten; salzen und weiterdünsten, bis die Flüssigkeit verdampft ist. Abkühlen lassen und sehr klein hacken. In eine Schüssel geben und mit dem ausgedrückten Brot und allen anderen Zutaten der Füllung vermischen. Mit Salz und Pfeffer abschmecken.
Backrohr auf 180° vorheizen.
Nun die Fische mit der Farce so voll wie möglich füllen, eventuell am Bauch mit einem Zahnstocher zustecken. Eine flache Gratinform mit dem Rest Entenfett einreiben, die Fische hineinlegen und im vorgeheizten Bratrohr 30 Minuten garen. Immer wieder mit dem entstehenden Saft begießen.
In einer Pfanne die Butter erhitzen und die Petersilie leicht andünsten. Die Petersilienbutter über die fertigen Fische gießen.

Variation: Diese Füllung eignet sich für jeden anderen Fisch; so habe ich schon Seezungen- und Schollenfilets damit gefüllt und zu Röllchen geformt.

Moules aux amandes
Miesmuscheln mit Mandelbutter

Muscheln gibt es hier im Südwesten in großen Mengen. Sie sind preiswert und daher eine beliebte Vorspeise in großen Familien. Wie in der Languedoc werden sie im Rohr gratiniert und kommen auf großen Platten brutzelnd auf den Tisch.

Zutaten für 4 Personen:
1,5 kg küchenfertige Muscheln in der Schale, 200 ml Weißwein, 150 g Butter, 150 g gemahlene Mandeln, 1 Bund feingehackte Petersilie, 3 gehackte Knoblauchzehen, 3 EL Semmelbrösel, Salz und Pfeffer
Zubereitungszeit: 30 Minuten

Ungefähr einen Liter Wasser und den Wein mit etwas Salz zum Kochen bringen. Die Muscheln darin ganz kurz blanchieren, bis sie sich öffnen. Muscheln aus dem Sud heben. Die geschlossenen Muscheln wegwerfen; von den offenen den oberen Deckel entfernen.
Backrohr auf 220° vorheizen.
Die unteren Muschelhälften samt Inhalt in eine gebutterte, flache Gratinform legen. Die Butter mit Mandeln, Petersilie und Knoblauch verkneten, mit Salz und Pfeffer abschmecken. Jede Muschel mit dieser Mandelbutter bestreichen. Mit den Semmelbröseln bestreuen, mit etwas Kochsud beträufeln und 10–15 Minuten gratinieren. Mit knackigem Weißbrot die schönste Art, Muscheln zu essen.

Begui-aundi en su tinta
Gefüllte Tintenfische mit Tinte

Dieses Tintenfischgericht stammt aus dem Baskenland.

Zutaten für 4 Personen:
1,5 kg kleinere Tintenfische, 3 EL Olivenöl, 1 große gehackte Zwiebel, 2 kleingewürfelte Knoblauchzehen, 1/4 l Weißwein, 5 reife Tomaten (geschält und fein gewürfelt), 1/2–1 kleine feingehackte Chilischote, Salz und frisch gemahlener schwarzer Pfeffer
Für die Füllung: 2 EL Olivenöl, 1 große feingehackte Zwiebel, 2 feingehackte Knoblauchzehen, 50 g zerbröseltes Weißbrot ohne Rinde
Zubereitungszeit: 50 Minuten

Die ganzen Tintenfische abwaschen. Den Kopf mit dem Inneren vorsichtig herausziehen. Die Tintenbeutel sorgsam ablösen und beiseite legen, die Fangarme abschneiden und beiseite legen. Den Kopf und das Innere wegwerfen. Den Knochen aus dem Körperbeutel entfernen und die Beutel auswaschen.

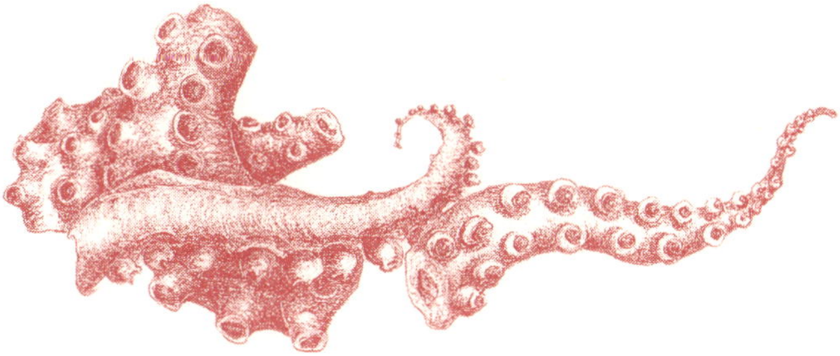

Für die Füllung die Fangarme ganz fein hacken. In einer Pfanne das Olivenöl erhitzen, die Zwiebel und den Knoblauch leicht andünsten.

Die Tentakel dazugeben und auf kleiner Flamme 5 Minuten dünsten. Salzen und pfeffern und die Brotkrumen untermischen. Die Füllung abkühlen lassen und nun vorsichtig in die Tintenfischkörper füllen; mit Zahnstochern verschließen.
In einer weiten Pfanne Olivenöl erhitzen und Zwiebel und Knoblauchzehen mit den gefüllten Tintenfischen anbraten und nicht zu braun werden lassen. Mit Weißwein löschen. Die Tomatenwürfel dazugeben, mit Salz, Pfeffer und der Chilischote würzen. 30 Minuten leise schmurgeln lassen; dabei die Tintenfische immer wieder wenden. Nun die durch ein Sieb gedrückte Tinte einrühren und das Gericht mit geschlossenem Deckel weitere 30 Minuten köcheln lassen. Sofort servieren.

Variation: Wenn es mal schnell gehen soll, dann füllt man die Tintenfische nicht, sondern dünstet die Körper und die Fangarme miteinander in der Sauce wie oben beschrieben.

Zwei große Suppen

Ttoro, die baskische Fischsuppe, die zum Besten gehört, was man an der Küste essen kann, und die Garbure, die sättigende Suppe aus den Pyrenäen, sind die typischen Suppen der Region.

Garbure béarnaise
Dicke Bohnensuppe

Die Garbure wird in der ganzen Gascogne mit Vorliebe an kalten Tagen gegessen, und es ist nicht ganz sicher, woher sie stammt. Aber ich denke doch, daß sie in den kleinen Bergdörfern der Region Béarn zu Hause ist. Etwas anderes hätte ich in dem kleinen Ort Laborde auch nicht behaupten dürfen. Ich hatte einen Bauern auf der Straße nach der Suppe gefragt, er rief einen anderen hinzu, der holte seine Frau, und schließlich standen wir zu siebt auf dem Dorfplatz. Die Diskussion war hitzig, denn einer sagte, ohne Speck schmecke die Garbure für ihn nicht richtig, und ein anderer meinte, gerade der gehöre überhaupt nicht rein. Als die Gruppe dann endlich einen Kompromiß gefunden hatte, diktierte mir Sophie Verger aus Laborde das Rezept, nicht ohne bei jeder genannten Zutat die Männer um Zustimmung zu bitten. Es war der schönste Platz, an dem ich je ein Rezept gefunden habe. Die kleinen, eng beieinander stehenden Häuser auf einer Bergkuppe leuchteten im warmen Abendlicht vor der Kulisse der schneebedeckten Pyrenäengipfel.

Bei der sehr luxuriösen Form der Garbure verwendet man mehrere Fleischsorten und Confit von der Ente, das heißt die Flügel und Hälse, die extra dafür in eigenen Töpfen konserviert wurden. In der bäuerlichen Form enthält die Garbure nur Confit und vielleicht noch einen Schinkenknochen. Auf jeden Fall soll sie so dick sein, daß der Löffel darin steht. Sie ist eine vollständige Mahlzeit, nach deren Genuß nur noch ein kleiner Käse Platz hat.

Zutaten für 4 Personen:
1 kg frische oder 500 g getrocknete weiße Bohnenkerne, 1 Wirsing, 4 Karotten, 2 Lauchstangen, 4 Navetrübchen, 500 g Kartoffeln, 500 g grüne Bohnen, 3 Knoblauchzehen, 4 EL Entenfett, 1 Bouquet garni aus Thymian und Petersilie, 1 Schinkenknochen, 4 Flügel und 4 Hälse aus dem Entenconfit, Salz und Pfeffer
Zubereitungszeit: 60 Minuten
Einweichzeit für getrocknete Bohnen: mehrere Stunden

Getrocknete Bohnen mehrere Stunden oder über Nacht in kaltem Wasser einweichen. Das frische Gemüse putzen und in größere Stücke, Knoblauch blättrig schneiden.

In einem großen Topf das Fett erhitzen. Lauch, Karotten und Navets darin andünsten und ganz leicht Farbe annehmen lassen. Die Bohnenkerne dazugeben (eingeweichte Bohnen abgießen); das Gemüse mit Wasser bedecken und zum Kochen bringen. Dann wieder 2 Liter Wasser aufgießen, aufkochen und mit Salz und Pfeffer und dem Bouquet garni würzen.

Jetzt das restliche Gemüse und den Schinkenknochen beigeben, aufkochen und 40 Minuten leise köcheln lassen. Die Confitstücke die letzten 15 Minuten mitkochen.

Variation: Soll die Suppe reicher werden, kommt noch ein Stück Schweineconfit, ein dickes Stück Speck dazu. Manche lieben es auch, wenn ein Suppenhuhn noch seine Würze beisteuert.

Ttoro
Baskische Fischsuppe

Was ursprünglich die einfache Suppe der baskischen Fischer war, hat sich zum kulinarischen Höhepunkt eines Besuches im Baskenland gemausert. War ihr früherer Hauptbestandteil oft nur der Klippfisch, findet man heute alles darin, was unter Meerestieren Rang und Namen hat – eine echte Delikatesse.

Zutaten für 6–8 Personen:
1 Meeraal, 1 Seeteufel, 1 großer (oder 2 kleine) roter Drachenkopf, 2 Knurrhähne (alle Fische beim Händler filetieren lassen und die Köpfe, Schwänze und Rückengräten mitnehmen), 3 EL Mehl, Olivenöl, 8 Langusten, 500 g geputzte Muscheln, Salz und Pfeffer, gehackte Petersilie zum Garnieren
Für den Fischfond: die grob zerkleinerten Fischabfälle, 4 EL Olivenöl, 2 Zwiebeln in Ringe geschnitten, 4 ungeschälte, zerstoßene Knoblauchzehen, 3 geschälte und gewürfelte Fleischtomaten, 1 Bouquet garni mit Thymian, Lorbeerblatt und Petersilie, 1 entkernte Chilischote in feinen Streifen, ½ l trockener Weißwein
Zubereitungszeit: 90 Minuten

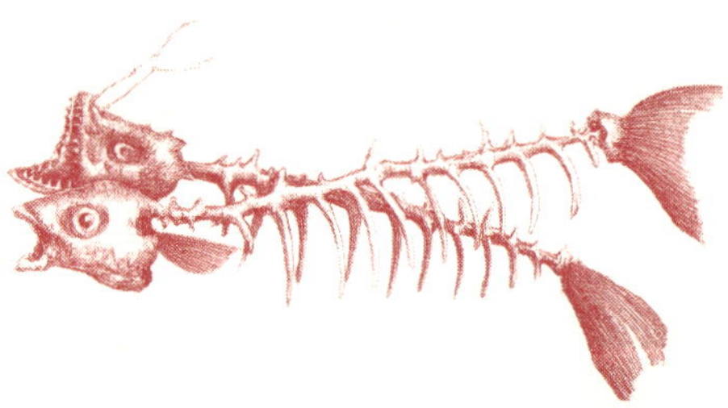

Für den Fond in einem großen Topf das Olivenöl erhitzen. Die Fischabfälle zusammen mit den Zwiebeln und dem Knoblauch goldbraun braten. Die Tomaten, das Bouquet garni und die Chilischote einrühren und andünsten. Mit Weißwein und einem Liter Wasser aufgießen. Salzen und pfeffern, aufkochen und dann bei sanfter Hitze eine Stunde köcheln lassen. Den Fond durch ein Sieb gießen. Die Reste fest mit einem Löffel ausstreichen, damit der Fond schön sämig wird.
Backrohr auf 220° vorheizen.
Die Fischfilets in größere Stücke schneiden, salzen und pfeffern und ganz leicht in Mehl wälzen. In einer weiten Pfanne Olivenöl erhitzen und die Fischstücke nach und nach kurz anbraten und in eine tönerne Auflaufform legen. Die Langusten und die Miesmuscheln dazugeben, mit Fond übergießen und im vorgeheizten Backrohr aufkochen und 15 Minuten schmoren lassen. Mit frischer Petersilie bestreuen und servieren.

Die Vögel der Wälder

Wenn ich mich jetzt den Fleischgerichten dieser Region zuwende, widme ich mich ganz speziell den Gerichten mit Wildgeflügel, denn die sind rund um die Landes wohl einmalig und typisch.

In der Gascogne sind die mutigen Männer zu Hause, deren schönste Freizeitbeschäftigung die Jagd ist. Vielleicht hat es mit den endlosen Schilderungen von Jagderfolgen zu tun, daß im Französischen *gascon* sowohl »gascognisch« als auch »prahlerisch« und »großsprecherisch« bedeutet. André Coulanges, mein Freund aus Poudenas, kann sich über solch eine Unterstellung maßlos aufregen. Genauso wie über die Absicht der neuen Umweltministerin, das sehr lockere französische Jagdrecht zu verschärfen. Da würde er nach Paris fahren und tagelang mit allen Männern der Gascogne den Verkehr lahmlegen, wenn an dem Jagdrecht rumgepfuscht würde. Die in Paris haben doch keine Ahnung! Eine Änderung wäre nicht denkbar, denn was ist ein Leben in der Gascogne ohne Tauben, Schnepfen und Fasane, die von den Männern erlegt und von den Frauen gekocht werden? Ansonsten haben Frauen mit der Jagd nur insoweit etwas zu tun, als sie für einen gut gefüllten Picknickkorb sorgen. Für André ist das höchste Lob für eine Frau, wenn der Mann von der Jagd nach Hause kommt und zu ihr sagt: »Dein Confit war ausgezeichnet, das von Marie war etwas zu salzig.« Was ich von so einer Rollenzuteilung halte, habe ich besser verschwiegen.

Salmis de palombes
Taubenragout

Die Jagd nach Tauben hat wohl die längste Tradition. Ab Oktober werden sie in den Wäldern nach verschiedensten Methoden gejagt. Hier nun das Rezept von Jeanne Coulanges für ein Taubenragout, das nach 3–4 Tagen Durchziehen am besten schmeckt.

Zutaten für 4 Personen:
4 küchenfertige Tauben, 2 Stücke Schweineschwarte, 1 Zwiebel, 4 Schalotten, 2 Knoblauchzehen, 2 Karotten, 4 EL Entenfett, 150 g gepökelter Bauchspeck in kleinen Würfeln, ¼ l guter, kräftiger Rotwein, die Blätter von 3 Thymianzweigen, 1 Lorbeerblatt, 1 EL Mehl, 6 cl Armagnac, etwas frisch geriebene Muskatnuß, Salz und Pfeffer
Zubereitungszeit (ohne Wartezeiten): 90 Minuten

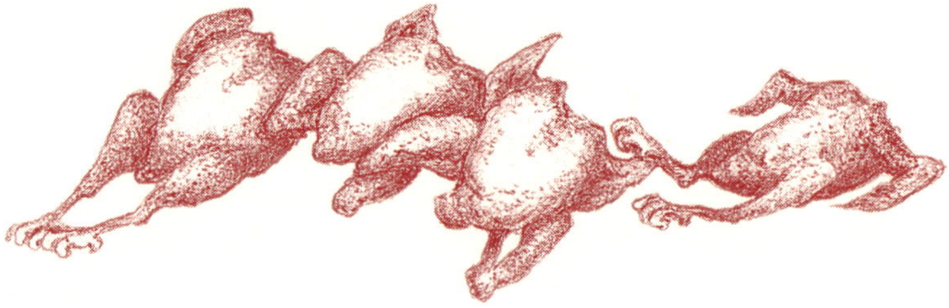

Tauben ausspülen, trockentupfen und vierteln. Die Schweineschwarte 10 Minuten in kochendem Wasser überbrühen, dann würfeln. Das Gemüse putzen und fein hacken.
In einem guten Schmortopf 2 Eßlöffel Entenfett erhitzen, die Speckwürfel anbraten und dann das gehackte Gemüse dazugeben und mitdünsten. Nach 5 Minuten die Schwartenwürfel dazugeben. In einem Topf den Wein erhitzen und abflammen, das heißt, ein langes, dickes brennendes Streichholz dicht über die kochende Oberfläche halten. Jetzt das Gemüse im Topf mit Mehl überstäuben, verrühren und mit dem Rotwein löschen. Leise köcheln lassen.
In einer Pfanne das restliche Entenfett erhitzen. Die Taubenviertel scharf bräunen und mit dem Armagnac flambieren. Salzen und pfeffern. Die Taubenviertel zum Gemüse geben; alles zusammen auf kleinster Flamme eine Stunde schmoren.

Das Salmis ins Kühle stellen. Am nächsten Tag noch einmal 30 Minuten köcheln, wieder beiseite stellen und am dritten Tag erneut 30 Minuten köcheln, bis ein dickes, dunkelrotes Ragout entsteht.

Palombe en crapaudine
Taube vom Grill

In jeder Küche der alten Bürger- und Bauernhäuser steht ein großer, breiter Kamin, der zum Kochen dient und daher auch im Sommer brennt, denn nur hier am Feuer kann gegrillt und am Spieß gebraten werden. Der Geschmack des Holzfeuers ist wichtig für das Gelingen der Speisen und für den richtigen *goût.*

En crapaudine heißt, daß der Vogel vom Rücken her halbiert wird, aber nicht am Brustbein. Die Vögel können so aufgeklappt werden, und man kann Wibelsäule und Rippen entfernen. Aufgeklappt kommen sie auf den Grillrost. Nach diesem Schema macht man auch Poulet à la Crapaudine.

Zutaten für 4 Personen:
4 Tauben mit Leber, 1 sehr fein gehackte Zwiebel, 3 EL Sonnenblumenöl, etwas Rotweinessig, 200 g fette Speckwürfel, Salz und Pfeffer
Zubereitungszeit: 40 Minuten

Tauben wie oben beschrieben aufklappen. Die Leber ganz kurz auf den Grillrost legen, von beiden Seiten anbraten und dann mit einem Messer fein würfeln. Zusammen mit der Zwiebel in eine Schüssel geben, das Sonnenblumenöl einrühren, mit Salz, Pfeffer und einigen Spritzern Essig fein abschmecken.

Die Schale mit der Sauce entweder an die Ecke des Kamins oder in die Sonne stellen, damit sie lauwarm bleibt.

Die Speckwürfel in einer sehr heißen Pfanne braten und auslassen. Mit dem Fett die Tauben bepinseln und auf den heißen Grillrost legen. Von beiden Seiten grillen und immer wieder mit dem Fett bepinseln. Wenn sie gar sind, zusammen mit der Sauce servieren. Dazu schmecken Frites gasconne, in Gänsefett fritierte Pommes frites.

Bécasse en ficelle
Schnepfe am Faden

Die Schnepfe ist eine Delikatesse, die selbst in den flachen, unendlichen Wäldern der Landes immer rarer wird. Sie wird als einziger Vogel nicht ausgenommen, denn sie hat keine Galle, und die Innereien der Schnepfe, im Vogel mitgegart, gelten als Delikatesse. Sie werden wahrscheinlich folgendes Rezept nicht nachkochen können, denn es fehlt Ihnen der richtige Kamin und die frisch geschossene Schnepfe, aber trotzdem will ich Ihnen das klassische Rezept nicht vorenthalten. In manchen kleinen Restaurants in den Dörfern der Landes kann man diese Spezialität auf Bestellung noch serviert bekommen.
Die geputzten Schnepfen werden, leicht gesalzen und gepfeffert, auf Drähte aufgezogen oder auf dünne Spieße gesteckt und senkrecht vor dem Feuer des Kamins postiert. Unter den Vögeln befindet sich eine Saftpfanne, und während man die Vögel immer wieder dreht, bepinselt man sie mit dem ausgetretenen und aufgefangenen Saft. Das ist eine sehr einfache Zubereitungsmethode, aber bei weitem die beste für Schnepfen.
Sehr beliebt in der Gascogne sind auch Singvögel wie die *grive* (Drosseln) und *Ortolan* (Ammern). Das deutsche Sprichwort »In der Not frißt der Teufel Fliegen« heißt auf französisch *Faute des grives, on mange des merles:* Fehlen die Drosseln, so verspeist man Amseln. Die Drosseln lieben Beeren und halten sich im Herbst gerne in den Weinbergen auf, um sich vor dem Winter noch mal richtig vollzufressen. Wenn die Zeit der Lese kommt, ist das Fleisch der Vögel daher am besten. Sie werden gerupft und ausgenommen, mit Trauben gefüllt, mit Speck umwickelt und vor dem offenen Feuer gegrillt. *Bon appetit!*

Die Vögel und Hasen vom Hof

Enten, Gänse und Hühner laufen auf jedem Hof herum und werden sorgsam gefüttert und gemästet, damit sie für alle eine wahre Gaumenfreude werden. Und Stallhasen gibt es hier natürlich auch, denn ihr zartes, mageres Fleisch paßt hervorragend zu den Pflaumen der Gegend. Ganz einfach, deftig und sehr gut!

Confits, tomates, cèpes et frites
Confits, Tomaten, Steinpilze und Pommes frites

Ein wahrhaft köstliches, vielleicht etwas komplizierteres Gericht mit Entenconfit und Steinpilzen. Das Rezept stammt von der Schloßköchin Maguy Bertolla.

Zutaten für 4 Personen:
8 Tomaten, Enten- oder Gänsefett zum Braten, Zucker, 8 große Kartoffeln, 8 mittelgroße Steinpilze mit noch festen Hüten, 4 Keulen vom Entenconfit, 1 gehackte Knoblauchzehe, die Blätter von 6 glatten Petersilienzweigen, Salz und Pfeffer
Zubereitungszeit: 60 Minuten

Das Backrohr auf 160° vorheizen.
Die Tomaten halbieren, in eine mit Enten- oder Gänsefett ausgestrichene Auflaufform setzen und in den Backofen schieben. Eine Stunde garen, mit ein wenig Zucker bestreuen und noch einmal 2 Minuten ins Rohr geben.
Während die Tomaten garen, die Kartoffeln schälen und in Stifte schneiden, die Pilze sorgfältig putzen und in Scheiben schneiden.
Die Confitstücke auf eine feuerfeste Platte legen, etwa 10 Minuten ins Backrohr stellen, bis alles Fett sich gelöst hat. Die Confitstücke halbieren und auf die Platte legen, auf der später serviert wird. Sehr warm halten.
Jetzt Entenfett in einer Pfanne stark erhitzen und die Pilze 5 Minuten scharf anbraten. Salzen und pfeffern, Knoblauch und Petersilie hinzufügen. 15 Minuten weiterdünsten. Nun die Tomaten und die Steinpilze um die Confitstücke garnieren und die verschiedenen Bratsäfte auf das Fleisch tropfen.
Für die **Frites gasconnes** das Gänsefett erhitzen und die Kartoffelstifte in das sehr heiße Fett geben. Nach etwa 10 Minuten herausheben, abkühlen lassen und kurz vor dem Servieren noch einmal 2 Minuten im heißen Fett goldbraun backen.

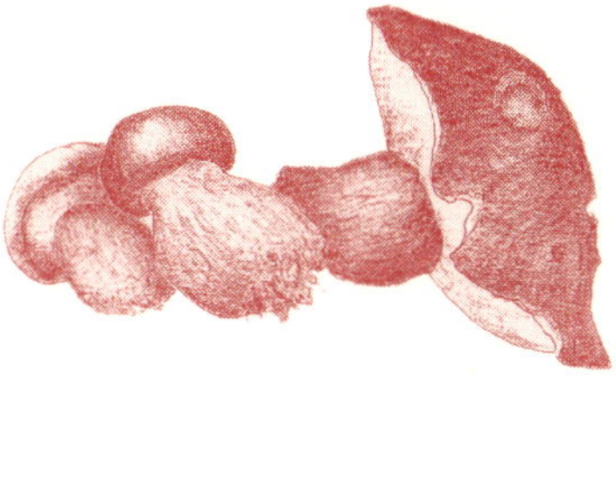

Ma pintade farcie aux pruneaux d'Agen
Perlhuhn mit Backpflaumen

Der gesamte Südwesten ist ein Land der Pflaumen. Hier gedeihen ganz besonders große und süße Pflaumen, die wahrscheinlich mit den Kreuzfahrern in den Süden Frankreichs gekommen sind. Die Mönche waren die ersten, die sie trockneten, um sie für den Handel und den Winter haltbar zu machen. Bis zum Anfang dieses Jahrhunderts hieß sie noch Prune d'ente (veredelte Pflaume), jetzt heißt sie allgemein nur noch Pruneau d'Agen. Diese wunderbaren großen Pflaumen, die eigentlich nur im getrockneten Zustand weiterverarbeitet werden, bereichern mit ihrem Aroma nicht nur den Armagnac, sondern auch diverse Fleischgerichte. Dieses herbsüße Aroma lieben die Gascogner zum Schwein, zum Hasen und auch zu Geflügel. Und die Liebe zu den Trockenpflaumen ist von hier bis in die Gebiete der Loire und in die Bretagne gewandert. Dieses Rezept ist wieder einmal von Jeanne aus Poudenas.

Zutaten für 4 Personen:
1 großes küchenfertiges Perlhuhn, 4 EL zerlassene Butter, Salz und Pfeffer
Für die Farce: die feingehackte Perlhuhnleber, 150 g Wurstbrät, 50 g Rosinen, 2 feingewürfelte Äpfel, 200 g geviertelte Backpflaumen ohne Stein
Zubereitungszeit: 90 Minuten

Backrohr auf 180° vorheizen. Die Zutaten für die Farce vermischen.
Das vorbereitete Perlhuhn füllen, zunähen, mit Butter bepinseln und salzen und pfeffern. In einen Bräter setzen und ins heiße Rohr schieben. 75 Minuten braten, dabei immer wieder mit dem Bratensaft und Butter bepinseln. Das Perlhuhn tranchieren und mit der in Scheiben geschnittenen Füllung servieren. *Respirez-moi ce fumet,* schrieb Jeanne unter das Rezept.

Laperaux aux pruneaux
Hasen mit Pflaumen

Hier nun ein besonders würziges Gericht, in dem Hase und Pflaume ganz hervorragend zusammenspielen. Die Mengen werden reichlich bemessen, denn man wärmt Reste vom Ragout gerne wieder auf.

Zutaten für 4–8 Personen:
2 küchenfertige junge Hasen, 1 in Scheiben geschnittene Zwiebel, 2 gewürfelte Knoblauchzehen, die Blätter von 6 Thymianzweigen, 2 zerkleinerte Lorbeerblätter, 1 Flasche guter dunkler Rotwein, 3 EL Gänsefett, 3 EL Armagnac, 1 EL Mehl, 250 g Pflaumen, 150 g Sahne oder Crème fraîche, Salz und Pfeffer
Zubereitungszeit: 60 Minuten
Einwirkzeit der Marinade: 1–2 Tage

Hasen waschen und in je acht Stücke teilen. Das Fleisch mit Zwiebelringen, Knoblauch und Gewürzen in eine Schüssel legen. Mit Rotwein übergießen und 1–2 Tage an einem kühlen Ort durchziehen lassen.
Hasenstücke aus der Marinade heben und trockentupfen. In einem Schmortopf das Fett erhitzen und die Hasenstücke rundum goldbraun anbraten. Mit dem Armagnac löschen und flambieren. Salzen, pfeffern und mit etwas Mehl bestäuben. Mit der Marinade löschen und die Pflaumen dazugeben. Nun bei mittlerer Hitze ohne Deckel aufkochen und dann bei kleiner Hitze 40 Minuten köcheln lassen. Die Crème fraîche einrühren, 5 Minuten mitköcheln lassen und servieren.

Variation: Manche ergänzen die Marinade mit ¼ Liter bestem Rotweinessig; das Fleisch wird dann nicht länger als 24 Stunden mariniert, und das Ragout schmeckt noch pikanter.

Poule au pot
Huhn im Topf

Ganz besonders große Sorgfalt verwendet man in der Gascogne auf die Aufzucht der Hühner. Als ich zum traditionellen Hühneressen eingeladen war, genoß ich das helle, saftige und feste Fleisch von den Hühnern, die freien Auslauf und bestes Futter haben – und das bei uns so gut wie nie zu bekom-

men ist. Das waren wohl auch die Hühner, die Henri IV seinen Bauern und Bürgern für jeden Sonntag wünschte. Jeder sollte *une poule dans son pot,* ein Huhn im Topf haben. Diesen Pot gibt es in jedem ländlichen Haushalt. Ein großer runder Topf mit Deckel, der auf dem Dreifuß ins und ans Kaminfeuer gestellt wird und den herrlichen Duft verbreitet, der appetitanregend durch das Haus zieht – wahrhaftig ein Sonntagsessen nach alter Manier. Zu der alten Tradition gehört auch, daß man vom Sonntagsessen auch noch am Sonntagabend und am Montag satt wird.
Das folgende Rezept ist von der Großmutter von Marie Claude Gracia aus der »Belle Gasconne« in Poudenas.

Zutaten für 4 Personen:
1 großes Huhn (ca. 2 kg), Salz und Pfeffer, geröstete Brotscheiben zum Servieren
Für die Füllung: 1 gehackte Hühnerleber, 100 g Bayonner Schinken, kleingewürfelt, 1—2 dicke, in Milch eingeweichte und ausgedrückte Brotscheiben, die gehackten Blätter von 6 Stengeln Petersilie, 1 gehackte Knoblauchzehe, 1 feingehackte Schalotte, 2 Eigelb
Für die Bouillon: 1 Stück Zwerchrippe, 1 Kalbshaxe, 6 Karotten, 3 Zwiebeln mit je einer Nelke besteckt, 4 Stangen Lauch, 2 Navetrübchen, 1 dickes Bouquet garni
Zubereitungszeit: 2½ Stunden

Die Zutaten der Füllung gut vermischen, mit Salz und Pfeffer abschmecken und in das Huhn füllen. Mit Nadel und Faden das Huhn vorne und hinten dicht zunähen, damit beim Kochen nichts von der Füllung austritt.
Für die Bouillon Rind- und Kalbfleisch mit reichlich kaltem Wasser aufsetzen, salzen und pfeffern und 30 Minuten kochen. Dann das geputzte Gemüse und das Huhn in die Bouillon geben und 2 Stunden leise garen. Das Huhn ist mit 2 Kilo relativ groß, und in der Gascogne kocht man das Huhn gut weich, damit das Fleisch auf der Zunge zergeht.
Als erstes serviert man nun ganz nach alter Väter Sitte die Bouillon, die heiß über geröstete Brotscheiben gegossen wird.
Jetzt das Huhn aus der Bouillon holen und tranchieren, die Füllung in Scheiben schneiden und mit den Hühnerteilen und den Gemüsen aus der Suppe auf einer großen vorgewärmten Platte servieren.
Dazu reicht man eine leckere Knoblauchsauce (s. folgendes Rezept).

Tip: Am Montagmittag ißt man das Rind- und Kalbfleisch der Bouillon in einer dicken und heißen Tomatensauce, die mit etwas Zucker gesüßt wird.

L'aillade
Knoblauchsauce

In der Gascogne wächst ein wilder Knoblauch, der sogenannte *aillet.* Im Frühling verwendet man für dieses Rezept die grünen Sprossen der wilden Knoblauchart.

Zutaten für 4 Personen:
1 EL Fett, 5 feingehackte Knoblauchzehen, 100 ml Weißwein oder Verjus (Saft aus unreifen Trauben), 1½ EL brauner Zucker, 1 zerkrümelte Scheibe altes Brot, 1 Bund feinst gehackte Petersilie, etwas Bouillon
Zubereitungszeit: 10 Minuten

Das Fett erhitzen und den Knoblauch darin andünsten, aber nicht braun werden lassen. Mit Weißwein oder Vérjus löschen, den Zucker dazugeben und leise köcheln lassen. Nun das Brot und die Petersilie dazugeben und mit so viel Bouillon auffüllen, daß die Sauce sämig wird. Zum Hühnerfleisch reichen.

Sauce de Sorges

Sonntag abends ißt man das restliche Hühnerfleisch kalt und reicht dazu wieder eine köstliche Sauce.

Zutaten für 4 Personen:
3 Eier (3 Minuten gekocht), Bouillon zum Garen
Vinaigrette: 9 EL Öl, 3 EL Rotweinessig, 3 EL gemischte gehackte Kräuter, 1 EL gehackte Schalotten, Salz und Pfeffer
Zubereitungszeit: 10 Minuten

Alle Zutaten der Vinaigrette vermischen. Die Eier köpfen, das Eigelb herauslöffeln und einrühren. Eiweiß in Bouillon hart kochen, aus der Schale nehmen und fein gehackt zur Sauce geben.

Schmackhaftes Rind von den Weiden

Die wunderschönen Rinderrassen im Südwesten liefern ganz hervorragendes Fleisch, so das dicke, stämmige und hellbeige Bœuf Blond d'Aquitaine und La Gasconne in den sanftesten Brauntönen oder Le Bœuf gras de Bazas. Dieses Rindfleisch eignet sich für deftige, saftige Steaks, die nur kurz gebraten werden, oder für Schmortöpfe der ganz köstlichen Art. Für die meisten Franzosen ist Rindfleisch, und da vor allem das Steak, *la vraie viande*. So ein Steak wird über einem Feuer aus Rebenholz gegrillt oder in eisernen Pfannen gebraten. Letzteres Beispiel verfechten viele, da das Fleisch nicht so stark ansengt. Wogegen echte Grillspezialisten das Fleisch natürlich nicht anbrennen lassen, sondern durch das Rebenholz erst den richtigen Wohlgeschmack erzeugen.

Entrecôte bordelaise
Entrecôte nach Art des Bordelais

Zutaten für 4 Personen:
4 mindestens 2–3 cm dicke Entrecôtes, Olivenöl, 4 schöne Markknochen oder 4 EL Butter, 4 feingewürfelte Schalotten, schwarzer Pfeffer und grobes Meersalz
Zubereitungszeit: 20 Minuten
Ruhezeit: 4 Stunden

Die Entrecôtes mit Olivenöl einreiben und außerhalb des Kühlschranks vier Stunden ruhen lassen.
Die Markknochen in kochendem Salzwasser 10 Minuten pochieren und auf einer Platte im Rohr warm halten.
Die Entrecôtes 6 Minuten von einer Seite grillen, wenden, salzen und pfeffern. Die Schalotten auf das Fleisch streuen und wieder 6 Minuten grillen. Das Fleisch servieren und je einen Markknochen oder einen Klecks kühle Butter dazugeben.

Variation: Statt Olivenöl das Fleisch mit Gänsefett einreiben.

Daube aux pruneaux
Schmortopf mit Backpflaumen

Für diesen Schmortopf und das folgende Rezept nimmt man in der Gascogne Rinderbacke, ein herrlich weiches und zartes Stück, das man meistens bestellen muß. Als Rotwein eignet sich sehr gut der Madiran aus der Gascogne, der in den letzten Jahren ungeheuer an Qualität gewonnen hat. Dieses Gericht schmeckt erst nach zwei oder noch besser drei Tagen richtig gut.

Zutaten für 4 Personen:
2 l guter Rotwein, 4 Karotten, 2 Zwiebeln, 4 Knoblauchzehen, 1,5 kg grobgewürfelte Rinderbacken, 3 kleingezupfte Thymianzweige, 1 Lorbeerblatt, 200 g Schweineschwarte, 2 EL Gänsefett, 1 Kalbsfuß (vom Metzger spalten lassen), 12 große Backpflaumen ohne Stein, Salz und Pfeffer
Zubereitungszeit (inkl. Ruhezeiten): 2–3 Tage

Zwei Tage vorher: Den Rotwein in einem Topf zum Kochen bringen und abflammen. Er verliert dadurch seine Säure und bewahrt nur sein Aroma. Das Gemüse putzen und würfeln. Gemüse und Fleisch in den Wein geben, Thymian und Lorbeer hinzufügen und ziehen lassen.
Am nächsten Tag die Fleischwürfel und das Gemüse aus dem Wein heben und abtropfen lassen.
Die Schweineschwarte in kochendem Wasser 10 Minuten blanchieren, abgießen und in Würfel schneiden.
Das Fleisch in einer Pfanne in einem Löffel Gänsefett anbraten, in einer anderen Pfanne das Gemüse andünsten. Beides nur leicht bräunen.
Nun die Schweineschwartenwürfel, den Kälberfuß, das Fleisch und das Gemüse in einen Schmortopf geben; salzen und pfeffern, mit Marinade übergießen und aufkochen lassen. Dann auf kleiner Flamme eine Stunde simmern lassen. Den Topf beiseite stellen und abkühlen.
Am Tag des Mahles die Daube zweimal aufkochen und abkühlen lassen. Nun die Pflaumen dazugeben, wieder aufkochen und auf kleinster Flamme 30 Minuten schmurgeln lassen.
Dieses Schmorgericht wird mit frischen Butternudeln oder Kartoffeln serviert.

Daube avec joue, queue et cèpes
Schmortopf mit Backen, Schwanz und Steinpilzen

Zutaten für 6–8 Personen:
1 Flasche dunkler Rotwein, 1,5 kg grobgewürfelte Rinderbacke, 1,5 kg Ochsenschwanz in Stücken, 2 grobgewürfelte Zwiebeln, 3 grobzerkleinerte Karotten, 100 g getrocknete Steinpilze, 3 EL Gänsefett, 1 EL Mehl, 1½ l Fleischbrühe, die ungeschälten Zehen von einer Knoblauchknolle, 1 dickes Bouquet garni, 10 schwarze Pfefferkörner und Salz
Außerdem: Mehlteig aus 400 g Mehl und Wasser zum Abdichten der Form, 2 EL glatte, grobgehackte Petersilie zum Garnieren
Zubereitungszeit (inkl. Wartezeiten): 2 Tage

Zwei Tage vorher: Den Wein in einen Topf geben, aufkochen und flambieren, dann abkühlen lassen. Die Fleischstücke mit einer zerkleinerten Zwiebel und einer Karotte sowie den Pfefferkörnern hineingeben, zudecken und 24 Stunden kühl stellen.
Am nächsten Tag die Pilze im lauwarmen Wasser einweichen. Fleischstücke aus der Marinade fischen und trockentupfen. In einem Schmortopf das Fett erhitzen und die Fleischstücke darin anbraten. Die zweite Zwiebel dazugeben und bräunen. Alles mit Mehl bestäuben, verrühren und mit Marinade und Bouillon aufgießen. Nun den Rest Karotten, die Pilze, den Knoblauch und das Bouquet garni dazugeben, aufkochen, dann 30 Minuten köcheln lassen.
Das Backrohr auf 140° vorheizen.
Jetzt das Ragout in eine tönerne Form mit Deckel geben und den Deckel mit Mehlteig versiegeln. Ins Backrohr schieben und mindestens 5 Stunden ganz sanft garen. In der Gascogne bleibt die Daube die ganze Nacht im Ofen und wird erst am nächsten Tag zu Mittag herausgeholt, mit frischer Petersilie bestreut serviert. Sehr wirkungsvoll ist es, die noch geschlossene Form auf den Tisch zu stellen und dann erst den Deckel zu lüpfen. Der Duft, der sich dann ausbreitet, wird die ganze Tischgesellschaft erfreuen.

Die Lämmer von Pauillac

Die zweite Spezialität, die auf vier Beinen läuft, sind die Lämmer von Pauillac. Sie wachsen inmitten der besten Weingegend auf und werden nur mit Milch gefüttert. Im Alter von 6–8 Wochen werden sie geschlachtet; ihr zartes, helles Fleisch wird in allen Sterne-Restaurants Europas serviert. Das magere und zarte Fleisch hüllt man in eine Kruste, damit es beim Braten nicht austrocknet.

Agneau de Pauillac
Lamm von Pauillac

Das Lamm wird traditionsgemäß im Frühling gegessen, und dann reicht man auch gerne die ersten grünen Erbsen und Möhren als Beilage dazu.

Zutaten für 4 Personen:
1 Lammkeule, Olivenöl, 2 Knoblauchzehen in Scheiben geschnitten, Salz und Pfeffer, evtl. Fleischbrühe
Für den Belag: 125 g weiche Butter, 2 Handvoll Weißbrotkrümel, 6 gehackte Knoblauchzehen, 1 Bund gehackte Petersilie
Zubereitungszeit: 70 Minuten

Das Backrohr auf 220° vorheizen. Die Zutaten für den Belag zu einer glatten Paste vermischen, salzen und pfeffern.
Die Lammkeule rundum mit Olivenöl einreiben und salzen und pfeffern. Mit einem spitzen Messer das Fleisch einritzen und jeweils eine Scheibe Knoblauch hineinstecken. Nun die Keule in eine geölte Bratform geben und mit der Paste bestreichen.
20 Minuten braten, dann die Temperatur auf 180° reduzieren und die Lammkeule in 45 Minuten fertig garen. Dabei immer wieder mit dem Bratsaft beträufeln. Falls der Satz in der Bratform anzubrennen droht, mit etwas Fleischbrühe aufgießen.
Auf einem Brett servieren und bei Tisch tranchieren.

Gigot en gasconnade
Lammkeule mit Anchovis

Im Herzen der Gascogne liebt man die Lämmer eher, wenn sie etwas größer sind, das Fleisch schon dunkelrosa und die Keulen gewichtiger ausfallen. Die Zubereitung ähnelt eher einem Schmorgericht und ist deftig und herzhaft. Die Sardellenfilets erscheinen vielleicht ungewöhnlich, geben dem Ganzen aber eine sehr pikante Note.

Zutaten für 6–8 Personen:
6 Schalotten, 10 Knoblauchzehen, 2 Stangen Lauch, 3 Karotten, 5 Tomaten, 1 große Lammkeule, Olivenöl, 20 Sardellenfilets in Öl, 1 Flasche Rotwein, Salz und Pfeffer
Zubereitungszeit: 2 Stunden

Das Backrohr auf 180° vorheizen.
Schalotten schälen und je nach Größe halbieren oder vierteln. Knoblauch schälen, Lauch in breite Ringe, Karotten in grobe Stücke schneiden. Tomaten häuten und würfeln.
Die Lammkeule rundum mit Öl einreiben, mit einem spitzen Messer das Fleisch einritzen und in jeden Schnitt ein Sardellenfilet stopfen. Anschließend die Keule mit Salz und Pfeffer würzen.
In einer großen Pfanne Olivenöl erhitzen und die Keule rundum anbraten. In eine gefettete Bratform legen und ins Rohr schieben.
In der gleichen Pfanne Knoblauchzehen und Zwiebeln ganz leicht Farbe annehmen lassen, dann das Gemüse ohne Tomaten dazugeben. Weiter dünsten und zum Schluß die Tomaten einrühren; mit Salz und Pfeffer abschmecken. Jetzt das Gemüse rund um die Lammkeule legen, 10 Minuten ins Rohr schieben. Dann mit dem Rotwein aufgießen, abdecken und 1½ Stunden bei 160° sanft schmoren lassen.
Als Beilage ißt man gerne breite Bandnudeln.

Dessert – Zeit für den Armagnac

Die Region ist reich an Obst, hier wächst einfach alles und dann noch in hervorragender Qualität. An einem ganz gewöhnlichen Tag schnabuliert man die eingemachten *fruits en sirop*, die hier Tradition haben. Wenn es aber nach einem schönen Sonntagsmahl etwas Besonderes sein soll, dann schlägt die Stunde des Armagnac.

Das schnellste kleine Sonntagsdessert in der Familie ist wohl der ganz frische Ziegenkäse. Am Sonntagsmarkt kauft man die runden Formen noch feucht und tropfend. Zu Hause vermischt man sie mit einigen Löffeln Armagnac (aus einem Glas in Armagnac eingelegter Pflaumen) und Zucker nach Geschmack. Anschließend verteilt man den so aufgemotzten Ziegenkäse auf Dessertteller, legt einige Armagnacpflaumen dazu und begießt den Quark noch mit etwas Flüssigkeit aus dem Glas. Bei uns können Sie das leckere Dessert mit frischem Quark aus Kuhmilch nachmachen.

Es gibt mehrere Kuchen mit dem Namen Pastis, doch jedesmal ist etwas anderes gemeint. Für einen **Pastis gascon** wird eine Tarteform mit drei Lagen sehr dünn ausgerolltem Blätterteig belegt; auf diesen Teig legt man in Armagnac marinierte Apfelstücke. Den Rest des Blätterteigs rollt man zu hauchdünnen Teigstücken aus, die man dann wie dichte Rüschen auf die Äpfel drapiert, bis sie zugedeckt sind. Kurz vor dem Servieren werden diese knusprig braun gebackenen Blätterteigkunstwerke noch mit der Marinadenflüssigkeit, die man von den Äpfeln übrigbehalten hat, bepinselt. Der Pastis landais dagegen sieht wieder ganz anders aus.

Pastis landais

Zutaten für 1 Form:
300 g Mehl, 50 ml Milch, 100 g Zucker, ½ Hefewürfel, 50 g Butter, 3 Eier, 50 ml Öl, 2 EL Armagnac, 2 EL Orangenblütenwasser
Zubereitungszeit: 60 Minuten

Das Mehl in eine Schüssel geben und eine Mulde hineindrücken. Die Milch mit einem Teil des Zuckers und der Hefe vermischen. In die Mulde gießen und einen Vorteig rühren. Abdecken und 15 Minuten stehenlassen.

Das Backrohr auf 180° vorheizen.
Die restlichen Zutaten beigeben und zu einem glatten Teig verkneten. An einem warmen Platz auf die doppelte Größe aufgehen lassen, dann in eine gebutterte Kuchenform geben. Nochmals gehen lassen.
Teig nun ins Backrohr geben und in 45 Minuten goldgelb backen.
Der Kuchen wird als Dessert serviert. Sonntags gibt es Créme anglaise dazu, in die man die Kuchenstücke eintaucht. Am Montag bekommen die Kinder die Reste zum *goûter* mit hausgemachter Marmelade.

Clafoutis aux pruneaux et à l'armagnac
Clafoutis mit Pflaumen und Armagnac

In ganz Frankreich kennt man Clafoutis. Am berühmtesten ist wohl der Kirschenclafoutis, der im Limousin zu Hause ist. Hier gibt es das klassische Dessert mit den lokalen Spezialitäten Armagnac und Pflaumen. Dieses hervorragende Rezept ist von Maguy Bertolla, die auf einem Familienschloß kocht.

Zutaten für 1 Form:
20 Backpflaumen mit Stein, 1 Glas Armagnac, 4 Eier, 125 g Zucker, 80 g Mehl, 250 ml Milch, 60 g flüssige Butter, 1 Prise Salz
Außerdem: 250 g frische Früchte (Birnen, Äpfel oder Trauben; große Früchte in Scheiben schneiden)
Zubereitungszeit: 70 Minuten
Ruhezeit der Pflaumen: über Nacht

Am Vortag die Pflaumen in den Armagnac geben und abgedeckt durchziehen lassen.
Das Backrohr auf 180° vorheizen.
Eier mit Zucker und Salz mindestens 10 Minuten mit dem Schneebesen zu einer weißlichen Creme schlagen. Nach und nach Mehl, Butter und Milch einarbeiten. Dabei die Masse ununterbrochen kräftig mit dem Schneebesen schlagen.
Eine tönerne Gratinform ausbuttern, mit den frischen Früchten belegen, die Armagnac-Pflaumen auf den Früchten verteilen und den Teig sorgsam darübergießen. Die Gratinform etwas rütteln, damit der Teig sich zwischen den Früchten verteilt.

Im vorgeheizten Backrohr ungefähr eine Stunde backen; nach 20 Minuten die Temperatur auf 150° zurückstellen. Clafoutis aus dem Ofen holen und lauwarm servieren.

Millas aux pruneaux
Maiskuchen mit Pflaumen

Im ganzen Südwesten ist der Mais heimisch, denn hier findet er ideale Wachstumsbedingungen vor. Und so ist es verständlich, daß man Maismehl auch in der Küche verwendet.

Zutaten für 1 Form:
600 g Backpflaumen ohne Stein, 100 ml Armagnac, 9 EL Maismehl, 10 EL Puderzucker, 9 Eier, 1½ l Milch, 20 g Butter für die Form
Zubereitungszeit: 60 Minuten
Einwirkzeit der Pflaumen: über Nacht

Am Abend vorher die Pflaumen in Armagnac einlegen.
Das Backrohr auf 180° vorheizen.
Maismehl mit 9 Eßlöffeln Puderzucker vermischen. Die Eier verquirlen. Eine Mulde in das Mehl drücken, die Eier hineingeben und mit dem Mehl verrühren; nun langsam die Milch einfließen lassen. Eine Tarteform gut ausbuttern, den Teig einfüllen und mit dem restlichen Puderzucker bestreuen. Die Pflaumen abtropfen und in den Teig einsinken lassen. Im vorgeheizten Backrohr 45 Minuten backen. Abkühlen lassen und dann erst aus der Form nehmen. Am besten schmeckt der Kuchen, wenn er einen Tag ruht.

Les Beignets aux fleurs d'acacia
Akazienblütenkrapfen

Akazien wachsen überall am Rande der Landes, und wenn sie sich in einem Garten erst mal heimisch fühlen, hat man seine liebe Not, ihnen Herr zu werden. Michel kann ein Lied davon singen, drei Wochen hat er gerodet, damit er neben den Akazien auch noch Platz in seinem Garten hat. Nur im Frühjahr liebt er diese Bäume, weil die Blüten zauberhaft duften und ein köstliches Dessert liefern.

Zutaten für 4 Personen:
300 g Akazienblüten, 100 ml Armagnac, 150 g Puderzucker
Für den Teig: 125 g Mehl, 2 Eigelb, 1 Prise Salz, 2 EL flüssige Butter, nach Geschmack 150 ml Weißwein oder Bier, 2 sehr steif geschlagene Eiweiß
Außerdem: Butterschmalz zum Ausbacken
Zubereitungszeit: 30 Minuten

Bis auf den Eischnee alle Zutaten für den Teig vermischen und kräftig verrühren. Beiseite stellen und im Warmen ruhen lassen.
In der Zeit die Akazienblüten sorgfältig von den Stielen befreien und auf einer Platte ausbreiten. Mit Puderzucker bestäuben und mit Armagnac beträufeln.
Nun den Eischnee unter den Teig heben und danach die Akazienblüten vorsichtig einarbeiten.
In einer Friteuse Butterschmalz erhitzen und Löffel für Löffel den Teig hineingleiten lassen. Die Beignets von beiden Seiten golden ausbacken. Auf eine vorgewärmte Platte legen, mit Puderzucker bestreuen und heiß servieren.

Gâteau au chocolat
Schokoladenkuchen

Von Madame l'Huillier, unserer netten Vermieterin, nun noch ein Rezept für einen Schokoladenkuchen, der in der Gascogne sehr geliebt wird. Keine Kommunion, keine Hochzeit ohne diesen süßen Abschluß nach dem Festessen.

Zutaten für 1 Form:
320 g Zartbitterschokolade, 160 g weiche Butter, 160 g Puderzucker,
5 Eier (trennen), 40 g Mehl, etwas Butter für die Form
Zubereitungszeit: 60 Minuten

Das Backrohr auf 180° vorheizen.
Die Schokolade in Stücke, die Butter in Flocken teilen und zusammen mit dem Puderzucker in eine metallene Rührschüssel geben, die man in einen Wassertopf hängt. Die Zutaten auf kleinem Feuer unter ständigem Rühren zum Schmelzen bringen und dann vom Herd nehmen.
So lange mit dem Schneebesen weiterschlagen, bis eine homogene Masse entsteht. Stück für Stück die Eigelb einarbeiten, anschließend das durchgesiebte Mehl einrühren. Nun die Eiweiß zu einem festen Schnee schlagen und behutsam unterheben.
Teig in die Tarteform füllen und 45 Minuten backen. Herausnehmen (der Kuchen soll noch weich sein) und gut abkühlen lassen. Erst jetzt auf eine Kuchenplatte heben. Das hervorragende Dessert rundet man gerne noch mit einem Banyul, dem Dessertwein aus dem Roussillon, oder einem Sauternes ab.

Languedoc Roussillon,
das Land der Sonne

Kommt man mit dem Auto oder dem Zug aus dem Norden, regnet es im Rhônetal manchmal noch in Strömen. Aber sobald sich die Autobahn kurz hinter Avignon teilt, reißt der Himmel plötzlich auf – und endlos wölbt sich das gewohnte Blau. Der Süden beginnt. Im zauberhaften Flußtal des Gard, über das sich der Pont du Gard, diese wohl schönste Wasserleitung der Welt, spannt, beginnt das offenbar von ewiger Sonne bestrahlte Languedoc. Eingespannt zwischen Mittelmeerküste und den Bergrücken der Cevennen, erstreckt es sich bis zu den Pyrenäen und dem Roussillon, dem Land der Katalanen, und über das wilde Pays Cathare nach Carcassone und bis Toulouse. Gleich nach dem Tal des Gard beginnen bereits die Garrigue und der Wein die Landschaft zu prägen. Endlos dehnen sich Weinfelder in den Départements Hérault und Aude, weiter geht es durch das wilde Land der Garrigue mit Stechginster, immergrünen Steineichen und duftendem Thymian. Seit vielen Jahrhunderten ist dies ein reiches Land für die Adligen, die den Wein in ihre Keller schafften und das Wild der Wälder jagten. Jedes kleine Dorf hat sein Schlößchen, hatte in früheren Zeiten einen Schloßherrn; auch die Domaines, die prächtigen Weingüter, sehen aus wie Schlösser. Sieht man im Hérault eine Allee aus Pinien mitten im Weinland, kann man sicher sein, daß am Ende davon eine von Mauern umrahmte Domaine steht – oder vielleicht doch ein Schloß?

Für die Landbevölkerung dagegen ist das Languedoc ein eher armes Land, denn außer Wein wächst nicht viel. Der Boden ist steinig, das Klima zu trocken und heiß. Ziegen und Schafe kommen mit dem Weideland unter blauem Himmel am ehesten zurecht und liefern Milch und würzigen Käse. Auch Olivenbäume mit ihren silbrig-grünen Blättern sind überall zu sehen. Oliven und ihr Öl bilden denn auch die Basis der vielgestaltigen Küche, die die Grundstoffe der Gegend verarbeitet: Fische des Mittelmeeres, Lämmer und Hasen aus den Bergen, Bohnen und deftiges Schweinefleisch sowie Schnecken, die *petits gris*, aus den Weinbergen.

Die Straßen der gesamten Region sind mit Platanen gesäumt. Schier endlose Alleen mit silbrig-weißen Stämmen, die sich wegen des kraftvollen Mistral meist in südliche Richtung neigen, spenden dem Reisenden erholsamen Schatten. Es gibt hier wohl kein Dorf, wo sich dieser phantastische Baum, zu tollen Formen geschnitten, nicht über den Dorfplatz breitet, damit die Männer beim Pétanque-Spiel und die Marktfrauen bei ihren Geschäften ein schützendes Dach vor der flirrenden Sonne haben.

Es ist schwer zu sagen, wo das Languedoc am schönsten ist. Vielleicht in dem spanisch gefärbten Roussillon, dem Land der Catalans im südlichsten Zipfel

Frankreichs. Hier heißt der luftgetrocknete Schinken *gambajo*, und die dicken, fleischigen, dunkelroten Paprika schwimmen im Olivenöl. Der Dialekt ist spanisch, wie viele Sitten und Gebräuche der Gegend.
Vielleicht verlieren Sie aber so wie ich Ihr Herz im Pays Cathare, dem Land vor den Pyrenäen, den Corbières. Klitzekleine Straßen führen an steilen Felsen entlang, durch Bergdörfer bis hin zu den Burgen der Katharer. Ruinen kleben hoch oben auf Felsenspitzen und sind nur für Schwindelfreie erreichbar. In all den kleinen Orten an den Berghängen des Pays Cathare scheint die Zeit stehengeblieben zu sein. Aber die Menschen sind offen und freundlich. Und wenn man es schafft, ihr *patois occitan* zu verstehen, erfährt man vieles – auch die Rezepte für ihre deftigen und würzigen Gerichte.
Die dramatische Geschichte der Katharer, die sich vor fast siebenhundert Jahren hier abspielte, zieht sich durch die ganze Region und begleitet uns von den Bergen bis nach Carcassone. Die wunderschöne Stadt mit über dreißig Türmen aus dem 11. und 13. Jahrhundert, durch deren Gassen und Wehrgänge der Wind pfeift, kann man leider nur außerhalb der Saison oder wie den Mont-St.-Michel in der Normandie am besten von weitem genießen. Dann sieht man das beeindruckende Baumonument, aber nicht die Menschen und die Souvenirläden.

Suppen und Vorspeisen

Im Languedoc sind wie im gesamten Südwesten Frankreichs die alten Traditionen rund ums Essen noch ziemlich gut erhalten. So ist es üblich, immer zwei Vorspeisen zu servieren. Wenn es einfach zugeht, gibt es zuerst eine Suppe, dann ein Hors-d'œuvre und danach erst den Hauptgang. Bei größeren Essen gibt es natürlich zwei oder drei Hors-d'œuvres – eines mit Charcuterie, eines mit Salat und Crudités und eines mit Fisch. Nach dem oder den Hauptgängen, gibt es immer Käse und dann das süße Dessert. Selbst in kleinen Restaurants bekommt man beim täglichen *Plat du jour* erst die Suppe und dann eine Vorspeise, nach dem Fleischgang wird immer ein *Plat de fromage* gereicht, und schließlich bekommt man noch ein kleines Dessert. Wir haben in kleinen Ortschaften auf dem Land zusammen mit vielen Arbeitern und Büroangestellten für fünfzig Francs ausgezeichnete Hausmannskost ganz im traditionellen Sinn gegessen; nie hatten wir das Gefühl, daß vorgefertigte Speisen aus dem Gefrierfach kamen.

Soupe de poissons
Fischsuppe des Languedoc

Die Fischsuppe wird mit einem Töpfchen Rouille (s. Seite 374) oder Aïoli (s. Seite 372) serviert, dazu gibt es getoastetes Weißbrot und geriebenen Gruyère. All diese Zutaten mischt man selber in die Fischsuppe, so daß man Knoblaucharoma und Schärfe individuell bestimmen kann. Wenn es ganz »echt« zugeht, liegt bei dem gebackenen Weißbrot auch noch eine geschälte Knoblauchzehe, mit der man das Brot einreiben kann.
Die Suppe läßt sich im Languedoc leicht kochen, denn bei jedem Fischhändler liegt in einer Ecke eine Ansammlung kleiner Felsenfische, die beim Fang von größeren Exemplaren im Netz hängengeblieben sind. Die Mischung kann gar nicht vielseitig genug sein. Versuchen Sie bei Ihrem Fischhändler, so vielerlei Fischabfälle, Reststücke oder auch kleine Meerestiere wie nur möglich zu bekommen.

Zutaten für 4–6 Personen:
100 g Lauch, 200 g Zwiebeln, 5 Knoblauchzehen, 500 g sehr reife Tomaten, 1 Fenchelknolle, 5 EL Olivenöl, 1–1,5 kg verschiedene küchenfertige Mittelmeerfische, 200 g kleine Krabben, 1 Bouquet garni aus viel Thymian, Petersilie und Lorbeer, 1 Döschen Safran, Pfeffer und Salz
Zubereitungszeit: 70 Minuten

Das Gemüse putzen und zurechtschneiden. Lauch in hauchdünne Ringe schneiden, Zwiebeln und Knoblauchzehen fein hacken, Tomaten und Fenchel würfeln.
In einem großen Topf Olivenöl erhitzen und das Gemüse ohne die gehackten Knoblauchzehen darin glasig dünsten. Die Fische und Meeresfrüchte dazugeben, ebenfalls kurz dünsten und dann mit 2 Liter kaltem Wasser aufgießen. Die gehackten Knoblauchzehen und das Bouquet garni dazugeben und alles zusammen eine Stunde köcheln lassen. Mit Pfeffer und Salz abschmecken und mit Safran würzen.
Die Fischsuppe durch ein Sieb gießen und mit einem großen, runden Holzlöffel Fische und Gemüse gut auspressen. Noch mal erhitzen und mit all den Zutaten, die beschrieben wurden, zu Tisch bringen.
Ich liebe diese Suppe und esse meistens zuviel davon, so daß mir bei den nächsten Gängen die Luft ausgeht.
Im Languedoc kocht man meistens die drei- bis vierfache Menge und füllt

die Reste in große Einmachgläser und kocht sie ein, so daß immer eine Fischsuppe im Hause ist. Man kauft die Suppe in ebendiesen Gläsern auch bei dem Fischhändler, was nicht unpraktisch ist.

Variation: Geben Sie Ihrer Fischsuppe noch das gewisse Etwas mit einem kräftigen Schuß Sahne und einigen Spritzern Pastis.

Soupe à l'ail
Knoblauchsuppe

Genau wie in der Provence glaubt man hier an die stärkende Wirkung des Knoblauchs, und so gibt es auch hier eine Knoblauchsuppe. Bei Hochzeiten wird sie dem frisch vermählten Paar serviert – was denn auch die Bedeutung der vielen Eigelb erklärt.

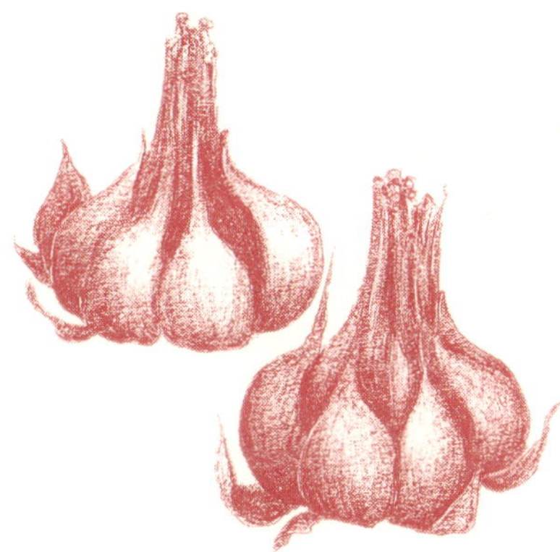

Zutaten für 4 Personen:
Die gehackten Zehen von 1 großen oder 2 kleinen Knoblauchknollen, 1 dickes Bouquet garni, 3 EL bestes Olivenöl, 24 dünne Weißbrotscheiben, 6 Eigelb, Salz und Pfeffer
Zubereitungszeit: 50 Minuten

2 Liter Wasser zum Kochen bringen und den Knoblauch, das Bouquet garni, das Olivenöl und Salz dazugeben und rund 30 Minuten leise köcheln lassen. Inzwischen die Brotscheiben goldbraun rösten.
Die Suppe nach Entfernen des Bouquet durch ein feines Sieb streichen. Eine Kelle Suppe abnehmen und damit die Eigelb verrühren. Die Suppe wieder zum Kochen bringen. Den Topf vom Herd nehmen und die Eigelb mit dem Schneebesen einrühren. Auf kleiner Flamme erhitzen, damit die Suppe abbindet, aber nicht mehr kochen!
Die Brotscheiben in tiefe Teller legen und die Suppe daraufschöpfen; kräftig mit frisch gemahlenem Pfeffer würzen.

Anchoïade et haricots
Bohnenkerne mit Anchovissauce

In den Gewässern vor Callioure im Roussillon waren die Anchovis in ganz besonders großer Anzahl vertreten. Seit dem 15. Jahrhundert werden sie nach immer der gleichen Art in Salz oder Olivenöl eingelegt. In Handarbeit werden die Fischchen von Frauen hübsch geordnet in Gläsern verpackt. Zur Jahrhundertwende gab es noch mehr als hundert große und kleine Fischbetriebe, heute sind es noch drei, die die geliebten Fischchen verarbeiten. Hier heißen die Anchovis *l'or bleu*, blaues Gold. Denn nach dem Geschmack der Catalans passen sie zu allem, zu Kalbfleisch genauso wie zu Rind oder Huhn und natürlich zu allen Salaten. Wenn die Anchovis in Salz eingelegt sind, muß man sie unbedingt vorher wässern. Wie lange, ist Geschmackssache, ich persönlich liebe sie, wenn sie noch ziemlich scharf sind.

Zutaten für 4 Personen:
300 g weiße Bohnenkerne, 4 Knoblauchzehen, 300 g gesalzene Anchovisfilets, 2 Eigelb, 100 ml Olivenöl, 1 EL Rotweinessig, Salz, gehackte Petersilie zum Garnieren
Zubereitungszeit: 40 Minuten
Einweichzeit der Bohnen: mehrere Stunden

Die Bohnenkerne in kaltem Wasser einweichen. Abgießen, mit frischem, ungesalzenem Wasser aufsetzen und kochen, bis sie zwar weich sind, aber noch ihre Form behalten. Erst kurz vor Ende der Garzeit salzen. So lange im Wasser lassen, bis die Anchoïade fertig ist.
Die Knoblauchzehen und die Anchovisfilets in einen Mixer geben und pürieren. Die Eigelb dazugeben und dann ganz langsam das Olivenöl hinzufügen. Dabei den Mixer auf halber Kraft weiterlaufen lassen. Wenn das ganze Öl verarbeitet ist, ganz kurz kräftig durchmixen.
Die Bohnenkerne abgießen und noch warm mit der Anchoïade mischen. Auf Zimmertemperatur abkühlen lassen und mit Petersilie bestreut und eventuell mit ganzen Filets dekoriert als Vorspeise servieren.

Variation: Mit dieser Sardellensauce können Sie auch Kichererbsen, eine sehr beliebte Frucht des Südens, oder Puffbohnen anrichten. Geben Sie dem Gericht mit ein paar Tomatenwürfeln als Garnitur etwas Farbe.

Salade languedocienne
Salat des Languedoc

Sehr oft erhält man als Vorspeise eine Mischung von verschiedenen Salaten, die mit Farbe und Geschmack Auge und Gaumen erfreuen. Da gibt es dann Salat mit Bohnen oder Kichererbsen, daneben liegt eine Portion Tomatenviertel, ein geviertelte Ei, junge Zwiebeln mitsamt ihrem frischen Grün. Als nächstes im Kreis findet man schwarze Oliven in Kräutern mariniert und dann einige dünn geschnittene bunte Paprikaschoten. Dazwischen dekoriert man noch einige Anchovisfilets, und über alles streut man frisch gehackte glatte Petersilie. Gewürzt wird das Ganze mit einer Vinaigrette aus Olivenöl, Knoblauch und Rotweinessig. Dazu ißt man dicke Scheiben Landbrot.

Poivrons rouges à l'huile
Rote Paprika in Olivenöl

Zutaten für 4 Personen:
4 schöne, dicke rote Paprikaschoten, Olivenöl, 3–4 blättrig geschnittene Knoblauchzehen, 200 g gewässerte Anchovisfilets zum Garnieren
Zubereitungszeit (ohne Wartezeiten): 40 Minuten

Backrohr auf 200° vorheizen.
Die Paprikaschoten vierteln, entkernen und mit der Hautseite nach oben auf ein Backblech legen. Im vorgeheizten Rohr braten, bis die Haut schwarz wird und Blasen schlägt. Die Schoten herausholen, mit einem feuchten Tuch abdecken und etwa 15 Minuten ruhen und abkühlen lassen. Dann mit einem spitzen Messerchen die Haut entfernen.

Anschließend den Boden einer Pfanne mit Olivenöl bedecken, die Schoten dazugeben und 15 Minuten im Öl braten. Dabei immer wieder sehr vorsichtig wenden. Die letzten 5 Minuten den Knoblauch dazugeben. Das Gemüse anschließend säuberlich in eine Schüssel schichten und einige Stunden ruhen lassen. Vorspeisenteller mit den Paprikavierteln belegen, dazwischen Filets von Anchovis dekorieren und servieren.

Escalivade
Sommergemüse aus dem Rohr

Diese Gemüsespezialität aus dem Roussillon ist kalt zusammen mit Knoblauchbaguette eine sagenhaft gute Vorspeise, warm aber eine genauso hinreißende Beilage zu Lammkoteletts. Da bei unseren Kindern und Gästen die Escalivade das provenzalische Ratatouille verdrängt hat, serviere ich eine große Tonform mit diesem Gemüse auch als sommerliches Zwischengericht. Die Mengen sind so berechnet, daß Sie eine Beilage zu Lamm am ersten Tag und eine Vorspeise an einem der nächsten Tage servieren können.

Zutaten:
3 dunkle und reife Auberginen, 6 Fleischtomaten, 6 Schalotten, je 3 grüne und rote Paprikaschoten, je 1 Bund gehackte Petersilie und Thymian, Olivenöl, 20 Knoblauchzehen, Salz und Pfeffer
Zubereitungszeit: 60 Minuten

Das Backrohr auf 220° vorheizen. Inzwischen das Gemüse putzen und zerkleinern. Die Aubergine in Scheiben schneiden, Tomaten häuten und grob würfeln, Schalotten achteln, Paprika in breitere Streifen schneiden. Die Kräuter fein hacken.
Das Gemüse in einer Schüssel mit Olivenöl, Kräutern, Knoblauch, Salz und Pfeffer vermischen und in eine geölte, irdene Form geben. Das Gemüse gut 45 Minuten im Backrohr schmoren. Ab und zu wenden. In der Form auf den Tisch bringen.

Mourguettes au jambon
Schnecken mit Schinken in Tomatensauce

Die *petits gris* oder kleinen Schnecken sind das kulinarische Hauptthema des südlichen Languedoc. Im Katalanischen nennt man sie *les cargols* im Okzitanischen *mourguettes*, und gegessen werden sie leidenschaftlich gerne. Da diese Schnecken so klein sind, daß es zu mühsam wäre, sie einzeln zu putzen wie die dicken Verwandten aus Burgund, läßt man sie einige Tage hungern und damit entschlacken. Vor dem Verzehr werden sie noch mehrmals in klarem Wasser gespült.

In einem kleinen Dorf im Pays Cathare lösten wir im winzigen Tabak- und Zeitungsladen eine große Gesprächsrunde aus, als wir nach heimischen Rezepten fragten. Diskussionswürdig war die Frage, welche wohl die ältesten und traditionellsten seien, und schließlich einigte man sich gemeinsam auf drei, zu denen auch das folgende gehört. Einem unserer Gesprächspartner stand der Genuß so vor Augen, daß er sich bei der Nennung der Zugaben ständig die Fingerspitzen küßte und die Augen gen Himmel drehte.

Zu den Mengenangaben war die Meinung einhellig: Ein guter Esser schafft leicht hundert der *petit gris*, aber als Entrée und für Ausländer reicht auch die Hälfte pro Person.

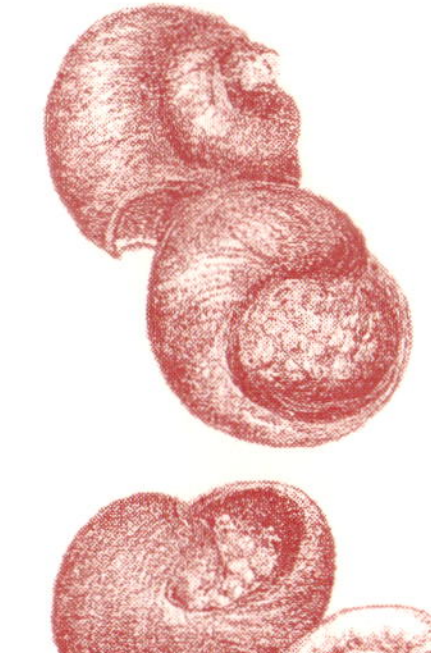

Zutaten für 4 Personen:
200 küchenfertige kleine Schnecken (petits gris)*, 1 l heiße Fleisch- oder Gemüsebrühe, 5 Knoblauchzehen, 2 Bund glatte Petersilie, 3 EL Gänsefett oder Schweineschmalz, 200 g luftgetrockneter gewürfelter Schinken, 1 EL Mehl, 5 geschälte und gewürfelte Tomaten, 1 TL frische Thymianblättchen, 125 ml trockener Weißwein, etwas Pfeffer und Salz*
Zubereitungszeit: 45 Minuten

Die Schnecken in die heiße Brühe geben und 4 Minuten kochen. Anschließend in der Brühe ziehen lassen, bis die Sauce fertig ist.
Knoblauch und Petersilie miteinander fein hacken.
In einem weiten flachen Topf das Fett erhitzen und die Schinkenwürfel kurz anbraten, dann die

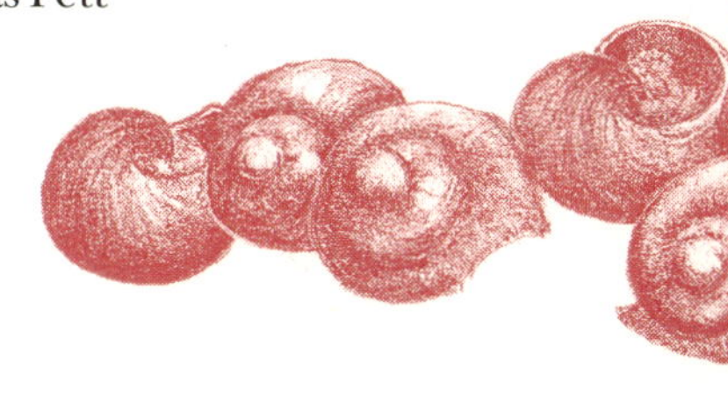

Petersilienmischung dazugeben, mit dem Mehl bestäuben und unter Rühren anschwitzen. Die Tomaten und den Thymian hinzufügen und mit dem Weißwein löschen. Ungefähr 20 Minuten zugedeckt leise köcheln lassen, mit Salz und Pfeffer abschmecken.
Die Schnecken abgießen und abtropfen lassen und noch warm in die Sauce geben. Vorsichtig mit einem Holzlöffel einrühren, so daß sich die Schnekkenhäuser mit der Sauce füllen. Dann heiß im Topf servieren. Am besten stellt man den Topf während des Essens auf eine Wärmeplatte und wärmt auch die Teller vor.
Hier die letzten Anordnungen meiner Gesprächspartner: *»On prend en principe dix escargots à la fois pour les déguster chauds. On se salit les doigts et on suce les coquilles... mais c'est bon.«* – Gleich zehn Schnecken auf einmal sollte man nehmen, sich dabei die Finger schmutzig machen und die Schneckenhäuser aussaugen ... aber das schmeckt! Dazu gibt es natürlich den roten Wein der Corbières.

Calamars farcis
Gefüllte Tintenfische

Etwas Arbeit machen die Vorspeisen aus verschiedenen Fischen, allen voran der Tintenfisch, der in diesem Teil des Mittelmeeres viel gefangen und gerne gegessen wird. Berühmt sind im Languedoc die gefüllten Tintenfische, die es in vielen Versionen gibt. Ich habe hier eine ausgewählt, die ich von Madame Sabine, die in Bize-Minervois in der einzigen Ölmühle des Languedoc arbeitet, bekommen habe. Sie kennt die traditionelle Küche ihres Landes bis ins kleinste Detail. Von ihr lernte ich auch, daß die mittelgroßen Tintenfische Calamars heißen, die großen Encornets. Füllen lassen sich beide, bei den Encornets muß man nur die Kochzeit etwas verlängern.

Zutaten für 4 Personen:
16 mittelgroße Tintenfische, 1–2 TL frisch gehackter Estragon, Salz und Pfeffer
Für die Füllung: 1–2 EL Olivenöl, 2 Scheiben Toastbrot in etwas Milch eingeweicht, 150 g Wurstbrät, 2 feingehackte Knoblauchzehen, 2 feingehackte Schalotten, 1 Ei
Für die Sauce: 4 EL Olivenöl, 1 gehackte Knoblauchzehe, 1 gehackte Schalotte, ca. 40 ml Cognac, 750 g reife geschälte und gewürfelte Tomaten, 1 Bund gehackte Petersilie, 100 ml trockener Weißwein, 100 ml Fischfond (im Glas)
Zubereitungszeit: 50 Minuten

Die Arme der Tintenfische entfernen und die Knorpelplatte aus dem Inneren lösen. Die Körper ganz lassen und zusammen mit den Armen gut waschen.
Die Arme der Tintenfische in Olivenöl andünsten. Anschließend ganz fein hacken und mit den Zutaten der Füllung vermischen. Salzen und pfeffern. Nun die Körper mit der Farce füllen und mit einem Zahnstocher zustecken. Für die Sauce das Olivenöl in einem weiten Topf erhitzen und darin Knoblauch und Schalotte andünsten. Die gefüllten Tintenfische hineinsetzen und mit dem Cognac flambieren. Tomaten, Petersilie, Weißwein und Fischfond beigeben und alles zusammen etwa 30 Minuten je nach Größe der Tintenfische leise köcheln lassen. Die letzten Minuten noch den Estragon über die Fische streuen. Heiß servieren.

Tielle de Sète
Tarte mit Tintenfisch

Nun aber noch eine Spezialität aus dem Küstenort Sète, die ich sehr gut finde und die Sie zum Beispiel bereiten können, wenn Sie ein sommerliches Buffet planen. Es wird Ihre Gäste erstaunen und begeistern, weil es so ungewöhnlich und pikant ist.

Zutaten für 4 Personen:
Für den Teig: 250 g Mehl, 100 g Schweineschmalz, 50 g Zucker, 1 Prise Salz, Weißwein
Für die Füllung: 5 EL Olivenöl, 1 feingehackte Zwiebel, 4 feingehackte Knoblauchzehen, 700 g Tintenfischringe, 1 EL Mehl, 1 ganz fein geschnittene Chilischote, ½ TL Majoran, 100 ml Weißwein, 3 geschälte, entkernte und gewürfelte Tomaten, Salz und Pfeffer, 1 Eigelb zum Bestreichen
Zubereitungszeit: 90 Minuten

Als erstes den Teig bereiten. Mehl und Schmalz mischen, Zucker und Salz einarbeiten und so viel Wein hinzugießen, bis ein schöner, fester, glatter Teig entsteht. Die Teigkugel in Folie wickeln und ruhen lassen.
In einem Topf das Olivenöl erhitzen und die Zwiebel, den Knoblauch und die Tintenfischringe andünsten, dann mit dem Mehl bestäuben. Mit dem Wein löschen und anschließend die Tomaten und die Gewürze dazugeben. 45 Minuten auf kleinem Feuer köcheln und eindicken lassen.
Backrohr auf 200° vorheizen.
Den Teig ausrollen und zwei runde Platten daraus formen. Mit der größeren eine gefettete Tarteform auslegen, mit der Gabel einige Löcher einstechen und die Tintenfische darauf verteilen. Nun die zweite Teigplatte auflegen und die Ränder fest und hübsch miteinander verbinden. In die Mitte ein Loch in den Teigdeckel schneiden und alles mit Eigelb bestreichen. Im heißen Backrohr in rund 30 Minuten goldbraun backen.

Petits pâtés de Béziers ou Pézenas
Lammpastetchen

Im östlichen Teil des Languedoc liegen nicht weit voneinander entfernt die Städte Pézenas und Béziers. Beide erlebten und erlitten eine wechselvolle Geschichte, in beiden spielte Molière während seiner Wanderjahre Theater, und beide gelten als Heimat der kleinen gefüllten Pasteten.
Das Rezept beruht immer auf einer Füllung aus Lammfleisch, die ebenso wie die Form der Pasteten immer wieder etwas variiert wird. Klein sind die Pasteten immer und daher ideal für ein Buffet, denn man kann sie leicht aus der Hand essen. Erfunden wurden sie in Pézenas auf dem Chateau du Larzac, wo der englische Gouverneur von Indien, Lord Robert Clive, 1766 zur Erholung weilte. Er hatte seinen indischen Koch dabei, und dieser buk für seine Lordschaft die Pastetchen, in denen sich süß und salzig vereint. Die

Köstlichkeit sprach sich schnell herum und wurde von den Pâtissiers der Gegend übernommen.

Zutaten für 4 Personen:
Für den Teig: 70 g flüssiges Schweineschmalz, 300 g Mehl, 3–4 EL Wasser, 1 Prise Salz,
Für die Füllung: 100 g kleingehacktes Nierenfett vom Kalb, 300 g feingehacktes Lammfleisch (aus der Keule oder ein Bratenrest), 1 Handvoll Korinthen, die abgeriebene Schale einer Zitrone, 2 TL brauner Zucker, 1 Ei, Salz und Pfeffer
Zubereitungszeit: 50 Minuten
Ruhezeit für den Teig: 2 Stunden oder länger

Als erstes den Teig kneten. Das Schmalz mit dem Mehl vermischen und salzen. So viel Wasser hinzufügen, daß ein glatter Teig entsteht. Zu einer Kugel formen und mindestens 2 Stunden im Kühlen ruhen lassen.
Backrohr auf 200° vorheizen.
Das Kalbsnierenfett für die Füllung in einer Pfanne erhitzen und das kleingehackte Lammfleisch darin goldbraun anbraten. Abkühlen lassen und dann mit den anderen Zutaten vermischen und würzen.
Den Teig dünn ausrollen und kleine Brioche- oder Tarteförmchen auskleiden, mit dem Rest Teigdeckel zurechtschneiden. Mit der Fleischmasse füllen und die Förmchen mit Teig abdecken. Wenn Sie keine passenden kleinen Förmchen haben, können Sie auch Teigtaschen formen.
Im vorgeheizten Rohr in rund 30 Minuten goldbraun backen und warm servieren. Wenn Sie schon dabei sind, machen Sie ruhig etwas mehr davon, denn die Pastetchen können sehr gut am nächsten Tag im Ofen noch einmal aufgewärmt werden.

Hauptgerichte mit Fisch und Meeresfrüchten

Die Menschen im Südwesten sind wahre Meister in der Zubereitung von Schmorgerichten aus dem Rohr, die sie in großen runden Tonschüsseln direkt aus der Wärme des Ofens auf den Tisch bringen. Diese Schmorgerichte macht man mit Fleisch, Gemüse und auch mit Fisch und stellt sie je nach Anlaß und Angebot einfacher oder etwas kostspieliger zusammen.

Bouillinade
Fischeintopf mit Kartoffeln

Eines der eher einfachen Gerichte ist la Bouillinade, wörtlich: »das Gekochte«, das in den Familien an der Küste gerne auf den Tisch kommt. Man nimmt nach dem Fang ein bißchen von allen übriggebliebenen Fischen, wodurch die Zusammensetzung variieren kann. Je vielfältiger der Eintopf, um so besser. Es geht aber auch mal mit weniger Fischarten.

Zutaten für 4–6 Personen:
2 rote Knurrhähne, 1 Schwanzstück von einem mittleren oder kleinen Seeteufel, 1 Wolfsbarsch, 1 mittelgroßer Rotbarsch, 1,5 kg Kartoffeln (mehlig, aber festkochend), 2–3 Zwiebeln, 4 Knoblauchzehen, 6 vollreife Tomaten, 3 EL Schweineschmalz, 1 Bouquet garni aus Thymian, Lorbeer und wildem Fenchel (oder ½ Fenchelknolle)
Zubereitungszeit: 60 Minuten

Die ausgenommenen Fische waschen. Fischköpfe und Flossen abtrennen, die Fische dann in Scheiben schneiden. Kartoffeln schälen und in Scheiben schneiden, Zwiebeln halbieren und in dünne Scheiben schneiden, Knoblauch blättrig schneiden, Tomaten häuten und würfeln.
Das Backrohr auf 230° vorheizen.
Die Zwiebelringe im Schmalz glasig dünsten. Eine große Auflaufform ausölen. Die Hälfte des Gemüses und der Kartoffeln lagenweise einschichten. Jetzt den Fisch darauf verteilen und das Bouquet garni dazwischenstecken. Nun das restliche Gemüse einschichten, den Abschluß bildet eine Lage Kartoffeln.
Im Languedoc an der Küste nahm man früher Meerwasser, um die Zutaten zu würzen und die nötige Garflüssigkeit zu haben. Ich nehme Leitungswasser, das ich mit dem groben Meersalz aus der Guerande abschmecke. So viel davon in die Auflaufform geben, daß die Zutaten ganz knapp bedeckt sind. In das Rohr schieben und ungefähr 45 Minuten garen.

Morue à la languedocienne
Stockfisch nach Art des Languedoc

Da Nîmes eigentlich zum Languedoc und nicht zur Provence gehört, muß auch die Brandade (s. Seite 407) in diesem Kapitel erwähnt werden. Die Brandade wird entweder als Belag kleiner gebackener Brote, aber auch gemischt mit Kartoffelpüree serviert, oder man füllt sie in kleine Blätterteigtaschen oder hauchdünne Crêpes. In jeder Form ist sie ein beliebtes Entrée oder eine Beilage. Der Stockfisch wird auch noch in anderer, sehr traditioneller Form zubereitet.

Zutaten für 4 Personen:
1 kg gesalzener und getrockneter Stockfisch, Mehl zum Wenden, Olivenöl, je 2 rote und grüne Paprikaschoten in Streifen geschnitten, 4 feingehackte Zwiebeln, 4 feingehackte Knoblauchzehen, 1 kg gehäutete, entkernte und gewürfelte Tomaten, 1 Döschen Safran, 1 Bouquet garni, Salz und Pfeffer
Zubereitungszeit: 60 Minuten
Einweichzeit für den Stockfisch: 1 Tag

Den Stockfisch einen Tag wässern. Das Wasser mehrmals austauschen. Am Tag der Zubereitung das Backrohr auf 200° vorheizen. Den Stockfisch in Stücke schneiden, trockentupfen und in Mehl wenden. In einer großen Pfanne etwas Olivenöl erhitzen und die Fischstücke von beiden Seiten anbraten, dann auf einem Teller beiseite stellen.
In dem gleichen Fett die Paprikaschoten und die Zwiebeln andünsten, den Knoblauch und schließlich die Tomaten dazugeben. Das Gemüse rund 20 Minuten leise köcheln lassen. Mit Salz, Pfeffer und Safran abschmecken. In eine tönerne Auflaufform geben, die Fischstücke darauf verteilen und

leicht in die Sauce drücken. Das Bouquet garni dazulegen. Form ins Rohr schieben und 15 Minuten überbacken. In der Form servieren und dicke Scheiben Landbrot oder mit Safran gewürzten Reis dazu reichen.

Variation: Diese Methode, den Fisch im Gemüsebett im Ofen zu garen, wird auch für viele andere frische Fische angewendet, ist also wirklich typisch und traditionell für die ganze Region. Das Gemüse wird gerne noch angereichert mit einigen in Öl vorgebackenen Auberginenscheiben und mit Zucchinischeiben. Die wahren Knoblauchfreunde spicken den Fisch wie eine Lammkeule mit Knoblauch.

Morue à la minervoise
Stockfisch nach der Art von Minerve

Aus der Gegend von Minerve stammt ein Stockfischgericht, das alle anderen wohl übertrifft. Darin ist alles vereint, was man hier liebt: Morue, Oliven und Anchovis. Wenn Sie Stockfisch nicht mögen, können Sie dieses Rezept mit jedem anderen Mittelmeerfisch größeren Ausmaßes kochen – oder mit einem Kabeljaufilet, dem Sie einen mediterranen Touch verpassen wollen.

Zutaten für 4 Personen:
1 kg küchenfertiger Stockfisch, Olivenöl zum Anbraten, 150 g kleine schwarze Oliven, 6 gesalzene gewässerte Anchovisfilets
Für die Sauce: 2 EL Olivenöl, 1 gehackte Zwiebel, 1 EL Mehl, ¼ l dunkler schwerer Rotwein, 2 durchgepreßte Knoblauchzehen, 1 EL frische Thymianblättchen, 2 EL gehackte Petersilie, Salz und Pfeffer
Zubereitungszeit: 45 Minuten

Für die Sauce das Olivenöl erhitzen. Die Zwiebel andünsten und etwas Farbe nehmen lassen. Mit dem Mehl bestäuben und mit dem Rotwein löschen. Knoblauch, Kräuter, Salz und Pfeffer dazugeben und abschmecken. 20–30 Minuten köcheln lassen.
In dieser Zeit den Fisch in Stücke schneiden und in einer weiten Pfanne in heißem Öl goldbraun braten. Die Oliven und die Sauce dazugeben. Alles zusammen 10 Minuten durchkochen, die Anchovisfilets klein hacken und einrühren, dann noch 5 Minuten auf der heißen Platte durchziehen lassen.
Als Beilagen passen Salzkartoffeln oder die typischen Millas (s. Seite 348).

Fleischgerichte

Cassoulet
Bohnentopf mit Fleisch

Reist man in Sachen Küche durch dieses Land des Südens und fragt auf dem Lande die Leute nach dem traditionellen Gericht ihrer Stadt, erhält man in Narbonne, in Sète oder auch in Minerve genauso wie auf den Höfen in der Haute Vallée d'Aude die immer gleiche Antwort: »*Le cassoulet, bien sûr!*«
Der Name leitet sich von *cassolle*, der runden Tonform ab, in der das Bohnengericht im Ofen schmort. Diese Tonform ist in jedem Haushalt des Südwestens zu finden. Sollten Sie eines Tages Ihren Urlaub hier verbringen, kaufen Sie sich eine, denn sie ist für viele Gerichte zu brauchen und sieht auf dem Tisch sehr dekorativ aus.
Seit wann es Cassoulet gibt, läßt sich nicht mehr feststellen, denn eine Zeit ohne das Gericht ist einfach undenkbar. Die kleinen weißen Bohnenkerne, *lingot* genannt, werden hauptsächlich in der Region Lauragais angebaut und schon im Winter nach ihrer Ernte verbraucht. Dadurch sind sie noch relativ frisch und zart; ältere Bohnen haben eine harte Haut und eine entsprechend längere Garzeit. Die Bohnenkerne kamen mit Christoph Kolumbus nach Europa und lösten die Puffbohne ab, die vorher *la viande de pauvres*, das Fleisch der Armen, in dieser Gegend waren.
Die Zutaten aus Fleisch richten sich nach den Spezialitäten im jeweiligen Landstrich. So werden in Toulouse statt Schweinefleisch eine Lammschulter und die typische Toulouser Wurst beigegeben, in Carcassone gab man in der Saison auch gerne ein Rebhuhn und Confit de canard dazu, im Périgord sind es gefüllter Gänsehals und Confit d'oie. Fügen Sie Ihrem Cassoulet an Fleisch bei, was Sie möchten. Ich finde das Cassoulet am besten, wenn von jeder Fleischsorte etwas enthalten ist, jeder kann sich aussuchen, was er will, und der Geschmack wird dadurch voller und besser. Eine Rolle spielt auch noch die magische Zahl sieben, denn siebenmal muß die Kruste beim Überbacken des Cassoulet im Backofen gebrochen und eingearbeitet werden, nicht mehr und nicht weniger. Erst mit der siebten Kruste wird das Cassoulet serviert. Sie werden im Winter einen Riesenerfolg ernten, wenn Sie die dampfende Tonform auf den Tisch bringen. Servieren Sie Scheiben von knusprigem Landbrot und einen kräftigen Rotwein dazu.

Zutaten für 6–8 Personen:
Für die Bohnen: 750 g weiße kleine Bohnenkerne, 1 kleines Bouquet garni, 1 große Zwiebel mit 3 Nelken besteckt, 2 Karotten, 1 frische gerollte Schweineschwarte, 300 g gepökelter Schweinebauch
Für das Fleisch: 5 EL Gänsefett, 200 g grobgewürfelter geräucherter Schweinebauch, 1 kg Confit von der Ente oder Gans, 1 kg entbeinte Lammschulter, 2 kleingewürfelte Zwiebeln, 1 ganze und 2 gehackte Knoblauchzehen, 3 geschälte und gewürfelte Tomaten, 1 Bouquet garni, 1 rohe grobe Bratwurst, Salz und Pfeffer, Brotkrümel zum Bestreuen
Zubereitungszeit: 4 Stunden
Einweichzeit der Bohnen: mehrere Stunden

Bohnen verlesen und mehrere Stunden oder über Nacht in kaltem Wasser einweichen. Abgießen und mit den angegebenen Zutaten in 3 Liter Wasser zum Kochen bringen und etwa eine Stunde garen.
In einem anderen Topf das Gänsefett erhitzen, alle Fleischstücke anbraten. Die Zwiebel, den gehackten Knoblauch, die Tomaten und das Bouquet garni hinzufügen. Salzen und pfeffern. Das Fleisch mit der Kochflüssigkeit der Bohnen bedecken, zum Kochen bringen und eine Stunde leise wallen lassen. Die Bratwurst in Fett anbraten und in Stücke schneiden.
Das Backrohr auf 180° vorheizen.
Aus den Bohnen die Zwiebel, die Karotten und das Bouquet garni entfernen, das Fleisch und die Schwarte in größere Stücke schneiden. Eine große Tonform mit der dritten Knoblauchzehe ausreiben, die Hälfte der Bohnen hineingeben, das Fleisch mit Sauce, das Bouquet garni und die Bratwurstscheiben auf den Bohnen verteilen. Nun mit den restlichen Bohnen abdecken. Die Oberfläche mit zerbröseltem Brot bestreuen und in den Backofen schieben. Cassoulet 1½ Stunden überbacken. Alle 15 Minuten die gebildete Kruste brechen, in das Cassoulet einarbeiten und wieder neue Brotkrumen aufstreuen. Die letzten 15 Minuten die letzte Kruste braun werden lassen. *Et bon appetit!*

Lièvre grillé
Wildhase gegrillt

In einem kleinen Dorf im Pays cathare haben wir in einem Tabakladen von einem ganz besonderen Leibgericht der Gegend gehört. Die Garrigue, dieses immergrüne Pflanzenkleid der Hügel und Berge, ist mit Thymian, Wacholder und all den anderen duftenden Kräutern ein Futter, das die Hasen und auch die Lämmer hervorragend ernährt, aber auch würzt. Das Fleisch dieser Tiere hat denn auch ein Aroma wie sonst nirgends, außer in der Haute Provence. Diese Wildhasen sind aber nicht nur im Topf eine Freude, die Jagd auf sie in den wildschönen Bergen ist für die Franzosen mindestens die Hälfte des Genusses.

Zutaten für 4 Personen:
1 küchenfertiger Wildhase, 3–4 EL Gänsefett, 10 Speckscheiben, Salz und Pfeffer
Für die Füllung: 1 Bund Petersilie, 1 Lorbeerblatt, 2–3 Thymianzweige, 3 Knoblauchzehen, 100 g geriebenes altes Brot, Hasenleber und Herz (zusammen feingehackt), etwas Hasenblut, Salz und Pfeffer
Zubereitungszeit: 90 Minuten

Die Kräuter und den Knoblauch für die Füllung fein hacken. In einer Schüssel vermischen und mit etwas Hasenblut binden. Den Hasen damit füllen und zunähen. Den Hasen salzen und pfeffern, dick mit dem Fett bestreichen und mit Speckscheiben umwickeln. Mit einem Faden festbinden, damit alles an seinem Platz bleibt.
Den Hasen auf einen Spieß stecken und vor einem offenen Feuer braten und immer wieder wenden. In einer Pfanne darunter das Bratfett auffangen und den Hasen immer wieder damit bestreichen. Sollten Sie kein offenes Kaminfeuer haben, legen Sie den Hasen auf den Rost über der Saftpfanne und braten ihn im Rohr.
In Südwestfrankreich reicht man dazu eine dicke Sauce aus Rotwein, Hasenblut, viel Knoblauch und Gewürzen, die sogenannte **Sauce saupiquet**, die mit Weißbrot aufgetunkt wird.

Civet de garenne
Ragout vom Wildkaninchen

Für dieses Rezept nimmt man die etwas älteren Wildkaninchen, die für den Spieß nicht jung genug waren, aber auch die Stallhasen werden genauso gemacht, denn ein guter Hase aus dem Stall, den man zu würzen weiß, ist auch nicht zu verachten. Wie bei dem vorhergehenden Rezept benötigen Sie auch hier das Hasenblut, das Sie beim Wildhändler am besten gleich vorbestellen.

Zutaten für 4 Personen:
1 Wildkaninchen mit Leber und Blut, 2 EL Weinessig
Für die Marinade: 1 kleingeschnittene Karotte, 2 dicke gewürfelte Zwiebeln, 3 gehackte Knoblauchzehen, 1 Lorbeerblatt, 10 leicht zerdrückte Wacholderbeeren, 1 dickes Bund Thymian, 1 TL Pfefferkörner, 2 Gewürznelken, 1 l guter Rotwein, 50 ml Olivenöl oder Erdnußöl, 1 EL Rotweinessig, 20 ml guter Cognac
Für das Civet: Olivenöl oder Erdnußöl zum Anbraten, 40 ml guter Cognac, 200 g gewürfelter magerer Speck, 2–3 Dutzend kleine Perlzwiebeln oder Frühlingszwiebeln
Zubereitungszeit: 2½ Stunden
Einwirkzeit der Marinade: 1–2 Tage

Das Blut und die Leber des Kaninchens in einer Schüssel mit 2 Eßlöffel Weinessig vermischt aufbewahren. Das Kaninchen in Stücke schneiden und mit den Zutaten der Marinade in eine Schüssel geben und abdecken. Einen oder besser zwei Tage im Kühlen durchziehen lassen.
Die Fleischstücke aus der Marinade nehmen und die Marinade durch ein Sieb gießen, die Flüssigkeit auffangen. In einem Schmortopf das Öl erhitzen, die Fleischstücke von allen Seiten goldbraun anbraten, das Gemüse der Marinade dazugeben, und andünsten. Mit 20 ml Cognac ablöschen und flambieren. Mit Marinadenflüssigkeit auffüllen. Aufkochen lassen, dann 1–1½ Stunden leise schmurgeln lassen.
Die Fleischstücke herausheben und beiseite stellen. Die Sauce entweder durch ein feines Sieb drücken, oder nach Entfernen der Wacholderbeeren, des Lorbeers und der Pfefferkörner im Mixer glattpürieren. Wieder zurück in den Topf geben.
Die Speckwürfel und die Zwiebeln in kochendem Wasser 10 Minuten blanchieren und abgießen.

Mit dem Kaninchenfleisch in die Sauce setzen und 20 Minuten schmoren. Die Leber pürieren, mit dem Blut vermischen und in die Fleischsauce einrühren, den restlichen Cognac zugeben und ganz heiß servieren. Dazu reicht man Brot oder gebackene Brotscheiben.

Variation: Wildschwein und Wildhase werden auch auf diese Art gemacht.

Faisan aux figues
Fasan mit Feigen

Das *Sucré-salé*, das Zuckrig-salzige, ist charakteristisch für die Küche des Roussillon. Von den ersten Kirschen um Céret bis zu den späten Äpfeln von Vallespir lädt die Natur in allen Jahreszeiten dazu ein, die Früchte mit Geflügel, Wild oder Fisch zu kombinieren. Eine Tradition, die bis ins Mittelalter zurückreicht, als man noch nicht zwischen süßen und salzigen Speisen unterschied, und heute vor allem in den Zeiten der Jagd wieder auflebt. Der Fasan mit Feigen ist ein köstlicher Höhepunkt dieser Tradition.

Zutaten für 4 Personen:
250 g getrocknete Feigen, ¼ l Banyuls (ersatzweise Portwein), 1 zerkleinerter Selleriestengel, 2 gestiftelte Karotten, 5 kleine geschälte Schalotten, die ungeschälten Zehen einer Knoblauchknolle, 4 EL Olivenöl, 1 küchenfertiger Fasan, 1 dicke Scheibe Schinken, gewürfelt, 1 Bouquet garni mit viel Thymian, wenig Lorbeer und Petersilie, Salz und Pfeffer
Zubereitungszeit: 70 Minuten
Einweichzeit der Feigen: 2–4 Stunden

Die Feigen 2–4 Stunden in dem Wein einweichen.
Das Olivenöl in einem Schmortopf erhitzen. Den Fasan rundum golden anbraten, die Gemüse und Schinkenwürfel hinzufügen und mitdünsten. Die Feigen mit ihrer Weinmarinade und das Bouquet garni beigeben, salzen und pfeffern und alles zusammen zugedeckt 45 Minuten schmoren lassen.
Deckel entfernen, den Fasan herausheben und warm stellen. Die Sauce noch einmal kurz und kräftig durchkochen.

Den Fasan portionieren, auf eine heiße Platte legen und die Sauce mit allen Zutaten rundherum anrichten.
Dazu paßt hervorragend ein Kartoffelpüree mit Oliven:

Purée de pommes de terre aux olives
Kartoffelpüree mit schwarzen Oliven

Zutaten für 4 Personen:
1 kg Kartoffeln, 1 Lorbeerblatt, 5 Thymianzweige, 1 Knoblauchzehe, 50 g gehackte schwarze Oliven ohne Stein, 100 ml Olivenöl, Salz und Pfeffer
Zubereitungszeit: 40 Minuten

Die Kartoffeln schälen und vierteln; mit kaltem Wasser aufsetzen, Kräuter und Knoblauch dazutun und salzen. Die Kartoffeln in diesem Sud weich garen. Abgießen und mit einem Kartoffelstampfer zermusen. Die Oliven mit dem Öl verrühren und mit einem Schneebesen in den Kartoffelbrei einarbeiten. Kräftig schlagen, mit Salz und Pfeffer abschmecken und sofort servieren.

Fréjinat ou Fricassée du Porc
Schweinefrikassee

Ist man im Pays cathare und fährt in Richtung Norden, kommt man in die Haute Vallée d'Aude. Mit einem Schlag verändert sich die Bergwelt: Die Garrigue verschwindet, die Wiesen erinnern an die Alpen und das Land wird noch einsamer und weiter, denn hier gibt es im Gegensatz zum Pays cathare auch im Sommer keinen nennenswerten Tourismus, sondern nur eine imponierende Bergwelt. Meine Tochter und ich folgten auf der Suche nach Rezepten einem Schild an einer kleinen Straße, das nach oben wies. Wir gelangten zu einem einsamen Hof hoch oben an einem Berghang. Eine reizende Frau, rund geformt in einem blauen Overall, der keine ihrer Kurven versteckte, kam uns zwischen Hunden, Katzen und Hühnern entgegen und führte uns in ihre Käse- und Vorratskammern. In den blitzsauberen, weißgekachelten Räumen kauften wir neben verschiedenen Ziegenkäsen auch herrlich sauren naturreinen Apfelsaft und Kirschsaft mit einem unglaublichen Aroma – alles Produkte vom Hof. In der Sonne am Rande ihres Gemüsegartens kamen wir dann auf das Kochen zu sprechen, und sie erzählte uns von der Vorliebe für alles Schweinerne und von dem Schlachttag am Hof, wenn die Nachbarn kommen, um bei der Arbeit mitzuhelfen. Dann gibt es einen riesigen Topf Fricassée für die Helfer, ein willkommenes Schlachtfest mit verschiedenen Sorten frischem Fleisch.

Zutaten für 6–8 Personen:
1,5 kg Schweineschulter, 1 kg Bauchfleisch, ½ Schweineherz, 2 Schweinenieren, 2 Schweinefüße (vom Metzger spalten lassen), 1 Schweineschwarte, 5 EL Erdnußöl, 5 gewürfelte Zwiebeln, 8 geschälte und geviertelte Tomaten, 8 blättrig geschnittene Knoblauchzehen, die Nadeln von 2 Rosmarinzweigen, die Blättchen von 5 Thymianzweigen, 300 ml Weißwein, 300 g feingehackte Schweineleber, Salz und Pfeffer, gehackte Petersilie zum Servieren
Zubereitungszeit: 90 Minuten

Die Fleischstücke waschen und vorbereiten. Schulter in grobe Würfel, das Bauchfleisch quer zum Stück in Scheiben schneiden. Herz und Nieren würfeln, die Schwarte in Quadrate schneiden und zu Päckchen gebunden 2 Minuten blanchieren.
Das Öl in einem Schmortopf erhitzen und die Fleischstücke nacheinander anbraten. Jede angebratene Portion beiseite stellen. Jetzt die Zwiebeln in das Fett geben und andünsten, die Tomaten, den Knoblauch und die Kräuter dazugeben und weiterdünsten.
Das Fleisch mit dem gezogenen Saft zur Sauce geben und nach kurzem Erhitzen mit dem Weißwein übergießen. Salzen und pfeffern, Deckel auflegen und alles leise schmoren lassen.
Zum Schluß gibt man die feingeschabte oder auch durch den Fleischwolf gedrehte Leber zu dem Frikassee, arbeitet sie schnell mit dem Holzlöffel zum Binden der Sauce ein und serviert das Fréjinat mit der Petersilie bestreut.
Dazu gibt es traditionell Millas (Rezept folgende Seite).

Millas
Maisschnitten

Millas ist vergleichbar mit Polenta. Der Name kommt vermutlich daher, daß man diese Beilage vor der Entdeckung Amerikas aus Hirse bereitete, die über das Mittelmeer viel früher in das Land gekommen ist; und Hirse heißt auf französisch *millet.*

Zutaten für 6–8 Personen:
1 l Wasser, 80 g Schweineschmalz, 700 g Maismehl, Salz und Pfeffer
Zubereitungszeit: 40 Minuten

Wasser und 30 Gramm Schmalz zusammen zum Kochen bringen, salzen und pfeffern und das Maismehl einrühren. 15 Minuten auf kleiner Flamme kochen lassen, dabei ständig rühren, bis ein dicker Brei entsteht, der sich von der Topfwand löst. Nun die Masse auf ein befeuchtetes Backblech streichen und abkühlen lassen. Dann in Rechtecke schneiden und diese im restlichen Schweineschmalz knusprig braten.

Variation: Für ein Dessert den Millas dünn ausstreichen und die Ecken in Butter ausbacken, anschließend noch heiß mit Zucker bestreuen.

Die Desserts

Das ganze Jahr reifen im Südwesten Frankreichs Früchte in großer Vielfalt; es gedeihen auch Mandeln, Haselnüsse und Walnüsse. Vor allem die Mandeln werden mit großer Vorliebe in allen Variationen zu süßen Köstlichkeiten verarbeitet. Und da ist der Honig, der in der ganzen Region in hervorragender Qualität produziert wird. Die Bienen finden auch schon im frühesten Frühjahr Nahrung, weil Mimosen, Mandelbäume und Stechginster bereits im Februar blühen. Der würzigste Honig kommt aus den Bergen, wo die blühenden Kräuter der Garrigue eine wunderbare Bienenweide sind. Der Honig wird auch zum Honigwein Hydromel verarbeitet, der mit 14 Prozent Alkohol likörartig ist und als beliebter Dessertwein der Damen gilt. In diesem Wein werden Früchte wie Trauben, Aprikosen und Pflaumen oder Mandeln und andere Nüsse eingelegt. Diese Leckereien werden nach einem ausgedehnten Essen zum Café genossen, *»c'est la gourmandise«*, meinte die Verkäuferin auf dem Markt von Narbonne.

Croustade languedocienne
Mandelkuchen

Zutaten für 1 runde Form von 26 cm Durchmesser:
500 g Blätterteig, 150 g feingehackte Mandeln, 130 g Zucker, die abgeriebene Schale einer Zitrone und einer Orange, 1–2 TL Orangenblütenwasser
Außerdem: Butter für die Form, 1 Eigelb zum Bestreichen
Zubereitungszeit: 40 Minuten

Das Backrohr auf 200° vorheizen.
Den Blätterteig in 300 und 200 Gramm teilen und beide Teile zu runden Platten ausrollen. Eine Kuchen- oder Tarteform ausbuttern, mit der größeren Platte auskleiden, Rand überstehen lassen.
Die Mandeln mit den anderen Zutaten vermischen und auf dem Kuchenboden verteilen. Die zweite Platte auflegen, die Ränder befeuchten und hübsch miteinander verkleben. Die Oberfläche mit Eigelb bestreichen und mit dem Messerrücken Muster hineinzeichnen (im Languedoc zieht man Muster mit geraden Linien). Kuchen in das vorgeheizte Backrohr schieben und in rund 30 Minuten schön braun backen.

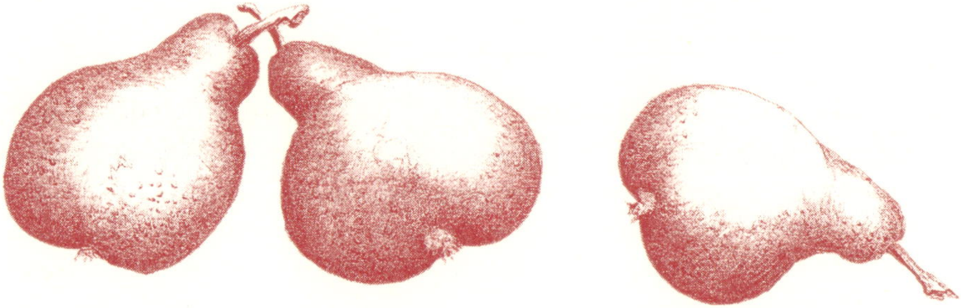

Tarte aux poires, au miel et aux amandes
Tarte mit Birnen, Honig und Mandeln

Zutaten für 4 Personen:
Für den Teig: 125 g weiche Butter, 90 g Zucker, 1 Ei, 250 g Mehl, 1 Prise Salz
Für den Belag: 1 kg reife Birnen (am besten Williams), 30 g flüssige Butter, 50 g Zucker, 100 g Mandelblättchen
Für den Guß: 50 g gemahlene Mandeln, 3 Eigelb, 150 g Sahne, 1 Msp. Zimt, 1 EL Orangenblütenwasser, 2 EL Honig
Zubereitungszeit (ohne Wartezeiten): 45 Minuten

Den Teig nach der Beschreibung auf Seite 435 vorbereiten und im Kühlschrank ruhen lassen. Inzwischen die Birnen schälen, vierteln und entkernen.
Das Backrohr auf 180° vorheizen.
Den Teig ausrollen. Eine Tarteform ausbuttern und mit dem Teig auskleiden. Mit der Gabelspitze mehrmals einstechen. Den Teigboden mit Birnen belegen, mit der Butter beträufeln und mit dem Zucker bestreuen.
Im heißen Backrohr gut 20 Minuten backen.
In der Zeit die Zutaten für den Guß gut miteinander verrühren. Den Kuchen aus dem Rohr holen, die Mandelblättchen gleichmäßig darauf verteilen, mit Guß abdecken und noch einmal 10–15 Minuten backen.

Les Pralines
Zuckermandeln

Zu Neujahr ist es in ganz Frankreich üblich, daß man allen, mit denen man im täglichen Leben zu tun hat, ein gutes neues Jahr wünscht. Man umarmt sich, küßt sich dreimal auf die Wangen und wünscht *»bonne année et santé surtout«*. Im Languedoc bringt man den Nachbarn, dem Briefträger und dem Ladenbesitzer zusätzlich zu allen guten Wünschen noch selber fabrizierte Zuckermandeln mit.

Zutaten:
100 g Zucker, 100 g Mandeln
Zubereitungszeit: 20 Minuten

Den Zucker mit etwa 50 Milliliter Wasser in einen Topf geben und langsam erhitzen. Wenn der Zucker geschmolzen ist, die Mandeln dazugeben und ohne Rühren simmern lassen, bis der Zucker beginnt, Farbe zu nehmen. Jetzt kräftig mit einem Holzlöffel rühren und den Topf vom Feuer ziehen. Weiterrühren. Der Zucker legt sich beim Erkalten als Mantel um die Mandeln. Dann stellt man den Topf wieder zurück auf den Herd, damit der Zucker, der noch nicht an den Mandeln klebt, sich wieder verflüssigt, und rührt weiter, zieht den Topf wieder vom Herd und so weiter, bis der ganze Zucker sich als Krokant um die Mandeln gelegt hat. Die Mandeln auf Backpapier schütten und auskühlen lassen.

Käse

Die Schafe und die Ziegen sind in den heißen Ländern die Milchproduzenten, denn für Kühe gibt es nicht genug Nahrung. Die Berghänge mit ihren Kräutern bieten würziges Futter, und so gibt es hier ähnliche Käse wie auch in der Provence. Kleine runde Ziegenkäse, die entweder *nature* oder in grobgemahlenen Pfeffer oder in Kräuter eingehüllt frisch gegessen werden. Lagern die kleinen Runden länger auf den Brettern der Käsekammern, gewinnen sie immer mehr an Aroma und werden am Schluß zu kleinen, ganz harten Ziegenkäsen, die auch gerieben werden können. In der Haute Vallée

d'Aude habe ich bei einer Bergbäuerin so eine Käsekammer besichtigt; und ich hätte die Frau sehr beleidigt, wenn ich nicht sorgfältig und langwierig von jedem Reifegrad eine Kostprobe gekauft hätte. Denn Lagerung und Reifung lassen die Käse in jeder Altersstufe wieder ganz anders schmecken.
In der Catalagne française, in den Tälern des Vallespir, in dem auch die berühmt guten Äpfel reifen, werden die Schafskäse auf dieselbe Art bereitet und in allen Reifegraden verspeist. Der ganz frische runde Schafskäse gibt ein köstliches Dessert, wenn er mit dem dunklen Honig der Gegend beträufelt serviert wird. Im katalanischen Dialekt heißt die Nachspeise ganz schlicht *le mel i mato,* die Milch und der Honig.

Dauphiné –
kleine Vögel und Ziegen

Meiner Freundin Mireille habe ich fest versprochen, daß die Dauphiné, ihr Land, an dem sie mit ganzem Herzen hängt, in meinem Buch nicht unter den Tisch fallen wird. Denn meist wird die Dauphiné der Provence oder dem gastronomisch berühmten Lyonnais angehängt. Nie bleibt genug Raum, um die ausgezeichneten Gerichte zu erwähnen, die man bei so leidenschaftlichen Köchinnen aus der Dauphiné vorgesetzt bekommt, und selten werden die Schönheiten dieses Landstriches gebührend gewürdigt.

In der Dauphiné ist alles vereint: das Panorama der hohen Alpen mit mehreren Viertausendern rund um Grenoble, die fruchtbaren Landschaften entlang der Isère und dem breiten Rhônetal, das reich an Wein, Obst und Gemüse ist. Im zeitigen Frühjahr, wenn ganze Landstriche der Dauphiné im zartrosa Blütenmeer der Pfirsichbäume erstrahlen, ist es hier besonders schön. Auch die mittleren steinigen Gebirgszüge besitzen ihren ganz eigenen Reiz. Sie sind im Sommer besonders faszinierend, wenn die weißen Felsen unter dem tiefblauen Himmel in der Hitze flirren. Ich liebe das Vercors, seine schmalen steilen Straßen, die an senkrechten Felswänden entlangführen, bis sie plötzlich die Hochebene erreichen. Weite lila Lavendelfelder, karge Weiden, alte Olivenbäume und kleine Dörfer südfranzösischer Prägung mit einem schattigen Pétanqueplatz gleich neben Kirche und Bar und die zirrenden Töne der Zikaden sind hier zu Hause. Hier im Vercors finde ich die Ruhe und Beschaulichkeit der Provence wieder, die Pagnol beschreibt. Denn hier ist der Tourismus nicht so gewaltig über das Land hergefallen, ist sanfter und leiser. Das Gefüge von Land und Dörfern ist noch nicht zerstört.

Die Dauphiné wurde Anfang des 11. Jahrhunderts erstmals als Region erwähnt und blieb bis 1790 das traditionelle Erbland der Kronprinzen von Frankreich. Dann erst wurde die Dauphiné in drei Départements aufgeteilt. Aber zweihundert Jahre reichen in Frankreich nicht aus, um den Menschen das traditionelle Zugehörigkeitsgefühl zu ihrer Dauphiné zu nehmen. So sind sie auch einigen ihrer alten Gerichte treu geblieben, und die Rezepte werden von der Mutter an die Tochter weitergereicht. Bei einigen Gerichten legen sie Wert auf die Feststellung, daß die Rezepte von ihnen stammen und nicht von den Bewohnern des Lyonnais, die gern die Perlen aus den Küchen der umliegenden Regionen für sich in Anspruch nehmen.

Garbure dauphinoise
Gemüsesuppe der Dauphiné

Diese Mangoldsuppe ist für den Landstrich besonders typisch. Der im ganzen Süden sehr beliebte Mangold ist dank des günstigen Klimas fast das ganze Jahr über erhältlich und wächst fast in jedem Gemüsegarten.

Zutaten für 4 Personen:
100 g Butter, 100 g feingewürfelte Zwiebeln, 600 g gewürfelte Kartoffeln, 200 g gewürfeltes Kürbisfleisch, 8 zerkleinerte Mangoldblätter, Baguette vom Vortag, 100 g geriebener Gruyère, Salz und Pfeffer, Milch
Zubereitungszeit: 30 Minuten

Die Butter in einem großen Topf erhitzen und die Zwiebeln darin glasig dünsten. Mit einem Liter Wasser aufgießen und die Kartoffel- und Kürbiswürfel sowie den Mangold dazugeben, salzen und pfeffern und gar kochen.
Backrohr auf 220° vorheizen.
Mit dem Pürierstab durchmixen, die Suppe lebhaft kochen und eindicken, dann so viel Milch zugießen, daß eine cremige Konsistenz entsteht.
Pro Person 3 Scheiben altbackenes Brot abschneiden, kurz rösten, mit dem Käse bestreuen, auf ein gebuttertes Blech legen und im Rohr überbacken, bis der Käse geschmolzen ist. Nun die Suppe in einer Terrine servieren und die heißen Käsescheiben dazu reichen.

Lactaires à l'huile d'olive
Reizker in Olivenöl

Wie in der südlicheren Provence gibt es im Vercors den Blutreizker; er heißt Lactaire oder im Dialekt *sanguins* und wird auf den Bauernmärkten angeboten. Im Herbst legt man möglichst viele davon ein und hat einige Wochen ein leckeres Hors-d'œuvre.

Zutaten für 8–10 Vorspeisenportionen:
1 kg frische Pilze, 1 l Rotweinessig, reichlich Thymian, 2–3 Lorbeerblätter, 4–5 Knoblauchzehen, 15 Pfefferkörner, Olivenöl
Ruhezeit: 24 Stunden oder länger

Die kleineren und sehr festen Pilze sorgfältig mit Pinsel und Tuch reinigen. Die Stiele auf 2 Zentimeter Länge kürzen. Eventuell die Pilze halbieren oder vierteln.
Rotweinessig mit den Kräutern und Gewürzen aufkochen und 10 Minuten sieden lassen. Vom Herd nehmen.
Abgekühlt über die Pilze geben und mindestens 24 Stunden marinieren lassen. Dann Pilze und Kräuter in ein Sieb gießen und sehr gut abtropfen lassen. Alles in einen Steinguttopf oder ein großes Einmachglas füllen und mit Olivenöl gut abdecken. Eventuell mit zwei Stöckchen die Pilze nach unten drücken, damit sie nicht an die Luft kommen. So können die Lactaires einige Wochen aufbewahrt und immer wieder zu Wurst und Pastete serviert werden.

Tartines de grives, de petits oiseaux ou de bécasse
Geflügelrillettes

Die ersten Tage der Jagdsaison ist Mireilles Mann Paul kaum zu Hause anzutreffen, es sei denn am späten Nachmittag, schon sehr lustig mit zwei leeren Flaschen im Rucksack, zusammen mit einigen hungrigen, auch sehr gut aufgelegten Freunden und vielleicht auch mit Beute. Häufig ist die Beute ein dicker Buschen kleine Vögel, die an der Jagdtasche Kopf nach unten baumeln.
Jeder ist begeistert über solche Beute, und mein Entsetzen, das ich anfangs noch zeigte, stieß auf völliges Unverständnis, glich fast einer Beleidigung.

Ich lernte mit der Zeit, damit umzugehen. Denn Mireille verarbeitet die Vögel zu einer köstlichen kleinen Stärkung. Außer den Vögeln verwendet sie dafür:

Knoblauch, Speck, in Scheiben geschnitten, Butter, 1 EL Dijonsenf, 1 TL Mehl, 1 Glas herber Weißwein, 1 EL Cognac

Die Vögel rupfen, ausnehmen und mit Knoblauch füllen. Jedes Vögelchen mit einer Speckscheibe umwickeln, dann mit reichlich Butter in eine Bratreine setzen und im Rohr backen. Wenn die Vögel gar sind, das Fleisch von den Knochen lösen und mit einem Teil des Knoblauchs mit einem Wiegemesser fein hacken.
Nun in einer Kasserolle etwas von dem Bratenjus mit dem Senf verrühren. Mit dem Mehl schwitzen und mit 1 Glas Weißwein ablöschen. Das haschierte Fleisch dazugeben und alles 15 Minuten köcheln lassen. Wenn die Masse zu trocken erscheint, noch etwas von dem Bratenjus oder etwas Weißwein zugeben. Zum Schluß Cognac einrühren und nochmals kurz aufkochen.
In eine Schüssel füllen und 24 Stunden kaltstellen.
Schmeckt hervorragend auf frischem oder geröstetem Bauernbrot.

Tourtons de Champsaur
Teigtaschen mit Kartoffelfüllung

Die Dauphiné ist die einzige Region Frankreichs, die die Liebe der Norditaliener für gefüllte Nudeltäschchen oder **Ravioles** übernommen hat. In der Royans oder, was mir bekannter ist, in der mittelalterlichen Stadt Romans an der Isère werden in jedem Metzgerladen die hausgemachten Ravioles mit einer Füllung aus Ziegenkäse, Petersilie und Ei angeboten und immer frisch verkauft. Man kocht sie zu Hause nur kurz und sanft in Hühnerbrühe und serviert sie mit geriebenem Käse als kleines Zwischengericht, beispielsweise nach einem Salat, den man in der Dauphiné immer gerne ißt.
Die Ravioles und die Tourtons sind die besonders guten, allerdings auch arbeitsintensiven Beispiele für den Einfallsreichtum, den die Hausfrauen an den Tag legten, um die stets gleichen Zutaten immer wieder neu auf den Tisch zu bringen. Die folgenden, absolut delikaten Täschchen gibt es in den Bergen des Champsaur.

Zutaten für 4 Personen:
Für den Teig: 10 g Hefe, 100 ml Wasser, 500 g Mehl, 100 ml Milch, 1 Ei, 50 g Ziegenfrischkäse
Für die Füllung: 700 g Kartoffeln, 3 EL Butter, 100 ml Olivenöl, 3 EL feingehackte Schalotten, 150 g feingewürfelter Lauch, 50 g geriebenen Gruyère, Salz und Pfeffer, evtl. etwas Milch
Außerdem: Butterschmalz zum Ausbacken
Zubereitungszeit (ohne Wartezeit): 50 Minuten

Die Hefe in etwas Wasser auflösen, dann mit allen Zutaten für den Teig vermischen und 10 Minuten kräftig kneten. Die Teigkugel mit Öl einreiben und mit einem Tuch bedeckt 2 Stunden ruhen lassen.
Inzwischen die Kartoffeln schälen und weich kochen, durch die Kartoffelpresse drücken.
Während die Kartoffeln garen, in einer Pfanne die Butter und das Öl erhitzen und Schalotten und Lauch weich dünsten. Salzen und pfeffern und zu den noch heißen Kartoffeln geben. Dann den Käse unterheben. Alles gut miteinander verkneten und abschmecken. Die Masse sollte noch weich sein; ist sie zu fest, geben Sie noch etwas Milch dazu.
Den Teig ausrollen und halbieren. Mit einem Teelöffel schön in Reih und Glied und immer etwa 3 Zentimeter Abstand nach allen Seiten kleine Portionen Kartoffelmasse auf eine Teigplatte legen. Mit der zweiten Teigplatte abdecken und die Zwischenräume zwischen den Häufchen mit einem Kochlöffelstiel fest zusammenpressen.
Mit einem Teigrad die Taschen ausschneiden. Die fertigen Teigtaschen nochmals im Kühlen ruhen lassen und dann in heißem Butterschmalz in der Friteuse ausbacken. Das Fett darf nicht zu heiß sein, damit die Taschen Zeit haben, durchzubacken und schön braun zu werden. Ab und zu im Fett umdrehen.

Chevreau sauté aux morilles
Ziegenkitz mit Morcheln

Auf den von der Sonne ausgetrockneten Hochebenen der Mittelgebirge sind die Weiden nicht so fett, daß Kühe satt werden könnten, und so hält man hier Ziegen. Sie liefern die Milch für Käse und auch das Fleisch. Ziegenfleisch ist eine Delikatesse und war in früheren Zeiten das wichtigste Fleisch für die Ernährung. Zur Haltbarmachung wurde es gepökelt wie andernorts das Schweinefleisch und zusammen mit Wirsing zu einem Eintopf gekocht. Einmalig aber ist das folgende Rezept. Ziegen und Morcheln schmecken im Frühsommer am besten.

Zutaten für 6–8 Personen:
2 kg Ziegenschulter und Rücken (in Stücke geschnitten), Olivenöl, ¼ l sehr trockener Weißwein, 1 Bouquet garni aus Petersilie, reichlich Thymian und Lorbeerblättern, 5 Knoblauchzehen, mindestens 500 g frische Morcheln, 50 g Butter, Salz und Pfeffer, 1 Bund feingehackte Petersilie zum Garnieren
Zubereitungszeit: 70 Minuten

In einem Schmortopf das Olivenöl erhitzen und die Fleischstücke von allen Seiten kräftig anbraten, salzen und pfeffern. Den Deckel schließen und das Fleisch im eigenen Saft rund 15 Minuten schmoren lassen. Ab und zu wenden. Nun mit dem Wein ablöschen, das Bouquet garni und die etwas zerdrückten Knoblauchzehen dazugeben. Alles zusammen 30 Minuten mit geschlossenem Deckel köcheln lassen.
Die Morcheln putzen und in heißer Butter anschmoren, salzen und pfeffern und so lange braten, bis alle Flüssigkeit verdampft ist.
Pilze zum Ziegenfleisch geben und noch 20–30 Minuten bei geöffnetem Deckel mitkochen lassen.
Auf einer tiefen Platte mit Petersilie bestreut servieren.

Variation: Traditionell hat dieses Gericht wenig Sauce; das können Sie aber, wenn Sie Saucenfan sind, mit etwas Geflügelbrühe und Sahne, die Sie aufgießen, jederzeit ändern.
Im Spätsommer wird dieses Ragout auch mit gemischten Pilzen serviert. Steinpilze, Pfifferlinge und ein paar Todestrompeten ergeben zusammen einen herrlichen Geschmack.

Sanglier de Paul Roux
Wildschwein nach Paul Roux

Aber nun muß ich doch noch mal zurück zu Paul, dem Ehemann meiner Freundin Mireille, der wie jeder echte Dauphinois eine Leidenschaft für die Jagd und für gutes Essen hegt. Bei Tisch gibt es eigentlich auch nur ein Thema, die Kunst, gut zu speisen. Wildschwein ist seine absolute Spezialität, das bereitet er selber zu, und hier ist sein Rezept.

Zutaten für 8 Personen:
3 kg Wildschweinbraten (am besten von der Keule), Olivenöl und Butter zum Braten
Für die Marinade: 6 Schalotten, 6 zerdrückte Knoblauchzehen, 6 EL Olivenöl, 1 Bouquet garni, 15 zerdrückte Pfefferkörner, 3 Stück Würfelzucker, 1 Prise Cayennepfeffer, 2 l roter Landwein
Für die Sauce: 6 Schalotten, 4 Knoblauchzehen, 1 Karotte, 1 TL Mehl, 125 g dicke Crème fraîche, Salz und Pfeffer
Zubereitungszeit: 3½ Stunden
Einwirkzeit der Marinade: 2 Tage

Das gesäuberte Bratenstück in eine Schüssel legen. Mit dem Gemüse und den Gewürzen der Marinade bestreuen. Mit Rotwein übergießen. Abdecken und zwei Tage an einem kühlen Ort durchziehen lassen; zweimal täglich wenden.
Backrohr auf 200° vorheizen.
Den Braten aus der Marinade nehmen und trockentupfen. Die Marinade durch ein Sieb gießen und auffangen. In einem Bräter je 2 Eßlöffel Butter und Olivenöl erhitzen und den Braten von allen Seiten kräftig anbraten, salzen und pfeffern; mit dem Gemüse aus der Marinade umlegen und ins Rohr schieben. 2–3 Stunden darin braten und immer wieder wenden. Ab und zu mit etwas Marinadenflüssigkeit beschöpfen.
Für die Sauce das Gemüse putzen und zerkleinern. In Butter andünsten, salzen und pfeffern und mit einem Teelöffel Mehl bestäuben. Das Bouquet garni aus der Marinade dazulegen und mit reichlich Marinade aufgießen. Auf kleinem Feuer köcheln lassen, bis eine cremige Sauce entstanden ist.
Das weich gegarte Fleisch in Scheiben schneiden und auf einer vorgewärmten Platte warm stellen. Den Bratenjus durchseihen, in die Sauce rühren und diese bei starker Hitze etwas reduzieren, die Crème fraîche dazugeben, noch mal aufkochen und in einer Sauciere zum Fleisch servieren.

Variation: Genauso können Sie auch Lammkeule oder Ziegenkeule bereiten. Die Garzeit verringert sich dann auf etwa 90 Minuten.

Gratin dauphinois
Kartoffelgratin

Zu diesem und auch zu fast allen Fleischgerichten gibt es eigentlich nur eine passende Beilage, das einzig wahre und echte Kartoffelgratin. Dieses Gratin kennt und liebt jeder in Frankreich, und jeder weiß auch, woher es kommt. Und kein anderes Gratin gleicht im Wohlgeschmack dem echten Rezept aus der Dauphiné.

Zutaten für 6–8 Personen:
1,5 kg eher mehlige Kartoffeln, 1 l Milch, 300 g Sahne, 100 g Butter, 1–2 durchgepreßte Knoblauchzehen, Salz, Pfeffer und geriebene Muskatnuß
Zubereitungszeit: 60 Minuten

Backrohr auf 170° vorheizen.
Kartoffeln schälen und in feine Scheiben schneiden oder hobeln. Die Milch mit Sahne, Butter und Knoblauch zum Kochen bringen und mit Salz, Pfeffer und Muskatnuß gut würzen. Die Kartoffelscheiben hinzufügen und knapp 10 Minuten auf kleinem Feuer kochen. Achtung! Dabeibleiben und immer wieder rühren, da die Masse leicht anbrennt.
Die Kartoffelmischung in eine ausgebutterte Gratinform füllen und im Rohr 45 Minuten gratinieren.

Variation : Ist das Fleischgericht zu dem Gratin leicht oder auch mal nur ein großer Salat, kann man noch reichlich geriebenen Gruyère auf das Gratin streuen. In der Herbstzeit, wenn es Pilze gibt, dünste ich die Pilze in Scheiben geschnitten in einer Pfanne in etwas Butter und Olivenöl, gebe etwas Petersilie und Knoblauch dazu und fülle nur die halbe Kartoffelmenge in die Form, dann die Pilze, dann die restlichen Kartoffeln und Käse. Das Gratin schmeckt hinreißend mit einer großen Schüssel Salat. Im Winter mache ich das genauso mit 3–4 in Ringen geschnittenen Lauchstangen, die ich in Butter etwas vordünste – preiswert und köstlich.

Poulet aux écrevisses
Huhn mit Flußkrebsen

Das Rezept der Rezepte – wenigstens für mich. Der Tag, an dem ich es zum ersten Mal gegessen habe, war wie die Entdeckung einer neuen Welt, der ich bis heute verfallen bin. Meine Freundin Mireille feierte ihre Verlobung, und ich war eingeladen, obwohl ich damals noch gar nicht so zur Familie gehörte.
Das Bauernhaus ihrer Eltern sah noch genauso aus wie seit Generationen, damals, Ende der fünfziger Jahre, war es noch nicht renoviert. Man kam in eine riesige Küche. An der einen Längsseite thronte ein Kamin, an der anderen eine Anrichte, in der Mitte stand ein langer Tisch. Rechts führte eine Tür in die kalte Pracht eines meistens unbenutzten Wohnzimmers, links eine Tür in den Stall, und an der Rückwand neben der Wasserstelle ging eine schmale Treppe nach oben in die einfachen Schlafräume.
Am Festtag war der Tisch ausgezogen und dicht mit Stühlen umstellt, auf der weißen Decke standen schon mehrere geöffnete Weinflaschen. Beim Betreten der Küche war man umfangen von einem zauberhaften Duft und

freundlichem Menschengewimmel. Im offenen Kamin hing an einem langen Haken ein riesiger Topf, in dem es sanft brodelte. Nach einigen Vorspeisen, die ich im einzelnen vergessen habe, kamen frische, diesmal tiefe Teller auf den Tisch, und die Hausfrau schöpfte aus dem Kessel über dem Feuer den Inhalt in riesige Suppenschüsseln. Dann bekam man seinen Teller gefüllt. Die Hausfrau oder eine der Töchter schöpfte aus den Schüsseln und sorgte dafür, daß auf jedem Teller Gerechtigkeit herrschte. Für jeden gab es mehrere Ecrevisses, Stücke vom Huhn und reichlich von der sagenhaften Sauce. Man aß mit den Händen und tunkte mit dem Brot die Sauce bis zum letzten Tropfen auf. Nie wieder habe ich mit soviel Genuß mit den Händen gegessen, und nie werde ich das Gefühl der Seligkeit vergessen, das mich nach diesem Mahl erfüllte.

Zutaten für 4 Personen:
1 großes gutes Huhn (zum Beispiel aus der Bresse) von 2 kg, 30 Flußkrebse,
je 4 EL Olivenöl und Butter, 4 feingewürfelte Karotten, 4 feingehackte Schalotten,
5 geschälte und gewürfelte Fleischtomaten, 4 gehackte Knoblauchzehen, 4 cl Cognac,
1 Bouquet garni aus Petersilie, Thymian, 3 Estragonzweigen und Lorbeerblättern,
0,75 l guter und sehr trockener Weißwein, ½ l Geflügelbrühe, 100 g Crème fraîche,
Beurre manié (20 g Mehl und 20 g Butter verkneten), ½ Bund gehackte Petersilie,
die gehackten Blätter von 2 Estragonzweigen, Salz und Pfeffer
Zubereitungszeit: 70 Minuten

Das Huhn waschen und zerteilen, die Krebse waschen und entdarmen. Die Hühnerteile in einer weiten Pfanne in je 2 Eßlöffeln Butter und Olivenöl scharf anbraten und beiseite legen.
Die Pfanne auswischen und in frischem Öl und Butter die Krebse zusammen mit dem kleingeschnittenen Gemüse anbraten. Salzen und pfeffern, mit dem Cognac löschen und abflammen. Den Pfanneninhalt in einen großen Topf geben, mit dem Weißwein und der Hühnerbrühe aufgießen und aufkochen. Nach 10 Minuten die Krebse herausfischen und die angebratenen Hühnerstücke hineinlegen. Bei geschlossenem Deckel ungefähr 40 Minuten kochen. Die Krebse wieder dazugeben, das Bouquet garni entfernen, Crème fraîche und Beurre manié einrühren. Noch 10 Minuten köcheln, abschmecken, die Kräuter einrühren und in einer großen Schüssel servieren.

Anmerkung: Bei schon ausgelösten Krebsschwänzen bleiben Ihre Hände zwar sauber, aber ihr Geschmack ist nicht so voll und intensiv.

Cerises dans l'alcool
Kirschen in Alkohol

Bei Mireilles Verlobungsfeier holte ich mir den ersten Schwips des Lebens. Auf den langen Tisch wurden mehrere Teller mit einem köstlichen Mandelgebäck gestellt. Jeder bekam eine kleine Tasse höllisch starken Café und die Männer selbstgebrannten Tresterschnaps dazu. Die Frauen tranken ihre Tassen leer und füllten sie anschließend mit Kirschen aus einem großen Glas und der dazugehörigen Flüssigkeit. Man aß die Kirschen, legte dann einen Würfelzucker auf den Kaffeelöffel und löffelte so die Flüssigkeit aus der Tasse. Mir schmeckte das sehr gut, ich nahm mehrmals davon, doch dann bekam ich die Wirkung des Alkohols zu spüren.

Ein Einmachglas (1 Liter Inhalt) mit Kirschen füllen, deren Stiele man auf einen Zentimeter Länge gekürzt hat.
Darauf ein 1 Weinglas voll Zucker und ein Weinglas Tresterschnaps mit ungefähr 50 Prozent Alkohol gießen.
Das Glas mit Gummi und Spannverschluß fest verschließen und in die pralle Sonne stellen. Zwei bis drei Tage lang viermal täglich drehen, also das Glas auf den Kopf stellen und wieder umdrehen. Dann noch weitere drei Wochen an einer Mauer in der Sonne stehen lassen.
Danach in die Speisekammer und bei Gelegenheit servieren.

Vin de noix de la Saint-Jean
Nußlikör vom Johannistag

Ein hausgemachter Likör ist nicht nur in der Dauphiné, sondern genauso in der Gascogne oder im Périgord zu finden. Überall dort, wo reichlich Walnußbäume stehen, wird dieser Likör im Juni angesetzt und als Aperitif oder als Dessertwein gereicht. Am Tag der Sonnenwende oder am Johannistag werden die Nüsse gepflückt. Sie sind dann noch so grün und weich, daß man eine Nadel hineinstechen kann.

Zutaten:
40 grüne Nüsse, 400 ml Tresterschnaps (45 %), 4 l guter Rotwein,
1 kg Würfelzucker

Die Nüsse vierteln und in ein großes, verschließbares Gefäß geben. Schnaps und Wein dazugießen und vierzig Tage im Dunkeln stehen lassen. Ab und zu umrühren. Nach dieser Zeit den Likör durch ein sehr engmaschiges Sieb abgießen und mit Zucker vermischen. Zugedeckt stehen lassen, bis der Zucker sich ganz aufgelöst hat. Dann in Literflaschen abfüllen und verkorken. Der Likör sollte jetzt noch mindestens ein Jahr lagern, bis er trinkreif ist.

Variation: Mit den Nüssen eine ganze, in Stücke geschnittene Orange in den Alkohol geben oder eine aufgeschlitzte Vanilleschote. Der Zucker kann auch etwas weniger sein, wenn man den Dessertwein lieber etwas herber will.

Pogne de Romans
Hefekranz aus Romans

Eine Art Brioche mit Orangenblütenwasser ist die Spezialität der Stadt Romans und in der ganzen Dauphiné verbreitet. Bei einem Bummel durch die Altstadt ist die Präsenz des Pogne in den Schaufenstern beachtlich, und man hat das Gefühl, die Leute dieser Stadt ernähren sich von nichts anderem als Pogne mit oder ohne Zuckermandeln.

Zutaten für 4 Personen:
500 g Mehl, 50 ml lauwarmes Wasser, 25 g Hefe, 150 g Puderzucker, 1 Prise Salz, 5 Eier, 30 ml Orangenblütenwasser, 200 g Butter, etwas Öl für das Backblech, 1 Eigelb zum Bestreichen Zubereitungszeit (ohne Wartezeit): 60 Minuten
Ruhezeit für den Teig: mehrere Stunden

Der Teig wird am besten am Abend vorher angesetzt und ruht dann über Nacht im Kühlschrank.
100 Gramm Mehl mit Wasser und Hefe zu einem Vorteig verrühren und eine Stunde im Warmen gehen lassen.
In einer großen Schüssel den Rest Mehl mit Zucker und Salz vermischen. Eine Mulde formen, die Eier, den gegangenen Vorteig und das Orangenblütenwasser hineingeben. Alles zu einem Teig verrühren und dann die Butter in Flocken einarbeiten.
Den Teig sehr gut kneten, bis er glatt und geschmeidig ist. Die Teigkugel auf ein geöltes Backblech legen, mit den Händen zu einem Ring formen. Den Teigring mit der Schere an der Oberfläche leicht einschneiden und eine Stunde gehen lassen.
Das Backrohr auf 220° vorheizen.
Kuchen mit Eigelb bestreichen und in den Ofen schieben. Nach 10 Minuten die Backtemperatur auf 170° reduzieren und den Kuchen in 40 Minuten fertigbacken.

Der Käse

Tarte au chèvre et au basilic
Tarte mit Ziegenkäse und Basilikum

Einige sehr bekannte Ziegenkäsesorten kommen aus der Dauphiné, so der weiche und cremige **Saint-Marcellin** und der noch würzigere **Picodon**, den es in verschiedenen Reifegraden zu kaufen gibt. Sie fehlen auf keiner Käsetheke Frankreichs und sind intensiv im Geschmack, aber trotzdem zart im Geruch. Diese Tarte mit Ziegenkäse aus der Dauphiné und den Zutaten des Sommers lohnt sich nachzumachen.

Zutaten für 4 Personen:
Für den Teig: 250 g Mehl, 1 Ei, ½ TL Salz, 130 g Butter, 4 EL Milch
Für den Belag: 600 g runde mittelreife Ziegenkäse, 2 große reife Tomaten, 1 Bund Basilikum, 3 Eier, 250 g Sahne, ca. 125 ml Milch, Salz, Pfeffer und frisch geriebene Muskatnuß, etwas Butter für die Form
Zubereitungszeit: 40 Minuten

Den Teig nach der Beschreibung auf Seite 435 zubereiten und ruhen lassen. Inzwischen den Käse würfeln, die Tomaten häuten, entkernen und ebenfalls würfeln. Basilikum sehr fein schneiden.
Das Backrohr auf 220° vorheizen.
Den Mürbeteig in eine gebutterte Form geben, den Boden mit Käsewürfeln, Tomaten und Basilikum bestreuen.
In einer Schüssel die Eier mit Milch, Sahne und den Gewürzen verquirlen und auf den Tarteboden gießen. Im Rohr auf der untersten Schiene in 30 Minuten schön braun backen.
Noch lauwarm mit einem großen Salat servieren.

Provence, Land der Gemüse und Kräuter, des Knoblauchs und Olivenöls

Über keine Region Frankreichs ist wohl so viel geschrieben worden wie über die Provence, und es scheint überflüssig, noch ein Loblied anzustimmen. Doch bei dem Namen Provence ist es unmöglich, nicht in Euphorie auszubrechen.
Mit vierzehn Jahren war ich das erste Mal für einen Sommer am nördlichen Rand der Provence. Ich war ihr sofort verfallen: dem Licht, dem Geruch des trockenen Grases, dem heißen Wind, der die Haut gerbt, und dem schrillen Gesang der Zikaden. Die Intensität der Farben kann man gar nicht in Worte fassen: das Lilablau der Lavendelfelder im Mittagslicht, das ganz eigene Grün der Olivenbäume vor herannahenden Gewitterwolken, das blendende Weiß der Felsenketten vor dem leuchtenden Blau des Himmels und die unbeschreibliche Farbensymphonie auf den sommerlichen Märkten. Diese Farbpalette setzt sich fort in den Speisen. Sie sind so farbig und bunt wie sonst nirgends, und man könnte manchmal denken, eine Salade Niçoise, ein Ratatouille, ein Tomatenomelett wurden nur der Farben wegen so und nicht anders zusammengestellt. Die Lebensfreude, die ein unter einem Platanendach gedeckter Eßtisch ausstrahlt, die satten Gelb- und Grüntöne des Olivenöls, der rote Wein, das gelbe Brot und die tönernen Schüsseln im Blätterschatten lassen einen bedauern, nicht als Maler auf die Welt gekommen zu sein.
Die Vielfalt an Gemüsen und Kräutern, die praktisch das ganze Jahr verfügbar sind, macht die Provence als kulinarisches Land einmalig. Dazu kommt die Mittelmeerküste, die im Bereich der Provence sehr felsig ist und über besonderen Fischreichtum verfügt. Und dann die Hochebenen unter ewiger Sonne und Wind, auf denen Schafe und Ziegen weiden und Milch für Käse in würziger Vielfalt liefern. Nicht zu vergessen der Reis aus der Camargue, die Trüffeln aus dem Tricastin und die würzigen Kaninchen aus den Garrigues.
Nun zum Knoblauch. Kein Gemüse ohne Knoblauch, eigentlich kein provenzalisches Essen ohne Knoblauch. Und hier möchte ich für diese duftende Knolle eine Lanze brechen, denn frische Knoblauchzehen, die noch bis in die rotlila geflammte Haut saftig sind, schmecken sanft und zart, auch wenn man große Mengen wie beim Knoblauchhuhn verwendet. Beim getrockneten Winterknoblauch gilt der weiße als zarter im Aroma, entfernen Sie bei getrocknetem Knoblauch ungeachtet der Sorte den Keim im Innern der Zehe.
Und zum Olivenöl. In allen Farbschattierungen, von gelb bis dunkelgrün, wird es angeboten. Kenner kosten Olivenöl wie Wein, schwören auf Öle von

ganz bestimmten Ölmühlen, die in der gesamten Provence zu finden sind. Empfehlenswert ist es, zwei Sorten im Haus zu haben: eine eher grüne fruchtigere Sorte für Salate und kalte Speisen und die leichtere gelbe Sorte für warme Speisen. Machen Sie sich bei einem Aufenthalt im Süden Frankreichs den Spaß, eine Ölmühle zu besuchen, und entdecken Sie die Geschmacksvielfalt dieses kostbaren Öls.

Die Saucen

Es gibt einige Saucen in der Provence, die immer wieder und zu allem möglichen gegessen werden. Diese vier so typischen Saucen bilden das Fundament, auf dem die Küche der Provence aufgebaut ist.

Sauce tomate provençale
Tomatensauce

Im Sommer ist Hochsaison im Gemüseland, die Tomaten sind vollreif und aromatisch, und es ist Zeit, Tomatensauce einzumachen. In den ländlichen Haushalten werden reichlich Tomaten angebaut. Im Sommer kocht man in großen Töpfen Tomatensauce, die in Gläser und Flaschen abgefüllt in den Keller wandert. So hat man bis zum nächsten Sommer das Aroma sonnengereifter Früchte bewahrt und kann sie jederzeit für eine schnelle Suppe oder ein Gemüsegericht verwenden. Wenn Sie in einer Stadtwohnung zu Hause sind und keinen Vorratskeller haben, nutzen Sie trotzdem die Zeit der reifen und preiswerten Tomaten und frieren die Sauce ein.

Zutaten:
2 kg Tomaten, 5 EL Olivenöl, 5 feinstgehackte Knoblauchzehen, 3 kleingehackte Zwiebeln, 2 Bund gehackte Petersilie, 1 Bund gehacktes Basilikum, 1 Bouquet garni aus 6 Thymianzweigen und 3 Lorbeerblättern, Salz, Pfeffer, 2 Stück Würfelzucker
Zubereitungszeit: 1 Stunde

Tomaten kurz in kochendes Wasser tauchen, bis die Haut platzt und sich leicht abziehen läßt. Tomaten entkernen und grob zerkleinern.
In einer großen weiten Pfanne oder in dem breitesten Topf, den Sie haben,

das Olivenöl erhitzen und den Knoblauch, die Zwiebeln und die Petersilie andünsten, dabei umrühren, damit nichts braun wird. Das Basilikum und die Tomaten dazugeben, salzen, pfeffern und das Bouquet garni beigeben. Jetzt die Sauce auf kleinem Feuer unter gelegentlichem Rühren gut eine Stunde leise kochen lassen, damit die Sauce eindickt. Zum Schluß den Zucker dazugeben und noch mal nachwürzen. Entweder gleich verwenden oder für den Wintervorrat horten.

Aïoli
Knoblauchmayonnaise

Um Aïoli richtig zu bereiten, braucht man eigentlich einen Marmormörser, wie er im Süden Frankreichs selbstverständlich in jedem Haushalt zu finden ist. Aïoli ist eine Knoblauchmayonnaise und wird nicht nur zu Gemüsen und Salaten, sondern gerne auch zu gegrilltem Fleisch, zum Beispiel Lammkotelett, und natürlich zu jeder Art von Fisch gereicht. Sie ist die Würze von Suppen und der Mittelpunkt des Aïoli géant, der großen Aïoli, das Festessen der Provence. Ich gebe jetzt ein Grundmaß an, das Sie vervielfältigen können, denn die Aïoli kann im Kühlschrank einige Tage aufgehoben werden. Bei der großen Aïoli rechnet man pro Person mit einer Basis von zwei (wenn sie sehr klein sind, drei) Knoblauchzehen. Das verwendete Olivenöl sollte nicht zu kräftig im Geschmack sein. Die Aïoli rührt sich besser, wenn Eier und Öl Raumtemperatur haben.

Zutaten:
2 Knoblauchzehen, 1 Eigelb, 4–5 EL bestes Olivenöl, Salz und Pfeffer, nach Wunsch einige Spritzer Zitronensaft
Zubereitungszeit: 20 Minuten

Die Knoblauchzehen im Mörser mit Salz zu Mus zerstampfen. Jetzt das Eigelb einarbeiten und dann ganz langsam, quasi tropfenweise das Olivenöl dazugeben und dabei den Holzstößel des Mörsers immer in der gleichen Richtung bewegen. So lange rühren, bis das ganze Olivenöl eingearbeitet ist. Die dickcremige Knoblauchmayonnaise im Marmormörser auf den Tisch stellen.
Wenn Sie die Sauce etwas flüssiger möchten, können Sie noch einen Teelöf-

fel lauwarmes Wasser einarbeiten; nach Wunsch einige Tropfen Zitronensaft dazugeben. Das ist Geschmackssache oder auch wieder einmal ein Grund zu heftigen Kontroversen über die »einzig wahre« Aïoli.
Sollten Sie, o Zufall, keinen Marmormörser haben und also auch kein echter Provenzale sein, so will ich Ihnen verraten, daß ich die Aïoli in meinem Mixer mache, und sie gelingt mir eigentlich immer ganz gut. Wichtig ist auch beim Mixer, erst den Knoblauch mit dem Eigelb zu verarbeiten und dann das Olivenöl ganz langsam einlaufen zu lassen. Aber trotz aller Vorsicht passiert es manchmal, daß die Aïoli gerinnt. Regen Sie sich nicht auf, sondern retten Sie Ihre Aïoli folgendermaßen: In eine Porzellanschüssel ein Eigelb schlagen und etwas Zitronensaft mit dem Schneebesen einrühren. Nun die geronnene Aïoli langsam in diese Ei-Zitronen-Mischung einrühren. Ständig mit dem Schneebesen in eine Richtung rühren. Aïoli gerettet. Geht übrigens bei jeder von Hand gerührten Mayonnaise, die geronnen ist.

Pistou
Basilikumsauce

Pistou ist die provenzalische Antwort auf den italienischen Pesto und wie dieser eine köstliche, saftiggrüne, wohlriechende Basilikumsauce. Sein Name kommt von *pista*, was soviel heißt wie »zerquetschen«. Pistou wird hauptsächlich zur Gemüsesuppe gegessen, darf aber niemals mitgekocht werden, sondern wird immer erst eingerührt, wenn die Suppe vom Herd ist. Meistens stellt man den Pistou auf den Tisch, und jeder nimmt sich, soviel er will. Da man immer etwas mehr Pistou machen sollte, als man direkt braucht, hat man am nächsten Tag eine Sauce zu Nudeln für ein schnelles Mittagessen, auch als Würze zum Tomatensalat ist sie ein Gedicht. In den Alpes Maritimes an der Grenze zu Italien ißt man sie gerne zu gegrilltem Lammfleisch.

Zutaten:
6 Knoblauchzehen, 1 dickes Bund Basilikum, 300 g Emmentaler in kleine Stücke geschnitten, 10 –12 EL Olivenöl
Zubereitungszeit: 10 Minuten

Den Knoblauch, die Basilikumblätter und die Käsestücke in den Mixer geben und auf mittlerer Stufe laufen lassen, das Olivenöl langsam einlaufen lassen und alles zu einer Sauce rühren.

Tips: Wenn der Garten voll ist von wohlriechendem Basilikum und die Nächte anfangen, für diese wärmeliebende Pflanze zu kalt zu werden, dann produziere ich große Mengen Pistou und friere ihn in kleinen Portionen ein. So habe ich noch lange diese köstlichste Würze des Sommers in meiner Küche.
In der Gegend um Nizza nimmt man statt Emmentaler natürlich Parmesan oder die beiden Sorten gemischt.

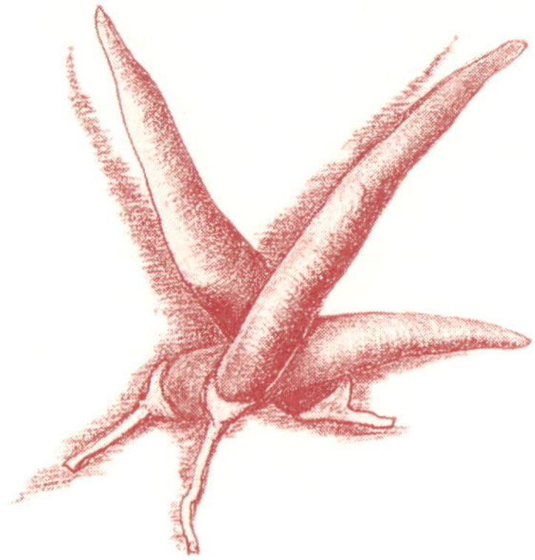

Rouille
Chilimayonnaise

Diese Sauce gehört unbedingt zur Bouillabaisse, aber sie wird auch zu jedem anderen Fisch, und da vor allem zu pochiertem Fisch, und zu gekochten Kartoffeln gereicht.

Zutaten:
2 Knoblauchzehen, 1–2 rote, sehr scharfe kleine Chilischoten, 2–3 Weißbrotscheiben vom Vortag, 1 große Tasse Milch (ca. 150 ml), 2 Eigelb, Olivenöl, etwas Kochbrühe, Salz und Pfeffer
Zubereitungszeit: 15 Minuten

Im Mörser oder Mixer den Knoblauch und die Chilischoten zerkleinern. Das in Milch getauchte und ausgedrückte Brot dazugeben, nun das Eigelb und unter ständigem Rühren so viel Olivenöl und Kochbrühe von der Suppe oder vom Fisch einarbeiten, daß eine cremige Paste entsteht. Mit Salz und Pfeffer abschmecken.

Vorspeisen und kleine Zwischengerichte

Traditionell ist der erste Gang bei einem großen Diner nicht eine Vorspeise, sondern etwas Kleines zum Aperitif, denn der Aperitif, ein Pastis mit Eis und kühlem Wasser, oder ein Süßwein für die Damen muß einfach sein, und eine kleine Unterlage dafür ist erwünscht. Es werden in Schalen verschiedene Oliven und kleine, gebackene und belegte Brotscheiben angeboten.

Tapenade
Paste von schwarzen Oliven

Der Name der klassischen Oliven-Kapern-Paste, die wegen der Farbe auch als »Kaviar der Provence« bezeichnet wird, leitet sich vom provenzalischen Wort für Kapern, *tapeno* ab. Diese Sauce oder besser Paste ist unvergleichlich im Geschmack.

Zutaten:
500 g schwarze Oliven in Salzlake, 100 g Kapern, 20 gesalzene Anchovis,
2 grobgehackte Knoblauchzehen, 2 TL Dijon Senf, etwas Thymian, 1 Lorbeerblatt,
1 Gläschen Cognac, 150 ml Olivenöl
Zubereitungszeit: 30 Minuten

Oliven entsteinen, Kapern abspülen und abtropfen lassen. Die Mittelgräte der Anchovis entfernen. Die Filets wässern und trockentupfen. Zusammen mit dem Knoblauch, den Oliven und den Kapern im Mörser zerstampfen. Sollten Sie keinen Marmormörser besitzen, können Sie auch einen Mixer nehmen. Dann die Kräuter und Gewürze beigeben, den Cognac und das Olivenöl einarbeiten. Die Paste im Mixer nicht zu fein pürieren, sie sollte noch leicht körnig sein. Mit Salz und Pfeffer abschmecken. Diese Paste wird zum Aperitif auf Brot gereicht, sie eignet sich aber auch hervorragend zum Würzen von Tomaten und Ziegenkäse. Oder rühren Sie einmal 2 Eßlöffel unter frisch gekochte Nudeln. Mit Eigelb vermischt und wieder in die Eiweißhälften gefüllt, mit Vinaigrette beträufelt, ein Hors-d'œuvre. Man kann sie zu allem möglichen verwenden und sie jederzeit im Kühlschrank in einem Schraubdeckelglas aufbewahren.
Eine köstliche Vorspeise oder ein kleines Abendessen an einem heißen Som-

mertag: Man legt dicke Scheiben von einer frischen Ziegenkäserolle auf geröstete Brotscheiben, bestreicht sie mit Tapenade, läßt sie etwa 8–10 Minuten im heißen Rohr auf einem gebutterten Blech überbacken und serviert sie auf Mesclun-Salat.

Gigot d'aubergines
Gebackene Auberginenpaste

Zutaten:
4 längliche, eher kleine Auberginen, 2–3 gestiftelte Knoblauchzehen, frische Thymianblättchen, Olivenöl, Zitronensaft, Salz und Pfeffer, geriebene Muskatnuß und Cayennepfeffer
Zubereitungszeit: 60 Minuten

Backrohr auf 180° vorheizen.
Die Auberginen rundum mit einem spitzen Messer etwa zentimetertief einschneiden. In jeden Schnitt einen Knoblauchstift und Thymianblättchen stecken, in eine geölte Auflaufform legen. 30–45 Minuten Stunde im Rohr garen und dabei immer wieder wenden.
Diese Auberginen lauwarm oder kalt zur Vorspeise servieren. Dann schneidet man sie der Länge nach durch und beträufelt die Schnittflächen mit Olivenöl und Zitronensaft.
Oder man bereitet daraus **Caviars d'aubergines**, Auberginenkaviar. Dazu schabt man das Fruchtfleisch aus der Haut und vermischt es noch warm mit etwas Olivenöl, dem Saft einer halben Zitrone, würzt mit Salz, schwarzem Pfeffer, geriebener Muskatnuß und einer kleinen Prise Cayenne. Auf Brotscheiben oder ganz besonders apart auf Olivenbrot (s. Seite 430) servieren.

Anchoïade
Sardellensauce

Diese ungeheuer würzige und köstliche Paste wird ebenfalls auf gerösteten Brotscheiben kurz überbacken zum Aperitif serviert oder dient als Dip für rohes Gemüse.

Zutaten:
14 Sardellen in Salz, 6 feingehackte Knoblauchzehen, 2 feinst gehackte Schalotten, 1 EL Rotweinessig, 250 ml Olivenöl, die feingehackten Blätter von 8–10 Petersilienzweigen
Zubereitungszeit: 15 Minuten

Die Mittelgräten der Sardellen entfernen, die Filets spülen und trockentupfen. Mit dem Knoblauch und den Schalotten in einen Mixer geben und mit dem Essig zu einer Paste pürieren, den Mixer weiter- und das Öl langsam dazulaufen lassen. Die Petersilie dazugeben und alles noch mal pürieren, bis eine feine, sämige Sauce entstanden ist.
Wie im benachbarten Italien gibt es auch die Anchovissauce, die auf einem kleinen Öfchen warm auf den Tisch kommt und wie bei den Nachbarn zum Würzen von frischen Gemüsen benützt wird. Diese Vorspeise ist in der Gegend von Nizza zu Hause.

Salate

Der Provenzale beginnt das Essen sehr gerne mit einem Salat, im Gegensatz zu den anderen Franzosen, die den Salat meistens nach dem Hauptgericht zu sich nehmen. Da Salate oder auch die Crudités als eigene Vorspeise stehen, werden sie ganz besonders liebevoll und vielseitig gestaltet. Als Sauce dient immer eine **Vinaigrette à la provençale** mit Knoblauch und ausgesuchtem Olivenöl sowie einem exzellenten Rotweinessig. Der Knoblauch wird möglichst klein gewürfelt und dann mit dem Salz in der Schüssel fein zerrieben. Madame Rebattet, von der ich das lernte, hatte eine alte, sehr rauhe Tonschüssel; darin zerrieb sie das Salz und den Knoblauch mit ihrem Daumen zu einem Brei, gab Essig und Pfeffer dazu und, erst wenn sich das Salz aufgelöst hatte, auch das Olivenöl. Die Vinaigrette wurde dann mit einer Gabel so lange gequirlt bis eine homogene, dickliche Sauce entstand. In dieser wurde der gut getrocknete Salat (sie schleuderte ihn auf dem Hof in einem geschlossenen Sieb mit einem Arm wie eine Windmühle) ganz schnell und locker eingemischt.

Mesclun
Mischsalat

Mescla heißt auf provenzalisch »mischen«, und so ist schon klar, daß es sich hier um einen gemischten Blattsalat handelt. Die Mischung entsteht nicht nur durch verschiedene Salatsorten, je nach Jahreszeit wechselnde Wildkräuter ergeben erst die richtige Mixtur. So beginnt das Frühjahr mit Löwenzahnblättern, Kerbel und Brunnenkresse, später kommen dann Rucola und Portulak und der wilde Feldsalat dazu. Wichtig ist, daß neben einem knackigen Batavia auch der herbe Bindesalat und ein Frisée dabei sind. Zur Vinaigrette (s. oben) wird beim Mesclun gerne noch ein Teelöffel scharfer Senf aus Dijon gemischt; am Schluß gibt man warme Knoblauchcroûtons und eventuell ein gevierteltes, gekochtes Ei über den Salat.

Bei diesem Thema begibt man sich auf gefährliches Terrain, denn mindestens jeder zweite Provenzale wird einem lang und breit erklären, daß genau die beschriebene Variante eben nicht die ganz echte ist. Um keine Diskussion herauszufordern, zitiere ich hier Jacques Médesin, der aus Nizza stammt und lange Bürgermeister der Stadt am Mittelmeer war: »Welche Verbrechen werden an diesem reinen und frischen Salat begangen, der auf Tomatenbasis zubereitet wird und außer den Eiern ausschließlich rohe Zutaten enthält; der ohne Essig angemacht wird, dessen Tomaten dreimal gesalzen und mit einem Schuß Olivenöl übergossen werden! Ich bitte inständig alle diejenigen, die den Ruf der einheimischen Küche wahren wollen, niemals auch nur die geringste Menge gekochtes Gemüse oder eine Kartoffel in den Nizza-Salat zu geben.«
Ich gestehe gleich, ich blanchiere die grünen Bohnen, weil ich sie roh nicht mag, und ich verwende auch etwas Rotweinessig in der Sauce. Aber hier das Originalrezept:

Zutaten für 4 Personen:
10 mittelgroße Tomaten, 3 hartgekochte Eier, 12 Anchovisfilets in Olivenöl (oder eine Dose Thunfisch à 300 g), 1 große Gurke, 2 grüne Paprikaschoten, 6 kleine frische Zwiebeln, 200 g kleine grüne Bohnen und/oder 12 kleine, frische Artischocken in hauchdünnen Scheiben, 1 Knoblauchzehe, 100 g schwarze Nizza-Oliven
Für die Sauce: 6 EL Olivenöl, 6 Basilikumblätter, Salz und Pfeffer
Zubereitungszeit: 20 Minuten

Die Tomaten in Viertel schneiden und ein erstes Mal am Brett leicht salzen. Die Eier ebenfalls in Viertel schneiden. Die Anchovisfilets in 3 oder 4 Stücke teilen (oder den Thunfisch mit einer Gabel zerpflücken). Die geschälte Gurke in dünne Scheiben schneiden. Die grünen Paprikaschoten, die Zwiebeln und die Bohnen in dünne Ringe schneiden. Alle Zutaten mit Ausnahme der Tomaten und Eier in eine mit zwei Knoblauchzehenhälften ausgeriebene Schüssel geben.
Aus Olivenöl, gehacktem Basilikum, Salz und Pfeffer eine Sauce mischen, über den Salat geben, die Tomatenstücke nochmals salzen und mit den Eiern auf den Salat legen. Vor dem Servieren im Kühlschrank durchziehen lassen.

Variation: Um den ursprünglichen Nizza-Salat noch sättigender zu machen, wurde altbackenes Brot in Brocken in den Salat gemischt. Aus dieser Variante entwickelte sich das **Pan bagnat**. Zu diesem Zweck gibt es heute speziell gebackene, runde Brote mit etwa 20 Zentimeter Durchmesser. Die werden so halbiert, daß ein Deckel und ein Boden entsteht, das weiche Innere wird herausgelöst und die Innenseite von Deckel und Boden wird mit Knoblauch eingerieben, mit Essig bespritzt, und mit Olivenöl getränkt, leicht gesalzen und gepfeffert. Dann füllt man Nizza-Salat ein und klappt das Sandwich zu, stellt es noch kalt und hat ein köstliches Mahl für ein Picknick oder eine Zwischenmahlzeit.

Pois chiches en salade
Kichererbsensalat

Sehr beliebt sind in der Provence die bei uns eher unbekannten Kichererbsen. In den ländlichen Haushalten sind sie als billiges, sättigendes und wohlschmeckendes Nahrungsmittel immer vorrätig.
Man backt aus dem Mehl der Kichererbsen Brot, man ißt sie als Salat zur Vorspeise, aber auch als deftige Suppe an einem Winterabend. In Isle-sur-la-Sorgue stand am wunderschönen Sonntagsmarkt, der sich durch die Altstadt und an den Flußläufen entlangzieht, immer an der gleichen Ecke ein Bauer, der nichts anbot außer Kichererbsen. In rohem Zustand und als Salat. Und den ganzen Tag pries er mit lauter Stimme die Kichererbse, um auch den letzten ahnungslosen Touristen zu überzeugen. Wenn Sie es probieren wollen, kaufen Sie sich eine Dose Kichererbsen und erwärmen die Kugeln kurz in heißem Wasser. Abgießen und noch heiß mit Olivenöl, Rotweinessig, Knoblauch, Salz und Pfeffer anmachen. Einige kleingehackte Zwiebeln und in Würfel geschnittene Tomaten dazugeben. Mindestens eine Stunde bei Zimmertemperatur ziehen lassen. Mit frisch gehackter Petersilie bestreuen und servieren. Genauso macht man auch Salat aus weißen Bohnenkernen und Puffbohnen.

Crudités
Rohkost nach Art der Provence

Nur in der Provence gibt es die frischen Gemüse auf diese ganz besondere Art als Vorspeise. Alle Sorten von frischen Gemüsen, die gerade Saison haben, werden in großen Schüsseln, die mit Salatblättern ausgelegt sind, auf den Tisch gebracht. Dazu gehören frische saftige Zwiebeln, Stangensellerie, frische Puffbohnenkerne, vor allem noch die ganz kleinen, geviertelten Tomaten, Zucchinischeiben, Blumenkohl und Brokkoliröschen und was Sie sonst noch alles finden können. Dazu gibt es dann die verschiedenen Saucen zum Stippen: entweder Aïoli im Alleingang oder Anchoïade oder Pistou (s. Seite 372, 373 und 377) oder aber mehrere Saucen zusammen, das macht die Rohkostvorspeise so richtig vielfältig.

Tomates au thon
Tomaten mit Thunfischfüllung

Thunfisch wird in der Provence hochgeschätzt; in der Thunfischsaison im August und September legten die Hausfrauen an der Mittelmeerküste den Fisch in kleinen Holzfässern mit Olivenöl ein und hatten so lange Zeit einen Vorrat für viele leckere Vorspeisen.

Zutaten für 4 Personen:
8 schöne runde Tomaten, 4 hartgekochte Eier, 3 Anchovisfilets, 60 g Kapern,
1 Dose Thunfisch in Olivenöl, 3 EL Mayonnaise, Salz und Pfeffer
Zubereitungszeit: 20 Minuten

Den Tomaten am Stiel einen Deckel abschneiden. Mit einem Löffel die Kerne und das Fruchtfleich ausschaben. Tomaten innen salzen und pfeffern, dann kopfüber auf Küchenkrepp abtropfen lassen.
In dieser Zeit Eier und Anchovis zerkleinern und durch ein Sieb drücken; gut die Hälfte der Kapern kleinhacken und den Thunfisch in kleine Stücke zerpflücken. Alle Zutaten mischen, mit Mayonnaise glattrühren und in die Tomaten füllen. Auf einer Platte anrichten und mit den ganzen Kapern garnieren.

Entrées chaudes

Die folgenden Rezepte sind kleine warme Gerichte, die gerne beim großen Diner als Zwischengericht serviert werden, aber auch abends nach einem Salat oder einer Suppe als Hauptgericht ausreichen.

Caillettes provençale
Hackfleischbällchen mit Mangold

Diese in Schweinenetz gewickelten Fleischbällchen gibt es in jeder Metzgerei zu kaufen; mit Mangoldgemüse oder Tomatensauce in die Auflaufform gesetzt und überbacken, sind sie ein schnelles Mittagsmahl. Auf der Ferme im Rhônetal war das oft das Mittagessen am Markttag, mit einem Salat vorneweg. Die Caillettes kaufte Madame immer bei dem gleichen Metzger in den Hallen, denn auf diesem Gebiet wurden keine Experimente gemacht.

Zutaten für 4 Personen:
500 g Mangold, 100 g Speckwürfel, 500 g gemischtes Hackfleisch, 1 Bund feingehackte Petersilie, 1 Ei, 1–2 Schweinenetze (beim Metzger vorbestellen), ca. 150 ml Weißwein, Salz und Pfeffer
Zubereitungszeit: 60 Minuten

Backrohr auf 200° vorheizen.
Mangold putzen und in Streifen schneiden; dann in kochendem Wasser 15 Minuten blanchieren, abtropfen lassen und ganz fein hacken. Speck würfeln und kurz anbraten. Nun alle Zutaten mischen, salzen und pfeffern.
Die Schweinenetze kurz in lauwarmem Wasser einweichen, dann auf dem Küchentisch ausbreiten und in Vierecke schneiden. Die Fleischmasse in 8 Teile teilen, Bällchen formen und jedes in ein Schweinenetz wickeln. Die Päckchen in eine geölte Bratform legen. In das vorgeheizte Backrohr schieben und 10 Minuten anbraten. Nach und nach Weißwein zugießen. Die Caillettes sind nach rund 30 Minuten fertig und werden in der Form als warmes Zwischengericht serviert oder wie oben erwähnt weiter verwendet.

Variation: Statt Petersilie fein zerstoßene Wacholderbeeren als Gewürz verwenden und der Hackfleischmasse etwas Schweineleber beimischen.

Papeton d'aubergines
Auberginenflan

Das Rezept stammt aus Avignon, wo hundert Jahre die Päpste residierten. Mit ihrer Hofhaltung und ihren Ansprüchen, aber auch durch die ungeheuren Menschenmassen, die sie anzog, bescherten sie der Küche der Provence eine ganz neue Richtung und Vielfalt. Dieses Auberginenpapeton soll eines der Lieblingsgerichte der Päpste gewesen sein (daher auch der Name), aber man muß kein Papst sein, um es köstlich zu finden.

Zutaten für 4 Personen:
8 kleine Auberginen, 3 ganz fein gehackte Schalotten, 2 gehackte Knoblauchzehen, Olivenöl, 1 Bouquet garni aus Thymianzweigen und Lorbeerblatt, 5 Eier, Salz und Pfeffer
Zubereitungszeit: 60 Minuten

Auberginen in Scheiben schneiden und mit Salz bestreut gut 30 Minuten ziehen lassen. Den ausgetretenen Saft abspülen und die Scheiben trockentupfen. Anschließend in Würfel schneiden.
Das Backrohr auf 150° vorheizen.
Schalotten und Knoblauchzehen im Olivenöl andünsten, Aubergine und Bouquet garni dazugeben. Bei milder Hitze dünsten, bis das Auberginenfleisch weich ist; dabei immer wenden, Auberginen setzen leicht an. Das Bouquet entfernen, die Masse leicht abkühlen lassen und in die mit dem Schneebesen verquirlten Eier mischen. (Manche geben die Auberginen zuerst in einen Mixer und pürieren sie, aber das ist Geschmackssache.)
Die Masse mit Salz und Pfeffer würzen und in eine gebutterte Auflaufform geben. Sie können auch pro Person ein kleines Förmchen füllen. In ein heißes Wasserbad stellen und im Rohr garen, bis die Eiermasse fest ist (die Portionsförmchen brauchen gut 30 Minuten, eine große Form entsprechend länger). Auf Teller stürzen und mit Tomatensauce (s. Seite 371) servieren.

Petits farcis provençaux
Gefülltes provenzalisches Gemüse

Im Sommer, wenn die Gärten von Gemüsen überquellen, nimmt dieses Entrée chaude in ländlichen Haushalten nach einem Salat den Platz des Hauptgerichts ein. Die einzelnen Gemüse sollten daher von kleinerem Format sein.

Zutaten für 4 Personen:
3 Auberginen, 3 Zucchini, 6 Tomaten, 6 Zwiebeln, 3 EL Olivenöl, 3 feingehackte Knoblauchzehen, 500 g grobgehacktes Kalbfleisch von der Schulter, 100 g Schweinehack, 1 Bund gehackte Petersilie, 2 Eier, 3 EL frisch geriebener Parmesan, ca. 100 g gekochter Reis, 1 TL frische Thymianblättchen, Salz und Pfeffer
Zubereitungszeit: 60 Minuten

Backrohr auf 180° vorheizen.
Auberginen und Zucchini längs halbieren, den Tomaten am Stielansatz einen Deckel abschneiden, die Zwiebeln schälen und einen Deckel abschneiden. Das Gemüse mit einem Löffel aushöhlen und einen 2–3 Zentimeter dicken Rand stehen lassen. Die ausgehöhlten Gemüse innen leicht salzen und mit Olivenöl benetzen.
Den Knoblauch und das ausgehöhlte Fruchtfleisch fein hacken und in einer Pfanne mit Olivenöl anbraten. Das Fleisch dazugeben und unter Rühren anbraten, salzen und pfeffern, etwas abkühlen lassen. Dann mit Thymian, Petersilie (etwas zum Garnieren aufheben), Eiern, Parmesan und Reis vermischen und in das Gemüse füllen.
Die gefüllten Gemüse in eine mit Olivenöl ausgepinselte Auflaufform setzen, mit Olivenöl beträufeln und im Rohr gut 45 Minuten backen. Während des Backvorgangs immer wieder etwas Wasser nachgießen und den Bratensatz über das Gemüse träufeln.
Die Gemüse auf eine große Platte setzen und mit Petersilie bestreut servieren.

Variation: Wenn ich die Petits farcis für die Familie als Hauptmahlzeit mache, bedecke ich den Boden der Auflaufform mit 6–8 geschälten und gewürfelten Tomaten, die mit einer Mischung aus gehackter Petersilie und Knoblauch bestreut, gesalzen und gepfeffert werden. Auf dieses Tomatenbett setze ich die gefüllten Gemüse. Aufgegossen wird auch mit Wasser.

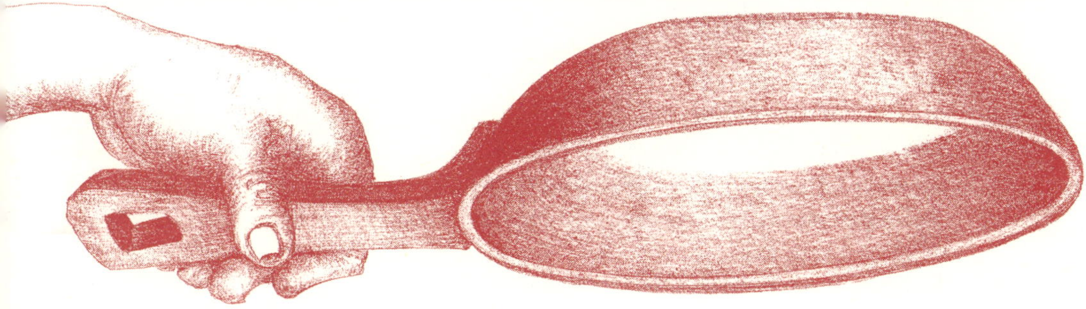

Omeletts

Vergessen Sie alles, was Sie über Omeletts gehört haben, das provenzalische Omelett ist etwas anderes. Es ist warm, ein Zwischengericht oder eine Vorspeise. Kalt wird es zum Picknick mitgenommen. Damit ist schon klar, daß es von einer festen Konsistenz ist und ganz durchgebacken werden muß.

Omelette aux tomates
Tomatenomelett

»Die Jagdtaschen waren immer reichlich gefüllt, aber wir vertilgten alles bis auf den letzten Krümel. Während wir die Tomatenomeletts verspeisten – die kalt besonders köstlich schmecken – brieten die Koteletts auf einem Feuer aus Rosmarinzweigen.
Manchmal langte Onkel Jules mit vollem Mund nach seiner Flinte und schoß durch die Zweige in den Himmel auf irgend etwas, das niemand gesehen hatte. Dann fiel eine Ringeltaube, ein Pirol oder ein Sperber herunter.«
So schrieb Marcel Pagnol in seinen Kindheitserinnerungen – eine Bibel für alle Provence-Süchtigen und auch eine Fundgrube für traditionelle Eßgewohnheiten der Provence.

Zutaten für 4 Personen:
Olivenöl, 6 geschälte und entkernte Eiertomaten, 2 EL gehackte Knoblauch-Petersilien-Mischung, 6 Eier, Salz und Pfeffer
Zubereitungszeit: 20 Minuten

In einer Pfanne etwas Olivenöl erhitzen und die kleingeschnittenen Tomaten mit den Kräutern, Salz und Pfeffer dünsten, bis die Flüssigkeit verdampft ist. Die Eier in einer Schüssel verquirlen und die abgekühlte Tomatensauce untermischen.
In einer beschichteten Pfanne Olivenöl erhitzen, aber nicht zu heiß werden lassen, und das Eiergemisch einfließen lassen. Wenn man das Gefühl hat, das Omelett ist auf der Unterseite gut gebacken, dreht man es mit Hilfe eines Omelettwenders oder eines großen, flachen Topfdeckels um und backt die andere Seite goldgelb.

Variation: Man dünstet mit den Tomaten noch zehn schwarze, kleingehackte Oliven, 2 Eßlöffel Kapern und fünf kleingehackte Anchovisfilet mit.
Auf die gleiche Art bereitet man alle provenzalischen Omeletts, egal ob mit Spinat, Mangold, einem Rest Ratatouille oder was Ihnen sonst noch einfällt. Die Gemüse werden immer in Begleitung von Knoblauch vorgedünstet, leicht abgekühlt unter die Eiermasse gemischt und von beiden Seiten wie oben beschrieben gebacken und dann nach Geschmack mit Käse bestreut.

Pissaladière
Zwiebelkuchen mit Anchovis

Der Name kommt von der Fischpaste *pissala,* die traditionell auf den Zwiebelkuchen gestrichen wird, sie kann aber durch Anchovisfilets ersetzt werden.
Die Pissaladière kann man sowohl mit Blätterteig als auch mit Brotteig zubereiten. Der Zwiebelbelag muß in jedem Fall dick und reichlich sein. Wenn Sie es eilig haben, kaufen Sie einen Blätterteig, wenn Sie Zeit haben, machen Sie die Pissaladière nach traditioneller Art und kneten einen Brotteig (s. Seite 428). In der Gegend um Nizza hat man es allerdings leichter, da kann man beim Bäcker fertigen Brotteig kaufen.

Zutaten für 4 Personen:
500 g Blätterteig oder Brotteig aus 500 g Mehl (s. Seite 428)
Für den Belag: 3 kg Zwiebeln, in feine Ringe geschnitten, 4 zerdrückte Knoblauchzehen, 1 Bouquet garni, 1 EL Olivenöl, Anchovisfilets in Olivenöl, schwarze Niçoise-Oliven, Salz und Pfeffer
Zubereitungszeit (ohne Wartezeiten): 45 Minuten

Nach Wunsch einen Brotteig nach der Anleitung auf Seite 428 zubereiten. Während er geht, die Zwiebeln mit Knoblauch und dem Bouquet garni im Olivenöl sanft dünsten, salzen und pfeffern. Die Zwiebeln sollen ganz weich und gar sein, aber keinesfalls bräunen. Das Bouquet entfernen und die Zwiebelmasse leicht abkühlen lassen.
Das Backrohr auf 180° vorheizen.

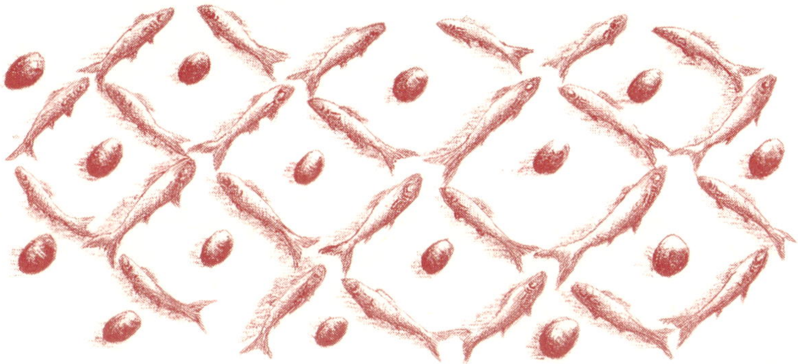

Den Brotteig fingerdick ausrollen und auf ein geöltes Backblech legen; 10 Minuten ruhen lassen, damit er etwas trocknet. Nun die Zwiebelmasse mit einem Holzspatel auf dem Teig verteilen, und aus den Anchovis ein Gittermuster auf die Zwiebeln legen. In jedes Gitterfenster eine schwarze Olive drücken.
Im heißen Backrohr 30 Minuten backen und heiß oder lauwarm servieren.

Sardines en escabèche
Eingelegte Sardinen

Die Mittelmeerküste im Bereich der Provence ist reich an Felsenfischen. Für ein Entrée eignen sich gerade die kleinen, vor allem die Sardinen. Mit der Sardine als Basis gibt es eine Vielfalt an Gerichten. Wenn ich Glück habe, gibt es die kleinen Fische beim Händler schon ausgenommen oder filetiert, und dann bereite ich mit großer Begeisterung Entrée mit Sardinen zu.

Zutaten für 4 Personen:
1 kg ausgenommene Sardinen, Mehl zum Wenden, Öl zum Anbraten,
ca. 250 ml Olivenöl, 3 gehackte Zwiebeln, 3 Karotten in dünne Scheiben geschnitten, 3 ungeschälte, zerquetschte Knoblauchzehen, 2 EL Thymianblättchen,
2 EL Majoranblättchen, 2 Lorbeerblätter, 125 ml Rotweinessig, Salz und Pfeffer
Zubereitungszeit: 30 Minuten
Ruhezeit: einige Tage

Die ausgenommenen, aufgeklappten Sardinen in etwas Mehl wälzen und in geschmacksneutralem Öl (in der Provence wird dazu gerne Erdnußöl genommen) kurz und scharf von beiden Seiten anbraten. Auf Küchenkrepp abtropfen lassen, dann die Fische nebeneinander in eine weite Schüssel legen.
Die Pfanne kurz auswischen und Zwiebeln, Karotten, Knoblauch und Kräuter mit etwas Olivenöl andünsten. Mit dem Essig ablöschen und den Rest Olivenöl langsam dazugeben. Die Menge ist Geschmackssache und hängt davon ab, wie sauer Sie es lieben. Probieren Sie es aus. Die Marinade 20 Minuten köcheln lassen, mit Salz und Pfeffer abschmecken und noch kochend über die Fische geben. Einige Tage zugedeckt ziehen lassen und dann erst servieren.

Variation: Sardinen mit würziger Tomatensauce mariniert: Zwiebeln, Knoblauch, Thymian, Basilikum, Salbei und Lorbeerblatt in Olivenöl andünsten, mit Weißwein und Tomatenwürfeln löschen und eine halbe Stunde köcheln lassen. Damit gebackenen Fische bedecken und 2–3 Tage ziehen lassen. Mit frisch gehackter Petersilie bestreut servieren.

Sardines grillées
Gegrillte Sardinen

Ganz besonders gut fand ich die Sardinen, die eine Frau auf dem Campingplatz von Stes.-Maries-de-la-Mer gemacht hat. Sie lebte den ganzen Sommer dort mit ihren Kindern, der Oma und einer Tante. Zwei riesige Zelte waren in der vordersten Reihe direkt am Meer aufgebaut, ein riesiges Sonnensegel verband die beiden Schlafzelte und diente als Sommerküche und Eßzimmer. Die Männer kamen nur am Wochenende und verbrachten die meiste Zeit mit Angeln und Muschelnsammeln. Zu Anfang und zum Ende der Ferien mußten die Männer dreimal zwischen der dunklen Stadtwohnung in Avignon und dem Meer hin und her fahren, um Gummibäume, Kühlschrank, Fernseher und all das andere Hab und Gut, das man eben für einen Campingurlaub braucht, zu transportieren. Unsere Kinder waren von dieser Art des Sommerlebens fasziniert, und so kamen wir ins Gespräch und ich zu den besten Sardinen. Mit einem ganz gewöhnlichen Gartengrill lassen sich diese Fische sehr gut auch zu Hause zubereiten.

Zutaten pro Person:
5 küchenfertige, frische Sardinen, etwas Olivenöl zum Bestreichen, Salz
Für die Kräuterbutter: 100 g weiche Butter, 2 gepreßte Knoblauchzehen, Saft einer Zitrone, 1 Bund feingehackte Petersilie
Zubereitungszeit: 15 Minuten

Die Butter mit den angegebenen Zutaten vermischen und beiseite stellen. Die geputzten und ausgenommenen Sardinen mit Olivenöl bestreichen und in einer Fischklammer auf dem Grill aufreihen und über einer sanften Holzkohlenglut schonend von beiden Seiten braten. Zum Abtropfen auf ein Papier legen und dann auf einer großen Platte anrichten. Die heißen Fische mit einem Klecks Kräuterbutter belegen und salzen. Sofort mit knusprigem Landbrot essen.

Rougets de roche au pistou
Rotbarben mit Basilikumsauce

Die kleinen, im Geschmack sehr außergewöhnlichen Fische sind eine Spezialität des Mittelmeeres und werden ganz oder als Filet serviert. Den ganzen Fisch nehmen Spezialisten nicht einmal aus, denn die Rotbarben haben keine Galle; deswegen sind ihre Innereien etwas für Kenner.
Wenn man sie also auf dem Grill, wie oben bei den Sardinen beschrieben, machen möchte, läßt man sie ungeputzt. Die großen Schuppen macht man erst am Teller weg, denn nur so bleibt die zarte, wohlschmeckende rote Haut am Grillfeuer unversehrt. Man salzt die ganzen Fische, beträufelt sie mit Zitronensaft und grillt sie über Holzfeuer oder auf einer Grillpfanne in sehr heißem Olivenöl. Auf jeden Teller gibt man in die Mitte 2 Eßlöffel Pistou (Rezept Seite 373) und legt die gebratenen Fischchen darauf. Mit knusprigem Weißbrot servieren.

Die Suppen

Suppen haben in der Provence wie in ganz Frankreich einen hohen Stellenwert; von alters her wurde eigentlich jeden Abend eine Suppe gegessen. Auf dem Land ist das heute nicht anders, und vor allem im Winter, wenn der Mistral übers Land pfeift und durch alle Ritzen dringt, holt man sich vor dem Zubettgehen die nötige Wärme von einem Topf heißer Suppe.

Aïgo boulido
Provenzalische Knoblauchsuppe

Eine Suppe gilt als die wahre Suppe der Provence und wird in allen größeren und kleineren Notlagen gegessen, zum Beispiel nach großen Festen und am Tag nach Weihnachten, wenn der Magen vom Gros souper restlos überanstrengt ist.

Zutaten für 4 Personen:
6–8 kleingeschnittene Knoblauchzehen, 1 Salbeizweig, 2–3 Stengel Thymian, 2 Lorbeerblätter, Salz und Pfeffer
Zubereitungszeit: 30 Minuten

Die Zutaten mit einem Liter Wasser 15 Minuten durchkochen und mit Salz und Pfeffer abschmecken. Die Suppe noch 10 Minuten auf kleinster Flamme ziehen lassen. Die Kräuter vor dem Servieren entfernen. Es gibt nun mehrere Variationen, wie diese Aïgo Boulido serviert wird.

1. In jeden Suppenteller eine getoastete Scheibe Weißbrot legen, die Suppe draufschöpfen.
2. In jeden Suppenteller eine getoastete Scheibe Weißbrot, geriebenen Gruyère und einige Tropfen Olivenöl geben und mit Suppe auffüllen.
3. In jeden Suppenteller Brot, Eigelb und Olivenöl geben und mit Suppe auffüllen.
4. Als Resteverwertung: In jeden Suppenteller einen Rest Aïoli geben, die Suppe darübergießen und getoastetes Weißbrot dazu essen.

Bouillabaisse
Fischsuppe der Provence

Diese Fischsuppe ist in der ganzen Welt berühmt und eine der ältesten Fischsuppen Frankreichs. Namentlich erwähnt wurde das Rezept zum ersten Mal 1785 im *Dictionnaire de Provence et du Comte Venaissin.* Dieses mit königlicher Erlaubnis in Marseille gedruckte Buch gibt folgende Definition der Suppe: »Ausdruck der Fischersprache, eine Art Ragout, das dadurch hergestellt wird, daß man Fische im Meerwasser kocht. Man sagt *bouille-baisso,* weil der Topf nach dem Aufkochen *(bouillir)* vom Feuer gezogen *(abaissé)* wird.« Dies geschieht nach 20 Minuten. Da im 18. Jahrhundert die meisten Suppentöpfe durchaus einen Tag über dem offenen Kaminfeuer hingen, ist das schon ein besonderes Merkmal dieser Fischsuppe – ein Kochen *à la minute* für damalige Verhältnisse. Die große Zeit der Bouillabaisse begann um die Mitte des 19. Jahrhunderts und erreichte ihren Höhepunkt um 1900. Alle echten Rezepte stammen aus dieser Zeit. Was die Variationen angeht, so handelt es sich dabei hauptsächlich um Gewürze. Die wichtigsten sind Orangenschale, Thymian, ein Bouquet garni und Weißwein, eventuell auch Karotten. In jener Zeit blieb auch das Meerwasser als Suppengrundlage auf der Strecke. Seither verwendet man eine Fischbrühe. Die Zubereitung dieses sogenannten Fumet ist das gehütete Geheimnis der großen Köche, ebenso das Marinieren der Fische mit Olivenöl, Safran und Anislikör. Dann die Streitfrage, wann der Safran hinzugegeben werden soll. Der goldene Mittelweg ist wohl, einen Teil des Safrans zum Marinieren der Fische zu verwenden und den anderen Teil eine Minute vor dem Servieren mit etwas Pastis in die Suppe zu rühren. Wichtig ist jedoch vor allem eine möglichst große Vielfalt an Fischen und Meeresfrüchten. Bereiten Sie die Suppe daher nur für einen größeren Personenkreis zu.

Zutaten für 8–10 Personen:
3 kg möglichst bunt gemischte Fische und Meeresfrüchte (z.B. Anglerfisch, Drachenkopf, Petersfisch, Seeteufel, Meeraal, Knurrhahn, Krabben oder Langusten)
Zum Marinieren: etwas Olivenöl, 2 Prisen Safran, zwei zerstoßene Knoblauchzehen, gehackte Petersilie
Für die Suppe: 60 ml Olivenöl, 500 g reife, grob zerkleinerte Tomaten, Karotten in Scheiben, 1 Lauchstange und 2 Zwiebeln, in dünne Scheiben geschnitten, 1 Zweig Rosmarin, Thymian und Fenchelgrün, 1 Lorbeerblatt,

1 längeres Stück getrocknete Orangenschale, 6–8 Knoblauchzehen, 10 Petersilienzweige, ½ l Weißwein, 4 Prisen Safranfäden, 1–2 EL Pastis, Salz und frisch gemahlener Pfeffer
Außerdem: Aïoli oder Rouille (siehe Seite 372 und 374) sowie Knoblauchbaguette zum Servieren
Zubereitungszeit: 70 Minuten

Fische putzen, waschen und filetieren (oder vom Fischhändler vorbereiten lassen und Abfälle mitnehmen). Die Filets in größere Stücke schneiden und mit den oben angegebenen Zutaten marinieren.
In dieser Zeit den Sud, das sogenannte Fumet, zubereiten. Dazu in einem großen Topf das Olivenöl erhitzen und die Köpfe und Gräten bei schwacher Hitze und unter ständigem Rühren andünsten, die Gemüse, Kräuter und Gewürze dazugeben (bis auf Safran und Pastis) und weitere 5 Minuten andünsten. Nun einen Liter Wasser und den Weißwein hinzugießen, aufkochen und dann 45 Minuten leise wallen lassen.
Während dieser Zeit können Sie die Aïoli oder Rouille nach den Beschreibungen auf Seite 372 und 374 zubereiten.
Nach der Garzeit den Sud durch ein großes Sieb in einen frischen Topf schütten. Die größten Gräten und Köpfe entfernen und das übriggebliebene Gemüse durch ein feines Sieb streichen. Nun alles wieder erwärmen, die Fischstücke einlegen, die festeren zuerst, die weicheren etwa 4 Minuten später. Die Fische in insgesamt 10 Minuten gar ziehen lassen. In den letzten 2 Minuten die Safranfäden und den Pastis dazugeben.
Die Fischstücke auf eine vorgewärmte Platte legen, die Suppe in eine Terrine füllen und zusammen mit den Saucen und geröstetem Knoblauchbaguette servieren. Jeder nimmt sich Fisch auf den Teller, gießt heiße Suppe darüber und würzt mit den Saucen.

Variation: Eine andere sehr bekannte und eigentlich noch eher ländliche Fischsuppe der Provence ist die **Bourride**. Sie wird mit verschiedenen Weißfischen sehr ähnlich wie die Bouillabaisse gemacht. Es fehlen nur die Tomaten und der Safran, und so ist die Suppe nicht rotorange, sondern hell und gelb. Das typische Gewürz ist diesmal der Fenchel, 1–2 TL Fenchelsamen mit den anderen Kräutern und Gemüsen mitdünsten; und es gibt Aïoli dazu und keine Rouille.

Soupe au pistou
Gemüsesuppe mit Basilikumsauce

Diese Suppe kennt viele Variationen. Wichtig ist nur, daß die Grundzutaten vorhanden sind: frische oder im Winter trockene Bohnenkerne, Tomaten, Zucchini, kleine Nudeln und natürlich Pistou. Alle anderen Gemüse ranken sich um diese Zutaten herum und sind in jeder Variation einfach gut. Wichtig ist auch noch, daß die Suppe langsam, insgesamt 2–3 Stunden auf dem Herd vor sich hinköchelt.

Zutaten für 4-6 Personen:
1 kg frische oder 500 g getrocknete weiße Bohnenkerne, 500 g grüne Bohnen, 6 Tomaten, 4 nicht zu große Zucchini, 3 Karotten, 2 Knoblauchzehen, 1–2 Zwiebeln, 100–200 g kleine Nudeln, Salz und Pfeffer
Außerdem: Pistou zum Servieren (s. Seite 373)
Zubereitungszeit: 3½ Stunden

Getrocknete Bohnenkerne mehrere Stunden in kaltem Wasser einweichen, vor dem Verarbeiten abgießen.
Das frische Gemüse, Knoblauch und Zwiebeln ganz klein schneiden. 3 Stunden vor der geplanten Essenszeit 5 Liter Wasser mit Salz und Pfeffer zum Kochen bringen und die Bohnenkerne dazugeben. 30 Minuten später das restliche Gemüse hinzufügen.
Die Suppe ungefähr 2½ Stunden kochen lassen und immer mal wieder mit einem Holzlöffel umrühren. Nach 2½ Stunden Kochzeit die Nudeln dazugeben. Wollen Sie die Suppe nicht zu dick, nehmen Sie nur eine gute Handvoll Nudeln. Im Winter oder wenn die Suppe eine Hauptmahlzeit sein soll, nehmen Sie die doppelte Menge.
Während die Suppe vor sich hin kocht, haben Sie im Sommer genug Zeit, Ihr Pistou zu machen. Im Winter muß man auf Pistou aus der Tiefkühltruhe zurückgreifen. Die Suppe in die Terrine füllen, 4–5 Eßlöffel Pistou einrühren und eine große *bol* Pistou auf den Tisch stellen, damit sich jeder nach Lust und Laune seine Suppe nachwürzen kann.

Gemüsegerichte, mehr als nur Beilage

Bei diesem so wichtigen Kapitel in der Küche der Provence möchte ich die am häufigsten verwendeten Gemüse der Reihe nach mit einigen Rezepten erwähnen, so daß Sie je nach Saison schnell das Passende finden können. Ich habe vor allen Dingen versucht, die nicht so bekannten Gemüserezepte zusammenzustellen, denn so gut ein Ratatouille ist, es ist einem fast so vertraut wie Spaghetti Bolognese. Mit Mangold gefüllte Tomaten oder Aubergines bonne femme sind umwerfend und überraschend gut.

Eine Auflaufform aus Ton, rechteckig oder oval und mit einem ungefähr 10 Zentimeter hohen Rand, provenzalisch *tian*, sollten Sie sich, wenn Sie in die Gemüseküche der Provence einsteigen wollen, unbedingt anschaffen.

Vor den nun folgenden einzelnen Rezepten möchte ich noch die provenzalischste Art der Gemüsezubereitung erklären. Auf diese Art werden sowohl grüne Bohnen, weiße Bohnenkerne wie auch Champignons, Courgettes oder Zucchini, Fenchel oder auch Kartoffeln und Reis zubereitet. Es heißt dann immer: … *à la provençale.* Dazu hackt man ein großes Bund Petersilie mit 2–3 Knoblauchzehen fein, dünstet die Mischung in etwas Olivenöl leicht an und schmort das jeweilige Gemüse darin bei sanfter Hitze. Man gibt manchmal noch eine kleingehackte Zwiebel oder 2 gewürfelte, geschälte Tomaten dazu. Oder die Petersilie wird bei Courgettes durch gehacktes Fenchelgrün ersetzt. Es gibt keine bessere Art, Gemüse zu bereiten, denn da bleiben alle im Gemüse so reich enthaltenen Mineralien und Aromen erhalten und werden nicht mit dem Kochwasser in den Ausguß geschüttet.

Artichauts à la barigoule
Artischocken in Kräutern

Artischocken sind in der Provence sehr beliebt. Im Gegensatz zu den Kollegen aus der Bretagne sind sie klein und lilarot geflammt. Im Frühjahr verspeist man sie mit Vinaigrette, Anchoïade oder Aïoli roh. Am verbreitetsten sind die Artischocken in Kräutern, und natürlich werden sie in jeder Region ein wenig anders zubereitet. So gibt es auch Diskussionen um ihren Namen. *À la barigoule* ist die französische Abwandlung des provenzalischen Wortes *farigoule* (Thymian). Die andere Möglichkeit ist *à la berigoule*, dann kommt der

Name von einem Pilz, der ähnlich zubereitet wird wie die Artischocken und in der Nähe von Arles wächst. Vor der Revolution trug man dort Hüte gleichen Namens, die in ihrer Form sowohl dem Pilz als auch der abgeschnittenen Artischocke glichen.

Zutaten für 4 Personen:
8–12 Artischocken (je nach Größe), Olivenöl, 2 Zwiebeln, halbiert und in dünne Scheiben geschnitten, 2 Karotten in dünnen Scheiben, 2 feingehackte Knoblauchzehen, 2–3 EL frische Thymianblättchen, 70 g ganz kleine Speckwürfelchen, 100–200 ml Weißwein, Salz und Pfeffer
Zubereitungszeit: 60 Minuten

Den Stiel und das obere Drittel der Artischocke abschneiden und wenn nötig mit einem Löffel die Blütenhaare ausschaben. Anschließend die Artischocken waschen.
In eine eiserne Pfanne mit Deckel, die so groß sein muß, daß alle Artischokken nebeneinander Platz haben, etwas Olivenöl, die Zwiebelringe und Karottenscheiben sowie die Hälfte des Knoblauchs und des Thymians geben. Das Gemüse leicht und hell andünsten.
Dann die Artischocken mit dem Stiel nach unten hineinsetzen und mit dem restlichen Knoblauch, Thymian und Speck bestreuen. Salzen und pfeffern und mit Olivenöl beträufeln. Bei mittlerer Hitze kurz andünsten, mit Weißwein löschen und nun mit geschlossenem Deckel sanft garen. Dabei immer wieder etwas heißes Wasser nachgießen. Die Garzeit beträgt je nach Größe der Artischocken 45–60 Minuten. Die Artischocken werden warm oder kalt am nächsten Tag zum Entrée gegessen.

Ail au four
Gebackene Knoblauchknollen

Knoblauch wurde schon immer als eigenständiges Gemüse und als Begleiter des Essens überhaupt betrachtet. Und im Frühjahr, wenn der erste frische Knoblauch geerntet wird, gibt es diese dicken, leicht rot gestreiften Knollen mit ihrer weichen Haut pur als Beilage zu Lammkeule oder auch zum Schweinebraten. Ich habe Knoblauch auf diese Art das erste Mal bei Zigeunern kennengelernt, die auf den Hof kamen, um neue Strohsitze für unsere Stühle zu flechten. Sie schmorten die Knollen in dicken Eisenpfannen in Olivenöl, und man drückte sich den Inhalt der weichen Knollen auf geröstetes Brot und streute etwas Salz drauf. Dazu gab's natürlich Rotwein.

Zutaten pro Person:
2 Knollen Knoblauch, Olivenöl, Salz und Pfeffer
Zubereitungszeit: 35 Minuten

Backrohr auf 190° vorheizen.
Die gewaschenen Knollen in eine geölte Auflaufform setzen und gut 30 Minuten im vorgeheizten Rohr braten. Ab und zu mit etwas heißem Wasser befeuchten und salzen und pfeffern.
In der Form auf den Tisch bringen oder die Knollen um eine aufgeschnittene Lammkeule anordnen.

Purée d'ail
Knoblauchpüree

Das Knoblauchpüree wird hauptsächlich als Beilage zu Lamm- und Schweinebraten gereicht und kann das ganze Jahr gekocht werden. 30 (oder noch viel mehr) geschälte Knoblauchzehen 5 Minuten in Wasser blanchieren und dann in frischem kochendem Wasser 5–10 Minuten weich kochen. Die Zehen aus dem Wasser nehmen und mit einem Schuß Sahne und einer Prise Salz zu einem Mus zerdrücken.

Aubergine

Diese glänzenden schwarzvioletten Früchte sind ein Gemüse des Südens, das nur unter der südlichen Sonne voll heranreift und seinen Wohlgeschmack entwickeln kann. In der Provence und im Languedoc soll es an die zweihundert Rezepte für Auberginen geben. Man nennt sie *gourmands-huile,* also Olivenöl-Liebhaber, weil sie viel Öl aufsaugen und nur mit einem guten Öl ihr volles Aroma entfalten.

Da die Aubergine auch reich an Bitterstoffen ist, läßt man sie bei fast allen Zubereitungsarten vor dem Garen eine halbe Stunde Saft ziehen; man salzt die Scheiben oder Würfel der Aubergine und läßt sie aufeinandergelegt ruhen; vor dem Kochen spült man Salz und ausgetretene Flüssigkeit ab und tupft das Gemüse wieder trocken.

Aubergine bonne femme
Auberginen nach Hausfrauen-Art

Hier nun ein einfaches Rezept, wenn Sie Auberginen als Beilage zu einem Fleischgericht bereiten möchten; sie ersetzen dann jede Kartoffel oder andere Beilage.

Zutaten für 4 Personen:
4 Auberginen, 1 Bund Petersilie, 2 Knoblauchzehen, Olivenöl, Salz
Zubereitungszeit: 50 Minuten

Die Auberginen würfeln, mit Salz bestreuen und etwa 30 Minuten Saft ziehen lassen; dann abspülen und mit einem Handtuch abtrocknen. In der Zwischenzeit Petersilie und Knoblauch fein hacken und vermischen.

Nun die Auberginenwürfel in Olivenöl anbraten. Immer wieder wenden, bis die Würfel goldbraun durchgegart sind. Mit Salz und der Petersilien-Knoblauchmischung bestreuen, noch 2 Minuten auf dem Herd lassen und auf den Tisch bringen.

In der Auberginen-Hochsaison macht man gleich eine größere Menge und hofft, daß etwas übrigbleibt, denn dann kann man den Rest des Gemüses am Abend für ein absolut köstliches Auberginen-Omelett verwenden.

Aubergines aux tomates
Auberginen mit Tomaten

Ein absoluter Klassiker und unbeschreiblich gut.

Zutaten für 4 Personen:
10 Auberginen, Olivenöl, 100 g geriebener Gruyère, Salz, Tomatensauce (s. Seite 371)
Zubereitungszeit: 90 Minuten

Auberginen der Länge nach in dickere Scheiben schneiden und eine halbe Stunde Saft ziehen lassen. In der Zwischenzeit nach dem Rezept auf Seite 371 die Tomatensauce zubereiten.
Nun in einer weiten Pfanne Olivenöl erhitzen und die abgetupften Scheiben der Reihe nach von beiden Seiten durchbraten. Anschließend auf Küchenkrepp abtropfen lassen.
Backrohr auf 200° vorheizen.
Eine Auflaufform mit Olivenöl auspinseln und den Boden dünn mit Tomatensauce bestreichen. Eine Lage Auberginenscheiben einschichten, mit Tomatensauce bestreichen. Vorgang wiederholen, bis die Zutaten aufgebraucht sind. Auflauf dick mit Käse bestreuen und im Rohr in rund 30 Minuten goldbraun überbacken.

Courgettes

Courgettes sind die kleinen Courges oder Kürbisse, die bei uns unter ihrem italienischen Namen Zucchini bekannt sind. Was deutlich zeigt, daß sie erst seit wenigen Jahrzehnten bei uns im Verkauf sind oder angebaut werden. Ich erinnere mich noch gut, als ich sie zum ersten Mal in Frankreich in einem Garten sah, mit ihren riesigen Blättern und zauberhaften sonnengelben Blüten. Als ich sie dann als Gratin kostete, hatte ich so richtig das Gefühl, ganz weit weg von zu Hause zu sein, in einem Land, wo sogar die Pflanzen fremd sind.
Die Provence produziert 60 Prozent der französischen Ernte, und dementsprechend gibt es Courgettes hier in den verschiedensten Formen und Farben, von weiß und rund bis gelb oder dunkelgrün und länglich. Gepflückt werden sie alle, wenn sie noch sehr klein und zart sind.

Courgettes au gratin
Zucchinigratin

Dieses Gericht ist auch hervorragend für zu groß gewordene Früchte geeignet, dann muß man sie allerdings vor Gebrauch schälen.

Zutaten für 4 Personen:
2 Zwiebeln, 8 Anchovisfilets, 6–7 Courgettes, Olivenöl,
geriebener Gruyère oder Emmentaler zum Überbacken
Für die Béchamelsauce: 40 g Butter, 40 g Mehl, ca. ½ l Milch, Salz, Pfeffer und frisch geriebene Muskatnuß
Zubereitungszeit: 60 Minuten

Die Zwiebel mit den Anchovisfilets zusammen klein hacken.
Für die Sauce die Butter in einer Kasserolle erhitzen und das Mehl einrühren und anschwitzen, mit dem Schneebesen die Milch langsam einrühren, bis eine cremige, sämige Sauce entsteht. Mit Salz, Pfeffer und Muskat würzen. Beiseite stellen.
Das Backrohr auf 200° vorheizen.
Die Courgettes in Scheiben schneiden und in kochendem Wasser kurz blanchieren. Abgießen und abtropfen lassen. Anschließend die Scheiben in einer Pfanne mit heißem Olivenöl goldbraun braten. Diese langwierige Arbeit lohnt sich. Anschließend in der gleichen Pfanne die Zwiebel-Anchovis-Mischung anbraten.
Zucchinischeiben in eine gefettete Gratinform schichten, die Zwiebel-Anchovis-Mischung darauf verteilen. Mit Béchamelsauce überziehen. Dick mit Käse bestreuen und im Backrohr in rund 30 Minuten goldbraun backen.

Variationen: Einige Stücke reife Tomaten zwischen die Courgettes stecken und ein paar schwarze Oliven einstreuen, eine Handvoll Basilikum im Vorbeigehen rupfen und fein gehackt in die Béchamelsauce geben oder die geliebte Petersilien-Knoblauch-Mischung unterheben.

Tian de courgettes et blettes
Zucchini-Mangold-Gratin

Zutaten für 4 Personen: 1 kg Courgettes, 300 g streifig geschnittene Mangoldblätter, Olivenöl, 1 Handvoll kleine Speckwürfel, 2 große Zwiebeln, halbiert und in dünne Scheiben geschnitten, 2 kleingewürfelte Knoblauchzehen, 3 Eier, 100 g geriebener Gruyère, 1 Handvoll streifig geschnittene Basilikumblätter, 100 g gekochter Reis, Salz und Pfeffer, Butter für die Form
Zubereitungszeit: 70 Minuten

Das Backrohr auf 200° vorheizen.
Den Stielansatz der Courgettes abschneiden und die Früchte als Ganze in kochendem Salzwasser weich garen, ebenso die Mangoldstreifen. Anschließend die Courgettes in einem Sieb mindestens 20 Minuten abtropfen lassen. Dann mit dem Mangold zusammen im Mixer pürieren, beiseite stellen.
Nun in einer Pfanne in etwas heißem Olivenöl den Speck, die Zwiebeln und den Knoblauch kurz andünsten.
In einer großen Schüssel die Eier verquirlen, den Gruyère, das Basilikum, das pürierte Gemüse, den Reis und die Speck-Zwiebel-Mischung dazu geben und alles gut vermischen. Mit Salz und Pfeffer abschmecken. Die Masse in eine gebutterte Auflaufform geben. Im Rohr in gut 30 Minuten schön goldbraun backen.

Tian de courge
Kürbis gebacken

Wenn der Hochsommer so langsam zur Neige geht, kommt die Zeit des größten und gewaltigsten Gemüses, der Kürbis hat Hochsaison. Praktisch ist an diesem Gemüse, daß die Riesenkugeln bis Januar oder auch Februar aufgehoben werden können und man auch noch im Winter die Farbe des Sommers mit einem Kürbisgericht auf den Tisch bringen kann.

Zutaten für 4 Personen:
1 kg gewürfeltes Kürbisfleisch, 1 dickes Bund gehackte Petersilie, 3 gehackte Knoblauchzehen, Blättchen von 8 Thymianzweigen, 150 g geriebener Gruyère, Olivenöl, Salz und Pfeffer, Semmelbrösel
Zubereitungszeit: 50 Minuten

Das Backrohr auf 200° vorheizen.
Kürbiswürfel in eine große Schüssel geben. Mit Petersilie und Knoblauch, Thymian und Käse sowie 5 Eßlöffeln Olivenöl vermischen. Kräftig mit Salz und Pfeffer abschmecken. Alles gut vermischen und in eine mit Olivenöl ausgestrichene, tönerne Auflaufform geben, mit Semmelbröseln bestreuen und nochmals mit Olivenöl beträufeln. Im Backrohr gut 40 Minuten überbacken.
Als Beilage zu einem kurzgebratenen Lammkotelett mit Grilltomate ist dies ein Schmaus für Gaumen und Augen.

Spinat

Im Winterhalbjahr, wenn die Sonnenfrüchte Pause machen, ist die Zeit des Spinats, und da er bei nicht zu großem Frost auch noch im Dezember geerntet werden kann, ist er natürlich das Gemüse der Provenzalen in der kalten Jahreszeit.

Tian d'épinards
Spinatauflauf

Zutaten für 4 Personen:
1,5 kg Blattspinat, 2 EL Mehl, ca. 50 ml Milch, 2 rohe und 3 hartgekochte Eier, 3–4 EL Olivenöl, 2 gehackte Knoblauchzehen, 1 Bund gehackte Petersilie, 15–20 schwarze Oliven, Salz und Pfeffer und geriebene Muskatnuß, geriebener Käse oder Semmelbrösel zum Überbacken
Zubereitungszeit: 70 Minuten

Backrohr auf 150° vorheizen.
Spinat verlesen und putzen; von den kleinen Blättern auch die Stiele verwenden. Spinatblätter sorgfältig trocknen und sehr große Blätter etwas zerkleinern. Den Spinat in eine große Schüssel geben. Mehl und Milch verrühren, die zwei rohen Eier und 2 EL Olivenöl dazugeben. Mit Salz, Pfeffer und Muskat abschmecken. Sorgfältig verquirlen und über den Spinat gießen. Petersilie und Knoblauch sowie die gehackten hartgekochten Eier unterheben und gut durchmixen.

Die Mischung in eine geölte Auflaufform geben, mit Semmelbröseln oder geriebenem Käse bestreuen, mit dem restlichen Olivenöl beträufeln und gut eine Stunde im Rohr backen.

Mangold

Das Blattgemüse ist ein Favorit der mediterranen Küche. Ganz besonders an der Küste, in der Grafschaft Nizza, ist er sehr beliebt.

Blette au gratin
Mangoldgratin

Zutaten für 4 Personen:
3 EL Mehl, Saft einer Zitrone, 1 kg Mangoldstiele, 250 g Crème fraîche, 150 g Gruyère, Semmelbrösel, Olivenöl, Salz und Pfeffer
Zubereitungszeit: 50 Minuten

Das Backrohr auf 200° vorheizen.
In einem großen Topf reichlich Salzwasser mit Mehl und Zitronensaft zum Kochen bringen. Die Mangoldstiele in etwa 5 Zentimeter lange Stücke schneiden und 15 Minuten im Zitronenwasser kochen. Abgießen und kalt abspülen.
Die Crème fraîche leicht salzen und pfeffern. In eine geölte Auflaufform nacheinander eine Lage Stiele, dann Käse, dann Crème fraîche schichten und so fortfahren, bis alle Zutaten aufgebraucht sind. Mit Semmelbrösel bestreuen, mit Olivenöl beträufeln und im heißen Rohr etwa 25 Minuten überbacken.

Variationen: Béchamelsauce herstellen, mit zerstoßenen Anchovisfilets würzen und die Mangoldstiele unterheben. Alles in eine Gratinform schichten. Mit geriebenem Käse bestreuen, schwarze Oliven in die Sauce drücken und im Rohr überbacken.
Wenn die Mangoldblätter eigenständig als Gemüse gereicht werden, bereitet man einen Fond aus Olivenöl, Knoblauch, Zwiebeln und Würfeln von mehreren geschälten Tomaten und dünstet die streifig geschnittenen Blätter darin weich.

Tomaten

Sie sind das Herzstück der Küche des Midi und begleiten alle Speisen, ob Gemüse, Fisch oder Fleisch. Ihr sommerliches Aroma, wenn sie sonnenwarm vom Garten auf den Tisch kommen und nur mit ein bißchen Olivenöl und Basilikum gewürzt werden, ist unvergleichlich.

Tomates à la provençale
Tomaten provenzalisch

Zutaten pro Person:
2–3 Tomaten, Olivenöl, reichlich gehackter Knoblauch und Petersilie, Salz und Pfeffer, etwas Zucker
Zubereitungszeit: 30 Minuten

Die Tomaten halbieren und die Kerne herausdrücken. In einer weiten Pfanne mit Deckel das Olivenöl erhitzen und die Tomaten mit der Schnittfläche nach unten hineinsetzen. 15 Minuten bei mittlerer Hitze schmoren lassen. Die Pfanne vom Herd ziehen und die Tomaten vorsichtig wenden. Salzen und pfeffern und mit Petersilie und Knoblauch sowie einer ganz kleinen Prise Zucker bestreuen.
Jetzt die Tomaten wieder auf den Herd stellen und ganz sanft weitergaren. Sehr gut dabei beobachten, die Tomaten dürfen nicht anbraten; eventuell etwas Wasser dazugießen, aber nur soviel, wie nötig ist, denn die Tomaten dürfen auf keinen Fall im Saft schwimmen.

Variation: Man setzt die halbierten Tomaten in eine Form, bestreut sie wie beschrieben, gibt zusätzlich noch etwas Semmelbrösel drüber und beträufelt sie mit Olivenöl. Dann im heißen Rohr überbacken.

Tomates farcies aux blettes
Tomaten mit Mangoldfüllung

Zutaten für 4 Personen:
8 große Tomaten, 400 g Mangoldblätter, Olivenöl, 1–2 feingehackte Zwiebeln,
1 Bund gehackte Petersilie, 2 gehackte Knoblauchzehen, 2 Eier, Salz und Pfeffer
Zubereitungszeit: 60 Minuten

Backrohr auf 180° vorheizen.
Den Tomaten am Stielansatz einen Deckel abschneiden, mit dem Löffel aushöhlen, innen salzen und mit der Öffnung nach unten auf ein Küchentuch stellen und abtropfen lassen. Inzwischen den Mangold putzen und kleinschneiden.
In einem Topf das Olivenöl erhitzen, Zwiebeln, Petersilie und Knoblauch andünsten, den Mangold dazugeben, salzen und pfeffern und in gut 15 Minuten weich dünsten. Das Gemüse etwas abkühlen lassen. Mit den Eiern vermischen und in die Tomaten füllen. Die Früchte in eine geölte Auflaufform setzen, mit etwas Olivenöl beträufeln und im Rohr gut 30 Minuten überbacken.

Pommes de terre au four
Kartoffeln aus dem Backrohr

Bei diesem Rezept ist es wichtig, wirklich frische und einwandfreie Kartoffeln zu verwenden. Mit den Winterkartoffeln aus dem Supermarkt schmeckt es nicht so besonders.

Zutaten für 4 Personen:
8–12 Kartoffeln (je nach Größe), 3 Knoblauchzehen, 15 frische Salbeiblätter,
4 Rosmarinzweige, Salz und Pfeffer, Olivenöl
Zubereitungszeit: 90 Minuten

Das Backrohr auf 160° vorheizen.
Kartoffeln gründlich waschen und mit einer Bürste schrubben. Ungeschält in größere Würfel schneiden und in eine Schüssel geben. Salzen und pfeffern, die Knoblauchzehen durch die Presse hineindrücken, die Kräuter mit den Händen zerzupfen. In eine geölte Auflaufform geben und im Backrohr 1– 1½ Stunden garen. In der Form auf den Tisch bringen.

Variation: Wenn möglich noch 15 kleine Frühlingszwiebeln dazugeben und mitbraten.

Pilze

In den Wäldern des Lubéron gibt es, wenn im Herbst die ersten Regen einsetzen auch eine Vielfalt an Pilzen, und ganz besonders geliebt und auch reichlich zu finden ist der **Lactaire délicieux**, der Edelreizker. Die beste Art, ihn zuzubereiten, ist die einfachste, und diese Art der Zubereitung läßt sich auch auf Steinpilze und Maronen übertragen. Man legt die gut geputzten Pilze in eine Gratinform, bepinselt sie mit Olivenöl und bestreut sie mit Salz und Pfeffer, dann gibt man sie in das Backrohr mit reichlich Oberhitze. Aus mehreren Zweigen Salbei bindet man sich einen Buschen, mit dem man dann die Pilze immer wieder mit Olivenöl bestreicht, bis sie gar sind. Diese Pilze werden gerne zu einem kurzgebratenen Fleisch gereicht.

Fisch

Es ist in der heutigen Zeit vielleicht schwierig zu verstehen, warum in einer Region, die über fast 200 Kilometer Mittelmeerküste verfügt und Heimat der Bouillabaisse ist, ausgerechnet der luftgetrocknete Kabeljau aus Norwegen eine so große Tradition hat. Dieser Kabeljau, französisch *morue*, ist der Mittelpunkt des großen Aïoli und damit fester Bestandteil des *gros souper* am Weihnachtsabend (s. Seite 425).
Des Rätsels Lösung liegt ganz sicher in der langen Haltbarkeit des Stockfisches, denn früher war es langwierig, in die bergigen Landstriche der Haute Provence oder in die Täler um den Mont Ventoux zu kommen, und jeder fri-

sche Fisch aus dem Mittelmeer hätte diesen Transport sehr übelgenommen. Auf der anderen Seite war die Provence mit ihren reichen Ernten an Gemüse und Öl für die nordischen Länder ein begehrter Handelspartner und durch Umsegeln der Iberischen Halbinsel leicht zu erreichen.
Bei all diesen Stockfischgerichten, mit denen ich das Fischkapitel jetzt beginne, gibt es natürlich eine ungeheure Vielzahl an Variationen, und ich möchte gerade bei diesen Rezepten nicht behaupten, die absolut und einzig richtigen ausgesucht zu haben. In der Gegend um Nîmes, wo die Brandade zu Hause ist, wurde mir zum Beispiel von jedem, den ich fragte, versichert, daß das Rezept seiner Familie hundertprozentig das traditionellste sei, denn das Rezept stamme schon von der Urgroßmutter seiner Frau.
Stockfisch muß immer 12–24 Stunden vor der Verwendung gewässert werden; während dieser Zeit sollte man das Wasser drei- bis viermal wechseln.

Brandade
Stockfischcreme

Brandade ist eigentlich nichts anderes als ein Stockfischpüree oder eine Stockfischpaste, die als Vorspeise mit gebackenen Weißbrotscheiben gegessen wird. Eine Streitfrage ist es, ob Knoblauch oder Trüffel dazugehören oder etwa gar Kartoffeln. Einigkeit besteht über folgendes: Knoblauch nach Belieben, Trüffel nach Möglichkeit dazu, Kartoffeln bitte nicht. Hier ein Grundrezept, das Sie noch ergänzen können:

Zutaten für 4 Personen:
1 kg Stockfisch, ¼ l heiße Milch, ¼ l Olivenöl, Pfeffer, etwas geriebene Muskatnuß, Knoblauch und/oder Trüffeln nach Belieben
Zubereitungszeit: 10 Minuten
Einweichzeit für den Stockfisch: 1 Tag

Stockfisch wie oben beschrieben wässern, dann in sanft wallendem Wasser pochieren. Die Stockfischstücke nach Entfernen der Gräten nach und nach mit heißer Milch und Olivenöl zu einer dickflüssigen Creme rühren. Nach Wunsch mit Knoblauch oder Trüffelscheibchen verfeinern.
Die Haut der Filets sollte unbedingt mit eingerührt werden (laut Urgroßmutter), da dann die Paste angeblich noch cremiger wird. Die Brandade wird heiß zu geröstetem Weißbrot serviert.

Das große Aïoli ist das Supergericht des Winters, ein Festmahl, bei dem es keine Vorspeise oder Nachspeise gibt. Es gibt l'Aïoli, das Nationalgericht der Provence im historischen Sinne, denn an der Küste um Nizza und Marseille ist es nicht so sehr Herzensangelegenheit wie in den Hügeln des Lubéron und der Haute Provence.

Zutaten pro Person:
200 g Stockfisch, 1 Bouquet garni, 1 hartgekochtes Ei, 4–6 Schnecken, 2 gewürfelte Champignons, Petersilie und etwas Weißwein
Außerdem viele verschiedene Gemüse, so daß jeder von jedem etwas haben kann: Blumenkohl, Kartoffeln, Karotten, grüne Bohnen, rote Rüben, Kichererbsen, Staudensellerie und Artischockenböden
Zum Servieren: ausreichend frisch gerührte Aïoli (s. Seite 372)
Zubereitungszeit: 70 Minuten
Einweichzeit für den Stockfisch: 1 Tag

Nach dem Wässern den Fisch in leicht siedendem Wasser zusammen mit dem Bouquet garni garen, aber nicht sprudelnd kochen, sonst zerfällt er.
Das Gemüse nach Sorten getrennt in Salzwasser bißfest garen. Die Schnekken kurz in Olivenöl anbraten, mit Petersilie und Champignons dünsten und mit Weißwein ablöschen.
Jetzt kommt das einzige eventuell Problematische bei diesem Riesenessen: Alle Zutaten müssen gleichzeitig auf den Tisch kommen; und außer der Aïoli sollten alle Zutaten sehr heiß sein. Am besten löst man das Problem mit Sieben, die man mit einem bereits fertig gekochten Gemüse über einen Topf hängen kann, in dem gerade ein anderes Gemüse gart. Der Dampf hält das Gemüse warm. Das Gemüse auf vorgewärmten Platten anrichten und erst auf den Tisch stellen, wenn auch der letzte Esser Platz genommen hat.

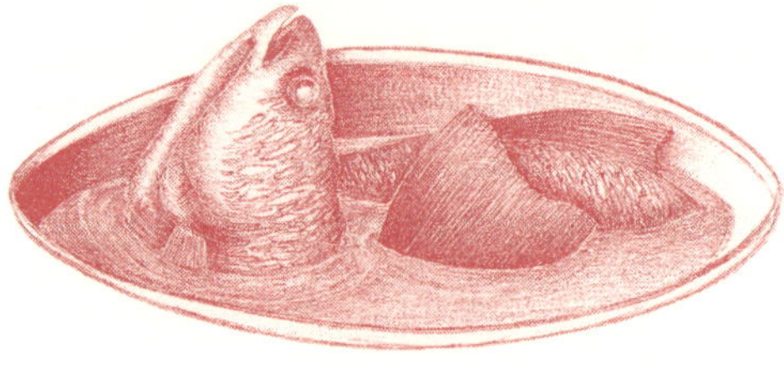

Daurade à la provençale
Goldbrasse nach Art der Provence

Von der Vielfalt der an der Küste des Mittelmeeres angebotenen Fische und den vielen Möglichkeiten, sie zuzubereiten, kann in diesem Rahmen nur eine Auswahl getroffen werden, die mir nicht leichtfällt. Grundsätzlich ist aber zu sagen, daß man in der Provence eine Art der Zubereitung bevorzugt, denn sie geht schnell, läßt jedem Fisch seinen ganz spezifischen Eigengeschmack und wird dadurch nie langweilig. Hier nun die Spezialität mit der Daurade, der Goldbrasse, die sehr gerne gegessen und immer im Ganzen zubereitet wird. Die beiden folgenden Rezepte mit der Goldbrasse können auch mit Loup de Mer oder mit den Rougets zubereitet werden.

Zutaten für 4 Personen:
je nach Größe 2–4 küchenfertige Goldbrassen, Saft einer halben Zitrone, Olivenöl, 3 gehackte Knoblauchzehen, 1 dickes Bund gehackte Petersilie, 500 g reife, geschälte und entkernte Tomaten, Salz und Pfeffer, 1 unbehandelte Zitrone in Scheiben zum Garnieren
Zubereitungszeit: 50 Minuten

Backrohr auf 200° vorheizen,
Die Fische innen und außen salzen, pfeffern und mit Zitronensaft beträufeln und mit Olivenöl bestreichen; ziehen lassen.
Inzwischen in einer großen Pfanne Olivenöl erhitzen, Knoblauch und Petersilie sanft andünsten und die gewürfelten Tomaten dazugeben; salzen und pfeffern und etwas einköcheln lassen.
Nun eine Auflaufform (auch bei Fischen kann der Provenzale nicht auf den Tian verzichten) mit Olivenöl auspinseln und die Fische hineinlegen. 5–10 Minuten im Backrohr braten. Aus dem Rohr holen. Mit Tomatensauce überziehen, die Zitronenscheiben auf den Fisch legen, wieder ins Rohr geben und in 20–30 Minuten garen. Direkt in der Form servieren.

Variation: Wenn es noch schneller gehen soll: Petersilie und Knoblauch in und auf den Fisch geben, mit den Tomatenwürfeln und den Zitronenscheiben bedecken und im Rohr garen.

Daurade au fenouil
Goldbrasse auf Fenchel

Zutaten für 4 Personen:
2 küchenfertige Goldbrassen, etwas Zitronensaft, 6 Schalotten oder junge Frühlingszwiebeln, 3 Fenchelknollen, möglichst mit viel Grün, 3 große oder 5–6 kleinere Tomaten, Olivenöl, 2 Prisen Safranfäden, Salz und Pfeffer
Zubereitungszeit: 50 Minuten

Den Fisch mit Salz, Pfeffer und Zitronensaft innen und außen würzen und ziehen lassen. Wenn die Daurade im Ofen gebacken wird, schneidet man gerne mit einem spitzen Muster das Fleisch rautenförmig ein, damit die Gewürze besser eindringen.

Inzwischen die Zwiebeln und den Fenchel putzen und in dünne Scheiben schneiden, soviel Fenchelgrün wie möglich fein hacken, die Tomaten häuten, entkernen und in grobe Würfel schneiden.
In einerPfanne die Zwiebeln und den Fenchel in Olivenöl weich dünsten und mit Salz und Pfeffer abschmecken. Am Ende der Garzeit die Tomaten und das Fenchelgrün sowie den Safran dazugeben. 3–4 Minuten köcheln lassen und eventuell nachwürzen. Jetzt das fertige Gemüse in einen Tian geben und den Fisch darauf betten. Mit Olivenöl beträufeln und im vorgeheizten Rohr überbacken. Während der Garzeit von gut 30 Minuten immer wieder mit etwas Garflüssigkeit begießen.

Variation: Diese beiden Gerichte sind so vielseitig wie das Angebot der Gemüse und Kräuter. Genau wie oben beschrieben kann man das Gericht auch mit Courgettes, Tomaten und Thymian oder Tomaten, Zwiebeln und schwarzen Oliven anrichten, um nur zwei Varianten zu nennen. Das Gericht wird noch attraktiver, wenn man gleichzeitig verschiedene Fischsorten auf das Gemüse legt. Ich mache auch Hecht oder Zander auf diese südliche Art, es schmeckt hervorragend.

Fleisch

»Fleisch essen wir eigentlich nicht, nur unsere Hühner, Perlhühner und Hasen.« Dieser Satz wird den Provenzalen in den Mund gelegt, und er stimmt. Denn Fleisch im eigentlichen Sinne kommt für die Franzosen vom Rind, vom Kalb und vom Schwein und wird beim Metzger gekauft; und damit geht man eher sparsam um. Hat man doch im Garten und im Hof mit allem, was da kreucht und fleucht und unter der südlichen Sonne gedeiht, genug, um sich das Leben lebenswert zu gestalten.

Es gibt in der ganzen Provence nirgends Weideflächen für Rinderzucht im klassischen Sinn, und die Rinder, die es gibt, sind oder waren eher widerstandsfähig und zäh. So ist es nur natürlich, daß die Provenzalen Gerichte mit Rindfleisch entwickelt haben, bei denen das Fleisch lange am Rande des Feuers schmort, damit es auch weich wird.

Schweinefleisch wird gerne mit Rosmarin und vor allem Salbei gewürzt. Schweinebraten werden entweder gerollt, und dann füllt man sie mit reichlich Knoblauch und Salbei, oder man zerstößt den Salbei mit dem Knoblauch im Mörser und gibt die Mischung in Schlitze, die man in das Fleisch geschnitten hat. Und es gibt gekochtes Schweinefleisch, in einem Sud gegart, dem noch Karotten, mit Nelken bespickte Zwiebeln, Lorbeerblatt, Sellerie und natürlich auch Salbei beigegeben wird. Es wird dann kalt aufgeschnitten und mit Salaten, Senf und Cornichons gegessen.

Die Landschaft der Provence ist reich an Hochebenen, über die austrocknend den ganzen Sommer der Wind des Südens fegt, und im Winter pfeift der eiskalte Mistral. Der Bewuchs der Wiesen ist nie sehr üppig, aber vielfältig und würzig. Die Schafe, die auf diesen Hochebenen weiden, haben ein Fleisch, das durch ihre Ernährung ganz besonders schmackhaft ist. In der Gegend um Sisteron und Sault wachsen die besten Lämmer der Provence: riesige Lavendelfelder vor Augen und wildwachsenden Rosmarin und Thymian im Magen. Aus den Keulen, den Gigots, werden überall in der Provence köstliche Braten, während die Rückenkoteletts am liebsten mit Kräuteröl bepinselt gegrillt werden.

Bœuf en daube provençale
Provenzalischer Rinderschmortopf

Dieses Daubegericht ist so einmalig gut, und das Verhältnis Aufwand–Wohlgeschmack liegt ganz auf seiten des Wohlgeschmacks. Wenn man eine große Anzahl Gäste zu bewirten hat oder vielleicht ein Familienfest plant und etwas Besonderes auf den Tisch bringen will, dann ist dieses Bœuf en daube genau das richtige, denn die Arbeit ist getan, lange bevor die Gäste das Haus betreten.
Für die Daube braucht man eigentlich einen speziellen Topf aus Steingut, die sogenannte Daubière. Der Deckel hat eine Vertiefung, in die Wasser gefüllt wird, und sitzt durch das Gewicht tief und dicht. Er wird noch zusätzlich durch ein geöltes Pergamentpapier abgedichtet, das man zwischen Topf und Deckel legt. Da wir in unseren Haushalten so einen Spezialtopf nicht haben, nehme ich einen Schmortopf, dessen Deckel auch im Topf sitzt und den ich mit einem dick angerührten Mehlteig abdichte.

Zutaten für 6–8 Personen:
2 kg Rindfleisch aus der Keule oder Nuß, 1 großes Stück frische Schweineschwarte, Olivenöl, 200 g gewürfelter Räucherspeck, 4 Karotten in dicke Scheiben geschnitten, 1 lang geschnittene Orangenschale, 1 Bouquet garni aus Lorbeerblättern, Salbeizweig, Thymianzweigen, Salz und Pfeffer
Für die Marinade: 2 grob gewürfelte Zwiebeln, 3 Nelken, 4 geschälte und geviertelte Knoblauchzehen, 1 EL Rotweinessig, 1 l Rotwein,
Zubereitungszeit: 5–6 Stunden
Einwirkzeit der Marinade: über Nacht

Das Fleisch grob würfeln und am Abend vorher in die Marinade legen. Zugedeckt ziehen lassen.
Am nächsten Tag das Backrohr auf 160° vorheizen.
Die Speckschwarte in grobe Stücke schneiden. Den Boden der Daubière mit der Hälfte der Speckschwarten auslegen. Die Fleischwürfel aus der Marinade nehmen und trockentupfen.
In einer weiten Pfanne Olivenöl erhitzen. Die Speckwürfel anbraten. Die Fleischstücke und die Karottenscheiben hinzufügen. Salzen und pfeffern. Auf die Speckschwarten legen, auch die Orangenschale und das Bouquet garni dazugeben; mit den restlichen Schwartenstücken abdecken. Mit Marinade übergießen.

Nun den Topf verschließen und rund 5 Stunden im Rohr schmoren lassen. Früher stellte man den Topf an den Rand des Kaminfeuers, und dort stand er durchaus zwei Tage. Da das Feuer nicht immer hoch war, ließ man dem Essen seine Zeit, und auch heute in unseren Backrohren ist es möglich, die Grade tiefer zu stellen und den Topf länger drin zu lassen. Es wird nur besser.
Vor dem Servieren wird das Bouquet garni entfernt, die Schwarte, inzwischen saftig weich, wird mitgegessen. Dazu gibt es einen Makkaroniauflauf.

Variation: In der Gegend um Avignon wird dieses Gericht mit dem Fleisch von der Lammkeule gemacht und schmeckt sehr zart und weich. Die Zutaten und die Art der Bereitung ändern sich kaum, nur daß man der Marinade etwas mehr Thymian beigibt und mit den Fleischwürfeln und dem Speck noch 5 gewürfelte Zwiebeln angebraten werden.

Brochettes d'agneau
Lammspieße

Die Fleischstücke für den Spieß werden mit Vorliebe aus der Schulter genommen und zwei bis drei Stunden in Olivenöl und kleingehacktem Rosmarin, Thymian und Knoblauch mariniert. Sie schmecken sehr gut, wenn man ab und zu ein Stück Lammleber und Lammniere dazwischensteckt. Gesalzen und gepfeffert werden die Spieße erst kurz vor dem Servieren, da das Fleisch sonst hart wird.

Gigot d'agneau
Lammkeule mit Knoblauch

Zutaten für 6 Personen:
2 Rosmarin-, 5 Thymianzweige, 2 frische Lorbeerblätter, 4 Knoblauchzehen, 4 EL Olivenöl, 1 Lammkeule, 1 frischer Salbeistrauß, Salz und Pfeffer
Zubereitungszeit: 90 Minuten
Marinierzeit: 3 Stunden

Kräuter und Knoblauch fein hacken und mit Olivenöl verrühren. Die Keule damit einreiben, salzen und pfeffern und ziehen lassen. Je länger, je lieber. Dann auf den Grillspieß stecken und grillen.
Während der Garzeit (man rechnet 1–1½ Stunden) den Salbeistrauß immer wieder in das aufgefangene Bratfett tauchen und die Lammkeule damit bestreichen.
Sollten Sie keine Grillmöglichkeit haben, geben Sie die Keule in eine geölte Bratreine und verfahren wie beschrieben.
Zu der Lammkeule reicht man entweder Knoblauchpüree oder Knoblauch aus dem Ofen (s. Seite 397).

L'Aïado
Gefüllte Lammkeule

Zutaten für 4–6 Personen:
2 Lammschultern oder 1 Lammkeule (vom Metzger entbeinen und zum Rollen aufschneiden lassen), 7–8 EL Olivenöl, 1 Bund gehackte Petersilie, 4 gehackte Knoblauchzehen, 3 EL Semmelbrösel, Salz und Pfeffer
Für die Knoblauchsauce: 20 große Knoblauchzehen, ¼ l Fleischbrühe, 1 EL Tomatenpüree, 5 EL Crème fraîche
Zubereitungszeit: 4 Stunden

Bratrohr auf 250° vorheizen.
Lammfleisch salzen und pfeffern. In einer Schüssel 4–5 Eßlöffel Olivenöl, Petersilie, Knoblauch und Semmelbrösel verrühren. Den Lammbraten innen mit der Paste bestreichen. Aufrollen und mit Küchenfaden fest zubinden.
Den Braten in eine Bratform legen, mit erhitztem Olivenöl bestreichen und

in den vorgeheizten Ofen schieben. 15 Minuten bei der hohen Temperatur braten, dann die Backofentür öffnen und die Temperatur auf 80° reduzieren. Die Tür bleibt eine kleine Weile offen, damit die Temperatur schneller absinkt. Dann wieder schließen und den Braten noch gut 3 Stunden bei 80° fertig garen.
In dieser Zeit macht man die Knoblauchsauce. Die Zehen schälen und in kochendem Wasser blanchieren. Abgießen, mit kaltem Wasser abschrecken und abtropfen lassen. Nun die Zehen in die Fleischbrühe geben, gar kochen und in der Fleischbrühe mit einer Gabel zerdrücken. Jetzt das Tomatenpüree beigeben, kurz aufkochen, die Crème fraîche einrühren und mit Salz und Pfeffer abschmecken.
Der Braten wird aufgeschnitten auf einer heißen Platte serviert und die Sauce extra dazugereicht. Wenn Sie wissen, daß Knoblauchfreunde mit am Tisch sitzen, machen Sie vielleicht sicherheitshalber die doppelte Menge Sauce.

Pieds et paquets
Provenzalische Lammkutteln

Aber weil ein Lamm nicht nur aus Keulen, Schultern und Koteletts besteht, haben die Provenzalen ein Gericht, das uns zunächst fremd anmutet, aber ausgezeichnet schmeckt und von Marseille bis Sisteron ein Festessen ist. Dies ist eines der Gerichte, bei denen ich den Hut ziehe vor den Hausfrauen, die es schafften in Küchen, in denen heute keinem mehr zugemutet würde zu kochen, aus Zutaten, die wir heute verachten, ein Gericht zu kreieren, das an Köstlichkeit viele sehr teure Gerichte übertrifft.

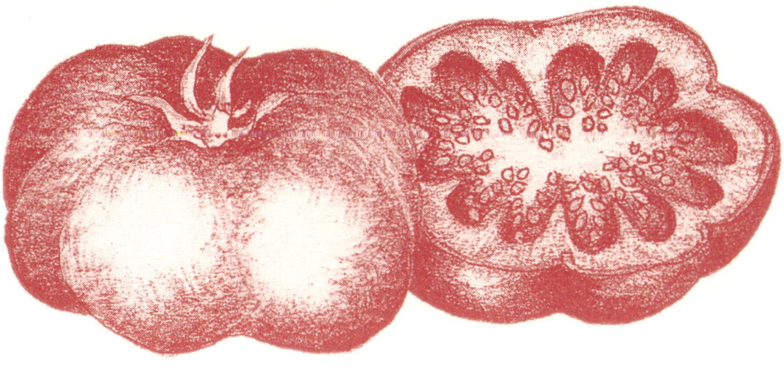

Auf jeden Fall brauchen Sie einen Metzger, der Ihnen die nötigen Zutaten besorgen kann. (In Deutschland fragen Sie am besten in türkischen Metzgereien nach.) Zum einen sind es die Lammfüße, die hier verarbeitet werden, zum anderen der Magen, der in Vierecke geschnitten und zu Paketen gepackt wird.

Zutaten für 4 Personen:
1 kg Schafsmägen, 4 Schafsfüße, Salz und Pfeffer, Fett zum Braten
Für die Füllung der Pakete: 100 g magere Räucherspeckscheiben, 1 Bund Petersilie, Knoblauchzehen
Für die Sauce: 100 g gewürfelter Speck, 1 gehackte Zwiebel, 1 gewürfelte Karotte, 1 Lauchstange, in Ringe geschnitten, 2 Bund gehackte Petersilie, 4 feingehackte Knoblauchzehen, 1 kg geschälte und gewürfelte Tomaten, 1 Bouquet garni, Olivenöl, 125 ml Fleischbrühe, ½ l Weißwein
Zubereitungszeit: 5 Stunden

Als erstes die Mägen aufschneiden und gut waschen, anschließend vierteln. Die Füße waschen und kurz blanchieren. Nun die Päckchen packen, das heißt, in jedes Viereck eine halbe Scheibe Speck, 1–2 Petersilienblattrosetten und eine Viertel Knoblauchzehe legen, salzen und pfeffern. Die Päckchen zubinden. Traditionell werden die Päckchen geschlossen, indem man die Ecken ineinandersteckt. Das kann aber eigentlich nur durch Zuschauen vermittelt werden.
Die Päckchen in einer Pfanne in Fett vorsichtig anbraten und 10 Minuten dünsten.
In einem Topf mit glattem Boden das Olivenöl erhitzen und Kräuter und Gemüse für die Sauce andünsten, das Bouquet garni dazugeben und nun die Füße und die Päckchen drauflegen und mit der Fleischbrühe und dem Wein aufgießen. Den Topf etwas schütteln, damit alles ineinanderrutscht, und möglichst dicht verschließen. Auf allerkleinster Flamme mindestens 5 Stunden ganz sanft köcheln lassen. Noch kochend auf den Tisch bringen, die Teller sollten erwärmt sein, und dazu gibt es Salzkartoffeln. Für Menschen, die Kutteln lieben, ist dieses Essen eine unvergleichliche Köstlichkeit; obwohl ich eigentlich keine mag, war ich begeistert.

Hasen und Geflügel

Kein Wochenmarkt im Süden, auf dem nicht lebendes Federvieh und Hasen angeboten werden. Es war früher selbstverständlich, Hasen und Hühner lebend zu kaufen, denn nur dann konnte man sich vom gesunden Zustand der Tiere überzeugen; außerdem konnte man bei der Schlachtung eines Hasen das Blut auffangen und für die Sauce verwenden. Heute werden Hühner meistens gerupft und Hasen mit abgezogenem Fell angeboten, aber man geht jede Woche zu der gleichen Bäuerin, von der man überzeugt ist, daß sie die Tiere gewissenhaft aufzieht. Die Gerichte sind vielseitig. Hühner und Hähnchen werden sehr gerne gegrillt oder im Backrohr gebraten und mit Rosmarin gewürzt. Werden sie zerteilt und in Sauce geschmort, verwendet man all die bekannten Zutaten der Provence in vielen Variationen: Tomaten und Knoblauch, Auberginen und schwarze Oliven – Ihrer Phantasie sind da keine Grenzen gesetzt, und je freier und großzügiger Sie mit den Zutaten umgehen, desto besser für das Huhn. Verwenden Sie aber unbedingt freilaufende Hühner und keine Tiere aus Massentierhaltung!

Poulet aux quarante gousses d'ail
Huhn mit vierzig Knoblauchzehen

Zutaten für 4 Personen:
1 großes oder 2 kleine küchenfertige Brathühner, reichlich Rosmarin- und Thymianzweige, 10 Salbeiblätter, 1 Bund glatte Petersilie, Olivenöl, 40 ungeschälte Knoblauchzehen, evtl. etwas Fleischbrühe, Salz und Pfeffer, 1 Baguette
Zubereitungszeit: 2 Stunden

Das Backrohr auf 200° vorheizen.
Für dieses Rezept braucht man einen Bräter mit gut schließendem Deckel, den man mit Mehlteig hermetisch verschließen kann; und er sollte nur so groß sein, daß das oder die Hühner gerade hineinpassen. Das Geflügel innen und außen salzen und pfeffern und den Bauch mit zwei Dritteln der Kräuter füllen und verschließen. (Man kann nach alter provenzalischer Art die Öffnungen am Hals und am Bauch mit einem gerösteten und mit Knoblauch bestrichenen Weißbrot verschließen.)
Nun 3 Eßlöffel Olivenöl, die restlichen Kräuter und einen Teil der Knob-

lauchzehen in einem Bräter verteilen und das Huhn draufsetzen. Die übrigen Knoblauchzehen rund um das Huhn legen. Den Deckel schließen, wenn nötig mit Mehlteig zukleben. Huhn in den Ofen schieben. Sollten Sie Bedenken haben, daß es ansetzt, geben Sie noch eine Tasse Fleischbrühe dazu. 1½ Stunden garen, ohne den Deckel zu öffnen. Am Ende der Garzeit Baguette in Scheiben schneiden, rösten und heiß mit dem verschlossenen Bräter auf den Tisch bringen. Der Topf wird geöffnet, wenn alle sitzen, denn dieser Duft ist die Vorspeise, die man nicht verpassen sollte. Die Knoblauchzehen drückt man bei Tisch aus und streicht das Mark auf die Brotscheiben.

Poulet au pastis
Huhn in Pastis und Safran

Dieses Rezept sollte man gleich mit zwei Hühnern machen, die Sauce wird besser und aufgewärmt noch mal besser, und einfrieren kann man dieses Gericht auch sehr gut.

Zutaten für 4 Personen:
2 junge Hühner, 2 Döschen Safran oder Safranfäden, 4–6 cl Pastis, Olivenöl, 2 gewürfelte Zwiebeln, 6 Knoblauchzehen in Scheiben, 6 geschälte und gewürfelte Fleischtomaten, 1 großes Bund gehackte Petersilie, feingehacktes Fenchelkraut, 5 rohe festkochende Kartoffeln, in dickere Scheiben geschnitten, Salz und Pfeffer
Zubereitungszeit: 60 Minuten
Einwirkzeit der Marinade: über Nacht

Am Vortag die Hühner in jeweils 8–10 Stücke teilen. In eine Schüssel geben und mit 1½ Döschen Safran, 100 ml Olivenöl, Pastis und Salz und Pfeffer vermischen. Zugedeckt über Nacht durchziehen lassen.
Am Tag der Zubereitung in einem Schmortopf die Zwiebel, den Knoblauch und die Tomaten in etwas Olivenöl andünsten und unter Rühren etwas einkochen. Dann die Petersilie und den Fenchel dazugeben. Nun auch das Fleisch und die Marinade hinzufügen und mit kochend heißem Wasser knapp bedecken. Zugedeckt ungefähr 20 Minuten köcheln, dann die Kartoffeln beigeben und weitere 20 Minuten auf kleinem Feuer garen. Nach Beendigung der Garzeit mit Salz und Pfeffer abschmecken und das halbe Döschen Safran dazugeben.

Traditionell wird Poulet au Pastis auf altbackenen Weißbrotscheiben serviert. Man reicht eine Rouille dazu, in die man einige Kartoffelscheiben aus dem Gericht rührt.

Civet de lapin
Hasenragout in Rotwein

Hasenfleisch ist neben Huhn das beliebteste Fleisch in der Provence, und so gibt es Rezepte über Rezepte. Eine meiner ersten Aufgaben auf der Ferme im Rhônetal war die Beschaffung des mittäglichen Grünfutters, wie frisch geschnittene Luzerne oder die Spitzen der Maispflanzen, für annähernd hundert Hasen. Am Freitag mußte ich die Hausfrau auf den Markt begleiten und dann saßen einige der Tierchen zusammen mit Pintade und Huhn im großen Henkelkorb. Wir reisten nicht im Kombi, sondern im Bus mit vielen anderen Frauen der Nachbarschaft. Ich liebte meine Aufgabe nicht besonders, denn diese Tiere können ganz schön kratzen. Aber als ich dann das erste Hasenragout in dunkelroter Sauce mit Butternudeln zu essen bekam, fand ich doch, daß sich die Mühe lohnte.

Zutaten für 4 Personen:
1 Hase (wenn möglich mit dem aufgefangenen Blut), 2 cl Marc oder Grappa, Olivenöl, 2–3 grob gehackte Zwiebeln, 4 Knoblauchzehen in Scheiben, die Blätter von einem Sträußchen Thymian, 1 Lorbeerblatt, 2 geschälte und grobgewürfelte Tomaten, 20 schwarze Oliven, gut ½ l kräftiger Rotwein, 10 feingemahlene oder gehackte Walnüsse, Salz und Pfeffer
Zubereitungszeit: 70 Minuten

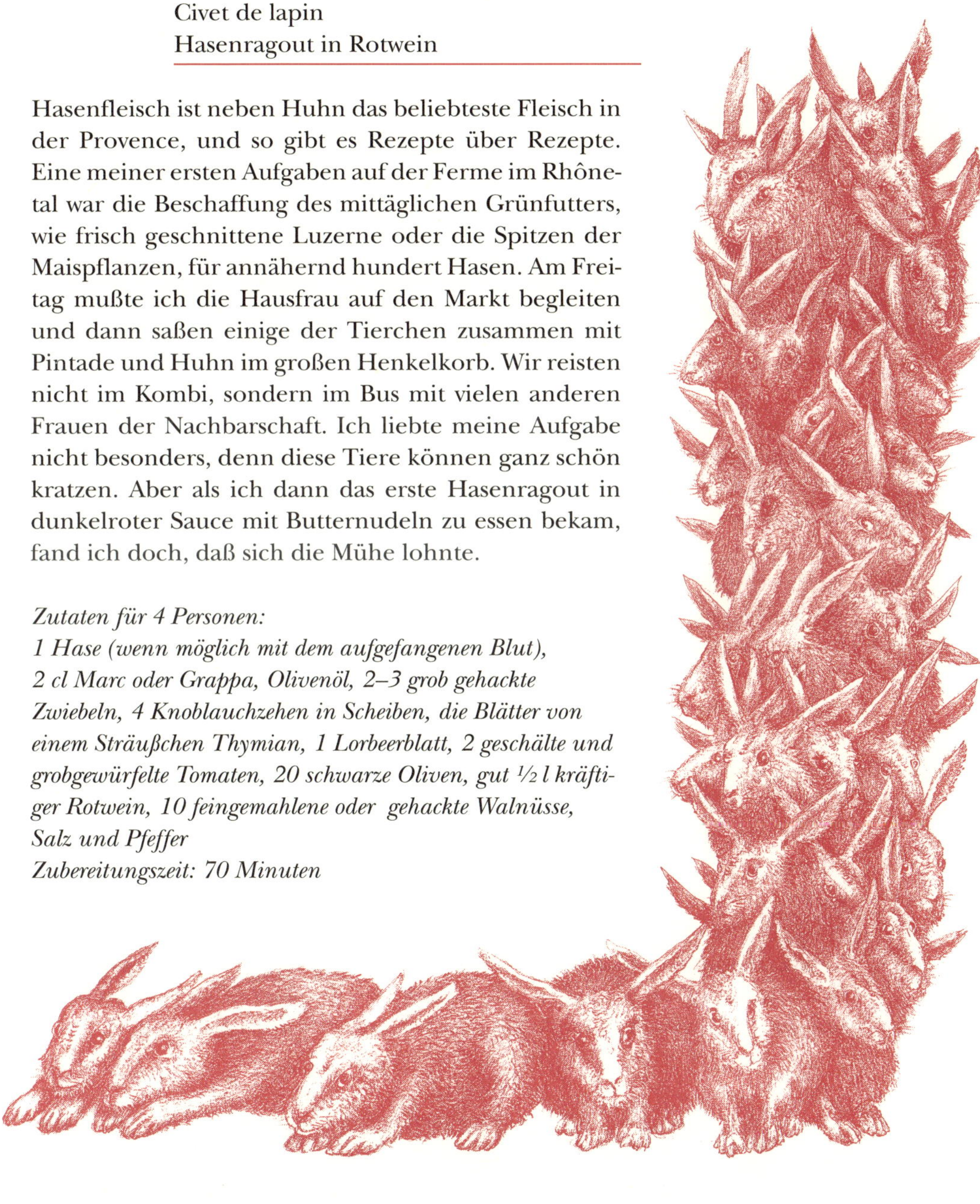

Das Blut sollte gleich bei der Schlachtung aufgefangen und dann sofort mit dem Schnaps verquirlt werden.
Das Kaninchen tranchieren und die Stücke in einem Schmortopf von allen Seiten kräftig in Olivenöl anbraten, salzen und pfeffern. Zwiebeln, Knoblauch, Thymian, Lorbeer und die Tomatenwürfel dazugeben und unter ständigem Rühren auf starkem Feuer andünsten. Dann kommen die Oliven dazu, und alles wird mit dem Rotwein aufgegossen, so daß das Fleisch gerade bedeckt ist. Ohne Deckel 40 Minuten schmoren.
Nun die Leber des Hasen ganz fein hacken und mit den Nüssen unter das Blut quirlen. In das Civet geben, dabei energisch umrühren, damit die Sauce bindet. Nochmals 10 Minuten leise köcheln.

Lapin en paquets
Hase im Päckchen

Typisch Provence: einfache Zutaten und ein Wahnsinnsergebnis.

Zutaten für 4 Personen:
1 küchenfertiger Hase in Stücke tranchiert, reichlich Thymianblätter, pro Fleischstück eine Scheibe geräucherter Schweinespeck, 4 oder auch mehr Knoblauchzehen in dünne Scheiben geschnitten, Olivenöl, 8 geschälte und gewürfelte Tomaten, Salz und Pfeffer
Zubereitungszeit: 50 Minuten

Das Backrohr auf 200° vorheizen.
Die Hasenstücke in Thymianblättchen wälzen, salzen und pfeffern. Auf die Mitte der Speckscheiben je 2–3 Knoblauchscheiben legen, ein Fleischstück draufsetzen, mit dem Speck einwickeln und mit Zahnstochern feststecken. Olivenöl in eine Auflaufform gießen. Tomaten und die übrigen Knoblauchscheiben und Thymianblättchen auf dem Boden der Form verteilen, leicht salzen und pfeffern. Die Kaninchenpäckchen obenauf setzen. Ins Rohr schieben, nach 20 Minuten die Päckchen wenden und weitere 20 Minuten garen.

Variation: Statt mit Hase kann das Gericht auch mit Huhn zubereitet werden; besonders köstlich wird es, wenn Sie mit den Tomatenwürfeln noch angebratene Auberginenscheiben auf den Boden der Auflaufform legen.

Cailles au gratin
Wachteln auf Kartoffelgratin

Zum Abschluß möchte ich aber doch noch die ehemalige Freude an Drosseln und anderen Vögeln erwähnen, die genau wie im Nachbarland Italien in großen Mengen mit Leimruten und Fallen gefangen wurden. Nun ist der Verkauf wie gesagt verboten, was nicht sagt, daß sich nicht immer noch manch Vögelchen auf dem Bratspieß vor dem Kaminfeuer dreht. Als Ersatz werden Wachteln genommen, und in der Abbaye von Sénanque im Lubéron habe ich ein Rezept gefunden, das zum großen Favorit der Familie und der Gäste des Restaurants wurde.

Zutaten für 4 Personen:
4–6 küchenfertige Wachteln, 30 Wacholderbeeren, grobes Meersalz, pro Wachtel 2 Scheiben geräucherter Speck, 8–10 festkochende Kartoffeln, in dünne Scheiben geschnitten, 500 g Sahne, Pfeffer, Olivenöl
Zubereitungszeit: 40 Minuten

Das Backrohr auf 220° vorheizen.
Wachteln waschen, halbieren und trockentupfen. Die Wacholderbeeren mit grobem Meersalz in einem Marmormörser zerquetschen. Die Wachtelhälften rundum mit etwas Wacholdersalz bestreuen und mit je einer Speckscheibe umwickeln.
Die Kartoffelscheiben in die Sahne geben und gut vermischen, mit Pfeffer und dem restlichen Wacholderbeerensalz würzen, in eine mit Olivenöl ausgewischte Auflaufform geben und im Backrohr 10 Minuten vorbacken. Die Wachteln obenauf legen und in gut 20 Minuten goldbraun braten.

Dessert

Dieses Land der Sonne ist kein Land der Desserts im üblichen Sinne. Nicht Cremes und Mousses findet man hier, sondern Früchte der Saison. Vor allem am familiären Tisch bilden sie das Dessert. Im Sommer frische Früchte, wenn saftige Aprikosen, Pfirsiche oder Kirschen im Übermaß vorhanden sind, werden sie eingemacht. In großer farbiger Vielfalt füllen die eingemachten Früchte die Regale und vermitteln die Gewißheit, daß, auch wenn der Mistral ums Haus pfeift, ein Stück vom Sommer im Keller ruht.
Natürlich bäckt man, wenn Besuch erwartet wird, mit dem jeweiligen Obst eine Tarte, so wie sie in ganz Frankreich gebacken werden, aber in der Provence gehören sie lange nicht so zum Muß des täglichen Lebens wie vielleicht im Elsaß. In den verschiedenen Gegenden der Provence gibt es jedoch auch süße Spezialitäten, die auf den Tisch kommen, wenn es etwas feiner sein soll. So die kandierten Früchte aus Apt oder Nougat aus Montélimar. Zwei süße Tartes sind aber doch so wichtig, stehen für die Provence sozusagen, daß ich Ihnen die Rezepte nicht vorenthalten möchte.

Tourte aux blettes
Süßer Mangoldkuchen

Diese etwas exotische Tourte ist in bäuerlichen Haushalten beheimatet.

Zutaten für 1 Kuchen:
Für den Teig: 250 g weiche Butter, 180 g Zucker, 2 Eier, 500 g Mehl, 1 Prise Salz
Für den Belag: 400 g Mangoldblätter, 2 Eier, 100 g brauner Rohrzucker, 75 g Korinthen, 75 g Pinienkerne, die abgeriebene Schale einer Zitrone, etwas Butter für die Form, 1 Eigelb mit etwas Milch verquirlt zum Bestreichen
Zubereitungszeit (ohne Wartezeiten): 60 Minuten

Den Teig nach der Beschreibung auf Seite 435 vorbereiten und im Kühlschrank ruhen lassen.
Das Backrohr auf 200° vorheizen.
Mangold in dünne Streifen schneiden, kurz blanchieren und abgießen. Abkühlen lassen und gut ausdrücken. In einer Schüssel die Eier verquirlen und

den Zucker mit dem Schneebesen einarbeiten, so lange, bis er sich aufgelöst hat. Nun die anderen Zutaten unterheben und gut verrühren.
Den Mürbeteig in zwei ungleiche Hälften teilen und ausrollen. Mit der größeren den ausgebutterten Boden einer Tarteform belegen. Den Rand so hochziehen, daß er etwas überhängt. Mit einer Gabel kleine Löcher in den Boden stechen und die Füllung darauf verteilen. Den zweiten Teigkreis auflegen, die Ränder hübsch miteinander verkneten und einige Löcher hineinstechen. Mit der Eimilch bestreichen und in 35–45 Minuten braun backen.

Variation: Man kann nach Geschmack etwas sehr fein geriebenen Käse oder feingemahlene Mandeln unter die Füllung mischen.

Tarte au citron
Zitronentarte

Zutaten für 1 Tarteform:
Für den Teig: 125 g weiche Butter, 90 g Zucker, 1 Ei, 250 g Mehl, 1 Prise Salz
Für den Belag: 125 g Butter, 200 g Zucker, 4 Eigelb, Saft und abgeriebene Schale von 5 ungespritzten Zitronen, etwas Butter für die Tarteform
Zubereitungszeit (ohne Wartezeiten): 40 Minuten

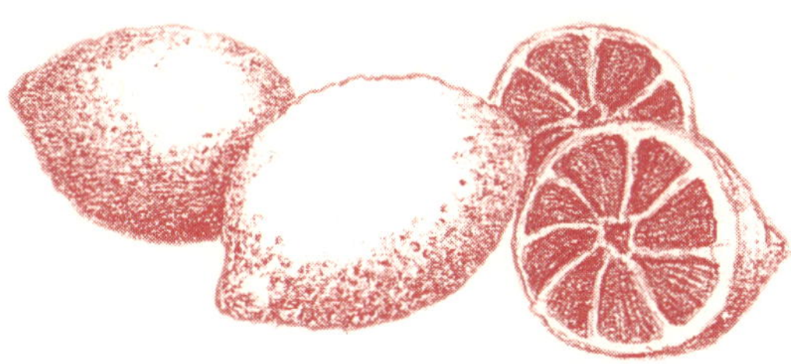

Den Teig nach der Beschreibung auf Seite 435 vorbereiten und im Kühlschrank ruhen lassen.
Das Backrohr auf 220° vorheizen
Den Mürbeteig ausrollen und in die gebutterte Tarteform legen. Mit der Gabel Löcher einstechen. Teigboden mit einem Gewicht oder getrockneten Hülsenfrüchten beschweren. 15 Minuten im Ofen blindbacken. Herausnehmen.

Während der Boden vorbäckt, für den Belag die Butter sanft erwärmen und den Zucker darin auflösen. Die Eigelb mit dem Saft der Zitronen (mindestens 200 ml) und der abgeriebenen Schale vermischen. Die Mischung unter die Butter rühren. Die Masse erhitzen, bis sie beginnt einzudicken. Vom Herd ziehen und auf den leicht abgekühlten Tarteboden geben. Die Tarte wieder in den Ofen schieben und in 20 Minuten fertig backen.

Variation: Aus dem Eiweiß der vier Eier und 50 Gramm Zucker eine sehr feste Baisermasse schlagen und eine Meringuehaube auf die Zitronencreme spritzen und mitbacken.

Die Käse der Provence

In der Provence gibt es vor allem Ziegenkäse. Die Milch der Ziegen, die in großen Herden auf den kargen Hügeln der Provence geweidet werden, und im geringeren Ausmaß die Milch der Schafe sind der Rohstoff für provenzalischen Käse. In der Zeit, bevor sich die Höfe auf nur ein oder zwei Produkte spezialisiert hatten und jeder Hof fast für sich autark war, gehörten immer auch zwei oder drei Ziegen dazu, die vor allem von den Mémés, den Großmüttern, geweidet und gemolken wurden. Sie zogen jeden Nachmittag in ihren immer schwarzen Kleidern an den Wegböschungen entlang, und weit hörte man ihr spitzes »bilibilibäi«, dieses singende, spitze Geschrei, mit dem sie die Ziegen auf dem richtigen Weg hielten.
Die Ziegenkäse werden auf den Höfen in kleinen Tonformen mit Löchern und drei Füßchen hergestellt. Diese Tomme gibt es in allen Reifegraden: die weißen Frischkäse, die man wie Quark verspeist, und weiter von weiß zu gelb bis fast braun und zu den ganz harten Tomme, die schon scharf werden und in der Konsistenz dem Parmesan ähneln. Ganz hervorragend schmeckt ein **Caillé** aus mehreren halbtrockenen Ziegenkäsen. Man legt die Käse in ein Steingutgefäß zusammen mit reichlich Bohnenkraut, Rosmarin und Thymian, einem Lorbeerblatt etwas Piment und einigen Pfefferkörnern. Das Steingutgefäß wird dann mit Olivenöl aufgefüllt und mit einem Pergamentpapier abgedeckt. Mindestens 3–4 Tage durchziehen lassen. Man ißt die gewürzten Käse mit Landbrot, das man erst in das Öl tunkt und dann mit dem Käse verspeist.

Le gros souper

Die Krönung und das wichtigste Essen des Jahres in der Provence ist das *gros souper* an Weihnachten, ein Fest, das auch in unserer Zeit noch mit seinen Bräuchen lebendig ist. Schon die provenzalische Krippe mit ihren Tonfiguren ist das äußere Zeichen dieses Brauchtums. Da kommen alte Frauen mit Holzbündeln auf dem Rücken, Zigeunerinnen mit Fransentüchern, Mädchen mit Weinkrügen auf dem Kopf vor, außerdem sind Handwerker – vom mehligen Bäckerjungen bis zum Schlachter, der von seiner Metzgerei direkt zur Krippe gerannt kommt – vertreten. Hier läuft eben das ganze Dorf zusammen, keiner wäre daheim geblieben, wenn das Christuskind in der Provence zur Welt gekommen wäre.

Für die Mitternachtsmette wird die Kirche mit duftenden Rosmarinzweigen und einer leuchtenden Krippe geschmückt, und man singt alte provenzalische Weihnachtslieder.

Vor dieser Messe ist die Zeit des *gros souper*. Dieses Mahl ist erfüllt mit christlichen und heidnischen Symbolen. Man beginnt mit dem Cachofluo, wenn das älteste Familienmitglied den besten Wein des Jahres über einen sorgfältig ausgesuchten Obst- oder Mandelzweig gießt. Das jüngste Familienmitglied entzündet dann das Kaminfeuer mit einem Holzscheit des Vorjahres, und dazu singt man ein Lied, in dem man der Hoffnung Ausdruck verleiht, nächstes Jahr höchstens mehr, aber nicht weniger im Familienkreis zu sehen. Aus diesem Brauch ist wohl der Bûche de Noël hervorgegangen, jene Rolle aus Schokolade und Creme, die einem Holzscheit ähnelt und überall in Frankreich an Heiligabend verspeist wird.

Nach diesem Vorspiel geht es ans eigentliche Mahl. Die schönsten Tücher, am besten gleich drei auf einmal, werden aufgedeckt, drei Leuchter sowie drei Teller mit Weizen und Linsen zieren den Tisch. Die Zahl drei steht für die Dreieinigkeit, Weizen und Linsen symbolisieren den Frühling und beschwören eine gute Ernte. Man deckt mit dem besten Geschirr und Besteck und richtet auch ein Gedeck für Bedürftige her. Stockfisch mit Karden, Kürbis, Spinat oder Blumenkohl ist der Mittelpunkt der Mahlzeit. Dann kommen die dreizehn Desserts – Jesus mit seinen zwölf Aposteln. Da gibt es dann beispielsweise getrocknete Feigen, Mandeln und Nüsse, kandierte Pflaumen, glasierte Maronen, Nougat, Orangen (die Reichtum symbolisieren) und Mandarinen (die zu duftenden Krippenlämpchen umfunktioniert werden). Die Zusammenstellung dieser Desserts variiert mit den Dorf- und Familientraditionen. Doch danach gibt es fast überall einen Glühwein, der auf dem Weg zur Messe die Glieder wärmt. Nach dem Gottesdienst verspeist man noch eine Kleinigkeit, zum Beispiel ein paar Boudins. Nimmt es da wunder, daß man am ersten Weihnachtstag meist nur eine Knoblauchsuppe ißt, die den Magen wieder einrenkt und auf den klassischen Truthahnbraten vorbereitet?

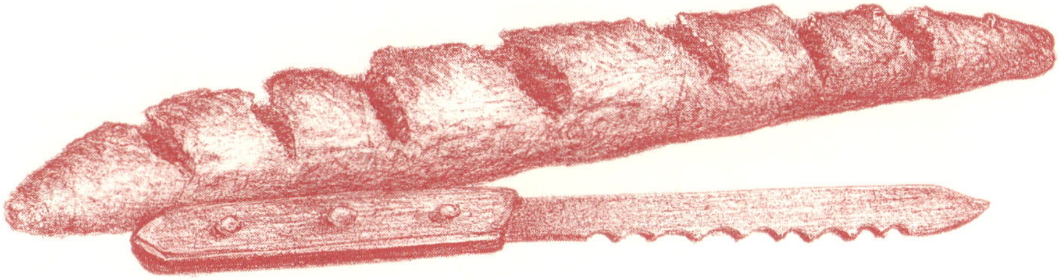

La baguette und anderes französisches Brot

Ein französisches Essen ohne frisches Brot ist nicht denkbar. Morgens zum *petit déjeuner* saugt es sich voll mit dem Café. Den kleinen Hunger zwischen den Mahlzeiten stillt eine *casse-croute* (wörtlich: gebrochene Rinde). Mit den krustigen, dicken Brotscheiben wischt man beim Mittagstisch den letzten Tropfen Sauce vom Teller, und die Suppe am Abend wird auf die übriggebliebenen Brotscheiben vom Vortag geschöpft. Einen kleinen Einblick in die Kunst der französischen Bäcker möchte ich Ihnen hier geben und Sie ermutigen, ab und zu frisches Brot zu backen. Allein der Duft, der ihr Haus durchziehen wird, ist jede Mühe wert.

Baguette

Damit die Rinde richtig krustig wird, sollten Sie sich einen Wasserzerstäuber bereitstellen oder kaufen.

Zutaten für 2 Baguettes:
600 g Mehl Type 550, 380 ml lauwarmes Wasser, 20 g Hefe, 2 TL Salz
Zubereitungszeit inklusive Wartezeiten etwa ein halber Tag

Das Mehl in eine große Schüssel sieben und eine Mulde hineindrücken. 50 Milliliter lauwarmes Wasser mit der Hefe verrühren, in die Mulde geben und mit so viel Mehl verrühren, daß ein dickerer Brei entsteht.
Mit einem Tuch abdecken und in einem warmen Raum gehen lassen, bis sich der Vorteig in seinem Volumen verdoppelt hat. Geben Sie jetzt das restliche lauwarme Wasser mit dem Salz in die Schüssel, verrühren es kurz mit einem Holzlöffel und kneten Sie dann den Teig mit den Händen. Wenn Sie eine geschlossene Teigkugel haben, legen Sie diese auf einen bemehlten Tisch und kneten den Teig 10 Minuten. Man drückt den Teig mit dem Handballen immer wieder auseinander und faltet ihn wieder zusammen, dabei dreht man die Teigkugel ständig.
Nach dem Kneten die Teigkugel in eine Schüssel legen, die mit Öl ausgewischt ist. Die Schüssel mit einer geölten Folie oder einem feuchtwarmen Tuch bedecken, darüber zusätzlich noch ein Tuch breiten. In einem warmen Raum 2 Stunden gehen lassen.
Diese Art des Knetens vor dem zweiten Gehen und die Zeitabläufe bei der Bereitung des Teiges wiederholen sich bei allen folgenden Rezepten und sind für das Gelingen äußerst wichtig.

Den Teig in 2 Teile teilen, jeden einzelnen für sich noch einmal kurz durchkneten und die Teigkugeln in eine längliche Form bringen. Bemehlen und auf ein gebuttertes Backblech legen. Unter einem Tuch 40 Minuten gehen lassen.
In dieser Zeit das Backrohr auf die höchste Stufe, mindestens aber auf 230° vorheizen.
Mit einem scharfen Messer diagonale Schnitte in das Brot schneiden. Auf der zweiten Schiene von oben in den Ofen schieben. Das Brot mit einem Wasserzerstäuber besprühen, nach 2 und dann nach 5 Minuten wiederholen. Nach weiteren 30 Minuten ist das Brot durch und wird aus dem Ofen geholt. Baguette auf ein Gitter legen und einige Stunden auskühlen lassen.

Fougasse au gratelons ou grattons
Fladenbrot mit Speck

Fougasse ist ein gutes Brot aus der Provence. Fast noch warm schmeckt es am besten und paßt hervorragend zu einem großen Nizza-Salat oder einem Mesclun.

Zutaten für 3 Fladenbrote:
Für den Teig: siehe vorhergehendes Rezept
Zum Verfeinern: 200 g Speckwürfel, 1 Eigelb, Butter für das Blech
Zubereitungszeit inklusive Wartezeiten etwa ein halber Tag

Brotteig bis zum zweitenmal kneten genauso bereiten wie im Grundrezept auf Seite 428 beschrieben. Ruhen lassen.
Während der Teig geht, Speckwürfel zuerst blanchieren und dann in einer Pfanne bei starker Hitze braun braten. Die Speckgrieben kurz abtropfen lassen und dann in den vorbereiteten Teig einkneten.
Backrohr auf 230° vorheizen.
Den Teig in drei Teile teilen und diese einen halben Zentimeter dick und oval ausrollen. Mit einem Messer den Teig im Abstand von 4 Zentimetern schräg einschneiden, dabei aber einen 3 Zentimeter breiten Rand stehen lassen. Das sieht dann aus wie eine Leiter mit schrägen Sprossen.
Diese Gebilde auf ein gebuttertes Backblech legen, mit Eigelb bepinseln und in 15 Minuten knusprig backen. Einen nach dem anderen ins Rohr schieben und auf den Tisch bringen.

Variation: Mischen Sie mit dem Speck auch noch 100 Gramm gehackte Walnüsse in den Teig. Sehr apart ist der Geschmack, wenn man statt Speck kleine Salamiwürfel verwendet. Es muß aber die typische, sehr harte Salami aus dem Süden sein.

Fougasse au romarin et au sel de mer
Fladenbrot mit Rosmarin und Meersalz

Zutaten für 1 Blech:
500 g Mehl Type 550, 15 g Hefe, 2 TL Salz, 300 ml lauwarmes Wasser
Zum Verfeinern: 7 EL Olivenöl, 3 EL gehackte Rosmarinnadeln, 2 zerdrückte Knoblauchzehen, grobes Meersalz
Zubereitungszeit inklusive Wartezeiten etwa ein halber Tag

Den Teig in der gleichen Art bereiten, wie bei dem Grundrezept für Baguette auf Seite 428 beschrieben.
3 Eßlöffel Öl mit der Hälfte der Rosmarinnadeln mischen und beim zweiten Knetgang in den Teig einarbeiten. Den Teig wie beschrieben gehen lassen.
3 Eßlöffel Olivenöl mit dem Rest des Rosmarins und dem Knoblauch verrühren.
Den gegangenen Teig ausrollen und ein mit Olivenöl bestrichenes Backblech belegen. Mit den Fingern Vertiefungen in den Teig pressen und das Rosmarin-Knoblauchöl auf der Oberfläche gleichmäßig verteilen. Erneut ruhen lassen.
Den Ofen auf 220° vorheizen.
Fladenbrote mit grobem Meersalz bestreuen und in 25 Minuten schön braun backen.

Pain aux olives
Brot mit schwarzen Oliven

Zutaten für 1 Brot:
450 g Weizenmehl, 50 g Buchweizenmehl, 20 g Hefe, 1 TL Salz, 220 ml lauwarmes Wasser, 4 EL Olivenöl, 200 g kleingehackte, entsteinte schwarze Oliven, 1½ TL Thymianblättchen
Zubereitungszeit inklusive Wartezeiten etwa ein halber Tag

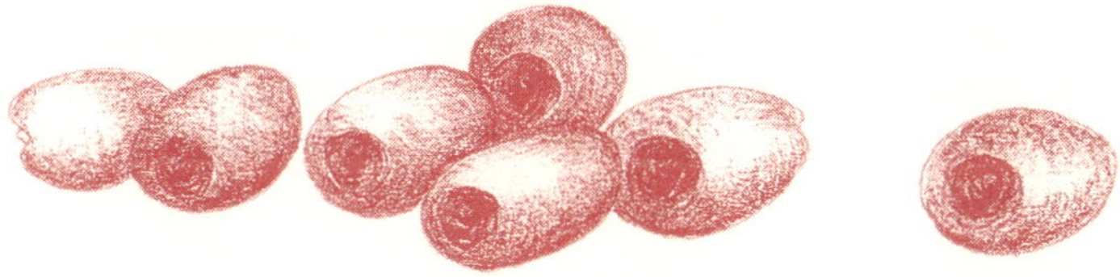

Für den Teig die beiden Mehlsorten mischen, dann mit Hefe, Salz und Wasser den Teig bereiten wie im Grundrezept für Baguette auf Seite 428 beschrieben. Für diesen Teig jedoch das Wasser mit 4 Eßlöffeln Olivenöl mischen.
Nach der zweiten Ruhepause, den Teig einen Zentimeter dick zu einem Rechteck ausrollen. Die Oliven auf der Oberfläche verteilen. Den Teig von der Längsseite her aufrollen und dabei fest zusammendrücken. Die Rolle auf ein geöltes Backblech legen und nochmals gehen lassen.
Das Rohr auf 230° vorheizen.
In den Ofen schieben und nach 15 Minuten die Temperatur auf 200° absenken, weitere 30 Minuten backen. Erst anschneiden, wenn das Brot völlig abgekühlt ist.

Pompe aux grattons
Brot mit Speck

Wird der Brotteig mit Eiern und Fett angereichert, so ist es eine Brioche, die es sowohl in salzigen, als auch in süßen Variationen gibt. Hier zuerst ein Beispiel für eine salzige Brioche aus der Auvergne und dem Bourbonnais.

Zutaten für 1 Brot:
300 g Mehl, 30 g Hefe, 100 ml lauwarmes Wasser, 4 Eier, 60 g Schweineschmalz, 400 g Schweinebauch, 1 Ei (mit 1 EL Milch verrührt) zum Bestreichen
Zubereitungszeit inklusive Wartezeiten etwa ein halber Tag

Aus Mehl, Hefe und Wasser einen Teig bereiten (siehe dazu Grundrezept auf Seite 428) und gehen lassen. Danach Eier und Schmalz einarbeiten und ein zweites Mal gehen lassen.
In der Zwischenzeit den Schweinebauch sehr fein würfeln. Die Würfel in einer Pfanne bei sehr großer Hitze zu Grieben braten und abtropfen lassen.
Das Backrohr auf 200° vorheizen.

Jetzt auch die Grieben in den Teig einarbeiten und aus dem Teig einen dicken Ring formen. Diesen Ring mit dem Ei bepinseln, auf ein gefettetes Backblech setzen und in 40 Minuten schön braun backen.
Diese Brioche wurde noch leicht lauwarm zu viel Salat oder auch zur Abendsuppe serviert.

Brioche au fromage
Brioche mit Käse

Zutaten für 1 Brot:
300 g Mehl, 15 g Hefe, 100 ml lauwarmes Wasser, 2 Eier, 50 g geschmolzene Butter, 1 TL Salz, 100 g geriebener Gruyère, 1 verrührtes Ei zum Bestreichen, etwas geriebener Käse zum Bestreuen
Zubereitungszeit inklusive Wartezeiten etwa ein halber Tag

Nach dem Schema des vorhergehenden Rezepts einen Teig bereiten und gehen lassen. Eier, Butter und Salz einkneten und wieder gehen lassen. Nun den Käse einarbeiten. Den Teig in eine gebutterte Kastenform geben, mit dem Ei bepinseln und mit Käse bestreuen. Nochmals 30 Minuten ruhen lassen. Das Rohr auf 200° vorheizen.
Brioche nun im Rohr 40 Minuten goldgelb backen.

Variation: Machen Sie Ihre Brioche noch würziger und mischen statt Gruyère 150 Gramm zerbröselten Roquefort und 150 Gramm zerhackte Nüsse in den Teig. Vorsichtig einkneten, der Käse sollte noch in Bröckchen vorhanden sein.

Brioche
Süße Brioche

Jetzt eine Brioche mit Zucker. Das ideale Sonntagsfrühstücksbrot ist sehr beliebt, um dicke Scheiben davon in den Kaffee zu tauchen. Eine wahre französische Leidenschaft, die manch anderer wegen der dabei entstehenden Geräusche nicht so angenehm findet. Meine Kinder fanden das sofort sehr gut. Der Teig wird am besten bereits am Abend vorher gemacht und erst am nächsten Morgen ausgebacken.

Zutaten für 1 Brot:
350 g Mehl, 2 EL Sahne, 4 Eier, 60 g Zucker, 1 Päckchen Vanillezucker, 15 g Hefe, 200 g geschmolzene Butter, 1 Prise Salz
Außerdem: 1 Eigelb mit 1 EL Milch verrührt zum Bestreichen
Zubereitungszeit:
Ruhezeit: über Nacht

Am Abend vorher: Aus den Zutaten einen Hefeteig kneten, im Warmen gehen lassen. Nach einer Stunde nochmals kneten und die Teigkugel in eine Schüssel geben. Mit einer Folie dicht abdecken und über Nacht in den Kühlschrank stellen. (Wie Sie den Hefeteig machen, lesen Sie im Grundrezept auf Seite 428).
Am nächsten Morgen, zum Beispiel an einem Sonntag, das Rohr auf 220° vorheizen.
Den Teig nochmals kneten, in eine Kastenform füllen, mit dem Eigelb bepinseln. So lange abgedeckt ruhen lassen, bis das Rohr die Temperatur erreicht hat, dann 30 Minuten backen.

Fouace
Nuß- und Rosinenbrot

Aus dem Poitou ein Brot, das man am Backtag sehr zur Freude der Kinder bereitete.

Zutaten für 1 Brot:
Für den Teig: 300 g Mehl Type 550, 190 ml lauwarmes Wasser, 10 g Hefe, 1 TL Salz
Für die Füllung: 1–2 säuerliche Äpfel, geschält und in dünne Scheiben geschnitten, 1 reichliche Handvoll dicke Rosinen, 100 g grobgehackte Walnüsse
Zubereitungszeit inklusive Wartezeiten etwa ein halber Tag

Den Brotteig nach der Anleitung auf Seite 428 zubereiten.
Nach dem zweiten Gehen den Teig zu einem Rechteck ausrollen. Die Apfelschnitze, Rosinen und Nüsse darauf verteilen. Den Teig von der Längsseite her aufrollen und dann zu einer Kugel formen. Unter einem Tuch nochmals 30 Minuten gehen lassen.
Das Backrohr auf 200° vorheizen.
Brot in 30–40 Minuten knusprig backen.

Pain de poires
Birnenbrot

Zutaten für 4 Laibe:
Für den Teig: 600 g Mehl Type 550, 380 ml lauwarmes Wasser, 10 g Hefe, 2 TL Salz
Zum Verfeinern: 250 g getrocknete Birnen, 150 g getrocknete Pflaumen ohne Kern, 150 g Rosinen, 125 g grobgehackte Walnüsse, 2 cl Kirschgeist, 1 EL Zimt
Zubereitungszeit inklusive Wartezeiten etwa ein halber Tag

Am Tag vorher die Trockenfrüchte in kleine Stücke schneiden und in Wasser einweichen.
Am nächsten Tag die Früchte abgießen, gründlich abtropfen lassen und leicht trockentupfen. Die Früchte mit Kirschgeist und Zimt vermischen.
Den Brotteig nach dem Grundrezept (s. Seite 428) vorbereiten. Nach dem zweiten Gehen Früchte und Nüsse einarbeiten und mehrere kleine Brote formen. Diese nochmals eine Stunde unter einem Tuch gehen lassen. Das Backrohr auf 180° vorheizen.
Brote in 40 Minuten backen.

Pâte brisée salée
Salziger Mürbeteig

Zutaten für 2 Tarteböden oder 1 Tourte mit Deckel:
250 g Mehl, 1 Ei, 1 TL Salz, 130 g Butter, 2–3 EL Milch
Zubereitungszeit: 20 Minuten

Das Mehl auf ein Backbrett sieben und eine Mulde in die Mitte drücken. In die Mulde das Ei und das Salz geben, die Butter in Flocken auf den Rand setzen. Mit den Fingerspitzen schnell durchkneten, bis das Ganze krümelig wird, nun die Milch dazu und rasch einen glatten Teig kneten. Zu einer Kugel formen und in eine Folie gewickelt mindestens 2 Stunden im Kühlen ruhen lassen.

Pâte brisée sucrée
Süßer Mürbeteig

Zutaten für 1 Tarteboden:
125 g weiche Butter, 90 g Zucker, 1 Ei, 250 g Mehl, 1 Prise Salz
Zubereitungszeit: 20 Minuten

Die Butter und den Zucker schaumig schlagen, das Ei einrühren. Nun das Mehl darübersieben, das Salz dazugeben und alles kurz und schnell zu einem glatten Teig kneten. Eine Kugel formen, in Folie wickeln und 2 Stunden in den Kühlschrank legen.

Register

Vorspeisen

Suppen und Eintöpfe

Aufläufe

Mehlspeisen

Saucen

Geflügel

Fleisch und Innereien

Wild

Fisch und Krustentiere

Gemüse und Beilagen

Soupes et potages

Gratins

Les entremets

Les sauces

Volaille

Viandes et abats

Gibier

Poissons et crustacées

Légumes et accompagnements

Fromages

Pains

Pâtisserie

Les desserts

Les confits

Salés:

Sucrés:

Recettes de base